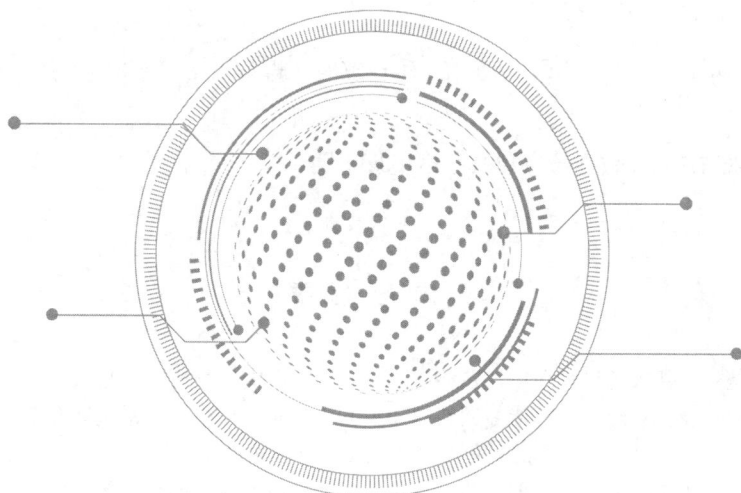

计算广告

互联网商业变现的市场与技术

（第2版）

刘鹏　王超◎著

人民邮电出版社

北　京

图书在版编目（CIP）数据

计算广告：互联网商业变现的市场与技术 / 刘鹏，
王超著. -- 2版. -- 北京：人民邮电出版社，2019.9
ISBN 978-7-115-49748-2

Ⅰ. ①计… Ⅱ. ①刘… ②王… Ⅲ. ①计算—广告学
—研究 Ⅳ. ①F713.80-39

中国版本图书馆CIP数据核字(2019)第163955号

内 容 提 要

计算广告是一项新兴的研究课题，它涉及大规模搜索和文本分析、信息获取、统计模型、机器学习、分类、优化以及微观经济学等诸多领域的知识。本书从实践出发，系统地介绍计算广告的产品、问题、系统和算法，并且从工业界的视角对这一领域进行具体技术的深入剖析。

本书立足于广告市场的根本问题，从计算广告各个阶段所遇到的市场挑战出发，以广告系统业务形态的需求和变化为主线，依次介绍合约广告系统、竞价广告系统、程序化交易市场等重要课题，并对计算广告涉及的关键技术和算法做深入的探讨，这一版中更是加入了深度学习的基础方法论及其在计算广告中的应用。

无论是互联网公司商业化部门的产品技术人员，还是对个性化系统、大数据变现或交易有兴趣的产品技术人员，传统企业互联网化进程的决策者，传统广告业务的从业者，互联网创业者，计算机相关专业研究生，都会从阅读本书中受益匪浅。

◆ 著　　　　刘　鹏　王　超
　　责任编辑　杨海玲
　　责任印制　焦志炜

◆ 人民邮电出版社出版发行　　北京市丰台区成寿寺路11号
　　邮编　100164　电子邮件　315@ptpress.com.cn
　　网址　http://www.ptpress.com.cn
　　北京鑫正大印刷有限公司印刷

◆ 开本：800×1000　1/16
　　印张：22.25
　　字数：435千字　　　　　　　　　2019年9月第2版
　　印数：43 701 – 58 700册　　　　　2019年9月北京第1次印刷

定价：89.00元

读者服务热线：(010)81055410　印装质量热线：(010)81055316
反盗版热线：(010)81055315
广告经营许可证：京东工商广登字 20170147 号

对第 1 版的赞誉

以下点评分领域以点评人的姓氏笔画为序排列。

来自互联网公司管理层

在线广告市场是比较复杂的体系，它涵盖了互联网生态链的各种角色。本书既从商业角度介绍了在线广告，也深入到了广告的技术和算法层面，还涉及了大规模竞价市场在市场设计方面的相关原理和优化手段。这本书不仅是了解在线广告市场的途径，也是了解互联网商业和盈利模式设计的窗口，对于互联网产品设计也有很好的参考作用。

—— 王华，前阿里巴巴副总裁，阿里妈妈负责人

这是一本非常系统、全面地介绍计算广告的书，一本在线广告专业人员必读的书，一本值得强烈推荐给想利用互联网力量的企业主和决策制定者以及对大数据价值感兴趣的研究人员和工程师的书。虽然我亦曾目睹广告业在 20 世纪 90 年代开始的革命，一直积极参与在线广告的演变，但阅读完这本书，我对计算广告整个图景以及很多细微之处有了更多更深刻的理解。

—— 毛建昌，微软 Distinguished Engineer 和 Bing 广告工程负责人，
前雅虎实验室广告科学副总裁

十多年的实践证明，互联网最有效的商业模式莫过于可以把流量直接变现的在线广告模式。从最初铺天盖地的横幅广告起步，到人群及兴趣精准定向的搜索广告与推荐引擎，再到与内容环境融为一体的原生广告，用户需求与口味的不断变迁促使广告产品与技术持续不断地升级与发酵。本书最大的亮点在于，作者从中国互联网广告发展全过程亲历者的视角，极为系统地讲述了计算广告的产品设计思维与技术理论基础，涵盖从广告呈现到计价策略乃至算法实现并直接运用于互联网流量变现课题的方方面面。无论是产品经理还是工程师，只要准备投身于这一互联网最大的金矿领域，本书就是手边必须常备的工具书与教材。

—— 刘子正，有信 CEO，微博研发副总经理

本书内容全面且与时俱进，对核心技术的介绍深入浅出，是计算广告领域一本难得的好书。本书视野宽阔，涵盖了在线广告市场及核心技术的各个方面，除主流技术以外，对一些其他著作很少涉及的方面，如广告创意优化、反欺诈、隐私保护等也进行了介绍。本书内容新颖，把近年来涌现的一些新的广告形式和技术，如实时竞价的广告交易、原生广告等，都囊括其中。另外，本书行文流畅、逻辑清晰，对核心技术的介绍深入到位，包含了重要的算法细节以及理论探讨，对计算广告的从业者而言，是一本非常实用的参考书。

—— 刘铁岩，微软亚洲研究院首席研究员

刘鹏博士是我以前在微软工作时的同事，他博学睿智，融会文理，给我留下深刻印象。他将多年积累的相关经验与成果整理成一部正式出版的计算广告著作，值得向大家强烈推荐。本书将该领域的实际商业问题与技术解决方案结合起来，让读者对计算广告的理论与实践、应用与技术、系统与方法有全面深入的了解和认知。对于已经掌握了机器学习、数据挖掘技术想进入计算广告及其相关领域的从业者、技术人员、教师和学生，这是一部实用的指南。

—— 李航，字节跳动人工智能实验室总监，前华为诺亚方舟实验室主任

我们的团队花了大量精力查找相关资料和文献，却一直苦于没有一套相对完整的知识体系来帮助我们的业务和技术人员加快学习、少走弯路。因此，我期待这样一本书的出现至少已经有两三年的时间。作为一个方兴未艾而发展迅猛的新兴产业，我相信刘鹏的这套科学且实际的知识体系，将对数字营销领域的同仁有非常大的指导作用。程序化营销、大数据应用是发展异常迅猛的产业，涉及大量的产品、工程以及算法方面的知识，也涉及相当多的商业逻辑的深刻洞察。而刘鹏通过对产业内在逻辑的诠释和推演，阐述了程序化营销产业的发展，对真正把握大数据给各个产业带来的深刻变化和影响，具有深刻的指导意义。

—— 杨炯纬，360高级副总裁

如果说当年雅虎广告首席科学家Andrei Broder在斯坦福开设的课程第一次把计算广告学作为一门学科，那么本书堪称这门新兴学科的标准教科书，因为它是首次全面系统地阐述计算广告学的著作，覆盖了商业逻辑、产品结构、关键技术、工程实践和应用实例。在内容结构编排上，本书由浅入深地讲述了从宏观背景到技术细节、从经典的搜索广告到最新的实时竞价等诸多内容，既适合作为从事在线广告的商务运营人员的参考书，也适合作为一线技术开发人员的实战指导。

—— 余凯，地平线公司创始人，前百度深度学习实验室主任

互联网业内人士都清楚流量的作用，流量之于互联网，正如血液之于人体。不同之处在于，互联网上的流量是趋利的，变现能力决定了流量的方向和价值。计算广告是流量变现最重要的方式之一。只有了解了互联网广告的精髓，才能真正懂得互联网上流量的奥秘，

也才能懂得互联网的奥秘。本书作者对互联网广告的市场、产品和技术做了全面、深刻的剖析，为业内外人士理解并踏入这个领域提供了一条捷径。尽管本人从事互联网广告研发多年，也是第一次读到如此系统的著作，受益匪浅！

—— 沈抖，百度高级副总裁

计算广告近年来特别热，全球大小互联网公司有大量的算法工程师、系统工程师、数据科学家在从事与此相关的工作。正如刘鹏在书中指出的，流量变现和数据变现是很多互联网公司商业模型的核心。虽然学术界和工业界有大量与计算广告相关的文章，但或侧重于算法，或侧重于系统，抑或侧重于商业逻辑，却很少能像本书一样把这几个维度融会贯通地串在一起，既有连贯性、有广度，又有足够的深度。刘鹏过去几年中花了大量的精力在清华大学、北京大学以及一些在线教育平台分享他对计算广告的深刻理解，影响了不少人，我过去和现在的团队都有他的粉丝、他的学生。现在刘鹏又把他对计算广告的深刻理解集结成书，能影响到更多的人。为刘鹏点赞！

—— 张小沛，瓜子二手车 CTO，前宜信 CTO，前 Hulu 全球副总裁

在互联网深入改造传统行业的进程中，所谓"羊毛出在猪身上"的后向变现商业策略至关重要。市场上并不缺少关于这一策略的推崇和讨论，不过本书从实战的角度出发，对其中关键的商业逻辑和产品结构做了全面的梳理，而这些对于商业化战略的落地至关重要。因此，我推荐所有正处在互联网化变革的行业的从业者阅读本书，相信你们结合自身的知识背景和行业问题，一定可以从本书中找到有指导意义的内容。

—— 陈彤，一点资讯总裁，前小米副总裁

计算广告学纷繁复杂，刘鹏以科学的实践家的态度抽丝剥茧，全面、系统地阐述了其技术架构与产品生态，为入门者普及了概念，为从业者开阔了眼界。

—— 罗征，腾讯广点通总经理

很高兴看到刘鹏博士把自己在互联网广告领域的多年经验和智慧整理成书，其中既有他对商业产品的理解，也有算法和工程实现的总结。本书不仅全面梳理了互联网广告产品形态，针对每个产品描述了相应的核心算法和系统实现，而且全面描述了以媒体和广告主为核心的生态圈，以及技术如何一步步促使生态圈演化，不断创造出更大的商业价值。对互联网广告从业者来说，读后一定获益良多。

—— 贾志峰，汽车之家技术副总裁

互联网广告在近十余年里一直保持着爆炸式的发展，支撑着谷歌、脸书、阿里、百度等数个百亿、千亿级互联网公司。或许其发展过于迅猛，或许其涉及领域过于宽泛，以至于近几年来一直没有一本优秀的书能够系统、全面地对互联网广告加以介绍。本书作者把这件早就应该有人去做的事情漂亮地完成了。从业务模式到技术架构，从算法模型到工程实现，从理论基础到实现细节，从历史背景到最新动态，本书都做了翔实、系统的讲解。相信对于每一位置身于互联网广告业的朋友，不论其在这纷繁复杂的行业里承担什么样的

角色，本书都值得一读。

—— 顾大伟，小米广告负责人

这本书中所介绍的技术环节，除了广泛应用在互联网广告领域，在搜索和推荐领域也有很多相通之处。本书作者将这些关键技术抽象出来整理成书，对互联网行业的初学者有很大帮助。此外，书中提及的前沿技术方向对从业人员也具有一定的参考价值。

—— 黄荣升，百度主任架构师

来自互联网创业者

如果你正从事互联网广告相关的工作或正准备进入互联网广告行业，本书应该是你的职业生涯中必不可少的读物之一。作者不仅立足中国而且放眼世界，以其更深、更广的视角向读者展示了当今互联网行业的市场与技术。本书让中国互联网从业者（包括产品技术人员）在享受互联网大数据带来乐趣的同时，还能通过书中介绍的中西市场案例开拓创新思维。本书为推动中国互联网发展做出了自己的贡献。

—— 闫曌，AdMaster 创始人、CEO

今天，大数据浪潮正在席卷全球。数字技术正在改变我们的生活方式，同样也在驱动着商业、营销和广告业的未来发展。营销不再只是关于策略、创意和想法的，更与技术的发展紧紧地捆绑在一起。进入 2015 年后，我们看到全行业正在迎接大数据的风口，从数据的沉积分析和管理到数据的真正打通，这是一场时代的演进。刘鹏博士的这本书正是这个变革时代营销技术变化的实录，他对最新数字广告技术方方面面的精到剖析，不仅是对广告知识体系的实时更新，更是对未来新的数字营销体系架构的有益探索。希望今天我们勇于探索和开拓的也正是未来被写进历史的故事。

—— 吴明辉，秒针系统创始人、董事长兼 CEO

随着互联网的高速增长，广告开始往精细化发展，如何在有限的资源里获得最大化的广告综合收益是一个非常复杂、重要且有趣的问题，这也是计算广告研究的方向。刘鹏作为这个方向的专家，在本书中从计算广告问题的提出开始，介绍了计算广告的产品形态以及关键技术。本书非常适合互联网广告的从业者系统性地了解计算广告领域。

—— 周霖，搜易贷联合创始人，前搜狐高级副总裁

本书逻辑清晰，非常贴近实战，值得网络广告从业人员仔细阅读与思考。无论是媒体、广告代理还是广告主，谁能更好地获取数据、理解数据、应用数据，谁就能在日益激烈的市场竞争中脱颖而出。

—— 赵士路，WiseMedia 创始人、CEO

互联网和移动互联网广告生态圈正在发生翻天覆地的变化，广告形式、产品形态、市

场格局及产业链模式不断推陈出新，让人目不暇接。同时，基于营销大数据的计算广告技术也日益成熟。刘鹏博士的这本书将两者有机结合起来，既能帮助从业人员了解互联网广告全貌及流量变现的现状，也能帮助技术人员掌握计算广告的核心技术，是一本兼顾商业产品逻辑和技术实践的难得一见的作品。

—— 唐健，爱点击 CEO

互联网广告是一个千亿元级的市场。如果把互联网比作一辆车的话，互联网广告就是"汽油"，因为大多数网站都要依靠广告盈利。刘鹏博士的这本书涉及大量的基础知识、概念和商业模式，是目前此领域比较全面的一本广告技术著作。书的内容深入浅出，讲述了搜索广告、广告交易平台、广告基本算法以及开源系统等重要概念，也介绍了不少相关广告技术公司以及他们在互联网广告这个产业链上的各种典型产品，非常适合从业人员以及有兴趣进入这一阳光产业的人学习。

—— 唐朝晖，艾德思奇创始人、CEO

过去 5 年是移动互联网发展最快的时期，开发者创造出如此多的应用和内容，用户行为习惯和数据积累发生惊人变化。在此过程中，在线广告作为最主要的变现形式，逐渐成为广大从业人员必须掌握的知识和技术。然而，由于此领域学习门槛较高，对很多从业人员来说迷雾重重。大部分相关文章只是对与广告相关的一些术语进行了罗列或介绍，无法让读者"知其然而知其所以然"。本书的出版将弥补这一空白，它系统性地介绍了在线广告的发展历史和逻辑，以及流行的程序化购买的关键技术与算法。更为可贵的是，刘鹏在本书中融入了自己对计算广告领域的理解和多年积累下来的宝贵经验，使整本书的思路和编排极为流畅。本书既适合想了解此领域的初学者或业务人员泛读，也适合专家以及产品人员对特定的知识点进行精读。本书将成为广大互联网从业人员理想读物，特此重点推荐给大家。

—— 崔晓波，TalkingData 创始人、CEO

来自媒体与行业专家

本质上讲，互联网经济与广告经济都属于信息经济的具体技术形态或产业形态，核心要素是数据，经济学特征则是"所有能够传播信息的商品，其售价都会趋向其边际成本"。因此，确定数据商业化与广告产品化之间转换的逻辑、方法和路径极为重要，计算广告恰恰是这样一种经过多年实践的有效体系。刘鹏先生所著的这本书对相关的技术、创新与商业做了极好的刻画、梳理与论述。

—— 马旗戟，原尼尔森高级副总裁

我有两个身份，既是从 20 世纪开始工作的广告主，又是大学老师，但面对的却是一样的问题和困惑。营销方法尤其是广告形式推陈出新，新技术层出不穷，受限于我自身的学问背景，不可能全部都了解，所以有拜读本书内容的机会我特别欣喜，终于有一本由业内专家执笔且技术含量特别高、非常实用的书了！广告主可以从中了解不同的展现方式，利用书中的广告主在线营销决策过程择善而为。媒体也可以凭借类似的广告变现决策，揭示未来的发展方向。专业人员可以进一步了解背后的技术，找出最有针对性的广告投放方式，提升推广成果。因此，我非常推崇本书的实用价值及参考价值。

——杨仕名，香港大学 SPACE 中国商业学院副总监，营销与传媒管理中心主任

广告带来的后向变现是互联网经济中核心的变现模式之一，也是互联网商业模式的重要根基，而本书对这一领域做了一次全面的总结。我们希望互联网企业、广告服务和技术公司以及艾瑞这样的数据服务公司，以本书的出版为契机，认真探讨互联网商业模式上的分工协作，推动行业的变革与发展。

—— 杨伟庆，艾瑞咨询总裁

世界上有一种沟通是付费的，这就是广告的本质。然而，近几年互联网改变了整个广告生态的格局，目前世界上最叱咤风云的互联网公司几乎都依赖广告。刘鹏博士的这本书系统性地介绍了这种深层次的变化，以及整个产业链迸发出的各种技术手段与学问。本书由浅入深，系统地介绍了几乎每个互联网广告的生态位置以及其背后运作的机理，是我目前见过国内最系统的计算广告方面的著作。本书对互联网、媒体、广告公司、市场营销人士，甚至消费者，都是一本了解互联网广告的佳作。

—— 张迪，Adexchanger.cn 创始人

有了互联网才有了计算广告学：计算广告学把传统的无法定向投放和无法度量的广告变得可以定向投放和可以量化度量效果。刘鹏博士在工作之余，把计算广告学的系统性知识和多年实战经验总结成书，对从事计算广告的工程师和想了解计算广告的工程师都非常有帮助。

—— 张栋，前谷歌研究员

本书于我而言，是打开了一扇窗，让我看见了在巨大的互联网广告产业后面蕴含的数学模型和算法基础。计算广告学中蕴含的各种方法让我想到了管理方法论中很著名的一句话："If you can't measure it, you can't manage it!"量化的方法使计算广告学成为计算机科学与工程的一个崭新和重要的方向。非常感谢作者的知识分享。

—— 陈怀临，弯曲评论创始人

对计算广告技术和商务人才的需求近两年迅速高涨，但计算广告是一个新兴交叉学科，一直缺乏全面系统的著作。本书全面介绍了这一领域的商业背景知识、业务需求和详细的技术实现思路。本书一个重要特色是将该领域的商业挑战与技术的选择、应用、实现进行了融汇中西的系统化介绍，让不同知识背景的读者都能从中获得认识提升。此外，本书对于整个计算广告技术知识体系的梳理全面、准确，囊括了从业人员和学术研究需要关注和了解的主要知识点，已有一定基础和实践经验的读者也能从中温故知新和查遗补缺。本书

的出版对于促进中国相关行业人才池的增长大有裨益。

—— 范秋华，RTBChina 创始人

互联互通正领跑，眼球经济网民包。创收多多靠广告，变现书籍好难找。计算广告学走俏，廿年蔚然成林悄。理论实践兼顾到，刘鹏此书及时抛。入门登堂先介绍，市场规模大蛋糕。产品技术两面刀，块块切尝大与小。搜索推广竞价搞，合约展现包推销。程序交易争分秒，移动平台憋新招。信息流起人社交，原生广告置混淆。探索利用平衡高，点击建模测验校。背景逻辑打夯牢，核心技术窥其奥。照葫芦可画出瓢，立竿见影编码跑。十载面壁勤思考，刘鹏功成发大招。油翁多年练广告，情不自禁拇指挑！

—— 洪涛，打油诗人，前百度高级科学家

第 1 版序一

2009 年 11 月，我在香港参加 CIKM'09，听 Andrei Broder 等几位学者讲了一个导学课——Introduction to Computational Advertising（计算广告导论），耳目一新，觉得在我们的大学中应该有这样一门课。回来后了解了一下周围青年教师的情况，没有发现能够开这种课的人。后来，好像首先是在微博上，知道了刘鹏是这方面的专家。一联系，果然如此。与其探讨在北大开一次这种课的可能性，他欣然应允。时间定在 2013 年夏天，我安排实验室的青年教师彭波做助教，目的之一，就是希望通过助教工作学会计算广告这一套知识，然后独立在北大开出课来。刘鹏的课进行得很顺利，彭波每次都参加，我也去听过一次。2014 年秋，彭波勇敢地开出课来了。课程结束后我问他感觉怎么样，他说内容太多，把握得还不好，而且没有教材，对老师学生都是个困难。

其实，最初我请刘鹏来上课的时候就谈到过教材的问题。他答应考虑，但因为他在公司里的工作很忙，所以需要比较长的时间。但他没有忘记！两年多过去了，一天他给我发邮件说书稿完成了，希望我能为他的书写个序，令我十分欣喜。

这本书不厚，但比较全面地覆盖了基于互联网服务的广告的市场背景、产品逻辑与关键技术，给出了一个宽阔的视野。作者基于多年的从业经验，从市场行为出发演绎对产品与技术的需求，而不是就技术讲技术，提高了本书的立意，因而也适合更广泛的读者群，包括计算机相关专业的研究生。应该说，这本书的风格不同于通常的教材，如果直接用于教学，对教师的要求会比较高，但不失为一本优秀的教学参考书。尤其是在其内容铺陈中展现出来的数据加工、利用与交易的思维主线，能让计算机专业的学生看到活生生的技术需求。而在互联网广告的背景下对数据的充分强调，让读者对大数据的意义有了一种更具体的体会。

国内一些大学中的计算机专业教育（尤其是高年级和研究生的）现在困难和问题还比较多。比较明显的一点就是，教学内容的时代感不够强。这一点在广度和深度上都有反应。跟不上业界的发展，一些重要的课程不能及时有效地开，我认为"计算广告"就是其中之一。这种情况和蓬勃发展的信息技术和产业是不相适应的。因此，我们欢迎业界中对技术和产业有比较透彻理解且对教育有情怀的专家参与到大学教学活动中来，让我们的学生学到更多的真本事，适应产业发展的需要。刘鹏 2013 年在北大首开"计算广告"课程就是这样一种表率，他这本书的面世也是这个意义上的一种奉献，当予祝贺。

李晓明

北京大学计算机系教授

第1版序二

所有互联网公司都对广告变现的地位和价值并不陌生。在每一个用户产品成长的各个阶段，除了认真解决需求痛点、优化用户体验，也应该不断地对流量和数据的价值进行评估，并积极探讨商业变现的战略与产品。而在各种商业化产品当中，以计算为导向的广告变现无疑是最为重要的。

在产品选型、开发和运营的初期阶段，如果能对产品未来产生的数据和流量价值有正确的评估，并了解如何利用广告产品将这些资产变现，对于判断该产品的成长空间和商业价值非常重要。另外，早期的产品推广会用到许多广告营销产品，而对于计算广告原理的深入了解也将有利于高效地做好营销。

当产品得到市场认可，获得了一定的用户规模以后，积极制定系统性的商业化战略，用合理的变现方式获得现金流，从而支撑产品的快速发展，则是每一个互联网公司成长过程中必须经历的关键步骤。如果能洞悉互联网广告市场的产品技术全貌，无疑对此阶段的决策大有帮助。

虽然广告技术在互联网行业至关重要，长期以来，却只有一些只鳞片爪的专题文章，对业界系统架构与算法的介绍，从世界范围来看，都非常缺乏系统性的整理和总结。这一方面是由于广告市场发展迅速，从搜索竞价到程序化交易，再到移动互联网下的原生广告趋势，日新月异的产品进化速度让整个工业界来不及停下脚步做小结；另一方面是广告产品的内在逻辑不像用户产品那样直觉，要进行全面透彻的整理和剖析，需要兼有丰富的实践经验和相当的理论抽象能力。也正由于缺乏系统性的资料，互联网工业界在这方面的人才培养也不够系统，导致在广告产品技术这样一个重要的领域，人才一直是短缺的。

刘鹏博士曾经与我在搜狐集团有过一段时间的同事经历。从简短的几次接触中，我知道他在对媒体的流量变现和需求方广告产品方面都有丰富的实践经验，并曾在 Yahoo! Labs 对计算广告领域进行过系统性的研究，是对这一领域做全面总结的合适人选。如今，终于看到他不吝时间和精力，将计算广告领域的产品技术和商业逻辑整理成书，这将是令整个互联网工业界受益之举。

带着期待读完本书，我的第一印象是，其内容全面而富有条理：本书既有计算广告全线产品的介绍，又有对其商业逻辑和原理的透彻解剖，还有对应的技术架构和关键算法的深入讨论。另外，除了受众定向、点击率预估、实时竞价等热点问题的讨论，还有详尽的周边产品和技术的介绍。相信认真读完此书的读者，一方面会对整个广告生态的全貌有全局性的了解，不会只见树木，不见森林；另一方面又可以按图索骥，再碰到各种实际问题时在本书中找到具体思路甚至解决方案。

当然，本书的另外一项重要意义就是，它是计算广告领域第一本系统性的正式出版物。非常希望以此为契机，从合理配置资源的角度出发，整个互联网领域能够在流量和数据变现上逐渐走向标准化与分工协作。这也许会从一个侧面促进中国互联网企业摆脱恶性竞争的囚徒困境，走向合作共赢之路。

最后，祝贺此书的出版，并希望它能够给你些许启示。

王小川
搜狗公司 CEO

第 1 版序三

广告营销处在历史转折点，技术对传媒的驱动和融合趋势让数字营销充满变数，这变化颇有乐趣却又让人不安。原因很简单：一方面，技术驱动下的数字生态百花齐放，程序化营销渐入佳境；另一方面，数字世界各式各样的广告技术概念让市场营销者感到困惑。

不可否认，营销行业有专业的技术型人才和数据科学家帮助我们实践和创新这些技术，似乎有了需要的一切。可想象一下，某个下午时光，当和我们的客户坐在一起，他可能会问起这样的问题：未来你们能帮我们做什么？

如果说技术代表营销的未来，那么技术到底是什么呢？技术为什么存在？技术可以帮助人们做些什么？我常想，要拨开这些技术迷雾，营销人具备的知识背景应该能跨越技术理解的盲点，能洞察到真正关键且清晰的归因，把这些问题的答案清晰和简单地传递给我们的客户。所以我期待行业中有人能把广告技术的真实情况和作用讲出来，无论是 DSP、DMP 或是 RTB 这些商业产品概念，还是"预测模型""机器学习""人群定向"之类的技术名词。

带着这个期待，我阅读了刘鹏博士这本广告技术专著。我想说，我的这些疑惑在阅读这本书的过程中都得到了解答或者找到了线索。

刘鹏博士在互联网领域，特别是广告变现产品领域有着非常丰富的从业经验。从雅虎全球研发中心到微软研究院，再到今天作为 360 首席商业架构师，他既主持过需求方营销产品和供给方变现产品的设计开发，又兼有从产品到系统和算法的全面把握能力，而这些经验都成了本书丰富实用内容的基础。

一本好的广告书不会大谈趋势，而是会从细节观察出发，探知商业逻辑；一本好的技术书不会大谈常识，而是剖析实践领域的真知灼见。刘鹏博士编写的这本书就是这样一部跨越领域、兼而有之的作品。

很愿意分享两点阅读感受。第一点是繁纷复杂的数字生态和技术说辞，刘鹏对此做了系统的梳理和介绍，即使高度专业的产品概念、逻辑及算法应用，非技术背景的读者也能对这些概念建立统一的认识。第二点是概念之外，书中列举了国际国内经典的广告平台产品，分析其形态、技术、策略，描绘了商业和产品之间相互关联、相互促进的有趣演进。这些来自于作者多年从业实践和积累并给营销人带来"互联网＋"的思考角度更难能可贵。而书中列举了很多翔实的数据和图例，反映了刘鹏博士对技术和治学的严肃态度。

　　如果你需要了解在线广告的产品和技术，就应该马上行动，打开这本书，努力去学习和探索。

　　愿每位从事数字广告事业的营销人，都能读到此书。

李桂芬

前安吉斯媒体集团大中华区首席执行官

前言

互联网的快速发展改变了整个世界。从门户网站到搜索引擎，从社交网络到电子商务，从免费 Wi-Fi 到应用市场，层出不穷的在线服务方便了人们的生活，甚至颠覆了原有的产业。更为神奇的是，这些服务大多是免费的。在今天，"互联网思维"这个名词被越来越多互联网行业内外的人们追捧和畏惧，而其中很多人的困惑都在于：这么多免费的服务是如何获得收入，乃至赚得盆盈钵满的呢？实际上，如果把多样的互联网产品或服务看成各式硬币的正面，那么我们会发现，其中许多硬币的背面都有着一样的图案，这就是以广告为核心的后向变现体系。正面的免费服务是为了获得流量和数据，而背面的广告业务则将这些流量和数据变成金钱。这就是互联网最关键的思维模式之一。

在能够获得充分的流量或高价值的数据后，我们认为，所有能够传播信息的商品，其售价都会趋向其边际成本。这样的观点对许多传统行业商业模式的影响是深远的，也是我们认为大家应该在互联网时代深入了解广告、了解变现产品的原因。因此，本书虽然以介绍互联网广告的产品和技术为核心，但并不是想让大家都学会搭建一个广告系统。本书的核心目的，是让读者在清晰地了解互联网广告全貌的基础上，在遇到与后向变现相关的产品问题时，能够以合理的思维逻辑和背景知识来应对。实际上，在互联网时代，不论你身处哪个行业，只要用心留意，就会发现这类问题可能比你想象的更为常见，也更为重要。对其中最重要的几类问题，我们来看看下面几个具体的例子。

（1）商业模式探索。例如，电影是一种边际成本很低、信息传播量又很大的典型商品。那么现在电影的票价为什么这么高？能否探索一种售价很低，而充分利用其信息传播能力的电影行业发行模式，获得更高的经济效益和社会效益？

（2）流量变现。例如，互联网电视厂商除了硬件销售的回报以外，还可以获得一部分用户流量。这些流量的性质和价值如何，应该以什么样的方式变现？

（3）数据变现。例如，室内导航技术是近年来快速发展的新型互联网应用，如果以向用户免费的方式运营室内导航产品，会得到什么有价值的数据资产，从而支撑相应的后向变现，又应该采用哪种具体的商业产品来支撑？

（4）商业产品建设和运营。例如，团购、游戏联运、返利购买、积分墙这些推广模式与一般的展示广告或搜索广告有什么内在联系？是否可以共用某些产品和技术平台？

这4类问题的典型性和价值不言而喻。不过，要回答这些问题，仅靠独立的深入思考是不够的，还必须对当前互联网流量和数据变现市场的商业逻辑和产品现状有相当程度的了解，并在需要具体产品实施时有相应的方案可以参考和选择。为读者提供这方面的帮助，正是本书希望做到的。

从传统的视角看广告，会有人认为互联网服务中的广告破坏了用户体验。这实际上是一种观念上的误解。首先，互联网广告不再像线下广告那样，以宣教性的横幅为主，而是以各种自动决策的付费信息的方式存在，这其中既包括传统的创意形式，也包括游戏联运、团购、返利、原生广告等更加契合用户意图的新传播形式。另外，虽然从微观上看，部分不顾及媒体价值、盲目变现的广告产品确实存在破坏用户体验的问题，但从宏观上看，恰恰是因为广告这一后向变现模式的存在，互联网产品的整体用户体验才达到了前所未有的高度。在传统企业中，一般会根据产品线分设若干事业部，每个事业部在研发自己产品的同时，还要对营收和利润负责。而在互联网企业或者按照互联网方式运营的企业中，还存在另外一种组织方式，即面向用户的免费产品部门只负责优化产品体验，不对营收负责，而专门面向客户的商业产品部门通过广告等后向变现方式为企业创造营收。实践证明，在这样的组织方式下，用户产品部门往往能够心无旁骛，专心为了提高用户体验而努力。因此，我们会看到，比起传统软件企业，互联网企业的产品在把握用户需求、优化用户体验方面往往能够做得更加优秀。

因此，在互联网的世界里，广告不再只是广告公司的事，而是每一个互联网公司都要关心的事。从结果来看，在线广告实际上成了互联网最重要的"发动机"。从营收上看，它支撑着互联网业务的大半壁江山。当然，广告的概念本身在互联网业务中也已经发生了脱胎换骨的变化。首先，在互联网广告中，服务于中小商家、以直接销售为目的的广告取代品牌广告成为主流，这也创造了全新的巨大市场；其次，它的关键不再是创意、策略等人工服务，而是以数据支撑的流量规模化交易为典型特点。也就是说，机器和算法取代了人员与服务，成为在线广告最鲜明的特色。可以说，互联网广告的灵魂就在于数据与计算，因此，也就产生了"计算广告"这个名词，以及其背后复杂的产品与技术。

计算广告这个课题在以 Google AdWords 为代表的竞价广告业务产生以后逐渐成形，并且在展示广告进入程序化交易阶段以后愈加成熟，而将其整理成一个新的研究方向，则要归功于时任 Yahoo! 广告首席科学家的 Andrei Broder。他在斯坦福开设的"Computational Advertising"这门课，第一次全面而系统地介绍了在线广告中的计算挑战，以及工业界中的实用算法。既然有了计算广告的相关课程，为什么还要再编写这本计算广告的书呢？首先当然是因为这一领域变化太快，在"计算广告"这个词诞生后的几年里，它的内涵和外延都已经发生了重大的变化，而且这几年的变化使这个领域逐渐完备起来。因此，有必要在此时对当下的计算广告领域做一个阶段性的小结。另外还有一个重要原因，那就是我们在几次计算广告的教学实践中发现，对在校学生或者刚刚接触此领域的人来说，最主要的理解障碍不在于算法和技术本身，而在于广告的商业逻辑和产品目标。以此为出发点，本书将以广告产品为核心进行组织。在清楚地了解计算广告的产品逻辑与商业价值的基础上，我们再有针对性地讨论其中的算法和架构问题。因此，商业逻辑驱动的在线广告产品和技术的升级，将是本书最重要的一条主线。

另外，本书还有一条潜在的主线，即数据的加工、利用与交易。熟悉计算广告业务和产品的读者会有认识，广告业务的收益只能来自 3 个方面，即数据、流量或品牌属性。其中后两点是媒体的专属，而大量的广告平台在做的事情，主要就是数据的加工与利用。不夸张地说，计算广告对于数据利用的广度和深度是空前的，而且产业的各个环节也是比较完备的。在各行各业都在强调大数据思维与方法的今天，深入了解计算广告产品与技术具有特别强的范本意义。因此，我们在内容组织上将特别强调数据这条线索，努力将广告产品进化过程中是如何一步步更有效利用数据的这一点解释清楚。

当下人工智能的火热，也让我们从这个视角重新审视计算广告业务的本质。实际上，人工智能在今天的快速发展，正是得益于深度学习的计算效率大大提高以后对大数据的挖掘和使用能力大大加强。而广告领域最重要的特点也是处理的数据规模巨大，并且机器对这些用户行为数据的解读潜力远远大于人类制定的规则。在计算广告发展的第一阶段，虽然我们已经在处理大量的数据，但用的方法往往是比较浅的模型，但是今天，以深度学习为代表的方法论和技术，正在计算广告领域得到越来深入的应用。在这一版中，我们也将对深度学习的基础方法论及其目前在计算广告中的关键应用进行介绍。

本书的读者对象

既然在线广告不再只是广告公司的事，那么需要了解这一业务及其背后产品技术的人群也就相当广泛了。我们希望下面几类读者可以从本书中找到有价值的内容。

（1）互联网公司商业化部门的产品、技术和运营人员。对互联网公司来说，商业化产品中最重要的就是广告产品，不过我们发现，囿于各公司具体的产品形态，仅从自己的业务中了解广告产品技术的全貌并不容易。因此，本书最主要面向的读者就是与这些广告产品相关的人员，希望他们通过阅读本书，对互联网广告的全貌以及复杂的技术产品系列有整体的了解，避免"只见树木，不见森林"。

（2）对个性化系统、大数据变现或交易有兴趣者。计算广告在各种个性化系统中具有典型性，又因其商业逻辑而相对复杂；此外，计算广告还催生了对大规模数据利用和变现的直接市场。因此，推荐等个性化系统的产品技术人员，以及大数据相关的产品技术人员，都非常有必要通过了解计算广告的产品和技术，对个性化系统架构约束下的效果优化、大数据变现和交易等诸多问题在实际工业界的落地有一定的理解。

（3）传统企业互联网化进程的决策者。传统企业在互联网化的过程中，需要借鉴的绝不仅仅是利用互联网的技术和产品，更重要的是按照互联网企业形成的高效运营和变现模式来改造传统业务。从这个意义上说，互联网企业以广告为基础的后向变现体系是整个互联网化过程中至关重要的一环。因此，在这样的传统企业中，互联网化进程的决策者对广告的原理和市场必须有一定程度的了解。

（4）传统广告业务的从业者。传统广告业务与互联网广告业务既有密切的联系，又存在着巨大的差别。以技术为导向、精准地面向受众的广告策略，正深刻地影响着整个广告市场。同时，随着互联网广告规模的迅速扩大，这样的策略越来越为广告主接受和青睐。因此，传统广告业务的从业者必须要顺应潮流，理解和运用计算广告的方法与策略，将线下资源与线上资源整合起来，才能更好地服务于广告主和媒体。

（5）互联网创业者。我们接触过不少互联网行业的创业者，对他们来说，找到用户产品的痛点并漂亮地解决往往并不是十分困难。但是，一个企业最终需要的是利润，而许多对变现逻辑和思考方法不熟悉的创业者，往往面对产品得到的流量和数据不知所措，而商业化进程的缓慢也会大大拖慢用户产品的运营进度，甚至因此错过企业的黄金发展机会。从这个意义上说，了解一些流量与数据变现的思路，无疑会对创业方向的选择、创业过程的加速、创业果实的收获有巨大的帮助。

（6）计算机相关专业研究生。计算广告人才在互联网行业相当稀缺，而目前学校的教育对这种与工业界关系密切的实际问题是有些脱节的。我们整理本书的一个重要目的，是希望为具有一定的计算机科学基础并且对工业界实际问题有兴趣的学生提供一些指导，让他们对思考和设计商业产品、运用技术解决产品问题形成正确的思考方法。

本书的内容组织

前面说过，我们整理本书并不是简单地为了介绍计算广告的产品和技术，更重要的目的是希望提供一个新的视角，让大家通过了解广告变现的内在逻辑，进而对互联网时代的用户产品如何将体验做到极致、将变现做到最高效有宏观的认识。在我们看来，如果不了解广告变现产品和市场，就谈不上真正透彻地了解互联网，也一定会在用户产品的设计和运营上有诸多掣肘。出于这样的目的，本书在核心内容组织上包括以下3个部分。

第一部分是在线广告市场与背景，这部分介绍在线广告领域的一些基本问题和背景知识。虽然内容比较容易理解，但这部分是全书的基础，特别是很多相关概念和术语的集中介绍，请不要略过。

第二部分是在线广告产品逻辑，这部分主要面向产品、运营和销售等人员，以及互联网产品的宏观决策者，其内容重点是介绍计算广告的市场结构、交易模式和主要产品。这部分内容将以在线广告产品发展的顺序展开，希望能帮助读者理解各种复杂的广告产品和交易机制产生的内在规律。

第三部分是计算广告关键技术，这部分主要面向系统工程师、算法工程师和架构师。与前一部分的广告产品相对应，这部分也以在线广告产品发展的顺序展开，重点阐释实现各种广告产品的关键技术挑战，并提供基础的解决方案。

一般来说，对于那些想运营在线广告业务，或者想了解如何用在线广告对用户产品进行变现的读者来说，可以重点阅读前两部分，并且对其中的产品与商业逻辑要深入理解；对那些重点关注工程实现和收入优化的读者来说，在了解了前两部分之后，还要花一些精力深入阅读第三部分，特别是其中与自己关注的广告产品相关的技术章节。计算广告这个领域的复杂性在于，对于任何一项产品或技术，都需要放在相应的商业背景下去判断其合理性，而要理解商业产品上能达到的目标，又需要对技术的现状和难点有相当的认识。因此，我们推荐的阅读方式还是尽可能地通读全书，对其中确实不相关或者知识背景上无法理解的部分简单跳过就可以了。

在讨论在线广告市场产品技术的过程中，会涉及大量的术语和专业名词。对于对变现业务不太熟悉的读者，这些术语会给阅读带来一定的障碍。为了帮助读者检索和查找术语的相关内容，我们在附录中对主要术语及缩写给出了索引，以方便阅读。

由于篇幅限制，本书中有些内容的细节或背景知识无法全面展开，在这种情形下给出了相应的参考文献。但是，由于本书并非学术著作，在引用文献时并不会保证完备性，因此当正文足以说明观点和方法时，其原始文献不一定还会列出，请读者谅解。另外，在本书的第三部分中，为帮助读者理解，会对一些比较关键的算法给出相应的代码片段。不过本书中的代码都是示例性代码，目的只是更清楚地描述逻辑，而并非可以直接编译执行的程序，其中一些特别容易理解和实现的子函数调用，也可能会略去其具体实现。

本书的内容主要是由刘鹏在清华的公开课以及在北大、北航的研究生课程内容整理加工而成的，并且在整理过程中针对更广泛的读者群体做了内容本身和顺序上的调整。在两位作者中，刘鹏为主要执笔者，负责主体部分的写作和内容的整体组织，王超负责其中产品案例和算法示例代码的部分。由于作者的水平有限，再加上时间仓促，书中难免出现错漏之处，敬请各位读者多多批评指正。此外，在本书撰写的过程中，我们邀请了一些业内的专家和从业者帮助对内容进行把关，得到了他们很多有益的建议，这些建议使本书更加完备和实用，我们在此一并表示感谢，并将其中部分专家对本书的评语附在书中。

资源与支持

本书由异步社区出品，社区（https://www.epubit.com/）为您提供相关资源和后续服务。

提交勘误

作者和编辑尽最大努力来确保书中内容的准确性，但难免会存在疏漏。欢迎您将发现的问题反馈给我们，帮助我们提升图书的质量。

当您发现错误时，请登录异步社区，按书名搜索，进入本书页面，单击"提交勘误"，输入勘误信息，单击"提交"按钮即可。本书的作者和编辑会对您提交的勘误进行审核，确认并接受后，您将获赠异步社区的 100 积分。积分可用于在异步社区兑换优惠券、样书或奖品。

扫码关注本书

扫描下方二维码，您将会在异步社区微信服务号中看到本书信息及相关的服务提示。

与我们联系

我们的联系邮箱是 contact@epubit.com.cn。

如果您对本书有任何疑问或建议，请您发邮件给我们，并请在邮件标题中注明本书书名，以便我们更高效地做出反馈。

如果您有兴趣出版图书、录制教学视频，或者参与图书翻译、技术审校等工作，可以发邮件给我们；有意出版图书的作者也可以到异步社区在线提交投稿（直接访问 www.epubit.com/selfpublish/submission 即可）。

如果您来自学校、培训机构或企业，想批量购买本书或异步社区出版的其他图书，也可以发邮件给我们。

如果您在网上发现有针对异步社区出品图书的各种形式的盗版行为，包括对图书全部或部分内容的非授权传播，请您将怀疑有侵权行为的链接发邮件给我们。您的这一举动是对作者权益的保护，也是我们持续为您提供有价值的内容的动力之源。

关于异步社区和异步图书

"异步社区"是人民邮电出版社旗下 IT 专业图书社区，致力于出版精品 IT 技术图书和相关学习产品，为作译者提供优质出版服务。异步社区创办于 2015 年 8 月，提供大量精品 IT 技术图书和电子书，以及高品质技术文章和视频课程。更多详情请访问异步社区官网 https://www.epubit.com。

"异步图书"是由异步社区编辑团队策划出版的精品 IT 专业图书的品牌，依托于人民邮电出版社近 30 年的计算机图书出版积累和专业编辑团队，相关图书在封面上印有异步图书的 LOGO。异步图书的出版领域包括软件开发、大数据、AI、测试、前端、网络技术等。

异步社区

微信服务号

目录

第四部分   附录

第一部分

在线广告市场与背景

第1章

在线广告综述

在线广告，也称网络广告、互联网广告，顾名思义，指的是在线媒体上投放的广告。与传统广告不同的是，在线广告在其短短十几年的发展过程中，已经形成了以人群为投放目标、以产品为导向的技术型投放模式。它不仅为广告主带来了以准确接触目标受众为方法论的全新营销渠道，也为互联网免费产品和媒体找到了规模化变现的手段。可以说，不论在做用户产品还是商业产品，不深入了解在线广告，就不可能全面了解互联网业务。因此，互联网行业的从业者花一些时间把现代在线广告原理和产品搞清楚是必需的。

另外，从数据的角度来看，在线广告开启了大规模、自动化利用数据改善产品和提高收入的先河。不夸张地说，在过去相当长的一个时期内，大数据（big data）这一方法论唯一形成规模化营收的落地行业就是在线广告。即便在今天，计算广告仍然是大数据应用中最成熟、市场规模最大的行业，因此，对大数据感兴趣的读者认真研究在线广告中的技术挑战和产品问题，会对探索其他的大数据应用有很大帮助。

在线广告领域的产品形态和业务逻辑相当复杂。为了对在线广告有宏观上的把握，本章将从两个方面来探讨：一是其内涵，即在线广告这种商业活动的定义与目的；二是其外延，即在线广告发展历史中产生的关键产品形态。对其中的许多概念和观点，读者未必能够马上形成清晰的印象，但随着内容的展开，读者可以剥茧抽丝般层层递进地加深理解。另外，本章还有另外一个目的，就是尽可能集中地介绍互联网广告的产品和技术术语，以方便后面的讨论。

与线下广告相比，在线广告的产品和创意形式由于互联网媒体在形态、交互方式等方面存在差异，也呈现出各种各样的表现形式。我们将简要介绍其中比较常见的创意形式，帮助读者对在线广告的具体表现建立直观了解。

本章的内容与计算基本无关，目的在于让读者在进入计算广告领域之初就建立起一些重要观念。首先，广告不完全等同于搜索或推荐，它首先是一项商业活动，然后才是一项技术；其次，在这一商业活动中，广告主、媒体和用户的利益都需要被认真考虑和满足，这样才能达到整个市场的平衡和不断发展。在线广告市场所有产品和商业形式的演进，都是在这一主题下发生的。在商业逻辑的框架下思考和探索计算广告技术对理解本书中提到的产品、架构和算法非常关键。

1.1　免费模式与互联网核心资产

大家都知道，互联网产品的网站、应用等软件产品，往往以免费的形式服务用户；另外一些互联网公司也在以直接利润微薄甚至亏损的情形下，出售手机、电视等硬件产品。无论是软件的免费，还是硬件的低价销售，都可以称为免费模式。那么什么是免费模式的本质呢？我们的观点是：

> 免费模式的本质是将那些能够规模化、个性化传播信息的商品，以边际成本
的价格出售。

考察上面提到的例子，网站等软件产品多服务一个用户的边际成本很小，因此这些产品都不收费，这是狭义的免费，而手机等硬件产品，边际成本即是量产成本，因此以毛利为零左右的价格出售，这是广义的免费。当然，这些产品的共同特点是能够传播信息，并且能够对不同用户个性化地传播信息，而像矿泉水、充电器这类无法传播信息的商品，是无法被互联网的免费模式改造的。

既然产品本身没有利润，这些产品的开发者的利润从哪里来呢？其实，这类免费产品在传播信息的过程中，获得了 3 项可变现的核心资产，这就是流量、数据和影响力。

（1）流量。流量的价值是，有人使用你的产品，你便可以在产品本身的功能之外夹带一些付费内容（sponsored content），或者称为广告，这样就把流量变成了收入。

（2）数据。有人在使用你的产品的过程中留下了一些行为和属性，比如搜过某个关键词，浏览过某个商品，填写过自己的性别，这些都是数据。根据这些数据，你可以更好地了解该用户的属性、偏好等信息。基于这些信息，可以调整投放付费内容的策略以提高效率。

（3）影响力。影响力指的是你的产品或内容获得了高于普通水准的关注与信任。当然，你投放的付费内容也就同时获得了更好的关注效果，而这些对于提高转化率同样是至关重要的（参见 2.1 节）。因此，具备影响力的产品或内容在投放广告时可以获得品牌溢价。

值得指出的是，近年来迅速崛起的大量网红和自媒体，实际上主要靠影响力而非流量和数据变现。如果将从公众号软文（影响力变现）标价与文末展示广告（流量和数据变现）收入进行对比，前者的价格往往是后者的数十倍。现有的在线广告体系并不能很好地处理这种以影响力为主要资产的媒体变现，这也是未来一个有趣的探索方向。

将这 3 项资产通过商业产品的形式转变成收入的过程，即商业化（monetization）过程，与用户使用免费产品的过程是分离的，因此称为后向变现。从上面的介绍可以看出，无论是数据变现还是影响力变现，都是建立在流量变现的基础上的，而这样的体系也就是计算

广告技术所支撑的、现代的商业化产品体系。

1.2 大数据与广告的关系

近年来，大数据思维和技术渐成显学。然而，大数据这一概念迄今并没有一个内涵上准确的界定。在参考文献 [73] 中，作者用规模（volume）、多样性（variety）、高速（velocity）和价值（value），即所谓的 4V 特征来描述大数据问题的特性，但并没有给出这类问题的界定标准。但是，从实践的角度来看什么是大数据问题，或许要比理论上的定义要简单一些：自从互联网公司开始挖掘海量用户行为数据中的价值，大数据这一概念就进入实践阶段了。它在工业界最显著的特点是区别于以往数据处理系统的低成本、分布式计算架构。从数据来源、处理方式和应用方向这 3 个角度来看，大数据问题都有鲜明的特点。

（1）行为数据。传统的数据处理任务往往面对的是交易数据。所谓交易数据指的是商业活动中必须记录的数据，如电信运营商的话费充值、通话记录，银行的存取款、利息等。交易数据处理的规模往往并不太大，但是对一致性和实时性的要求非常高，IOE（IBM、Oracle 和 EMC）的计算架构为交易数据处理提供了成熟的方案。与此相对，商业活动中产生的非必须记录的数据，就是行为数据。电信运营商采集到的用户位置、银行的窗口排队以及网站的用户访问日志等，都属于行为数据。与交易数据相比，行为数据的加工有两个特点，首先是规模巨大，其次是对一致性的要求要低得多，例如，网站的日志丢失千分之一，往往并不是什么严重事故。由于这两个特点，传统的 IOE 架构并不合适，这些是大数据架构产生的原动力。

（2）全量加工。如果数据规模很大，并且问题无法通过采样来降低处理的复杂程度，那就必须利用一些专门为海量数据处理而设计的计算和存储技术（如 MapReduce、NoSQL 数据库等）来实现。如图 1-1 所示，我们考察某数据处理过程的目标函数，就有可能存在如下两类有代表性的情形。

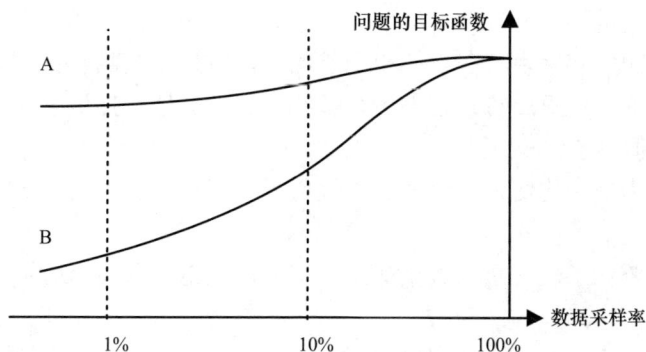

图 1-1 大数据问题的特性示意

- A类问题：如果通过数据采样能够显著降低数据处理的复杂程度，同时解决问题的效果（即目标函数）没有太大的下降，那么显然应该这样做。这类问题可以用图1-1中的A曲线来示意。一般的统计报表、报告等往往属于这类问题。

- B类问题：另有一些数据问题基本上不可能通过只处理一小部分数据来达到处理全量数据的效果，或者说，随着数据采样率的降低，解决问题的收益快速下降，这类问题是典型的大数据问题，可以用图1-1中的B曲线来示意。个性化推荐（personalized recommendation）和计算广告（computational advertising）等问题，需要用到每一个人的行为做定制化推送，而无法只采样一部分人做处理，符合这一特征。

（3）自动化应用。使用数据的应用有两种类型。一种是洞察（insight）应用，即对数据进行统计分析后得到整体的结果报表，再由决策者根据结果进行决策。洞察应用传统典型的例子是企业的财务报表，而商业智能（Business Intelligence，BI）也属于洞察应用。另外一种是自动化（automation）应用，即将数据处理的结果直接送给对业务进行自动决策的引擎。计算广告正是典型的自动化应用，从用户行为数据收集，到受众定向，再到线上根据用户标签的自动决策，整个过程都是自动进行的，人的作用只是建立流程和调整策略。电商的自动进货系统，也是一种大数据的自动化应用。

洞察应用由于业务决策过程中有人的参与环节，因此报表的数据规模不能太大，这会带来一定的信息量损失。另外，对洞察报表的解读和决策，实际上需要相当专业的训练，这一点读者想想财务报表的例子就可以明白。而自动化应用由于是由机器进行决策的，数据可以在个体粒度上进行处理，这使得数据能够发挥更大的效果。因此，我们认为，相对于传统的洞察应用，自动化应用才是真正发挥大数据优势的应用形态。

由于上述3个特点的存在，面向中等规模交易数据的存储和计算的传统IOE架构变得不再合适，必须寻找新的方案。这些需求催生了Google的GFS、MapReduce和BigTable这"三驾马车"，也产生了Hadoop和Spark等开源技术方案。

从行为数据、全量加工和自动化应用这3个关键点来看，在线广告中的计算问题是非常典型的大数据应用。实际上，在以往相当长的一段时期里，唯一得到充分商业化和规模化的大数据应用，就是计算广告。它为各行各业大数据的落地提供了非常有价值的借鉴样本，下面几点尤其值得了解和关注。

（1）计算广告为规模化变现流量和数据提供了完整产品和解决方案，并创造了互联网大部分的利润。

（2）在线广告孵化了较成熟的数据加工和交易产业链，值得所有涉及大数据从业者学习和借鉴。

（3）由于存在商业上的限制条件，计算广告产品和技术比推荐系统更加复杂。因此，理解其产品和市场对于设计高效的商业产品大有益处。

因此，如果你是一位大数据、商业变现或用户增长领域的产品经理、工程师或管理者，我们建议你认真了解广告的产品和技术，相信你一定会有很大收获，也会快捷地了解到这一领域真正有挑战的问题。本着这样的目的，本书的内容将会以广告市场的产品和技术演进作为一条明线，而以对数据的利用程度作为一条暗线来展开。

1.3　广告的定义与目的

在了解计算广告之前，我们先讨论一下广告的一般目的。什么是广告？可以参考 William F. Arens 在《当代广告学》[4] 中给出的定义：

> 广告是由已确定的出资人通过各种媒介进行的有关产品（商品、服务和观点）的，通常是有偿的、有组织的、综合的、劝服性的非人员的信息传播活动。

这一定义中有两个关键点。首先，它指出了广告活动的两个主动参与方，即出资人（sponsor）和媒体（medium）。在数字广告复杂的市场结构中，可以用一般性的术语来描述它们：需求方（demand）和供给方（supply）。前者可以是广告主（advertiser）、代表广告主利益的代理商（agency）或其他技术形态的采买方；后者可以是媒体，也可以是其他技术形态的变现平台。另外，广告还有一个被动的参与方，即受众（audience）。请大家从现在开始，就牢牢建立起这样的概念：出资人、媒体和受众这三者的利益博弈关系是广告活动的主线，这一主线将贯穿于商业和产品形态的整个演化过程。另外，该定义还阐明了广告必须是有偿的、非人员的信息传播活动，这两点限制，前者使广告的目标变得明确，后者使这一目标可以用计算的方式来优化，这些都是计算广告产生的基础。

广告的本质目的是什么呢？不同时代对这一问题存在不同的认知。在传统媒体时代，供给方与需求方在市场地位上有相当的距离，不论是电视台、机场还是杂志，都与大多数广告主需要的转化行为之间有相当大的差距。因此，传统广告的目的主要是借助媒体的力量来快速接触大量用户，以达到宣传品牌形象，提升中长期购买率与利润空间的目的。我们称这种目的的广告为品牌广告（brand awareness）。当然，也有许多广告商希望能利用广告手段马上带来大量的购买或其他转化行为，我们称这种目的的广告为直接效果广告（direct response），有时简称为效果广告。

传统媒体投送和优化效果广告的能力显然是缺乏的。这是因为，对短期效果的追求要求广告精准地送达目标人群，而这在传统媒体上缺乏有效的技术手段。我们能够想起的以效果为目的的传统广告，恐怕只有在写字楼下散发的快餐传单，这被称为直接营销（Direct Marketing，DM）。而数字媒体的出现使效果广告空前蓬勃地发展起来，这主要有两方面的原因：一是数字媒体的特点可以让我们低成本地投送个性化广告，这本质上是在变现流量；二是一些在线服务，如搜索、电子商务，由于可以更清楚地了解用户的意图，也就使广告效果的优化更加容易，这本质上是在变现数据。

在线广告兼有品牌和效果两方面的功能。不过，互联网广告行业的高速发展主要是因为效果广告市场带来的巨大红利。我们可以看一下表1-1中的数据 [①]：从2007年到2015年，网络广告的市场规模发展迅猛，目前已经全面超越了电视广告，在中国甚至占据了整个广告市场的一多半份额；与此同时，传统广告渠道则增长乏力或快速下降。对比来看，在线广告的迅猛成长并没有导致电视广告市场的显著萎缩。这是因为网络广告的主要场景仍然集中在搜索引擎营销、移动应用下载、电商再营销等直接效果广告上，而这部分相对于电视广告更多的是增量而非替代。另外，报纸广告快速下降，这首先是因为报纸占据的用户时间大幅被互联网抢走，其次是因为报纸上部分分类信息广告与互联网效果类广告重叠较大。目前，随着数字媒体越来越多地占据了人们的时间，以及在线视频等冲击力更强的媒体越来越普及，在线广告也必将在品牌广告方面有更大的空间。

表1-1　中美主要广告市场规模（单位：亿美元）

国家	广告类型	2007年	2008年	2009年	2010年	2011年	2012年	2013年	2014年	2015年	2016年
中国	网络广告	17	27	33	52	83	122	179	233	317	420
	广播电视广告	97	114	127	153	182	207	212	219	226	223
美国	网络广告	212	234	226	260	317	366	428	495	596	725
	电视广告	719	394	359	401	685	721	745	657	663	713
	报纸广告	486	344	246	228	207	194	180	167	151	—

既然有品牌和效果这两种目标，究竟如何描述广告这种商业活动的根本目的呢？我们仍然借用《当代广告学》中的见解：

广告的根本目的是广告主通过媒体达到低成本的用户接触。

也就是说，按某种市场意图接触相应的人群，进而影响其中的潜在用户，使他们选择某产品的概率增加，或者对产品性价比的苛求程度降低，这才是广告的根本目的。至于短期内的转化效果，由于市场意图或媒体性质的不同，并不是直接可比的。换句话说，如果仅仅以转化效果为目的来思考问题，可能会背离投放广告的正确方法论。举个例子，某感冒药广告商如果以短期效果为导向，那么最佳的策略是把广告投放给那些现在已经感冒的人，不过这显然是一个荒谬的决策；再比如，某汽车广告商为了提升自己的品牌形象，希望对自己竞品品牌的用户加强宣传，而对于这部分人群，广告的直接效果甚至有可能比随机投放还要差。认清这一概念，有助于在遇到多种广告渠道的效果比较时，避免得出偏颇的结论。

广告的"低成本"是与那些由市场或销售人员完成的劝服活动成本相对而言，实际上是广告搭了媒体流量和影响力的便车。要确定是否真的成本较低，需要用到投入产出比

---

① 数据来源于IAB和艾瑞等机构的市场调研报告。

（Return on Investment，ROI）这一评价指标，即某次广告活动的总产出与总投入的比例。实践中，广告活动的总投入容易确定，但总产出却不一定明确且可衡量，特别是在投放以中长期收益为目标的品牌广告时。因此，绝对的 ROI 有时难以计算，不过通过各个渠道之间的对比，我们仍然可以评估广告的成本是否令人满意。

在互联网环境中，广告的本质虽然没有变化，但是由于大量直接效果需求的产生，其表现形式越来越丰富和灵活。不论是与线下类似的横幅、搜索竞价排名，还是软文，甚至是表面上与广告并不相干的游戏联运，其本质都是付费的信息推广，从产品的角度来看都可以归在广告的范畴下。因此，对于互联网广告，我们有如下认识：

> 一切付费的信息、产品或服务的传播渠道，都是广告。

那么，在线广告主要有哪些表现形式呢？我们将在 1.4 节中介绍。

1.4 在线广告表现形式

在线广告与用户接触的表现形式有多种多样的选择，并且随着移动互联网的发展变得越来越丰富。下面我们就简单介绍其中一些常见的类型。请读者注意，下面介绍的各种广告形式概念上有交叠，并不是并列的关系。

（1）横幅广告（banner ad）。这是展示广告中最传统的形式。它是嵌入在页面中的图片，往往需要占据固定大小的版面。目前，横幅广告大多数也都不再是静止的图片，而是由 Flash 或 HTML5 等方式实现的动态素材。图 1-2 给出了横幅广告的一个示例。

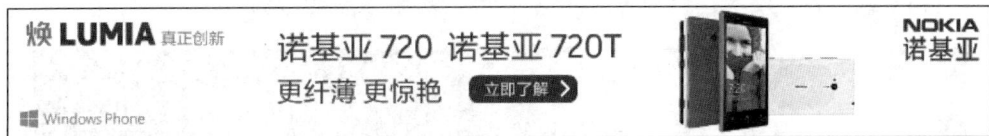

图 1-2 横幅广告示例

（2）文字链广告（textual ad）。这种广告的素材形式是一段链接到广告主落地页的文字，是搜索广告的主流形式，在展示广告中也被广泛采用。文字链广告有时像横幅广告那样占据固定版面，有时则穿插在大量内容链接条目中。图 1-3 给出了文字链广告的一个示例。

图 1-3 文字链广告示例

（3）富媒体广告（rich media ad）。这类广告利用视觉冲击力较强的表现形式，向用户侵入式地投送广告素材。富媒体广告常见的形式有弹窗、对联、全屏等。它比较适合在高质量的媒体做品牌性质较强的广告投放，但是对用户的使用体验往往影响也较大。一些门户网站的首页有时会为某个品牌广告主提供专门定制的、交互形式很复杂的富媒体广告，这样的广告不太采用按受众投放的逻辑，主要强调创意的冲击力和交互形式的特色。图1-4给出了一个富媒体广告中的弹窗广告示例。

（4）视频广告（video ad）。视频广告指的是广告的创意由静态素材变成了一段视频，其信息的传播量和冲击力都得以大大提高。可以说，视频化已经成为在线广告最重要的趋势之一。有关视频广告的效果评价，除了点击率等，还可以采用用户观看时长等更接近用户印象的指标。

图 1-4　富媒体广告示例

视频广告有几种主要的形式。

- 在视频内容播放之前的前插片广告。根据插入位置的不同，视频广告又可以分为前插片、后插片、暂停等类型。图1-5给出了视频广告的示例。视频广告由于载体的独特性质，其效果和广告创意会比较类似于线下的电视广告。这种广告一般采用短视频的形式，创意的表现力要远远强于普通的展示广告，因此价格往往也比较高。
- 在信息流中插入的视频广告。在Wi-Fi场景下往往自动播放，其效果远优于普通的信息流展示广告。
- 手机游戏中的激励视频广告。它主要是利用游戏中的积分奖励，刺激用户主动观看视频广告，这种广告往往观看率较高，广告效果也较好。

图 1-5　视频广告示例：前插片广告（左），暂停广告（右）

（5）交互式广告（playable ad）。视频广告承载了更多的创意信息，因此会带来较好的推广效果。于是，在移动场景下，业界开始探索让用户直接在创意上完成交互，体验被推广产品的交互式方案。

在移动应用和游戏推广中，交互式创意可以让用户不用下载 App 就可以体验其内容，有时可以带来更高的转化率，但同时对媒体也有用户注意力上的损失。交互式创意有两种

技术方案：一是服务端交互的方案，二是 HTML5 模拟的方案。这两种方案我们将在 16.1.3
节中具体介绍。图 1-6 给出了交互式广告的一些示例。

图 1-6　交互式广告示例

　　（6）社交广告（social ad）。社交网络的兴起给广告传播的渠道和能力都赋予了新的空
间。在社交网络中嵌入的广告，可以统称为社交广告。社交广告中最典型的形式是插入在
信息流中的广告，这种方式最早见于 Twitter 的 "Promoted Tweets" 产品。它力求在用户的
交互过程中尽可能自然地插入广告，被归于原生广告的范畴中。"社交广告" 与 "社交网络
中的广告" 是两个不同的概念，例如，在社交网络页面上竞价售卖的文字链或横幅广告，
其本质与普通网站上的展示广告并无太大区别。社交广告希望达到的效果是通过用户的
扩散式传播获得更大的影响力，从这个意义上讲，在信息流的交互中挖掘价值前景光明。
图 1-7 给出了社交网络信息流广告的一个示例。

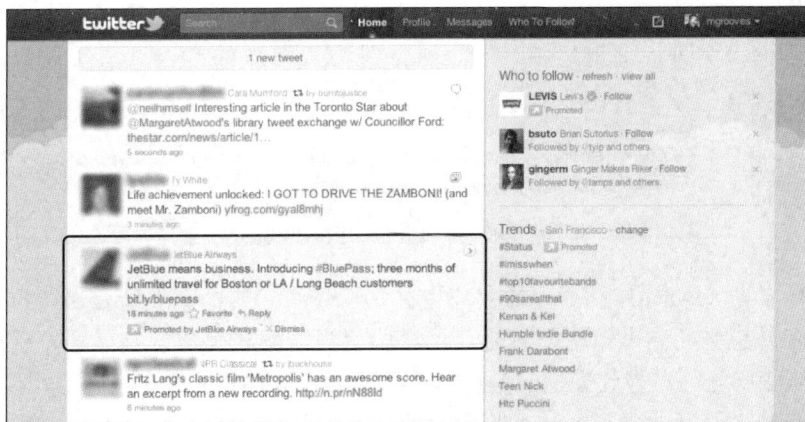

图 1-7　社交网络信息流广告

　　（7）移动广告（mobile ad）。移动互联网在近几年爆发式成长，并且大有取代桌面互联

网之势。严格来说，移动广告与桌面广告没有本质的区别，只是由于移动原生应用的大量普及，广告也由 Web 页面搬进了应用里。于是，也产生了在应用中插入广告的 SDK 和相应的广告产品。移动广告目前典型的形式有横幅、开屏、插屏、积分墙或推荐墙等。图 1-8 给出了移动广告形式的一些示例，我们将在第 8 章中具体讨论与移动广告和原生广告相关的产品问题。

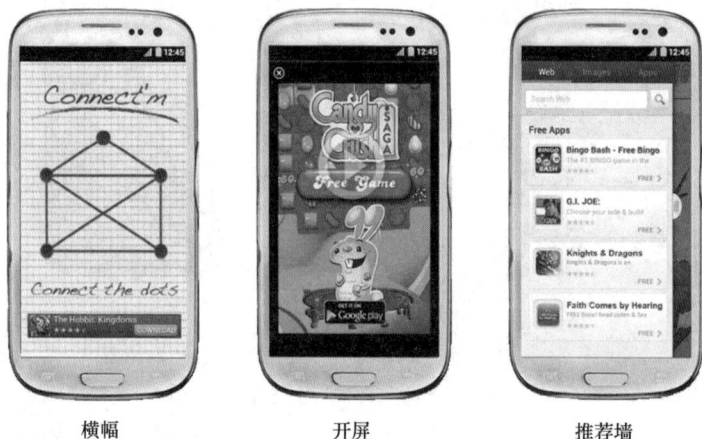

横幅　　　　　　　　　开屏　　　　　　　　　推荐墙

图 1-8　移动广告形式示例

（8）邮件营销广告（Email Direct Marketing，EDM）。这是通过电子邮件向用户推广信息的一种营销手段。与上面各种广告形式都不同，EDM 是一种主动营销方式，可以随时向合适的用户发送信息。不过也正因为如此，EDM 非常容易变成垃圾邮件的主要来源。对 EDM 的运营者而言，精准地把握用户兴趣，非常有节制地向用户提供相关信息非常关键。比起展示广告，EDM 中受众定向的利用更加直接，也更为重要。图 1-9 给出了邮件营销广告的一些示例。另外，通过短信、iMessage 等方式投放的广告，与邮件营销广告也非常相似。

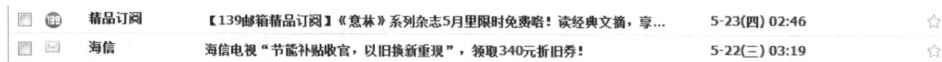

图 1-9　邮件营销广告（EDM）示例

（9）激励广告（incentive ad）。数字广告区别于传统广告的重要特点是可以产生直接转化，因此很容易想到的一个策略，就是直接激励用户产生转化以提高效果，这类广告称为激励广告。激励广告的典型代表之一是移动上常用的积分墙模式，如图 1-10 所示。

返利购买是电商行业常见的一种推广模式，它采用折扣或积分激励用户购买，也属于激励广告的一种。显然，这种方式可以获得任意高的投资回报率（ROI），但是也会带来一些老用户转由返利网下单。

图 1-10　积分墙广告示例

除了积分墙、返利，激励型广告还有内容锁、锁屏等多种形式。特别需要注意的是，天下没有免费的午餐，激励广告虽然能显著提高转化效率，但是由于用户对产品的真实需求并不强，因此后续效果会大打折扣，特别是在获取新客方面的价值比较差。因此，激励广告的价格一般会显著低于非激励广告。

（10）团购。团购本质上是一种按照效果付费的泛广告产品，其本质也是一种激励性广告。团购推广的主要广告主是一些本地化的店铺，主要目的是为了获得新客。如图 1-11 所示，对团购平台来说，团购商品的排序与广告是一样的问题。传统的团购销售很少采用竞价的方式，而多是预先约定价格，不过目前各团购网站也在采用竞价的方式直接售卖。另外，团购的广告库中是付费信息而非创意，这有利于发展原生广告的推广方式，具体讲解参见第 8 章。

图 1-11　团购产品示例

（11）游戏联运。游戏联运是根据用户的最终游戏内消费在推广渠道和游戏开发商之间分成的商业产品，这仍然是一种按效果付费的泛广告产品。在页游和手游的推广中，联运是一种非常常见的发行模式，读者在各种产品中看到的图 1-12 所示的游戏下载专区，其背后的商业模式往往都是联运。实际上，在中国的各大 Android 应用市场中，游戏联运的收入远远超过其他类型广告的收入。不同的联运渠道分成比例可能相差很大，在 Apple Store 这样典型的国外市场中，渠道的分成比例一般为 30%，但是在中国，有些强势的联运渠道分成比例甚至可以达到 90% 以上。游戏联运完全可以按照广告产品思路来设计和运营。

图 1-12   游戏联运产品示例

（12）固定位导航。这主要包括网址导航站的位置入口（如图 1-13 所示）、应用分发平台的推荐位置等付费推广位置。一般来说，这种产品的销售都采用按时间付费的模式，而不是动态的竞价模式。这是因为广告主除了引流以外，往往更加关注这些入口位置的橱窗效应。这种广告的销售和运营模式与按天购买的合约广告相同。

图 1-13   网址导航产品示例

上述这些广告产品和泛广告产品往往在一家公司内部同时存在。同时运营多种类型的广告产品时，广告产品之间甚至和用户产品之间经常会出现争夺广告位或其他入口资源的问题。面对这样的问题，最合理的分配方式是通过它们之间的竞价来决策，这是非常重要的内部流量货币化的运营理念。

1.5 在线广告简史

在讨论广告技术之前，我们先看一下在线广告发展的历程。因为广告市场的概念、技术和术语繁多，所以如果不是对这些有基本的了解，就很难深入探讨具体的产品。

在 20 世纪末，那时的在线媒体（如 AOL、Yahoo! 等网站）刚刚产生不久。它们的流量规模很大，投资人当然希望这些媒体也能够给自己带来真金白银。要对这些线上流量进行变现，或者称为商业化，最直接的方法就是把网站页面当成杂志版面，在里面插入广告位。线下的广告代理公司也就把这些网站当成新的杂志，按既往思路和逻辑进行采购。我们称这种在互联网上展示横幅广告的产品形式为展示广告（display advertising），也称显示广告。我们称上述的展示广告售卖模式为合约广告（agreement-based advertising），即采用合同的方式约定某一广告位在某一时间段为特定广告主所独占，并且根据双方的要求，制订广告创意和投放策略。如图 1-14 中左半部分所示，例如，这样一个广告位一天的售卖价格是 10 000 元。显然，这样的采购模式并没有用到数字媒体可以对不同用户投放不同内容的个性化特征。

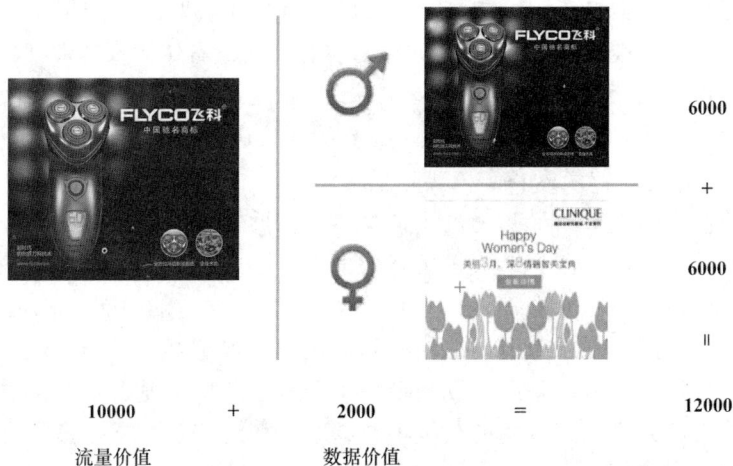

图 1-14　流量与数据变现示意

互联网广告运营者经过探索，很快就发现了数字媒体不同于传统媒体的本质特点：可以对不同的受众呈现不同的广告创意。在今天看来再平常不过的这个观念，实际上是在线广告效果和规模不断发展的核心驱动力。认识到这一点，媒体找到了一条能使广告位报价继续提高的思路。如图 1-14 所示的情形，由于剃须刀广告只需要男性受众，我们将该广告位的男性用户流量分配给它，价格变成 6 000 元，而对女性受众展示某化妆品广告，价格也是 6 000 元。这样的广告投放方式，称为定向广告（targeted advertising）。对于广告主来说，用更低的成本获得了与原来通投广告位一样的有效受众，而对于媒体来说，总收入变成了12 000元，多出来的2 000元，就是数据（这里为每一个用户的性别数据）变现的价值。请读者注意：

在广告业务中，数据变现是附着在流量变现的基础上的。

很显然，定向广告系统对计算技术提出了两个需求：一是受众定向（audience targeting），即通过技术手段标定某个用户的性别、年龄或其他标签，二是广告投放（ad serving），即将广告投送由直接嵌入页面变为实时响应前端请求，并动态决策和返回合适的广告创意。由于是从传统广告延伸而来，此时的定向广告仍然以合约的方式进行：媒体与广告主约定广告位、时间段和投放量，并在此基础上确定合同的总金额以及量未达标的情况下的赔偿方案。这种担保式投送（Guaranteed Delivery，GD）的交易方式，逐渐成为互联网合约式广告的主要模式。一般来说，这样的合约仍然主要面向品牌广告主，并且按照按千次展示付费（Cost per Mille，CPM）的计费方式。

GD广告系统中有一个重要的计算问题，即保证满足各合约目标量的要求的同时，尽可能为广告主分配到效果更好的流量。这个问题有两个难点：一是如何有效地将流量分配到各个合约互相交叉的人群覆盖上；二是要在在线的环境下实时地完成每一次展示决策。这就是在线分配（online allocation）问题。如果将各合约的量看作约束条件，将广告效果看作目标函数，则可以利用带约束优化（constrained optimization）的数学框架来解决。为了得到在线环境下切实可行的方案，学术界和工业界的同仁进行了大量理论和工程方面的研究，有一些高效且简便的方案已经为各媒体实际采用。

展示广告领域定向投放的最初动机，是媒体为了拆分流量以获得更高的营收。但是如果提供非常精细的定向，反而会造成售卖率的下降，因此，最初的定向标签往往是人口属性等粒度较粗的标签。不过，精细受众定向显然更符合需求方的口味和利益——不要忘了，广告市场的钱全部是来自需求方的，他们的利益被满足得越好，市场的规模就会越大。因此，受众定向产生以后，有两方面的发展趋势：一是定向标签变得越来越精准，例如具体某件商品的购物兴趣；二是广告主的数量不断膨胀。在这些趋势下，按照合约方式售卖广告遇到了越来越多的麻烦：首先，很难对这些细粒度标签组合的流量做准确预估；其次，当一次展示同时满足多个合约的时候，仅按照在线分配策略决策，有可能浪费了部分本可以卖得更贵的流量。既然量的约束带来了这些麻烦，有没有可能抛弃它呢？这样的思路催生了计算广告历史上革命性的产品模式——竞价广告（auction-based advertising）。在竞价模式下，供给方只向广告主保证质即单位流量的成本，但不再给出量的保证。对于每一次展示，则按照收益最高这样的简单原则来决策。

上面是从展示广告的发展看竞价产生的原因，但竞价广告产生的最初场景，是在互联网广告最主要的金矿——搜索广告（search ad）中。在以Google为代表的搜索引擎技术成熟以后，迅速成为互联网新的入口点。与门户网站不同，搜索引擎从一开始就没有被当作媒体来看待，因此搜索流量的变现也采用了付费搜索（paid search 或 sponsored search）的模式。从广告的视角来看，付费搜索显然也是一种定向广告，即根据用户即时兴趣定向投送的广告，而即时兴趣的标签就是关键词。搜索广告从一开始就直接达到了非常精准的程度，也就很自然地采用了竞价的售卖方式。

除了变现搜索流量本身，搜索引擎也开始考虑将关键词竞价的方式推广到其他媒体上：如果将用户的搜索词换成正在页面中的关键词，可以将此产品从搜索结果页照搬到媒体页面上，这就产生了上下文广告（contextual advertising）。

从宏观市场上看，竞价广告与合约广告有很大的不同。没有了合约的保证，大量的广告主处在一个多方博弈的环境中。与直觉不同的是，在如何向广告主收取每次竞价费用这一点上，并不是按照微观上最优的方案实施就可以达到整个市场最大的收益。关于定价机制的深入研究，产生了广义第二高价（Generalized Second Price，GSP）这一竞价重要的理论。

基于竞价和精准人群定向这两个核心功能，产生了广告网络（AD Network，ADN）这种新的产品形式。它批量地运营媒体的广告位，按照人群或上下文标签售卖给需求方，并用竞价的方式分配流量。广告网络的结算以按点击付费（Cost per Click，CPC）的方式为主，这里有数据和业务等方面的原因，我们将在 2.3.2 节中具体探讨。这种产品的千次展示收益（Revenue per Mille，RPM）一般来说达不到合约广告的水平，但它使大量媒体的剩余流量（remnant inventory），即没有能力通过合约售卖的流量，有了可行的变现手段：这些媒体可以直接把自己的库存（inventory）托管给 ADN，借助 ADN 的销售和代理团队让自己的流量变现。

搜索广告、广告网络只有出价接口，是否意味着广告主不再需要量的保证呢？实践中，往往还会由需求方产品来保量。竞价广告产生以后，流量采买形式发生了变化：一是更多地面向受众而非广告位进行采买；二是越来越需要技术手段保证广告主量的要求，并在此基础上优化效果。这又是一个与在线分配类似的带约束优化问题。但是实际上，这个问题有很大不同：因为只能在供给方定义好的标签组合上指定出价，而不能控制每一次展示的出价，市场看起来更像一个黑盒子，所以需求方只能靠选择合适的标签组合，以及阶段性调整出价来间接控制效果。这种面向多个 ADN 或媒体按人群一站式采买广告，并进行量和质优化的需求方产品，称为交易终端（Trading Desk，TD）。

广告网络的竞价过程是内部进行的，这无法满足广告主定制化的人群选择和优化要求。设想下面的两种情形。

（1）某电商网站准备通过广告召回它的流失用户。

（2）某银行准备通过已有的信用卡用户找到相似的潜在用户群，并通过广告触达他们。

显然，这些人群仅靠广告平台自己的数据无法得到。这样的需求催生了一种开放的竞价逻辑，让需求方按自己的人群定义来挑选流量，这就是实时竞价（Real Time Bidding，

RTB），它将竞价过程由广告主预先出价，变成每次展示时实时出价。只要把广告展示的上下文页面 URL，以及访客的用户标识等信息传给需求方，它就能进行完成定制化的人群选择和出价。于是，市场上产生了聚合各媒体流量，采用实时竞价方式进行变现的新产品形态——广告交易平台（AD Exchange，ADX）。这个名称让我们很容易联想起股票交易所。事实上，如果我们把 ADN 的交易方式想象成场外交易市场（over-the-counter market），那么 ADX 与股票交易所确实有着类似的作用。

通过实时竞价，按照定制化人群标签采买广告，这样的产品就是需求方平台（Demand Side Platform，DSP）。由于实时竞价一般采用按展示次数计费的方式（原因 6.3 节中会具体讨论），DSP 需要尽可能准确地估计每一次展示的期望价值。在这一点上，DSP 比 TD 要方便多了，因为充分的环境信息使得深入的计算和估计成为可能。基于 DSP 的广告采买，非常类似于股票市场上的程序交易，我们把这样的广告采买方式也叫作程序化交易（programmatic trade）。除了 RTB 以外，还有其他几种程序购买的交易方式，我们将在 6.2 节中具体介绍。总体而言，在线广告中程序化交易的地位将会不断加强，这是由广告主利益最大化的趋势所决定的。

初次接触在线广告的读者可能对上面提到的大量概念和商业逻辑感到无所适从。不过没关系，上面所有用楷体字标出的关键概念，在本书后续章节都会有详细的讨论，这部分内容的目的只是让读者对本书讨论的范畴有一个全局性认识，从而在后续章节中接触到某个具体问题时不会只见树木，不见森林。

由于在线广告存在着较复杂的市场结构，LUMA Partners 将全球市场的主要代表公司作了非常全面的总结，并绘制成了图 1-15 中的 "DISPLAY LUMAscape"。这一图谱的骨架与上面我们介绍的在线广告简史有着非常紧密的联系，因此也是本书在广告产品方面重要的提纲。简要地说，这一图谱是从两端向中间逐渐发展和形成的：首先是合约阶段，广告主通过代理公司从媒体方采买广告，而媒体方的广告投放机则负责完成和优化各个广告主的合约；然后，市场进化出了竞价售卖方式，从而在靠近供给方产生了 ADN 这样的产品形态，而需求方的代理公司为了适应这一市场变化，孵化出了对应的媒介采买平台（media buying platform）；最后，当市场产生了程序化交易时，供给方进化出了 ADX，而需求方则用 DSP 与其对接来投放广告。图中的下半部分，多是一些对这一骨干市场结构起支持作用的产品，或者在细分领域的特异化产品。我们在后面介绍到相关内容时，将会给出相应的介绍。

图 1-15 中的个别术语与本书略有区别，例如媒介采买平台，我们会在书中用相近似的产品概念 TD 来代替，请大家留意。

总结一下，在线广告发展的历史上，定向技术和交易形式的进化是一条主线。从最初的固定位置合约，发展到进行受众定向、按展示量结算的合约，再到竞价交易方式，并最终发展成开放的实时竞价交易。这条主线的核心驱动力是让越来越多的数据源为广告决策提供支持，从而提升广告的效果。除了这条交易形态的主线，互联网广告产品还有另外一条发展线路，即产品展现逻辑上的发展：在展示广告的最初阶段，广告位被作为与内容相对独立的单元来决策和运营，并且完全以优化收入为目标；同时，人们从搜索广告和社交网络信息流广告中得到了启发——将内容与广告对立起来，未必是一个好的选择，前面这两种广告产品，正是由于与内容的展现和触发逻辑有着高度的一致性，才使得它们的效果很突出。沿着这样的思路，将内容与广告以某种方式统一决策或展示的产品形式——原生广告（native ad）在近年来得到了越来越多的关注。如何将原生的决策方式与已经比较成熟的广告交易相结合，是目前移动互联网广告发展的热点。有关这方面的问题，我们将在第 8 章中具体讨论。

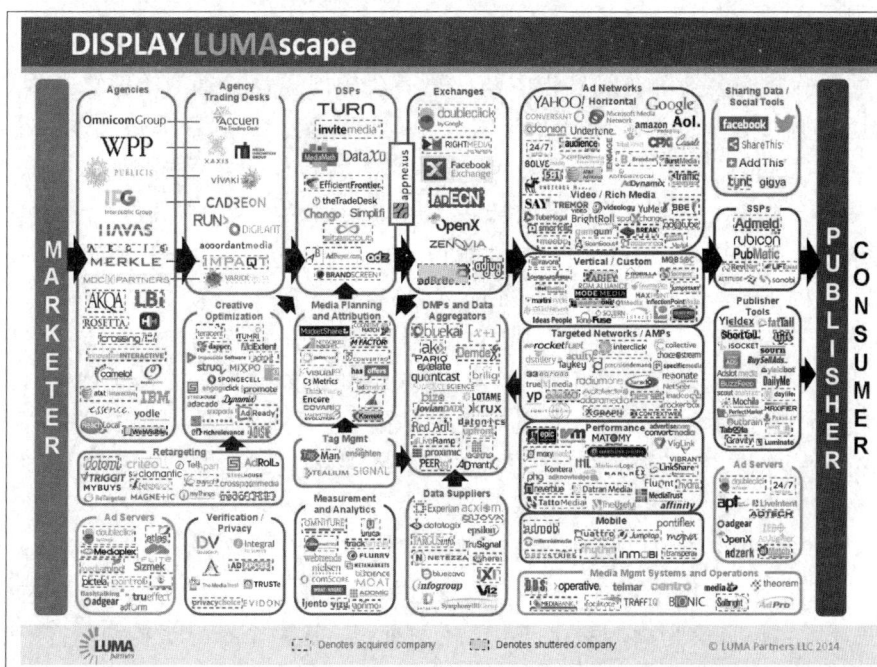

图 1-15　LUMA 总结的展示广告市场结构和代表公司图谱

第 2 章

计算广告基础

从本章开始我们会接触在线广告中与计算有关的问题。广告中的计算是为了解决什么问题，以及解决这些问题需要什么样的业务描述框架，是本章重点关注的内容。

我们会先对从传统广告中发展起来的广告有效性理论做简要回顾。把广告产生效果的过程分解为若干阶段，并讨论其中各阶段关键的影响因素，可以对在线广告中受众定向、创意优化等有价值的技术点的原理有感性认识。虽然这部分内容与具体的计算技术无关，却对计算广告中的一些根本原理有深入的揭示，希望读者有所了解。

在互联网广告中，计算之所以可以发挥巨大的作用，与它的一些根本技术特点有很大关系，这是本章的出发点。总的来说，可衡量的效果以及相应的计算优化，是在线广告区别于线下广告的主要特点。在这些特色的基础上，我们对 Andrei Broder 提出的计算广告核心挑战稍作推广，得到贯穿本书的计算广告核心问题，即利润优化问题的概念性框架。

在大多数广告产品中，可以通过计算优化的主要是收入部分，而千次展示期望收入（expected Cost per Mille, eCPM）正是计算广告中最为核心的量化指标之一。与广告的信息传达过程相关，eCPM 又可以分解为点击率和点击价值的乘积，这两个指标是各种广告产品在计算过程中经常遇到的，也是产品运营需要深入理解和重点关注的。

同时，这样的收入分解方法还对在线广告产品的市场结构和计费方式的理解很有帮助。读者将会看到，在线广告多种多样的计费方式实际上反映着市场结构的分工不同。具体来说，计费方式与供给方和需求方如何分工估计点击率和点击价值，从而完成整个市场的资源优化配置有关。对若干常见计费方式的深入理解，对于把握计算广告领域的核心问题，以及评估每个问题在特定情形下的难度，有很重要的指导意义。

本章的最后还将介绍若干广告和在线广告领域中重要的行业协会。了解这些协会在广告业务中代表的利益方，以及他们对整个在线广告市场产品和技术形态的推动作用，对有志从事广告技术和业务的读者来说也是必要的。

2.1　广告有效性原理

为了探讨用技术手段优化广告效果，我们先看看广告从用户接触开始是如何产生最终效果的。这一问题是广告领域一个重要的传统研究课题，我们直接借鉴了前人的研究成果，用一个三段式信息传播模型来解剖广告由物理上产生到最终产生转化行为的全过程，广告转化的有效性模型如图 2-1 所示。

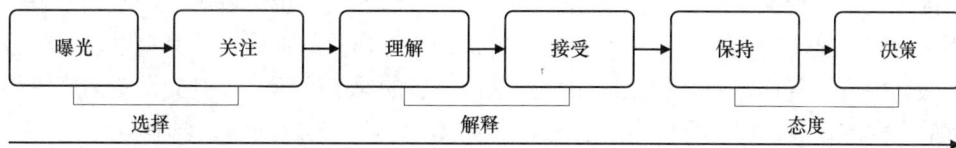

图 2-1　广告效果产生过程示意

如图 2-1 所示，广告的信息接收过程分为 3 个大阶段，即选择（selection）、解释（interpretation）与态度（attitude），或者进一步分解为 6 个子阶段，即曝光（exposure）、关注（attention）、理解（comprehension）、接受（acceptance）、保持（retention）与决策（decision）。下面我们分别来讨论每个阶段的意义和关键点。

（1）曝光阶段。这一阶段指的是广告物理上展现出来的过程，其有效程度往往与广告位的物理属性有关，并没有太多可以通过技术优化的空间。实际的广告实践中，因为曝光的有效性对最终结果的影响往往远远高于其他技术性因素，所以才会有"位置为王"的说法。像纽约时代广场那组著名的广告牌（见图 2-2 的左图），以及北京东三环北端京信大厦外立面正对着东三环北路的广告牌（见图 2-2 的右图），就有非常好的曝光效果。在互联网广告中，位置的影响有时会更加显著。因此。如何从算法上消除由此带来的点击率的偏差，是一个重要的实际问题。

图 2-2　曝光效果突出的广告位示例（左：纽约时代广场；右：北京东三环京信大厦）

（2）关注阶段。这一阶段指的是受众从物理上接触到广告，到意识上关注到它的过程。对广告而言，曝光并不一定意味着关注。举个例子，有一位好友某天在浏览社交网站时，他的小儿子在旁边喊道："爸爸，快看网页上的恐龙！"而这位朋友找了一分多钟都没有找到恐龙。实际上，恐龙就在网页上端最醒目的广告位上。这个例子说明，强曝光并不能等同于用户实际有效的关注。

如何提高关注阶段的效率呢？首先，尽量不要打断用户的任务。这一点是上下文定向的原理基础，也是讨论原生广告产品的出发点之一，上面的例子也可以用这个原则来解释，当用户明确辨识出某个固定的广告位，并且不再认为它与当前网页的任务有关联时，他会下意识地屏蔽其内容；其次，明确传达向用户推送此广告的原因，这一点是受众定向广告创意优化的重要方向；最后，内容符合用户的兴趣或需求，这是行为定向的原理基础。

（3）理解阶段。用户关注到了广告的内容并不意味着他一定能理解广告传达的信息。再举一个例子，作者有一次试玩了一款网页游戏，然后被某游戏广告定向到，并多次看到某宣传"四维城战新模式"的游戏广告。应该说这样的定向是精准的，我也认真地看了广告的内容，不过由于我不能直观理解这些内容，也就谈不上后续转化。

如何提高理解阶段的效率呢？首先，广告内容要在用户能理解的具体兴趣范围内，这说明真正精准的受众定向有多么必要；其次，要注意设定与关注程度相匹配的理解门槛。例如，在电视广告中，可以用有一定情节的短故事来宣传品牌；在路牌广告中，创意制作原则是将若干主要市场诉求都表达出来；而对于互联网广告，由于用户的关注程度非常低，我们应该集中强调一个主要诉求以吸引用户的注意力。

（4）接受阶段。受众理解了广告传达的信息，并不表示他认可这些信息。广告领域有一句名言："我知道有一半的广告预算浪费了。"实际情况还有可能更糟，如果表达的信息不适当，甚至有可能有三分之一的广告展示起到负面效果！在使用幽默、性感这样非常规的广告手段时，要特别注意这一点。

广告的上下文环境对广告的接受程度有着很大的影响，同一个广告出现在某游戏社区上和门户网站首页上，用户会倾向于认为后者更具说服力，这也就是优质媒体的品牌价值。在定向广告越来越普遍的今天，如何让合适的广告出现在合适的媒体上，即广告安全（ad safety）的问题，正在引起越来越多的关注。

（5）保持阶段。对于追求长期效果的品牌广告商，当然希望广告传达的信息给用户留下鲜明的记忆，以长时间影响他的选择。品牌广告商在创意设计上花了大量的精力提高这一阶段的效果。想想那些充满艺术性或浪漫气质的电视广告，就可以对此有直观的认识。

（6）决策阶段。成功广告的最终作用是带来用户的转化行为，虽然这一阶段已经离开了广告的业务范围，但好的广告还是能够为转化率的提高做好铺垫的。特别是对于电商或团购业务，在创意上强调哪些信息以打动那些价格敏感的消费者，是有相当学问的。

定性地说，越靠前的阶段，其效果对点击率的影响越大；而越靠后的阶段，其效果对转化率的影响越大。但是，以上各个阶段的划分绝非孤立和绝对的，而某一项具体的广告策略或技术，也往往会对几个阶段的效果同时发生影响。虽然有关广告有效性模型的讨论多见于传统广告的研究中，然而其规律也对在线广告特别是定向广告的产品方向有很强的指导作用。

2.2 互联网广告的技术特点

从前面的讨论中，大家一定已经发现了不少在线广告不同于传统广告的特点，其中有一些特点对我们正确理解在线广告市场，探究合适的效果优化方案，有着重要的指导意义。

（1）技术和计算导向。数字媒体的特点使在线广告可以进行精细的受众定向，而技术又使得广告决策和交易朝着计算驱动的方向发展。实际上，受众定向这一思想在线下广告中也曾经被尝试过，比如，试图把信用卡纸质账单背面的广告按照信用卡用户的年龄和性别做一些定制化，不过由于非数字的媒体上这么做的成本太高，因而无法规模化。在数字媒体上进行受众定向，其成本可以控制得非常低，这直接催生了在线广告的计算革命。除了受众定向，由于在线广告存在着独特的竞价交易方式，因而广告效果精确的预估和优化能力尤为重要。

（2）效果的可衡量性。在线广告刚刚产生的时候，大家对它最多的称道之处是它可以以展示和点击的形式直接记录和优化广告效果。不过，点击率这一指标从是否在绝对意义上能够反映广告效果是值得探讨的。从 1998 年到今天，横幅展示广告的平均点击率从 10% 一路降低到 0.1%，难道这说明广告的效果下降了两个数量级吗？快速增长的市场规模显然给出了否定的回答。我们认为，在不同的产品或时代中，点击率绝对值的比较并没有那么重要，而在一个特定时期不同广告和算法表现出来的差异，才是更有意义的。从这一点来看，可衡量性仍然可以认为是在线广告的一个重要特点。

（3）创意和投放方式的标准化。标准化的驱动力来自于受众定向与程序化交易。既然需求方关心的是人群而非广告位，创意尺寸的统一化与一些关键接口的标准化非常关键。这些接口标准中，比较典型的有视频广告的 VAST 标准 [53] 和实时竞价的 OpenRTB 标准 [54] 等。在 PC 广告市场，有越来越多的广告平台愿意根据这些标准来设计自己的产品，因为这样大家可以充分利用整个市场的流动性，更快地创造价值。不过，在移动时代，与内容表现一致的原生化需求比创意的标准化需求更加急迫。因此，移动时代的创意标准可能会有完全不同的思路。

（4）媒体概念的多样化。随着 Web 2.0 和移动互联的普及，赋予了更多交互功能的互联网媒体与线下媒体有了本质差别。根据功能的不同，这些媒体与转化行为的距离也不同。举个例子，对电商行业而言，门户网站、垂直网站、搜索引擎、电商网站、返利网，在转化链条上一个比一个更靠近购买行为。我们从直觉上就可以知道，越接近转化的媒体上的广告，其带来的流量就可以达到越高的 ROI，同时离"引导潜在用户"这样的广告目的也就越远。因此，在从需求方看在线广告时，应该注重各种性质媒体的配合关系，并从整合营销的角度去审视和优化整体效果。试想，如果一家电商只用返利网作为线上广告渠道，

ROI 一定可以做到很高，可是这样的营销能给他带来大量潜在用户吗？[①]

（5）数据驱动的投放决策。与工业革命时期机器化的根本驱动力——电力相类比，互联网化的根本驱动力可以认为是数据的深入加工和利用。这一点在大数据概念被广泛认知的今天已经成为老生常谈。前面提到的在线广告的计算技术，在很大程度上也要依赖于对于数据的大规模利用。广泛收集用户的行为数据和广告反馈数据，利用云计算的基础设施对用户打上合适的标签，同样根据数据在多个广告竞争同一次展示时作出决策，再将投放的结果统计数据反馈给广告操作人员以调整投放策略，这已经成为在线广告的基本投放逻辑。因此，可以认为现代的在线广告系统就是一个大数据处理平台，而且其对数据处理的规模和响应速度的要求都相当高。可以说，从来没有任何传统广告形式像在线广告那样，需要大规模地收集并利用数据，而这正是在线广告最吸引人之处。

2.3　计算广告的核心问题

Andrei Broder 在提出计算广告这一课题的同时，也给出了其核心研究挑战（注意是"核心挑战"而非"定义"）。对此，他的表述是"Find the best match between a given user in a given context and a suitable advertisement"[2]。我们结合近年来市场的发展以及实际业务中的一些体会，对此表述稍做加工，给出计算广告的核心问题如下：

> 计算广告的核心问题，是为一系列用户与上下文的组合找到最合适的广告投放策略以优化整体广告活动的利润。

与 Andrei Broder 的表述相比较，我们主要进行了两点调整：首先，强调广告问题优化的是一组展示上的效果，而非孤立的某一次展示上的效果。这是由于广告活动中普遍存在着量的约束，在这一约束下优化利润，其最优解往往与每次展示独立决策时有很大的不同；其次，描述中去掉了"given"的字眼，这是由于在某些广告产品中，系统并不一定能拿到确定的用户或上下文唯一标识，但这并不意味着无法进行计算优化。同样，我们也强调优化的结果是"广告投放策略"而不一定是具体的广告，这也是因为有些产品的策略并不是直接决定最后的展示。相信读完本书后面的部分，读者就能更深入地体会这些调整的原因。

上面的计算广告核心挑战可以用一个最优化问题来表达：

$$\max \sum_{i=1}^{T} (r_i - q_i)$$
$$\text{s.t.} \ \sum_{i=1}^{T} d_{ik} \leqslant D_k, \forall k \tag{2.1}$$

这里的 i 代表从第1次到第 T 次之间的某一次广告展示。我们优化的目标就是在这 T 次展示上

的总收入（r）与总成本（q）的差，即总体的利润。对于某一个具体的广告主k，有时存在预算的限制，有时存在投放量的保证，这也是广告作为一项商业活动的关键特征之一，这构成了式（2.1）中的约束，即需求方约束。由于此约束的存在，广告系统的优化与底层技术较相似的搜索、推荐等有很大的不同。

当总体预算一定，即 $\sum_{i=1}^{T} q_i$ 是一个常数时，很容易验证式（2.1）与另一个更常见的目标ROI=$\sum_i r_i / \sum_i q_i$ 也是一致的。进一步考虑收入与成本具体依赖的因素，上面的优化问题可以写成：

$$\max_{a_1, \cdots, T} \sum_{i=1}^{T} \{r(a_i, u_i, c_i) - q(a_i, u_i, c_i)\}$$
$$\text{s.t.} \quad \sum_{i=1}^{T} d(a_i, u_i, c_i, k) \leqslant D_k, \forall k \tag{2.2}$$

表达式中的a, u, c 这3个变量分别代表广告、用户与上下文，即广告活动的3个参与主体，显然，广告展示的收入或成本与这3个因素都有关。实际上，对除DSP以外的大多数广告产品来说，要么是自营或包断资源，要么按以收定支的方式与媒体分成，其成本也对应为常数或正比于收入，在这种情形下，成本部分可以从上面的优化公式中去掉。在约束中，每次约束产生的成本d除了与a, u, c有关，还与具体某个广告主k有关。

注意，这里有一个隐含的假设，即整体的收入或成本可以被分解到每次展示上。显然，这一假设并不合理，但是考虑到实际线上决策时，必须对每次展示马上完成计算，从实用角度出发我们仍然采用这一假设。在实际系统中，可以采用频次控制、点击反馈等方法来解决多次展示之间效果相关性的问题。

在具体的广告产品中，优化式（2.2）可能会省略掉一些内容或参数，而约束的具体形式也各有不同或者并不存在，这将构成该广告产品独特的优化问题。在后面谈到若干广告产品的关键技术时，我们会给出其具体形式。

2.3.1 广告收入的分解

我们再来看看对广告收入 r 的进一步分解，引出关于在线广告计费方式的重要分析。对一个广告市场中具体的产品形态，能够主动优化的往往是收入而非成本，因此，可以主要关注收入的优化。在一次广告展示产生后，有可能发生哪些后续行为呢？参见图2-3。当用户在媒体的广告位上看到广告以后，如果产生兴趣，首先产生的是点击行为，广告点击与广告展现的比率称为点击率（Click Through Rate，CTR）；点击行为成功以后，将会打开广告主的落地页（landing page），落地页成功打开次数与点击次数的比例称为到达率，这是在广告主网站上发生的；如果用户从落地页开始，进一步完成下单等操作，则称为转化，转化次数与到达次数的比例称为转化率（Conversion Rate，CVR），这是在广告主网站上或线下发生的。按照媒体网站和广告主网站上的行为对收入 r 进行分解，是实践中比较合理且容易操作的方式：

$$eCPM = r(a, u, c) = \mu(a, u, c) \cdot v(a, u, c) \qquad (2.3)$$

后文都将沿用这样的符号表示：μ 表示点击率，v 表示点击价值（click value），即单次点击为广告主带来的收益。前者描述的是发生在媒体上的行为，后者描述的是广告主站内的行为。而这两部分的乘积定量地表示了某次展示的 eCPM[①]。请读者特别关注 eCPM 这个指标，因为它是计算广告中最常被提及，也是最关键的定量评估收益的指标，本书的计算问题大都是围绕它展开的。在对多个候选排序时，是根据 eCPM 还是 CTR 排序，也是区别广告产品和用户产品的重要策略特征。进一步，如果我们将所有的点击价值都等同起来，那么根据 eCPM 排序和根据 CTR 排序实际上将得到一样的结果。因此，可以认为根据 CTR 排序是根据 eCPM 排序的一种特例，这也使得将内容与广告统一排序的原生广告成为可能。

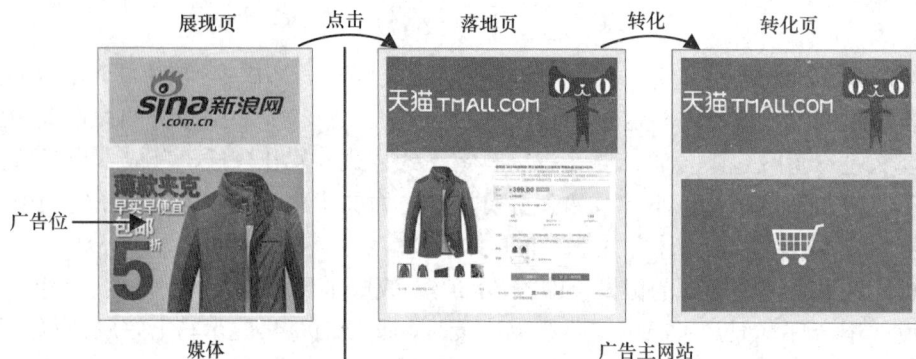

图 2-3   在线广告产生效果的步骤

eCPM 一般指的是估计的千次展示收益，它有两个很相近的概念：如果讨论的是千次展示收入，往往用 RPM；如果讨论的是千次展示成本，往往用 CPM。这 3 个术语有时在实用中的区别并不明显。

根据图 2-3 所示的流程，点击价值还可以进一步分解为到达率、转化率和客单价的乘积。由于这部分的深入解剖与行业密切相关，而且更多地属于站内运营而非广告的范畴，因此在本书中将只在 15.2.3 节中做简要的讨论。

2.3.2 结算方式与eCPM估计的关系

对于大多数广告产品来说，需要计算给定 (a, u, c) 三元组的 eCPM 以进行决策。可是由于广告市场的协作关系复杂，并非每个广告产品都可以对 eCPM 分解后的两个变量（即 μ 和 v）做出合理的估计。根据 eCPM 的分解决定哪部分由谁来估计是广告市场各种计费模式产生的根本原因，也是广告市场中商业逻辑与产品架构衔接的关键一环。下面我们就来

① 由于CPM是千次展示的收益，因此eCPM实际上还要乘以1000才能与其相比较，为了表达简单，我们在本书中略去1000这一固定系数。

逐一分析一下市场上主要的几种广告计费模式。

（1）CPT（Cost per Time）结算。这是将某个广告位以独占式方式交给某广告主，并按独占的时间段收取费用的方式。严格来说，这是一种销售方式而非计费模式，因为价格是双方事先约定的，无须计量。这种方式主要适用于一些强曝光属性、有一定定制性的广告位。在一般的展示广告中，这种方式在欧美市场并非经常采用，但在中国的门户网站广告中，CPT仍然是一种主流模式。CPT这种独占式的售卖虽然有一些额外的品牌效果和橱窗效应产生，但是非常不利于受众定向和程序化交易的发展，因而长期看来比例会有下降的趋势。

（2）CPM（Cost per Mille）结算。即按照千次（mille）展示结算，这里的"mille"是拉丁文"千次"的意思。这种方式是供给方与需求方约定好千次展示的计费标准，至于这些展示是否能带来相应的收益，由需求方来估计和控制其中的风险。对于品牌广告，由于目标是较长时期内的回报，很难通过短期数据反馈直接计算点击价值，而点击率也因为对于用户接触的核心要求变得不是唯一重要的因素。在这种情况下，由需求方根据其市场策略与预算控制流量单价，并按CPM方式结算，是比较合理的交易模式。实际上，在大多数互联网品牌广告、特别是视频广告中，CPM都是主流的结算方式。

（3）CPC（Cost per Click）结算。即按点击结算。这种方式最早产生于搜索广告，并很快为多数效果类广告普遍采用。在CPC结算方式下，点击率的估计是由供给方（或者中间市场）完成的。点击价值的估计则由需求方完成，并通过出价的方式向市场通知自己的估价[①]。这样的分工对于以效果为目标的在线广告而言，有着清晰的合理性：供给方通过其收集的大量用户行为数据，可以相对准确地估计点击率；而转化效果是广告主站内的行为，当然他们自己的数据分析体系也就能更准确地对其作出评估。因此，以CPC方式结算，在效果类广告市场中具有接近垄断的地位。

（4）CPS（Cost per Sale）/CPA（Cost per Action）/ROI结算，即按照销售订单、转化行为或投入产出比来结算，这些都是按照转化付费的一些变种。这是一种比较极端的结算方式，即需求方只按照最后的转化收益来结算，从而在最大程度上规避了风险。在这种结算方式下，供给方或中间市场除了估计点击率，还要对点击价值做出估计，这样才能合理地决定流量分配。这里存在一个明显的问题：转化是用户在广告商站内的行为，并非供给方能够直接监测和控制，也无法进行准确的估计和优化。因此，只有那些转化流程和用户体验类似的广告商组成的广告平台，按转化付费才比较可行，典型的例子就是淘宝客广告（转化流程都发生在淘宝上）和移动应用下载广告（转化流程都发生在Apple Store或Google Play中）；另外，由于DSP需要完全代表广告主利益，也会有跟广告主之间按照CPS计费的情形。总体而言，对于与广告主收益直接挂钩的需求方产品来说，CPS在一定

---

① 当然需求方不会完全按照其点击价值来出价，而是会寻求更低的价格以获得套利空间。因此，如何在市场机制上避免广告主积极地调整出价，以促进市场竞争的激烈程度，是竞价体系设计的关键。我们将在第5章中讨论这一问题。

条件下是可行的；但是对于普遍的中间广告市场来说，CPS 并不是一种最合理的结算方式。

CPA 结算的广告中有两种特殊的类型：一类是某些收集销售线索的直接效果广告，按照收集到的线索数结算，这称为 CPL（Cost per Lead）方式；另一类是移动应用下载的直接效果广告，按照安装数结算，这称为 CPI（Cost per Install）方式。

（5）oCPM（optimized CPM）结算。oCPM 是 Facebook 主推的一种新结算方式，意思是广告平台仍然按照 CPM 结算费用；但会根据转化率进行优化。也就是说，虽然结算方式仍然是 CPM，但是供给方会承担点击率和点击价值估计的任务。实践中，oCPM 往往是向某个广告主提供 CPA 结算之前的一种过渡方式。对于新广告主，由于无法确定其转化率，直接采用 CPA 结算对平台来说风险较高，采用 oCPM 结算，可以鼓励广告主将自己的转化数据对接给广告平台，在积累到一定转化量，从数据上判断 CPA 结算可行以后，平台即向其开放 CPA 结算方式。通过这样的市场策略，Facebook 利用 CPA 结算极大地降低了广告主的投放工作量，快速吸引了大量应用下载类广告主，而 oCPM 正是其中最关键的产品环节。另外，这种模式也可以更一般地推广到所有结算方式与优化目标不一致的场景，例如按 CPC 结算，却按照 CPA 优化的 oCPC 方式。

以上几种结算方式的概要对比如表 2-1 所示。综合起来看，可以认为，对于效果广告，CPC 计费方式最有利于发挥供给方和需求方的长处，因而在市场上被广泛接受；而对于品牌广告，由于效果和目的有时不便于直接衡量，可以考虑按照 CPM 的方式计费；而 CPS/CPA/ROI 的计费方式，只在一些特定的环境下才比较合理。oCPM 则是数据能力较强的广告平台向 CPA 方式的一种巧妙过渡。

表 2-1　在线广告结算方式比较

结算方式	点击率估计	点击价值估计	优缺点	适用场景
CPT	需求方	需求方	可以充分发挥橱窗效应 无法利用受众定向技术	高曝光的品牌广告
CPM	需求方	需求方	可利用受众定向选择目标人群 合约售卖下受众划分不能过细	有受众选择需求的品牌广告 实时竞价广告交易
CPC	供给方	需求方	可以精细划分受众人群 合理的供给方和需求方分工	竞价广告网络
CPS/CPA/ROI	供给方	供给方	需求方无任何风险 供给方运营难度较大	效果类广告联盟 效果类 DSP
oCPM	供给方	供给方	向 CPA 方式的稳健过渡	数据能力较强的广告平台

既然广告有计费需求，也就同时产生了第三方监测的需求。在 CPM 类品牌广告中，由于曝光在媒体上产生，广告主往往会委托第三方的广告监测公司对曝光量、点击量等指标作技术核实，并以此作为结算的依据。在 CPC 或 CPS 结算的广告交易中，由于计费的指标，

即点击或转化,在广告主的网站上产生,所以并不需要特别的监测服务。因此,可以认为广告监测的主要服务对象是品牌广告主。随着 CPM 广告定向方式越来越复杂,广告监测也从简单的展示和点击计数到频次、人口属性等信息的验证和计量。另外,对于 CPA 类型的广告,实际执行中存在广告主故意扣量,从而低成本赚取大量品牌曝光的可能。因此,往往需要第三方的归因(attribution)监测工具来保证转化数和计费的公正。关于这方面的问题和技术,我们将在第 16 章中介绍。

2.4　在线广告相关行业协会

由于供给方和需求方的博弈关系,需要一些行业协会来约束和规范市场,关注这些行业协会的立场与使命,对更清晰地认识广告的商业逻辑大有帮助。以最重要的北美市场为例,主要有以下 3 个行业协会需要了解。

2.4.1　交互广告局

交互广告局(Interactive Advertising Bureau,IAB)成立于 20 世纪末,是在线广告领域最重要的行业协会。IAB 主要是站在供给方的长远利益上来研究和影响市场。换句话说,IAB 主要关注的是在线广告供给方的利益。正如 IAB 在自己网站标题上声明的那样,这一组织存在的使命,是“dedicated to the growth of interactive advertising market”,即致力于交互广告市场的壮大。而这个方向的受益者,主要是各在线媒体与广告技术公司。因此,IAB 的典型会员是 Google、Facebook、Yahoo!、Microsoft 这样的广告供给方,以及 AudienceScience 和 MediaMath 这样的广告技术公司。广告技术公司和产品的发展是为了更好地服务广告主和提升在线广告效果,以利于更多的预算进入在线广告领域。从具体工作上看,IAB 与互联网大量媒体和广告平台合作,制定了一系列意义重大的标准和规范,这些都极大地促进了在线广告行业的健康发展。其中包括如下几个重要的规范。

(1)展示广告创意尺寸标准。根据 2001 年 IAB 公布的标准仅仅支持 7 种创意尺寸,即 120×600(摩天大楼)、160×600(宽摩天大楼)、180×150(长方形)、300×250(中级长方形)、336×280(大长方形)、240×400(竖长方形)、250×250(正方形弹出)。创意尺寸的统一化,对于在线广告市场淡化广告位概念、推广受众定向有着非常根本的促进作用。中国市场与此对比,由于广告位尺寸非常复杂,因而各个网站之间的壁垒较高,非常不利于定向广告和程序采买的发展。

(2)视频广告标准 VAST(digital video ad serving template)。由于视频广告创意和展示

形式比较复杂，消耗资源也较多，IAB 制定了一套统一的 XML schema 用于向在线视频媒体投放视频流内的广告，并对其用户进行相应的规范化的描述，这一标准实际上减少了进入视频广告领域的技术障碍，使得视频广告市场规模快速发展成为可能。

（3）通用实时竞价接口标准 OpenRTB。实时竞价的技术我们将在第 6 章中介绍，简单来说，这种采买方式是为了方便需求方按照自己的受众划分高精准地采买流量。假设各个广告交易平台的实时竞价接口不同，则意味着需求方需要付出几倍的技术成本以完成广泛的市场对接。于是，IAB 制定了统一的 OpenRTB 标准，将横幅广告、视频广告、移动广告情形下的实时竞价接口做了统一的规范。

2.4.2　美国广告代理协会

美国广告代理协会（American Association of Advertising Agencies，简称 4A）并不是一个专门从事互联网广告的组织，而是线上线下各种广告，特别是品牌广告的代理商在美国的行业协会。4A 公司向其会员代理公司约定，至少要向广告主收取一定比例的服务费用，这一方面是为了避免行业内的恶性竞争，另一方面也是确保广告代理公司能够站在广告主的利益角度考虑问题，而后一点对于市场的长期健康发展是有很大帮助的。4A 公司的典型代表有奥美（Ogilvy & Mather）、智威汤逊（JWT）、麦肯（McCann）等。值得注意的是，由于 4A 是一个美国协会，因此严格意义上的 4A 公司都是美国公司，不过对于另外一些国际影响力较强、业务方式和准则与其类似的非美国广告代理公司，我们也往往都将其归为广义 4A 公司的行列，典型的例子如日本的电通（Dentsu）公司。

2.4.3　美国国家广告商协会

美国国家广告商协会（Association of National Advertisers，ANA）是一个广告主的协会，也是最彻底地代表需求方利益的组织。其会员多是 AT&T、宝洁（P&G）、NBA 这些拥有大量广告预算的广告主。ANA 对广告主利益的维护可以从一件小事中得到体现：在微软宣布考虑在 IE10 支持限制第三方 cookie 滥用的 "do not track"（DNT）协议时，是 ANA 明确声明对这样的计划表示反对，因为这样将会使得在线广告市场精确投送广告的能力受到很大影响，而这显然是与广告主的利益相违背的。

第二部分
在线广告产品逻辑

第3章

在线广告产品概览

不同于传统线下广告，在线广告的产品形式（这里说的并非创意形式）相当丰富。在 1.5 节中，我们对在线广告的整个发展历程有了初步了解，如果从产品的视角将这一过程提炼出来，可用图 3-1 来示意。

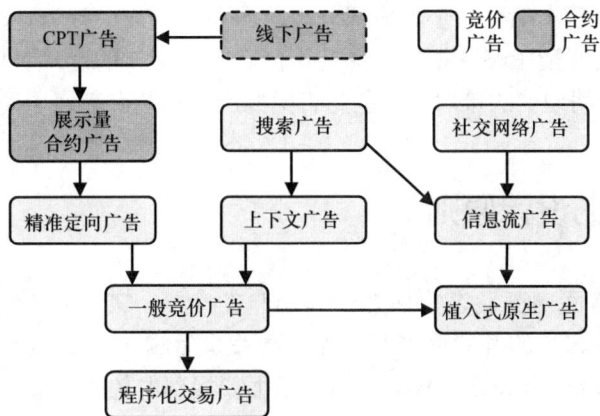

图 3-1　在线广告产品进化示意

图 3-1 中的产品的发展历程，表面上看是广告产品和市场本身的进化，实际上是由于数据利用和变现需求的推动。为了方便讨论，我们这一发展历程分为 4 个阶段。

（1）合约广告产品。它由线下广告的交易形式衍生而来，又可以分为按照时段售卖的 CPT 广告和按照约定展示量售卖的 CPM 广告。这类广告产品主要服务于后续效果不宜直接衡量的品牌类广告主，在门户网站和视频网站较为常见。保量 CPM 广告产生的原动力是数据变现的需要。不过由于合约中量的约束的存在，它能够变现的往往只是人口属性这类规模较大的数据。

（2）竞价广告产品，它的最重要的形式是搜索广告，其产品形式为对搜索关键词的竞价。这种广告在拓展到站外展示广告流量时，演进成了对页面关键词或者用户标签竞价的产品形式，也就是 ADN。竞价广告的商业逻辑与合约广告完全不同，也是解决效果类广告需求的关键产品形式。竞价广告产生的根本原因是为了变现诸如关键词、精细用户标签等高价值但量不大的数据，从合约中放弃量的保证以后的结果。

（3）程序化交易广告产品。竞价广告的进一步发展催生了实时竞价的交易形式。实时竞价使得需求方可以更灵活地划分和选择自己的目标受众，也使得更广泛的数据使用和交易迅速发展起来。以实时竞价为核心的一系列交易方式逐渐演变为机器之间以程序化的方式完成广告交易决策，因此，这类产品称为程序化交易广告产品。程序化交易的主要推动力是市场中广告主数据和第三方数据的使用与变现，同时它也催生了与此相关的数据交易市场。

（4）原生广告产品。广告的产品体系除了自身的演进，另一个重要课题是如何处理与非商业化内容的关系，让广告与内容尽可能以"原生"的方式共存。搜索广告和社交网络信息流广告对此作了非常有价值的探索，不过这样的原生广告在规模化和交易化方面也遇到了很多的问题。然而，随着近年来移动设备对于原生广告的强烈渴求，以信息流广告、激励视频广告、灵活拼装素材的广告等为代表的原生广告正在快速发展中。从数据的角度来看，原生广告更加重视场景数据的加工和使用，这也代表了移动时代的新问题和新思路。

每一种广告产品基本都有 3 个组成部分，即面向需求方的接口、面向供给方的接口以及中间的投放系统及匹配策略。根据产品的不同，其中接口的形式可以是面向人工操作的界面，也可以是机器间通信的接口。这些广告中的产品环节，都属于商业产品的范畴。

3.1　商业产品的设计原则

商业产品指的是面向商业客户而非一般用户的产品，其中最典型的代表就是在线广告。其他的一些面向客户的互联网产品，如客户关系管理（Customer Relation Management，CRM）、网站分析（Web Analytics，WA），以及后面要提到的数据管理平台（Data Management Platform，DMP）等，也属于商业产品的范畴。商业产品的设计和运营有着一定的共性原则，有必要在这里介绍一下。

互联网是一个产品驱动的行业。熟悉产品设计的读者可能了解，用户产品演进的根本驱动力，是人们追求方便的天性。因此，用户产品的设计原则总是朝着更简单、更直观、更快捷的方向努力。而相应的产品设计重点也集中在关键功能的突出、操作过程的流畅等方面。

然而，如果有机会参与商业产品的设计和运营，你就会发现，其中关注的重点和运营的方式有相当大的区别。有时候用户体验优秀的商业产品，并不一定能带来良好的口碑或市场上的成功，这是为什么呢？商业产品一般都有一个明确的商业目标，而使用者的动力也是为了优化这个商业目标。例如，广告，其使用者不论是媒体、代理或广告主，都是为了优化自己的利润。因此，对这类产品的选择标准是客观的，也是可衡量的。Facebook 的广告之所以为大量的中小广告主广泛采用，主要原因并不是因为其使用便捷性远超同类产品，而是因为其推广效果有目共睹。因此，商业产品的任何一项功能改进，只要能带来其对应商业目标的上升机会，即使在使用流程上引入一些不便，也是可以接受的。这样的产品原则带来的结果，正如图 1-15 所示，整个广告市场的交易环节越来越复杂，使用门槛也越来越高，这与用户产品简化的大趋势是非常不同的。

在优化既定商业目标这一商业产品的总体原则下，商业产品运营中有一些需要注意的关键点。

（1）相对于产品功能，要特别关注产品中的策略部分。策略本身是商业产品非常关键的环节，以广告为例，竞价中的机制设计、冷启动时的数据探索、受众定向的标签体系，都是产品策略需要考虑的内容。策略上看似简单的调整，往往能带来广告系统收入上巨大的变化。与一般产品不同，这些策略的制定既需要对于广告市场深入的了解，又需要许多扎实的基础知识。对于刚开始进入广告产品领域的读者，将关注点集中在这些"看不见的产品特征"上，是需要下功夫体会和实践的。

（2）要特别关注数据，让运营和产品优化形成闭环。由于商业产品的目标是确定和可优化的，所有产品特征和策略的成功与否，要严格根据数据的反馈来判断。同时，新产品功能的规划，也要在洞察历史数据和其他用户产品数据的基础上进行。从数据分析开始，以数据结束，这样的闭环式迭代是最适合商业产品的开发模式。

（3）当然，在所有与使用者打交道的产品界面上，用户产品追求便捷性的设计原则依然非常重要。不过在商业产品中，实现功能以外过于新奇、炫酷的产品外观和交互模式，是应当避免的。

由于本书探讨的是计算广告这一典型的商业产品，我们也会将重点放在广告投放、交易、策略、数据使用和交易等产品环节上，而对于广告系统与需求方或供给方的界面接口，将只在下面作简要的介绍。

3.2　广告系统的产品接口

3.2.1　广告主层级组织与投放管理

广告市场非常复杂，广告系统的需求方有可能是广告主、代理公司、TD 或者 DSP。无论是哪种需求方，都需要一个操作界面来设置预算、广告投放条件和其他策略。

一般来说，需求方提供的广告是分层次管理的。在多数产品中，广告的层次分为广告主、广告（推广）计划（campaign）、广告（推广）组（ad group）、广告创意（creative）等几个层级，参见图 3-2。其中广告主层级管理一个广告主的通用信息，而其他 3 个层级则与具体的投放管理相关。

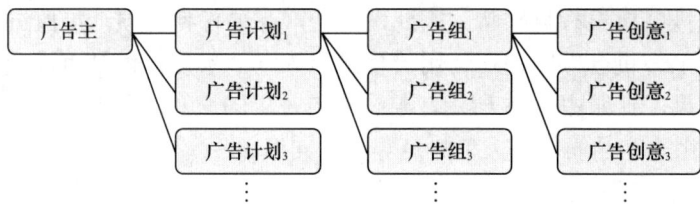

图 3-2   广告层级关系示意

　　（1）广告计划概念上对应于广告主的一次投放合同，其中包括预算、时间范围等基本信息，参见图 3-3 中的示例。除了这些信息以外，图 3-3 中还有另外的一些相关设置，例如：（a）在有多个广告产品可供选择时，要在广告计划中确定投放的是哪个产品，如图 3-3 中的"选择投放网络"部分；（b）预算的分配策略（pacing），即图中的"预算分配控制"部分。对于大多数广告计划，较为均匀地分配预算可能比较合理，但是对于游戏开发、移动应用冲榜等类型的推广，预算的集中花费则很重要。

图 3-3   广告计划设置示意

（2）广告组对应于一个具体的广告投放策略，主要是设定受众定向条件和出价，参见图 3-4 中的示例。广告组最重要的功能是设置各种各样的定向条件，因而是广告效果优化的关键层级。另外，对媒体的选择也可以认为是一种定向条件。值得注意的是出价，在后面我们将要介绍的竞价类广告产品中，出价是由广告主自行设置，而非预先约定。而对于出价与能获得流量的规模和质量的关系，广告主很难有直觉上的认识。因此，从产品的角度来讲，往往需要给出一些有意义的提示，例如，根据当前出价做的流量预估，或者如图 3-4 中所示比较直接的"建议出价"。

图 3-4　广告组设置示意

（3）广告创意则是最终展示出来的素材，可能在同一个组策略下有不同尺寸的创意存在，参见图 3-5 中的示例。对于文字链类型的创意，基本素材包括标题、描述等内容；而对于图片类型的创意，则直接上传图片素材。另外，广告创意的必要设置还应包括展示和点击的监测地址等。为了方便广告投放人员直观地看到创意的展示效果，往往还会提供创意预览功能（如图 3-5 右侧的"预览区"）。

图 3-5　广告创意设置示意

关于需求方设置管理的细节功能，在不同的产品中可能会有较大的差别，但是这样的 4 层级组织方式是比较通用的。除了业务管理的便捷性，这样的层级结构还为数据统计和建模提供了天然的、合理的层级结构，让新创意的冷启动问题变得容易一些。在后面介绍各类广告产品时，我们会重点关注其商业逻辑和产品策略，而对界面上投放管理的功能不再展开讨论。

3.2.2　供给方管理接口

在目前的主流的广告交易产品中，供给方（即媒体）对业务的控制比起需求方来要弱很多。供给端的资源组织主要分媒体和广告位两个层次，其中媒体可以是网站，也可以是移动应用开发者。

媒体的操作比广告主方要简单，一般来说，添加和删除广告位以及查看各广告位的运营数据是主要的功能需求。这一接口的功能性示例见图 3-6（广告位名称已经被隐去）。

对于其中的某个具体广告位，根据产品功能的不同，需要的操作功能也不同，但一般来说，设定广告位尺寸、获取广告投放代码或 SDK，设定该广告位对广告类型的要求，是一些通用的需求。在广告管家或 SSP 之类的供给方产品中，往往还会有精细的流量分配功能。需要注意的一点是，广告平台会维护各个广告位对应的域名或应用名，以防其他域名的流量盗用广告位代码。

广告位名称	状态	尺寸	创建日期	显示数	点击数	点击率	收入
	启用	65x65	2014-11-28	238,602,848	199,153	0.0835%	¥68,692.58
	启用	65x65	2014-11-28	0	0	0.0000%	¥0.00
	启用	65x65	2014-11-28	376,409,825	704,798	0.1872%	¥242,941.18
	启用	63x63	2014-11-28	1,331,921,299	944,687	0.0709%	¥321,429.39
	启用	64x64	2014-09-25	960,408,949	4,094,441	0.4263%	¥1,261,196.91
	启用	64x64	2014-07-18	127,600	104	0.0815%	¥34.76
	启用	64x64	2014-06-10	237,264	185	0.0780%	¥61.19
	启用	64x64	2014-06-10	295,444	266	0.0900%	¥91.78
	启用	64x64	2014-06-10	362,509	352	0.0971%	¥111.33
	启用	64x64	2014-06-10	435,934	447	0.1025%	¥147.65
	启用	64x64	2014-06-10	530,349	526	0.0992%	¥169.06

图 3-6　媒体广告位管理示意

上面介绍的这种比较简单的供给方管理接口，主要用于一般的 ADN 或 ADX，而在媒体需要深度参与的原生广告中，这种简单的对接方式则不再适用，关于这部分内容参见第 8 章。

3.2.3　供需之间多种接口形式

无论是产品经理还是技术人员，都需要对在线广告供需之间的各种对接方式有基本的了解。我们把媒体、供给方产品、需求方产品、广告主等各个环节之间的主要对接方式示意在图 3-7 中。

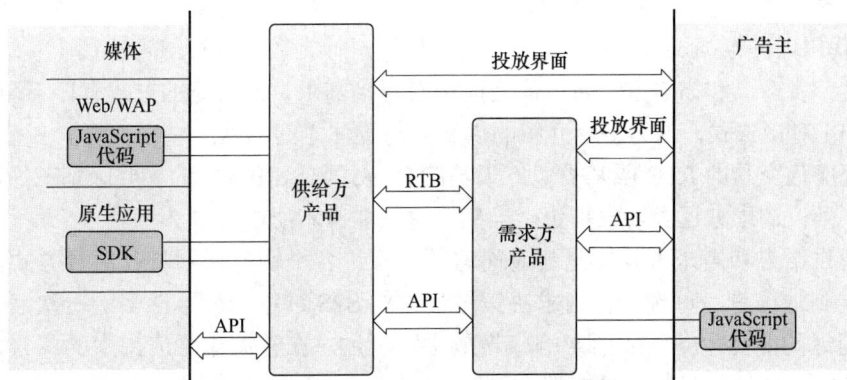

图 3-7　供需之间的各种接口

负责变现的供给方广告产品有 3 种方式从媒体处对接流量。

（1）对于 Web/WAP 类网页媒体，可以在媒体页面中嵌入 JavaScript 代码，向供给方服务器发起广告请求并完成渲染。内嵌 HTML5 网页的移动应用也可以采用这种方式。

（2）对于原生代码实现的 iOS/Android 应用，需要在应用中集成供给方的 SDK，其功能与网页上的 JavaScript 代码基本一致。但是，由于 SDK 的体积较大，而且可能带来应用崩溃的情况，因此在集成和测试上工作量较大。

（3）有的媒体对集成 SDK 或 JavaScript 代码有较大的顾虑，会采用 API 的方式对接。简单来说，就是媒体的服务器向供给方服务器请求广告，然后自行完成决策和渲染。这需要媒体有一定的技术能力。这是一种服务器对服务器（Server to Server，S2S）的对接方式。API 分为离线和在线两种模式：在离线模式下，供给方预先请求并缓存广告，在每次广告展示时自行排序和决策；在在线模式下，供给方每次广告展示都会请求广告。

负责投放广告的供给方或需求方广告产品也有 3 种方式对接广告主的投放需求。

（1）最常见的投放方式是广告主通过一个用户界面用人工的方式管理投放和优化效果。而人工投放的管理接口，就是 3.2.1 节中介绍的内容。广告主用用户界面投放有时是投放在需求方产品（如 DSP）上的，有时则是直接对接供给方的广告平台，不过这对广告主来说并没有本质区别。

（2）当广告主的投放很复杂（如要设定大量关键词）或者需要自动调整优化时，广告平台会提供与界面功能相对应的 API 接口，以便需求方用编程的方式进行批量投放和优化。不过，需求方也有可能滥用 API 来做一些组合或测试投放，这会使投放系统的压力大增，在实际运营时 API 往往只对大广告主或代理公司开放，并且要对带宽或操作次数作一定的限制。注意，这里的 API 传送的是广告投放的设置条件，而上面供给方与媒体之间的 API 传送的是广告请求的结果，两者是完全不同的。

（3）某些特殊的广告投放需要自动对接广告主的商品和用户行为，典型的例子如面向电商客户的个性化重定向。在这种情形下，需求方产品一般也要在广告主页面中嵌入 JavaScript 代码，并根据 JavaScript 代码收集到的用户行为数据进行广告决策。

供给方广告产品和需求方广告产品之间也有对接需求，最常见的方式有以下两种。

（1）API 对接方式，这与上面介绍的供给方与媒体之间的 API 情况一样。

（2）程序化交易的 RTB 或其类似方式。RTB 方式与 API 方式的主要区别在于，除返回广告信息之外，需求方还会给出报价，当然，这是非常本质的区别。

上面的供给方和需求方其实是相对而言的。不论各个环节采用哪种对接方式，从媒体到广告的端到端来看，每次广告请求决策过程中的 S2S 过程一般不能多于一次，否则会带来用户端延迟的明显上升，从而影响广告效果。不过，在移动原生应用中的广告，由于客户端可以做缓存，这一限制就没有那么重要。

第 4 章

合约广告

从本章开始，我们将对在线广告的一些主要产品形态和相应商业逻辑展开讨论。我们先从按照合约方式售卖的广告产品开始，这部分产品在整体产品演进过程中的位置如图 4-1 所示。

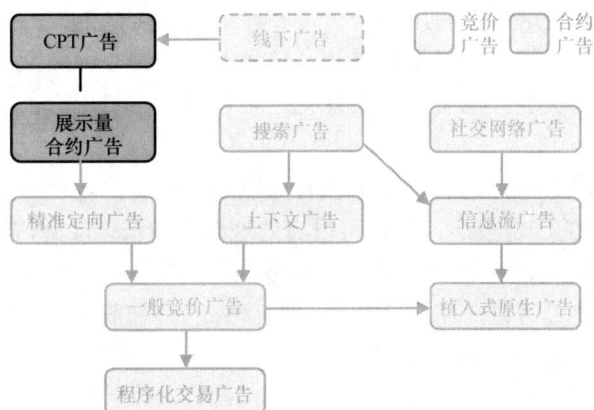

图 4-1　合约广告产品

在线广告业务的初始阶段，媒体与广告主的代理商是市场的主要参与者。线下广告的商业逻辑也被照搬到了线上，由广告代理公司和媒体签订协议，确保某些广告位在某时间段为指定的广告商所占有，同时广告商按整体合同支付广告费用。这种按 CPT 结算的广告位合约方式对技术的依赖性较小，只需要用到简单的广告排期系统。

合约广告的重要形式是按 CPM 计费的展示量合约。这种方式仍然用合同约定确定一次广告活动的投放总量和展示单价，但是售卖的对象已经由"广告位"进化到了"广告位 + 人群"。可以说，因为数据也被直接应用在广告售卖中，所以这是在线广告发展史上的一个重要里程碑。从供给方产品和技术的复杂程度来看，CPM 合约甚至比竞价产品系统更加复杂，其复杂性主要来源于如何满足多个合约对投放系统量的要求，这就是合约广告中重要的在线分配问题。

按 CPM 售卖的展示量合约广告直接催生了受众定向技术。当然，受众定向本身的意义和重要程度远远超出了合约广告的范畴。在本章中,我们将对受众定向的主要产品问题,包括定向方法、标签体系等问题,做全面介绍,而这些内容也将适用于后面各章谈到的竞价广告产品。

在合约广告中,需求方的产品技术并没有太大发展。这是因为广告投放的要求都以合约的形式交由供给方来完成了,需求方并没有太大优化的空间。而正是由于需求方对深入优化效果的需求进一步发展,才产生了按照竞价方式来售卖的广告系统,希望读者通过本章中对合约广告的讨论,能够理解这种交易形态演进的内在动力。

4.1　广告位合约

广告位合约是最早产生的在线广告售卖方式。它是指媒体和广告主约定在某一时间段内在某些广告位上固定投送该广告主的广告,相应的结算方式为 CPT。这是一种典型的线下广告投放模式,在互联网广告早期被采用。这种方式的缺点非常明显,即无法做到按受众投放广告,因而也无法进行深入的效果优化。可以说,广告位合约并不是目前在线广告的主流模式。

不过,这种方式在一些特定的场景下也有可取之处:首先,在一些强曝光属性的广告位[1]上采用这种独占式的广告投放,往往可以有效地给用户带来品牌冲击,而在其他一些横幅位置长期独占式的购买,有利于形成“橱窗效应”,塑造不断攀升的品牌价值和转化效果;其次,这种销售模式可以向广告主提供一些额外的附加服务,如同一个页面上的竞品排他,这就使高溢价的流量变现成为可能。

随着受众定向技术的发展,广告位合约的执行方式也发生了很大的变化。即使某个广告位全部投放一个广告主的创意,也并不意味着要投放同样的创意,受众定向在其中也可以起到很重要的作用。例如,某汽车生产商广告主旗下可能有多个系列的产品,如小型车、紧凑型车、豪华车、SUV 等,而这些车型的潜在购买人群其实也有很大的区别,如果能够对这些系列的受众分别投送相应的创意,就可以取得更好的效果。另外,即使在受众上无法区分,也可以利用频次控制的方式向同一用户递进式地展示一系列创意,以达到更好的效果。这些与受众定向结合的广告位合约,实际上与其他非独占式售卖在系统实现上没有本质区别。在第 6 章中将要介绍的程序化直投方式,就与上面的产品场景有很多关联。

广告位合约还有一种变形形式,即按照广告位的轮播售卖。在这种方式中,同一个用户对同一个广告位的一系列访问,被依次标上一组循环的轮播顺序号,如 {1, 2, 3}。将其中具有同样顺序号的展示作为一个虚拟的广告位,售卖给广告主。需要注意的是,对某一

---

① 如手机应用的开屏广告、门户网站首页的一些特型广告位等。

个用户而言，第一次展示的顺序号不应该设为 1，而是应该按相等概率从所有轮播顺序号中随机选取一个，并从此开始累加和循环。这样做是为了保证各个轮播分配到的流量一致。这种轮播的售卖方式，在广告位独占式售卖库存不够而广告主又需要确定的展现规则保证时，被较广泛地采用，特别是在中国门户网站的品牌广告中。

在 CPT 售卖的情形下，供给方和需求方的计算需求和技术成分都不太高。广告主的营销需求往往是 4A 或其他代理公司进行媒介采买。而对于广告质和量两方面的要求，也都是根据代理公司人员对媒体广告位的历史经验，以及对广告主业务的了解，通过人工优化的方式来满足。对供给方（即媒体）而言，往往会使用一种在合同确定以后自动执行合同的广告管理工具，或者称为广告排期系统。

广告排期系统的代表性产品有 DoubleClick 的 DFP，以及中国市场上好耶（Allyes）的类似产品，还有免费给中小网站使用的百度广告管家等。当然，排期等基础功能都是这些产品早期的形态，随着受众定向、实时竞价等广告投放方式越来越普及，这些产品的功能也都在逐渐演进，从简单的广告排期管理逐渐拓展出其他售卖方式下媒体需要的功能，如果结合了动态分配和 RTB 等功能，也就接近于供给方平台了。

4.2 受众定向

从将要谈到的展示量合约开始，大多数广告产品的核心是按照受众售卖的。因此，受众定向是非常重要的支撑技术。当然，受众定向本身的重要性和应用范围远远超出合约广告领域，而在各种竞价广告产品中也尤其重要。因此，我们先对受众定向这一核心的广告产品策略进行整体介绍。

随着在线广告技术和业务的发展，产生了各种各样的受众定向方法，这些方法的综合应用使广告的精准程度越来越高。在考察某种定向方法时，有两个关键点需要关注：一是定向的效果，即符合该定向方式的流量高出平均效果的水平；二是定向的规模，即这部分流量占整体广告库存流量的比例。显然，效果好、覆盖率又高的定向方法是我们追求的目标，不过往往难以两全。因此，广告系统有必要同时提供多种定向方法的支持，以达到整体流量上质的最优化。

另一个类似的概念是用户画像，它与受众定向的意思很相近。不过，用户画像这个词可能会给人带来一定的错觉，让人以为对用户刻画的重点是年龄、性别、付费能力这些状态属性，而实际上，对用户刻画的重点往往是当前购物兴趣等直接驱动效果的标签。

4.2.1 受众定向方法概览

我们先来看一些市场上比较流行的定向方式。按照其有效性和在广告信息接受过程中起作用的阶段，对照 2.1 节中的广告有效性模型，我们把这些定向方式按照定性的评估放在图 4-2 中。

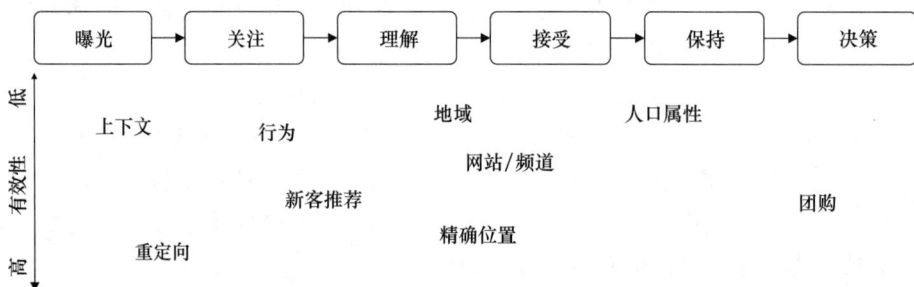

图 4-2　常见受众定向方法一览

在图 4-2 中，水平方向表示的是定向技术在广告信息接收过程中大致起作用的阶段，而垂直方向为定性的效果评价。对受众定向的一些典型方法说明如下。

（1）地域定向（geo-targeting）。这是一种很直觉也很早就被广泛使用的定向方式。由于很多广告主的业务有区域特性，因此地域定向是所有在线广告系统都必须支持的定向方式。地域定向也可以被认为是一种上下文定向，不过其计算很简单，仅仅需要简单的查表就可以完成。虽然地域定向一般来说效果有限，却是一种不可或缺的流量选择手段。举个例子，假设某电商网站只在北京运营和送货，那么其效果广告一般来说应该定向在北京的区域内；否则，其他省的顾客点击广告进入购物环节后，会发现无法结算，这将带来很差的用户体验。

（2）人口属性定向（demographical targeting）。人口属性定向虽然在效果上未必突出，但是由于在传统广告的话语体系中大量使用这类标签来表达受众，因此它特别为品牌广告主所熟悉。在在线广告的品牌合约中也经常会有对人口属性的要求。人口属性的主要标签包括年龄、性别、受教育程度、收入水平等。人口属性有一点与兴趣标签不同，那就是它是可以监测的，即可以用采样加调研的方法来判断一次人口属性定向的广告活动受众中有多大比例是正确的。因此，在按 CPM 结算的广告中，人口属性比其他定向标签为广告主接受的程度更高。

如果没有特别的专门数据来源，如实名制 SNS 的注册信息或在线购物的消费记录等，一般情况下要准确进行人口属性定向并不容易。在人口属性数据覆盖率不足的情况下，我们可以用已知人口属性的用户作为训练集，构造分类器对人口属性进行自动标注。不过，这种分类器的方法确定人口属性的准确程度有限。在效果类的广告活动中，预测人口属性的必要性不大，因为预测出来的人口属性也是根据用户其他行为特征得到的，并不能提供额外的信息量。

（3）上下文定向（contextual targeting）。根据网页或应用的具体内容来匹配相关的广告，这就是上下文定向。上下文定向的粒度可以是关键词、主题，也可以是根据广告主需求确定的分类。上下文可以粗略地描述用户当前的任务，而任务的匹配对于提高广告的关注程度至关重要。在不同类别的内容上，上下文定向的效果有很大的区别。但是，这种方式有一个非常大的好处，那就是覆盖率比较高。对大多数广告展示，不论对当前访问用户的信息了解有多少，往往都可以根据当前浏览的页面推测用户的即时兴趣，从而推送相关广告。由于覆盖率高，上下文定向也是 ADN 中首选的定向方法之一。

（4）行为定向（behavioral targeting）。行为定向是展示广告中非常重要的一种定向方式，其框架是根据用户的历史访问行为了解用户兴趣，从而投送相关广告的。行为定向之所以重要，是因为它提供了一种一般性的思路，使我们可以变现在互联网上收集到的用户行为数据。因此，行为定向的框架、算法和评价指标奠定了在线广告数据驱动的本质特征，并催生了相关的数据加工和交易的衍生业务。如果把上下文定向看成是根据用户单次访问行为的定向，那么行为定向可以被认为是一系列上下文定向的融合结果。因此，上下文定向是行为定向的基础，而且对各种类型的上下文定向，都可以有相对应的行为定向方式。例如，地域定向是根据用户当前访问的 IP 来确定地理区域，相应地，也可以根据用户过去一段时间内的访问中最频繁的地理位置来定向，这种方式实际上得到的更接近用户的经常居住地，业界有人称其为"where-on-earth"定向。

（5）精确位置定向（hyper-local targeting）。在移动设备上投放广告时，我们有可能获得非常精准的地理位置。例如，利用蜂窝信息或者 GPS，地理定位的精度完全可以达到街区的粒度，如果进一步利用 Wi-Fi、蓝牙等设备的室内定位技术，精度可以进一步达到数米级。这就使得基于精确地理位置的广告成为可能，也使得大量区域性非常强的小广告主（如餐饮、美容等）有机会投放精准定位的广告，这已经与传统意义上的地域定向有了质的区别，也成为移动广告最重要的机会之一。

（6）重定向（retargeting）。这是一种最简单的定制化标签，其原理是对某个广告主过去一段时间内的访客投放广告以提升效果。显然，某个广告主的访客是其独有的信息，因此这属于定制化标签。重定向在各种定向方式中被公认为精准程度最高、效果最突出的，不过其人群覆盖量往往较小。这是因为，重定向的覆盖投放量是由广告主固有用户的量和与媒体的重合比例共同决定的。关于重定向的原理，我们将在第 6 章中具体介绍。

（7）新客推荐定向（look-alike targeting）。由于重定向的量太小，而且无法满足广告主接触潜在用户的需求，因此不能仅仅依靠它来投送广告。新客推荐定向的思路是根据广告主提供的种子访客信息，结合广告平台更丰富的数据，为广告主找到行为上相似的潜在客户。这一方法的目的是希望在同等用户覆盖率的情况下，达到比一些通用的兴趣标签更好的效果，这也从实质上体现了广告主数据的核心价值。新客推荐只能说是一种大致的思路，而非具体的方法，其基本原理将在第 6 章中介绍。

（8）动态定价（dynamic pricing）。这并不是一种定向广告技术，但却与其有一定的关联，因此我们在这里一并说明。根据我们的观点，团购也是一种变相的广告形式，这种广告有两个显著的特点：首先是一般都针对区域性的广告主，因此地域定向或者直接按照地域分类组织是必要的功能；另外，团购主要是利用价格工具，直接降低用户在决策阶段的门槛，使得对价格敏感的用户转化效果有明显的提升，当然，这一手段也是要付出成本的。用类似的手段在创意上直接显示打折或降价的促销信息也被其他的电商类广告广泛使用。

（9）场景定向（scenario targeting）。场景定向是移动环境下的新问题。移动设备不同于 PC，它体现了场景上的丰富性。你在健身时、吃饭时、看电视时、开会时，都会携带和使用手机，这些你在使用手机时的背景状态就是场景。显然，场景对于广告的决策有非常重要的意义。另外，移动设备丰富的传感器和状态信息为场景的判断提供了可能。关于场景定向，我们将在 8.4.2 节中具体讨论。

4.2.2　受众定向标签体系

在一些反映用户兴趣的受众定向方法（如行为定向、上下文定向等）中，我们需要一个标签体系，将每个用户映射到其中的一个或几个标签上去。如何规划合理的标签体系对广告产品的运营影响非常大，因此，这是产品策略中特别关键的一环。一般来说，标签体系有两种组织方式。一种是按照某个分类法（taxonomy）制定一个层次标签体系，其中上层的标签是下一层的父节点，在人群覆盖上是包含关系。一些面向品牌广告的受众定向，往往采用这种结构化较强的标签体系。需要指出，这一体系中的标签是根据需求方的逻辑而制定的，某些在媒体方意义很大的分类标签，如军事等，由于没有明确的需求对应，不宜出现在标签体系中。

另外一种兴趣标签的组织方式，是根据广告主的具体需求设置相应的标签，所有的标签并不能在同一个分类体系中描述，也不存在明确的父子关系。这种半结构化或非结构化的标签体系往往包含一些比较精准的标签的集合，因而主要适用于多种目标，特别是效果目标并存的广告主的精准流量选择要求。

是选择结构化的兴趣标签体系还是选择非结构化的兴趣标签体系，更多的是商业上的决策，主要考虑下面两种情形。

（1）当标签作为广告投放的直接标的时（包括 CPM 广告及竞价广告中直接可被广告主选择的人群），这些标签既要能够为广告主所理解，又要方便广告主的选择。因此，在这种情形下，结构化的层级标签体系往往是较合理的产品方案，特别是在 CPM 广告中，标签的划分不能过细（原因在 4.3.1 节中讨论）。这种结构化标签体系的一个典型代表是表 4-1 所示的 Yahoo!GD 受众定向标签体系。从表 4-1 可以看出，这样的标签体系非常易于理解和操作，在面向品牌广告主售卖时较为适用。

表 4-1　Yahoo! GD 受众定向标签体系

一级标签	二级标签
Finance	Bank Accounts, Credit Cards, Investment, Insurance, Loans, Real Estate,…
Service	Local, Wireless, Gas & Electric,…
Travel	Europe, Americas, Air, Lodging, Rail,…
Tech	Hardware, Software, Consumer, Mobile,…
Entertainment	Games, Movies, Television, Gambling,…
Autos	Econ/Mid/Luxury, Salon/Coupe/SUV,…
FMCG	Personal care,…
Retail	Apparel, Gifts, Home,…
Other	Health, Parenting, Moving,…

（2）当标签仅仅是投放系统需要的中间变量，作为 CTR 预测或者其他模块的变量输入时，结构化的标签体系其实是没有必要的，应该完全按照效果驱动的方式来规划和挖掘标签，而各个标签之间也不太需要层次关系的约束。这样的标签体系，比较典型的代表是 BlueKai 的标签体系，由于其目的是追求效果或特殊人群定位，因而组织上的规整性也就让位于效果的精准性了。关于 BlueKai 标签体系的更多介绍，参见 7.2.4 节。

还有一种特殊的标签形式，即关键词。直接按照搜索或浏览内容的关键词划分人群，往往可以达到比较精准的效果。关键词标签是无层级关系、完全非结构化的，它虽然很容易理解，但并不太容易操作。不过，由于搜索广告在整个在线广告中的重要地位，选择和优化投放关键词这样一项专门技术已经发展得相当充分，因此这种标签也是实践中常见的。

4.2.3　标签体系的设计思路

受众定向产品上最关键的环节就是如何描述用户，也就是如何设计标签体系，这甚至比受众定向的技术更加重要。我们重点探讨的是驱动直接效果的用户，在这一目的下，规整的结构化标签体系其实并不是必需的。一般来说，标签体系的设计必须要分行业进行，而其中的关键思路是深入研究该行业的用户决策过程。简单来说，就是要洞彻在这个行业里，用户决定买什么、不买什么的原因和逻辑。我们举几个常见的广告主行业来说明此原理。

（1）汽车行业。汽车行业的用户决策逻辑比较清晰。一个准备购买汽车的用户首先考虑的因素一定是价格：如果有 20 万元预算，就买不了 50 万元的车，也不大会考虑 10 万元以下的车。在价格区间范围需要挑选的就是车型：如果家里有两个孩子，很可能会考虑七座车；如果是单身贵族，可能会对跑车感兴趣。这两项都是比较理性甚至刚性的约束。而在这之后，才是对品牌的精挑细选。

因此，汽车行业的标签体系大体应该是价格、车型和品牌，这里对重要程度的排序是不能错的。

（2）游戏行业。游戏有与电影和音乐类似的艺术性特质，它的用户决策过程总体上不易把握。因为人们对艺术的喜爱并不是理性的，也就难以总结规律。如果直接用 RPG、ACT、SLG、RTS、STG 这些游戏分类作为标签体系行不行呢？其实这些分类只是为了便于游戏的组织和索引，并不能准确反映用户的决策逻辑。难道一个"RPG 游戏爱好者"会看到 RPG 就非玩不可，其他的游戏都不屑一顾吗？显然不是如此。

要想把游戏的用户标签做好，就要深入细分的游戏场景中去深入研究。比方说，玩老虎机游戏的用户往往经常换不同素材的新游戏，也就是说，将"老虎机爱好者"作为一个用户标签，与用户决策过程是相符的。而喜欢海岛奇兵游戏的用户，对于 SuperCell 新出的游戏也往往心仪，此时"SuperCell"这个品牌就成了有效的用户标签。

（3）电商行业。从消费者决策的角度来看，电商行业其实不能称为一个行业，而是多个行业的集合。不过，对于电商中典型的商品类型，如服装等，用户决策过程也是相当微妙的：某个女生看了 H&M 的某款裙子，其实很难推断出她要买裙子，也不一定是对 H&M 情有独钟，也许仅仅是因为这款裙子的特殊造型。在这类商品中，"H&M"或者"连衣裙"都不一定是有效的用户标签。因此，在实践当中，电商行业的实际做法是基本上不依靠分类，主要以"单品＋个性化推荐"的方法构建和使用标签体系。详细讨论参见 6.4.4 节。

4.3　展示量合约

在今天，即使是以品牌为目的的投放，广告位合约也并非主流。实际上，互联网主流的品牌广告投放方式是按照 CPM 结算的展示量合约。展示量合约指的是约定某种受众条件下的展示量，并按照事先约定好的单位展示量价格来结算。这种合约还有一个名称，就是担保式投送，即 GD，其中的"担保"指的就是量的约定。在实际执行中，在未能完成合约中的投放量时，可能要求媒体承担一定的赔偿。

很多情况下，我们把展示量合约通俗地称为"CPM 广告"。实际上，CPM 广告还包括另一种按 CPM 结算但是不约定展示量的售卖方式，如广告交易市场中的广告售卖。而那样的非保量 CPM 实际上属于竞价广告而非合约广告，其商业逻辑差别较大。因此，这里我们仍然采用展示量合约的说法。

我们从供给方和需求方两方面来看一下这种售卖方式出现的合理性。媒体从按固定广告位售卖变为按 CPM 售卖，初衷是为了在流量变现的基础上加入数据变现，面向的仍然是原来的品牌广告主。广告主按广告位采买时，比较容易预估自己拿到的流量，可是按照人群定向的方式采买，流量却有诸多不确定的因素。因此，需求方希望在合约中加入对量的保证，才能放心地采买。

展示量合约虽然以人群为显式标的进行售卖，但是请注意一个非常重要的事实：展示量合约并没有摆脱广告位这一标的物。

这是因为在 CPM 这种结算方式下，无法将多个差别很大的广告位打包成同一售卖标的。因为不同广告位的曝光有效性可能差别巨大，所以合理的 CPM 也会相应地大幅变动。实践中展示量合约往往是以一些曝光量很大的广告位为基础，再切分人群售卖，最典型的例子是视频网站的贴片位置或者门户网站首页的广告位。对实时竞价有所了解的读者可能会有疑问：广告交易市场里的广告位五花八门，为什么可以按照 CPM 结算呢？这个问题我们在后面谈到实际竞价的产品逻辑时再进行讨论。

虽然从交易模式上看，展示量合约仍然是比较传统的交易模式，但是从技术层面上看，这种模式的出现实际上已经反映了互联网广告计算驱动的本质：分析得到用户和上下文的属性，并由服务端根据这些属性及广告库情况动态决定广告候选。这一商业模式的出现，需要有一系列技术手段的支持，这些手段主要包括受众定向、流量预测和担保式投放等。受众定向已经在上一节中介绍了，下面讨论一下流量预测和在线分配的产品策略问题。

4.3.1 流量预测

展示量合约售卖的是某特定人群上的广告曝光次数，而人群不同于确定的广告位，因此必须在合约中约定投放的量。于是，就产生了流量预测（traffic forecasting）这一问题。流量预测在广告产品中有以下 3 个主要用途。

（1）售前指导。在展示量合约广告中，因为要约定曝光总数，所以事先尽可能准确地预测各人群标签的流量至关重要。如果流量严重被低估，就会出现资源售卖量不足的情形；如果流量严重被高估，则会出现一部分合约不能达成的状况。这些都会直接影响系统的收入。

（2）在线流量分配。同样是在展示量合约广告中，由于合约之间在人群选择上会有很多交集，当一次曝光同时满足两个以上合约的要求时，怎样决策将它分配给哪个合约以达到整体满足所有合约的目的，这是下文将要讨论的在线分配问题。各种在线分配算法都要依赖流量预估的结果，以达到高效和准确的目标。

（3）出价指导。在竞价广告中，由于没有了量的保证，广告主往往需要根据自己预计的出价先了解一下可能获得多少流量，以判断自己的出价是否合理。与前面的应用不太一样，这里的流量预测还多了出价这样一个条件。

综上所述，广告里一般的流量预测问题，可以描述成对流量 $t(u, b)$ 这个函数的估计，其中第一个参数 u 是给定的人群标签或人群标签的组合，第二个参数 b 是出价。在展示量合约中，因为没有竞价，所以可以看成是上述问题在 $b \to \infty$ 情形下的特例。与流量预测有关的技术将在第 11 章中介绍。

4.3.2　流量塑形

流量预测对于展示量合约非常重要，不过这本质上还是被动地统计流量情况。在有些情形下，我们可以主动地影响流量，以利于合约的达成。这一产品策略问题称为流量塑形（traffic shaping）。

流量塑形的典型场景可以参考门户网站上售卖的展示量合约广告。门户网站各子频道的流量严重依赖于首页关键位置链接的导流。假如在车展期间，汽车频道上的展示广告需求旺盛，那么首页上的链接应该更多地给汽车频道导流以利于收入的增加。这样的想法相当直接，在实践中也被广泛使用。不过，从商业产品的要求来看，要系统化、高效率地达到流量塑形的目标，需要将用户产品与广告产品的需求情况打通，然后按照一定的准则，在不伤害用户体验的情况下，尽可能提高商业变现的效率。这方面具体的产品技术这里就不详细介绍了。

值得注意的是，流量塑形问题已经涉及用户产品与商业产品的内在联系。这与后面讨论的原生广告有千丝万缕的联系，我们将在第 8 章中讨论。

4.3.3　在线分配

展示量合约这种保量合约会面临一个问题：各个合约要求的人群很可能大量交叠，如何设计分配策略，使得各个合约都尽可能被满足。为了描述这一策略问题，我们将其简化为一个二部图（bipartite graph）匹配问题：二部图的一方表示广告库存的供给节点，每个节点代表的是所有人群标签都相同的流量集合；二部图的另一方表示广告合约的需求节点，每个节点代表的是一个广告合约的人群标签条件。

供给节点、需求节点和在线分配二部图的示例如图 4-3 所示。在这个示例中，下方的 6 个节点为供给节点，而上面的 3 个节点为需求节点。如果某供给节点的受众标签能够满足某需求节点的要求，我们就在相应的 2 个节点间建立一条连接边。供给节点中的各个条件之间都是"与"的关系，因此各个供给节点之间的流量是无重合的；需求节点中的各个条件也是"与"的关系。（如果广告投放中设置的是"或"的关系，则可以转化为多个需求节点。）显然，需求节点之间可能会抢夺同一个供给节点的流量。

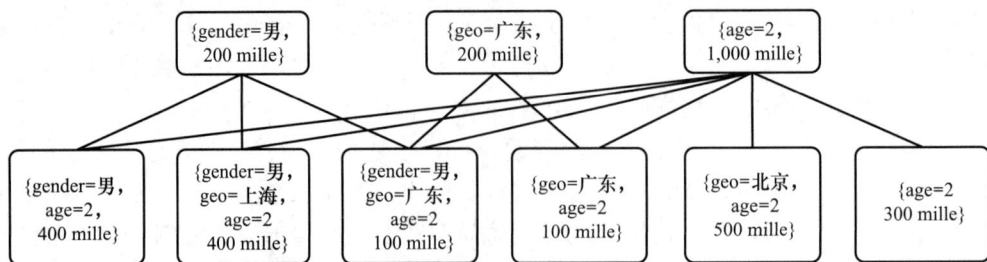

图 4-3　在线分配中的二部图匹配问题示意

　　如果系统允许在一天结束后才对流量做分配，我们可以很容易地设计策略：根据每个供给节点的流量和各需求节点的约束，解上面的分配问题，得到每个供给节点应该分配多少比例的流量给某个需求节点。不过在实际情况中，我们不可能等到流量情况全部已知后再做决策，而是需要在每一次曝光时实时做出分配决策，因此，这一策略问题称为在线分配。在线分配需要根据历史数据和某种策略，离线得到一个分配方案，线上则照此方案执行。

　　如果可选的标签数量很少，比如只开放年龄和性别，那么供给节点的数量就不多；如果合约的数量也不太多，那么需求节点的数量也不多。在这种情形下，我们仍然可以借鉴上面的离线方法做在线分配：根据流量预测的结果得到代替实际流量，再解上面的分配问题，得到每个供给节点应该分配多少比例的流量给某个需求节点，而线上的系统则根据解得的分配比例来执行。不过，实际的在线分配技术比这个要复杂很多，我们将在第 11 章中具体讨论。

　　随着标签数量的增加，供给节点的数量会以指数速度上升，而每一个供给节点的流量当然也就迅速收缩。当节点的流量过小时，对其进行相对准确的预测就变得相当困难，这时上面所说的方案就会变得完全不可行。因此，展示量合约这类广告产品在人群标签非常丰富和精准时，是无法有效地运作的，而这正是竞价广告产品的原动力之一。

4.3.4　产品案例

　　广告位合约产品多见于中国门户网站首页等曝光资源，由于其逻辑较为简单，这里不再举例说明。展示量合约有两种典型的产品场景：一是用于视频广告资源；二是全球主要门户网站的品牌性广告位。我们简要介绍 Yahoo! GD 市场，供读者了解。

Yahoo! GD 市场

　　Yahoo! 的展示广告分为两个产品体系，即 GD 和非担保式投送（Non-Guaranteed Delivery，NGD）。前者是面向品牌的合约广告，而后者包括了广告网络、程序化交易等多种产品。应该说，从是否满足高价值品牌广告为视角来划分广告产品，这是一种相对陈旧的视角，这也导致了 Yahoo! 后来在程序化交易方面的产品进展一直不快，以致核心业务逐渐淡出市场。不过，Yahoo! 的 GD 产品从历史发展来看是非常有代表意义的合约广告产品。

　　Yahoo! GD 市场为品牌广告主提供合约式的采买接口（可以通过 API 下单），并且提供了基础的定向功能来划分人群。Yahoo! GD 中的人群标签包括地域、人口属性（主要是年龄和性别）以及行为定向标签。其行为定向标签分为多个层次，其中前两层的一部分标签如表 1-1 所示。

在这个行为定向标签体系中，一共有数千个标签，不过实际售卖中，产生过销售合约的不过 100 多个。这非常典型地反映了合约广告的尴尬：大量精准的标签在合约量的束缚下基本无法售卖。因此，要特别注意，一个广告产品声称自己的标签体系多么复杂，有多少标签种类，这些在实际上没有太大的意义，而这些标签的人群规模才更有说服力。

应该说，Yahoo! GD 市场是展示量合约广告最早产生且比较完备的产品体系之一。在实时竞价产生之前，Yahoo! GD 市场提供的简单标签已经能满足大部分需求了。有关展示量合约广告的一些关键产品策略和技术方案，都来自这一产品，因此值得大家深入了解。并且，在今天视频广告快速发展的环境下，这一市场中的方法论和解决方案在很多情况下都可以直接被采用。

第 5 章

搜索广告与竞价广告

随着搜索业务变现的要求，以及精准受众定向技术的发展，在搜索广告和展示广告中都产生了竞价这种交易模式。对比前面的合约广告可知，竞价交易模式的本质是将量的约束从交易过程中去除，仅仅采用"价高者得"的简单决策方案来投放广告。竞价顺应了定向广告向精细化发展的趋势要求，也为无法用合约售卖的剩余流量找到了可能的变现渠道，使大量中小广告主参与在线广告的可能性和积极性大大增强，也使在线广告的商业环境与传统广告的商业环境有了本质区别。

本章将集中介绍竞价类广告产品，特别是搜索广告和竞价广告网络，并重点讨论其中关键的产品策略。这部分产品在整体产品演进过程中的位置如图 5-1 所示。但是，与实时竞价相关的产品，由于在数据利用和商业逻辑上与广告网络区别较大，将在第 6 章中进行介绍。

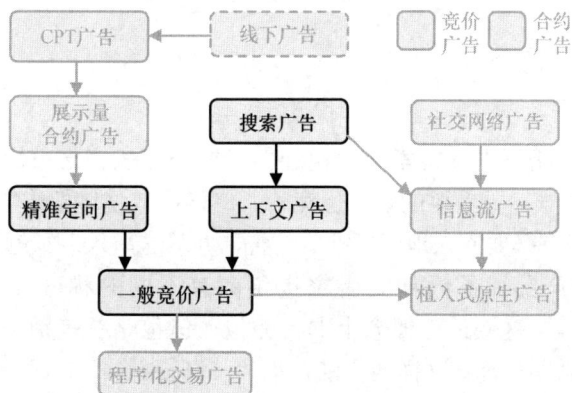

图 5-1　竞价广告产品

搜索广告在竞价广告乃至整个在线广告中都居于旗舰产品的地位。除了它的变现能力和市场规模方面的优势，更重要的是，一些在计算广告中非常核心的产品策略和技术方案都来源于搜索广告。因此，对搜索广告的深入理解，对于理清整个竞价广告市场非常关键。我们在本章中对搜索广告的讨论，就将着重介绍其对整个广告市场的引领点，而其中最关键的一项就是竞价广告产品的产生和相应的机制设计理论的建立。如何设计合理的市场规则和定价策略，使竞价市场的竞争更加合理充分，对于整体收益有相当大的影响。这方面有关宏观市场上的讨论，也成为在线广告领域得到深入研究的问题，我们在本章中会重点讨论其问题框架和一些实用方法。

在竞价的交易逻辑下，展示广告领域也产生了广告网络这种批量采购各种媒体剩余流量，然后按照点击付费的方式售卖给广告主的产品形式。广告网络的产生对提高展示广告市场的流动性发挥了很大作用。广告网络中竞价的标的有两种：一是上下文页面中的关键词，这是直接从搜索广告衍生而来的；二是根据用户行为加工的兴趣标签，这是从展示广告的定向逻辑发展而来的。广告网络的竞价环境与搜索广告有所不同：各种上下文或用户标签的有效性差别巨大，另外各种广告位的差别也会很大。因此，除了完全依照 eCPM 估计排序广告外，冷启动问题以及各种复杂环境下点击率的归一化非常重要。这些使广告网络的效果优化有着独特的挑战性。

面对竞价广告的产生，需求方的产品和技术也在发生变化。其中关键的变化有两点：一是由面向广告位采买变成面向人群的跨网络采买；二是帮助广告主在竞价环境中完成量的保证，而这一点是竞价市场本身不再保证的。能达到这些需求方目的的产品，我们称其为媒体采买平台。在媒体采买平台里，在量的约束下完成 ROI 优化的问题依然存在，并且变得比在线分配问题更加困难，ROI 优化也成为高端采买平台提供的服务之一。当然，搜索广告的媒体采买和 ROI 优化同样十分重要，这项专门的服务被称为搜索引擎营销（Search Engine Marketing，SEM）。

5.1　搜索广告

提起竞价广告，不能不先从搜索广告说起。在整个在线广告市场中，搜索广告一直是市场份额最大的类型之一。更重要的是，像竞价、广告投放整体架构等，都是从搜索广告发展起来的。因此，我们有必要深入地了解搜索广告，并从这里入手了解整个竞价广告市场。

对搜索广告这个产品，不同搜索引擎提供商有不同的称呼，如 paid search、search ad、sponsored search 等。这些词汇概念上非常相似，但也略有差别，个人比较倾向于采用"sponsored search"（付费搜索）这样的说法，而"paid search"有时会让读者对是谁付费产生误解。至于"search ad"（搜索广告），实际上还应包括搜索引擎中的其他广告形式。有关搜索广告更多的背景和概念，大家可以进一步阅读参考文献 [55]。

从市场规模来看，搜索广告占整个在线广告市场的一半以上，我们把中国市场综合搜索引擎广告和垂直搜索引擎广告（如淘宝直通车）等的收入占比数据列在表 5-1 中[①]，供

---

① 数据来源于 IAB、艾瑞等的市场调研报告。

读者参考。

表 5-1　搜索广告市场规模（亿美元）

国家	2012 年	2013 年	2014 年	2015 年	2016 年
中国	37.5	50.8	75.9	100.4	136.6
美国	170.3	188.5	201.9	215.3	292.0

搜索广告是典型的竞价广告产品，其特点是广告主就某标的物（在这里是关键词）的广告展示机会展开拍卖式的竞争，并根据竞争结果依次占据该广告展示的若干位置。这与第 4 章中的展示量合约是截然不同的：首先，量的保证不复存在，广告主需要自行调整效果与量的平衡；其次，价格的约定也被去掉，每个广告主都可以随时调整个关键词上的出价。下面我们来看一下搜索广告的具体产品形式。

5.1.1　搜索广告产品形态

搜索广告是以查询词为粒度进行受众定向，并按照竞价方式售卖、按 CPC 结算的广告产品。通常，搜索广告展示在搜索结果页，如图 5-2 所示。PC 搜索广告创意的展示区域一般来说分为北（north）、东（east）、南（south）3 个部分。北区和东区的所有位置构成同一次关键词拍卖的位置集合，竞价时位置的排序为 {north$_1$, north$_2$, ⋯, east$_1$, east$_2$, ⋯ }，这基本上是根据各个位置点击率的高低排列的。同时，并不需要在这些位置上全出广告，这与横幅广告有显著的区别。对于南区的广告，不同的搜索引擎有不同的产品处理方法，有的直接照搬北区广告，有的则直接照搬东区的前几条。

搜索广告最基本的形式是与自然检索结果一致的文字链，一般会加底色和角上的"推广""推广链接""Ads"等字样，以区别于自然结果，这样做的目的是让那些对广告没有兴趣的人尽量减少误点击，从而降低广告主的无效消费和提升用户体验。

由于移动搜索结果一般简单组织成信息流的形式，移动搜索广告的形式比 PC 搜索广告要简单：在通用搜索中，广告往往出现在最上面或最下面，并没有东区的存在；在一些垂直搜索中，广告则可能穿插在内容里。图 5-3 给出了移动搜索广告的产品示例。

搜索广告竞价的标的物是竞价关键词（bid term），用户输入的查询（query）通过与关键词相匹配，来确定是否可以触发该条广告。匹配的方式既可以采取简单的精确匹配，也可以有更多的扩展方式，这称为查询扩展，是搜索广告的一项比较关键的产品策略。

本章中讨论的搜索广告主要以通用搜索引擎为蓝本。实际上，很多垂直类搜索，特别是电子商务类搜索也有很强的变现能力，但产品形态可能会有所不同，读者可以有选择地与下面讨论的问题来对照。

在互联网广告的整个产品谱系当中，搜索广告有着特别重要的地位，具有以下一些鲜明的产品和技术特点。

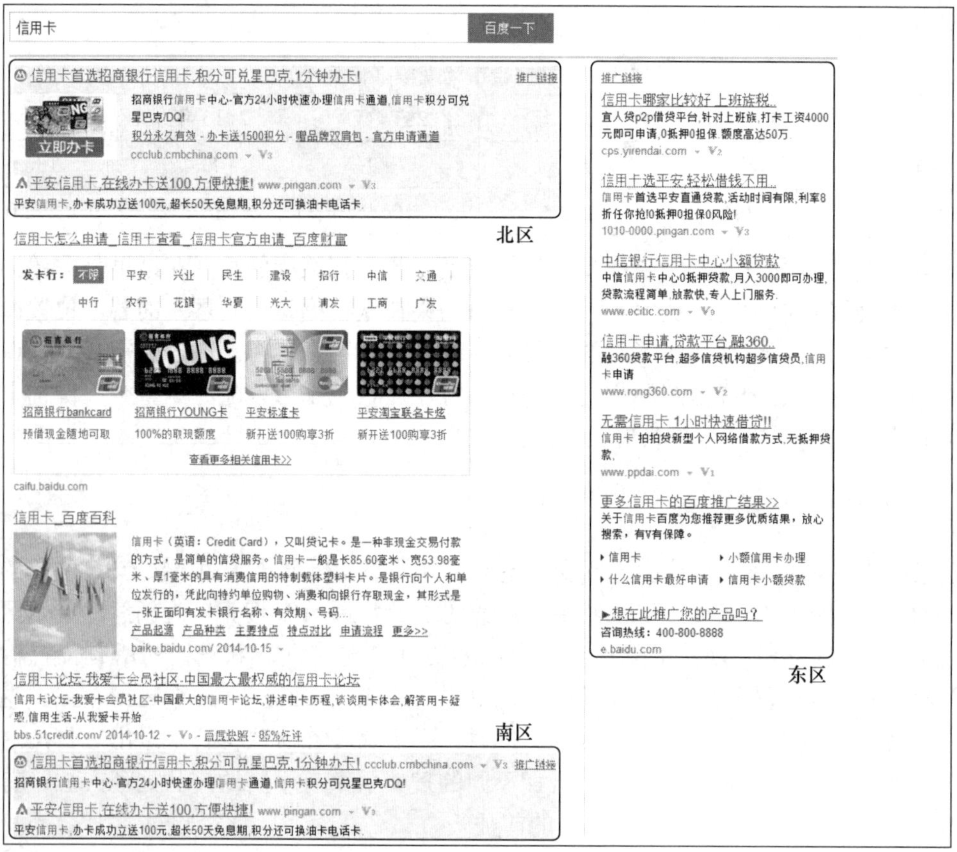

图 5-2　搜索广告竞价位置示例

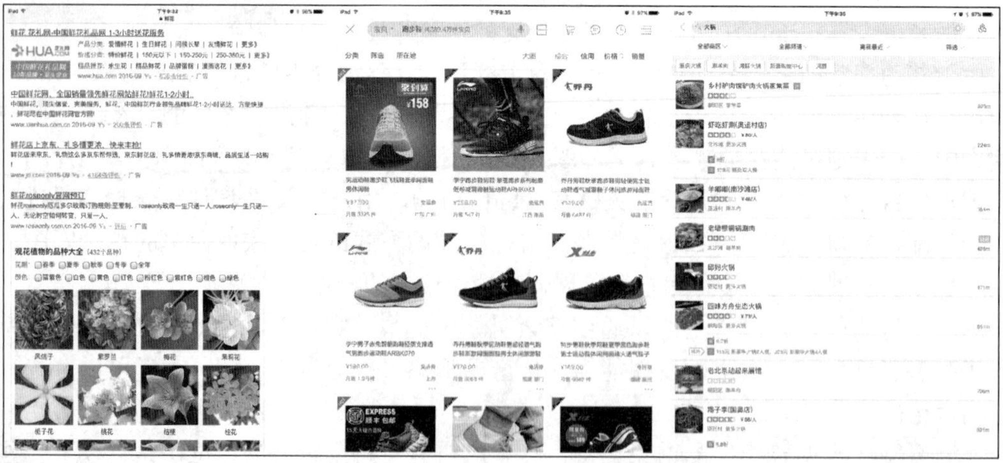

图 5-3　移动搜索广告产品示例

（1）搜索广告的变现能力，即 eCPM 远远高于一般的展示广告，其市场重要程度也就得以彰显。因此，与搜索广告相关的一些独特问题和算法的研究，受到了高度的重视。而搜索广告高变现能力最关键的产品原因就是，用户主动输入的查询直接反映了用户的意图。

（2）搜索广告的受众定向标签，即是上下文的搜索查询。由于搜索词非常强地表征着用户的意图，因此搜索广告可以进行非常精准的定向。相对于搜索词，根据用户历史行为得到的兴趣标签的重要性大打折扣，这一方面是因为其信号远不如搜索词强烈，另一方面是因为用户这样明确意图的任务是不能被打断的（参见 2.1 节）。因此，搜索广告里的 eCPM 由一般情形下的 $r(a, u, c)$ 退化成了 $r(a, c)$。

（3）搜索广告的展示形式与自然结果的展示形式非常接近，往往仅在底色和文字链接中有不太引人注目的提示。这样的产品设计使得它有原生广告的意味，也进一步提高了广告效果。但是，这样的广告结果对相关性的要求远远超过展示广告，因此在根据查询匹配广告时需要非常精细的策略和技术。

（4）从搜索广告发展起来的竞价交易模式，已经逐渐发展成为互联网广告最主流的交易模式。这一模式从根本上改变了广告的运营方式，并为其效果的快速提高释放出巨大的生产力。

5.1.2　搜索广告产品新形式

搜索广告的产品技术重点与前面介绍的合约广告差别很大，与竞价广告网络也有一定的差别。从产品发展的角度看，搜索广告有以下 3 个方面的探索趋势。

（1）丰富文字链创意的展示形式，让其更富表现力以提高点击率。

（2）利用东区对相关性要求稍低的特点，设计一些拓展广告产品。当然，这种探索并不适用于移动搜索广告。

（3）优化广告与自然结果的关系，在保证相关性和广告效果的前提下提高收入。图 5-4 中给出了搜索广告产品新形式的一些示例，下面来做具体说明。

1．超越文字链的创意

显然，蓝色超链接不是搜索广告的产品终点。随着搜索结果本身向着展示更丰富、获取内容更直接、行业性不断加强的方向发展，搜索广告也在探索一些能传递更多价值的展现形式，以同时提升用户体验和变现效率。这方面的探索有以下两个重点方向。

（1）在通用广告链接上增加更多有表现力的信息点。如图 5-4 中的②部分所示，除标题、摘要这些文字链广告创意的标准内容以外，还增加了广告主的 Logo、主要内容链接、联系电话等内容。实践证明，这些都会提高广告的直接效果和品牌价值。更重要的是，这样的发展方向与行业基本无关，可以规模化复制，因此在搜索广告中已经被广泛采用。

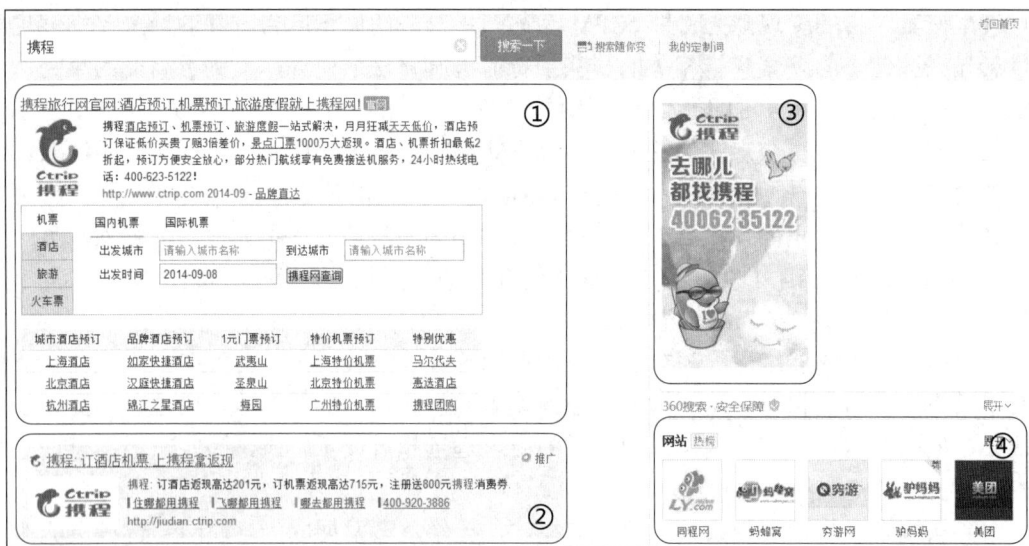

图 5-4   搜索广告新产品示例

（2）直接展示结构化的广告内容摘要，甚至提供一些可直接访问的功能，这样可以减少用户跳转的成本，提高推广效率。如图 5-4 中的①部分，广告产品直接展示了旅游网站的一些主要内容链接，并直接在结果中提供了订机票和酒店的快捷入口。这样的商业化结果往往直接来源于搜索的直接到达产品，如百度的阿拉丁、360 的 OneBox 等，但由于结果是付费的，因此也应该归为广告或商业化内容。需要指出，这种内容为了照顾用户体验的一致性，往往不能完全采用搜索广告的竞价方式来运营，一般的运营方式是就某个行业进行阶段性的线下竞价。

上面的这种发展方向为提升搜索广告效果提供了新的空间，然而尚未成为搜索广告的主流。原因在于这种模式需要分行业设计产品和运营方案，规模化程度有限；另外如果直接对接单品，会产生与个性化重定向一样的商品库对接等复杂的工程问题，这部分我们在后面介绍 DSP 时再进行讨论。

2．弱相关广告形式

搜索引擎右侧的产品原则与左侧相比，有一点点区别，那就是在合理和可解释的范围内可以增加一点相关性要求稍低的泛化内容，因此为这部分的广告产品设计也提供了新的空间。我们用两个例子来介绍这方面的探索。

（1）图 5-4 中的③部分是一种在搜索广告中常见的带有一定品牌意味的广告形式。它是以广告主对应的一组导航类搜索关键词，在用户搜索这些关键词时展示该广告主的品牌宣传性创意。这样的产品，可以提升广告主用户对品牌的认知程度和后续黏性。

（2）图 5-4 中的④部分是一些搜索引擎提供的同类推荐功能，在此例中，为相关的旅游类网站。显然，这部分的列表和排序可以按照竞价广告的逻辑来运营。通过这一广告产品，可以为搜索引擎提供一些离决策稍远、以接触潜在用户为目的的广告。如图中的例子，携程的用户可能不一定用过同城网，但是在此处看到以后，或许会尝试并对其发生兴趣。当然，这样的产品绝对不能在搜索左侧的结果中展示，因为那样会引起用户对结果相关性的质疑。

3．原生化探索

搜索广告从一开始就具有原生广告的特点：它的商业化结果与自然结果一样，由用户的主动意图触发，并且在展示形式上与自然结果相差不大。实际上，有相当比例的用户是完全无法区分自然结果和广告结果的。因此，探索搜索广告与内容的自然结合，以越来越"原生"的方式投放广告，也是产品的重要方向。

与谷歌不同，中国的搜索广告有混排在自然结果中的竞价排名方式，而类似于图 5-2 的标准形式是后来才逐渐发展起来的，但是这种混排的形式一直存在于广告产品中，并且对营收仍然发挥着重要的作用。这种混排虽然褒贬不一，而且在一部分查询上降低了结果的质量，但可以说是搜索广告原生化的一种探索。另外一个原生化的趋势是，在有些直接面向商品的信息类搜索中，像图 5-5 中那样提供结构化内容结果时，在其中混入商业化结果，并进行统一排序。与只提供自然结果相比，这可以增强变现能力；与只提供广告结果相比，这可以避免需求不足带来的结果质量下降。这样的广告，也可以称为"商品直达式广告"。

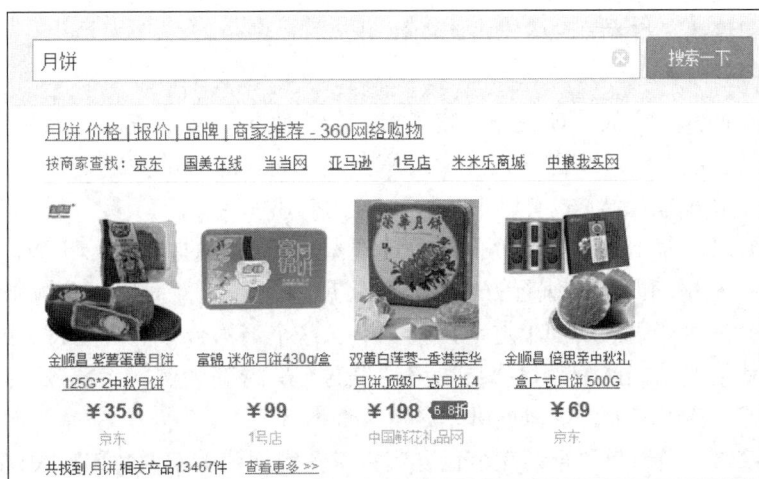

图 5-5　商品直达式搜索广告示例

我们认为，搜索广告是比信息流广告更重要的原生广告起源，而且搜索广告的一些特点可以被借鉴到原生广告产品中，这一点在第 8 章介绍原生广告时再讨论。

5.1.3　搜索广告产品策略

除了产品形式上的创新，搜索广告的投放和优化策略也是产品的重要一环。要了解搜索广告产品策略，我们先来看一下搜索广告决策的基本过程。

如图 5-6 所示，搜索广告的决策过程可以分为查询扩展、检索、排序、放置、定价等几个阶段。查询扩展是搜索广告独有的策略，目的是为广告主自动拓展相关的查询词，扩大匹配流量；广告检索和将候选广告根据 eCPM 排序，是广告系统较为通用的核心流程，本章后面介绍竞价广告网络时会再讨论；而定价是竞价广告非常核心的策略，将在下一节的机制设计中重点介绍。

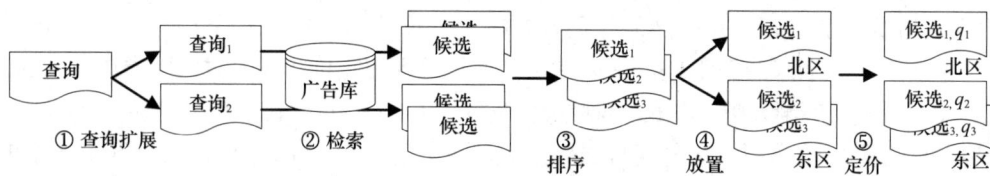

图 5-6　搜索广告决策过程示意

需要说明的是，在搜索广告中，排序的依据（即 eCPM）可以简单地表示成 $r(a, c) = \mu(a, c) \cdot bid_{CPC}(a)$。不过在实际产品中，点击率 μ 这一项会被质量度（quality score）所替代，而后者除了考虑点击率，还需要综合诸如落地页质量等其他因素，得到更全面的对广告质量的评价，其目的是为了避免广告主的恶意行为、促进市场长期发展等。而在本书中，为了说明基本概念和算法，将主要考虑点击率的作用。

1．查询扩展

查询扩展是搜索广告的一项关键策略。对广告主来说，从浩若烟海的关键词中找到符合自己需求的组合绝非易事。因此，搜索引擎会提供将广告中的关键词自动匹配到更多相关查询的服务，常见的匹配方式有以下几种。

（1）精确匹配，即不对广告主提供的关键词做任何形式的扩展，保证忠实按照广告主的意图精准执行。精确匹配的执行方式是，先将用户输入的查询分词，例如"英语培训"这个查询可以分成 { 英语，培训 } 这个词集合，当这个词集合与广告主设定的关键词集合完全一致时，就触发精确匹配。以"英语培训"这个关键词为例，在精确匹配方式下，可能触发广告的有"英语培训、培训英语"这两个查询。

（2）短语匹配。当用户的查询完全包含广告主关键词或关键词（包括关键词的同义词）的集合时，就认为匹配成功，可以触发相应的广告候选。仍以"英语培训"这个关键词为例，在短语匹配方式下，可能触发广告的搜索有"英语培训、英语培训暑期班、哪个英语培训机构好、英语的培训、英语相关培训、英文培训"等。但像"英语歌曲、电脑培训"这样的词就不会被触发。总的来说，这种方式是用较精细的概念匹配较宽泛的概念，因此一般来说还是比较精准的。

（3）广泛匹配。当用户的查询词与广告主的关键词高度相关时，即使广告主并未提交这些查询词，也可能被匹配。仍以关键词"英语培训"为例，在广泛匹配方式下，可能会触发"外语学习班、四级证书"这样的查询。广泛匹配的逻辑并没有清晰的定义，一般来说，都是用数据挖掘的算法自动获得。因此，虽然打开广泛匹配可以获得较多的流量，但是流量的精准性往往会打一定的折扣。

（4）否定匹配。由于短语匹配和广泛匹配都是由系统自动完成，难免会出现一些匹配不精准的结果，因此，需要同时向广告主提供否定匹配的功能，即明确指出哪些词是不能被匹配的，这样可以灵活地关停一些低效的流量。

短语匹配和广泛匹配都属于典型的拓词方式，将其与否定匹配相结合，广告主可以比较自由地在流量和质量之间找到平衡点。然而由于媒体与广告主利益的不一致，搜索引擎提供的拓词方式未必是对广告主最佳的，我们后面介绍 SEM 产品时会讨论这一点。

2．广告放置

当广告候选完成排序以后，需要分别确定北区和东区的广告条数，这个环节称为广告放置（ad placement）。由于这两个区域构成一个统一的竞价队列，实际上是要分别设定进入北区和进入东区的条件，其中最关键的是进入北区的条件。

北区是黄金的广告展示位置，一般来说，通用搜索引擎的广告收入中绝大部分都来自于北区，因此北区广告的平均条数与收入直接相关。但同时，由于北区广告直接压低了自然结果的位置，必然会对用户体验产生一定的影响。因此，要想获得商业利益与用户体验较好的平衡，我们在关注收入指标时，也要特别关注北区广告的数量和质量。整个搜索引擎的北区广告平均条数，称为 NFP（North Foot Print）或 ASN（Average Show Number），在考察一项新算法对 RPM 的影响时，我们往往也应同时关注 NFP，而在 NFP 显著变化时，对比对应的 RPM 变化往往没有太大的意义。

确定一条广告能否进入北区要考虑两个关键因素：一是该广告相关性是否足够，二是该广告的 RPM 是否足够，前者是为了确保用户体验，后者是为了高效地利用展示位置。另外，一般来说，北区还会设定一个广告条数的上限。根据整体 NFP 的约束和收入的目标，我们可以很容易通过数据模拟的方法确定相关性和 RPM 的最优阈值，这些将在第 13 章中再讨论。

前面说过，搜索广告的决策一般来说不太考虑用户 u 的影响，但是在确定北区广告条数这个问题上是一个例外，这就是个性化的广告放置。个人偏好、对广告了解程度的不同，不同的用户对广告的容忍度和点击率呈现出明显的差别：有一部分用户总是会跳过广告，直接从自然结果开始浏览，但也有一部分用户或者对广告不太会分辨或者对其接受程度高，会将广告与自然结果一样看待，因此产生大量点击。很显然，对前一类用户，应该降低北区广告条数，这样在不显著减少收入的情况下可以换来更好的用户体验；而对后一类用户，应该在有符合条件的广告时，尽可能用足北区的位置。

5.1.4 产品案例

1. Google AdWords

　　AdWords 是谷歌推出的关键词竞价广告产品，每年为谷歌创造百亿级美元的营收。在产品的最初阶段，AdWords 以搜索词为定向条件，按当时最流行的 CPM 方式售卖，可惜销售结果不理想。后来采用了 Overture 的 CPC 售卖方式，并创造性地引入了点击率的概念，通过广告的点击率表达广告的相关性，实现了营收的快速增长。

　　Overture 发明 CPC 售卖方式的时候，广告的投放方式很简单，只是以广告主的出价高低排序，出价最高的广告赢得曝光的机会。谷歌发现了此模式的缺陷：出价最高的广告赢得了很多曝光，但如果没人点击，平台还是没有收入。因此，谷歌将策略改变为在投放过程中预估每条广告的点击率，然后按点击率和出价的乘积大小对广告排序，这样就形成了现在竞价广告普遍采用的根据 eCPM 决策的逻辑。

　　在引入点击率来表达相关性后，在 CPC 模式下形成了一个对广告主、用户、平台都有利的生态。在此生态下，广告主可以通过选择关键字来定向目标受众，并通过改善广告创意提高点击率的方式降低出价。谷歌通过给用户投放点击率高和出价高的广告提高收益。因为每次给用户投放都是点击率高的"个性化"广告，所以用户在使用搜索引擎时看到了更多相关付费信息，降低了广告对用户的干扰。

　　相关性提高后，广告主就会以更低的出价赢取更多的点击，所以广告主就有动力通过更精准的关键词条件和更好的广告创意来提高广告的点击率。整个系统的营收也就相应增长了。2013 年，谷歌财报中谷歌网站的收益达到了 374 亿美元[①]，而这主要来自于 Google AdWords 这一款搜索广告产品。

　　需要说明的是，为了简化概念，这里介绍的 AdWords 是其过去的产品范畴。目前，谷歌已经将其展示广告网络、移动广告网络的需求方入口统一在 AdWords 产品下，目的是为广告主提供一个统一市场（universal marketplace），方便统一的效果跟踪的优化，这实际上也是广告产品面向需求方接口的一个重要趋势。

2. 淘宝直通车

　　相比于 AdWords 这种通用搜索引擎的广告产品，淘宝直通车是 C2C 电子商务公司淘宝

---

① 注意，这是基于谷歌全球市场的统计，这甚至接近了表1-1中美国市场总的在线广告收入规模。

专门服务于卖家的广告产品。如图 5-7 所示，淘宝直通车广告主要出现在淘宝站内搜索结果页上。但是由于商品搜索的结果展示与通用搜索引擎有很大区别，相应的广告展示也有很大不同。在图 5-7 中，广告只出现在页面的东区和南区。

图 5-7　淘宝直通车广告示例

淘宝直通车的前身是雅虎直通车，卖家可以在雅虎搜索和雅虎网站上投放广告，2008年改名为淘宝直通车。开始的广告排名规则非常简单，即出价高的广告主赢得投放机会。

之后淘宝也完善了广告策略，开始采用与 AdWords 一样的 eCPM 排序方式。与之前的广告排名规则相比，由于投放的广告相对来说点击率都比较高，因此卖家的转化率提升，而淘宝也因为宝贝整体的点击率提升获得更多的营收，形成共赢的局面。

与通用搜索引擎的广告主来自各行各业不同的是，淘宝直通车的广告主来自于淘宝平台上的卖家群体。淘宝与它的广告主之间基本是共生的关系，这使得淘宝对其广告主有更大的影响力，并在如下的几个方面有明显的优势。

（1）广告主可以推广单品，并且直接复用商品的图片、描述等信息，而不需要针对广告渠道制作创意，这使得大量中小卖家使用直通车的额外成本很低。

（2）由于站内搜索与用户购买意图强相关，因此广告的效果较好。

（3）由于淘宝对其广告主全部转化流程的了解，使得淘宝直通车在利用后续数据优化广告系统（如转化预估、商品上下架同步等）方面，都达到了一般搜索广告难以达到的深入程度。

因此，虽然淘宝直通车仅仅是一个垂直搜索引擎的广告系统，但是其生态体系却支撑了阿里巴巴这一中国最大互联网公司大部分的营收和利润，也是淘宝变现的主要途径之一。这个例子告诉我们，在一些高商业价值的垂直搜索引擎（如电商、房产、汽车、应用下载）中，利用搜索广告的产品体系进行变现是需要最优先考虑的流量变现方式。

5.2　位置拍卖与机制设计

以搜索广告为代表的竞价广告实际上是用拍卖的方式销售广告展示机会的。也就是说，系统根据广告主的出价以及由此计算出的 eCPM，决定谁可以得到某次展示的广告位。在封闭的竞价广告市场中，出价是广告主阶段性调整的，而到了广告实时交易阶段，广告主可以对每次展示实时调整出价[①]。但是从拍卖机制的角度看，这两种竞价没有本质差别。

我们先来看一下怎样描述竞价广告问题，并从宏观市场的角度了解一些重要结论。如图 5-8 所示，假设有一组广告位可以被占用，将这些广告位按照其经验价值排名，分别记为 $s = 1, 2, \cdots, S$（对展示广告而言，这里的 S 一般为 1）。在某次广告请求中，有一组广告 $a = 1, 2, \cdots, A$ 出价参与拍卖，每个广告的出价记为 b_a，系统将前 S 个高出价的广告依次放到前面排序好的 S 个广告位上，这样的问题称为位置拍卖（position auction）。根据前文的讨论，当某个广告 a 被放在 s 位置上时，其期望收益即 eCPM 为 $r_{as} = \mu_s v_a$。这里做了一些假设，比如点击率 μ 仅与位置 s 有关，而点击价值 v 仅与广告 a 有关，但这并不影响对竞价问题宏观市场的讨论。

---

① 实时竞价将在第6章中介绍。

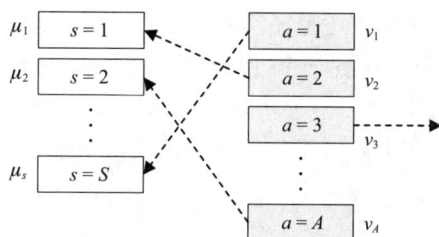

图 5-8 位置拍卖问题示例

如何设计这样的位置拍卖问题中的一些重要机制，往往对整个竞价市场的收益、稳定性、公平性等有着巨大的影响，这一类问题称为机制设计问题。在广告中常见的机制设计问题，包括定价、市场保留价、价格挤压等。

5.2.1 市场保留价

为了控制广告的质量和保持一定的出售单价，竞价广告市场往往要设置一个赢得拍卖位置的最低价格，我们将这一价格称为市场保留价（Market Reserve Price，MRP），俗称"起价"或"底价"。广告主的出价只有在高于市场保留价时，才能获得竞价机会，同时在赢得某个拍卖位置后，如果根据定价策略算出的付费低于市场保留价（以广义第二高价为例，很容易验证这种情况是可能发生的），也需要调整到市场保留价的水平上。

确定 MRP 是竞价广告重要的产品策略，MRP 定得过低或过高，都不利于整个市场的收益最大化。一般来说，当竞争较充分、广告主深度足够时，MRP 可以设置得比较高；反之则应适当降低。市场保留价的设置有两种方法：一是对整个竞价市场采用同样的保留价格；二是根据不同标的物（如搜索广告里的关键词）的特性设置不同的保留价格。如果按照后一种方法设置，显然应该对那些竞争较激烈的关键词设置比较高的 MRP。

在搜索广告的实践中还有一点：北区和东区的广告虽然共享一个竞价队列，但为了保证北区黄金位置得到较好的变现，我们往往会对北区单独设一个较高的 MRP。

关于如何计算最优的市场保留价，也有一些理论研究和实践方法。简单来说，一个特定关键词的最优起价仅与竞价和质量度的分布有关，通过拟合其被保留价截断的分布为核心，可以通过理论上的计算公式来解出最优起价。自付费搜索的商业模式成型以来，搜索引擎便在不断尝试调整关键词竞拍的起价，在市场可以接受的前提下提升自身的收益水平。2001 年，Yahoo! 将其起价统一设置为 5 美分，2008 年，Yahoo! 结合理论的推导结果，对部分雅虎搜索关键词进行动态调价，不同价值的关键词被调整为不同的起价。此次调价后，据持续观测，起价提升在 2008 年第三季度，对收入的影响为 +13%。而谷歌并没有公开自己的起价计算方法与过程，但是一般认为其起价的制定策略是业界较为先进的，早在 Yahoo! 实行动态起价之前，研究人员即发现谷歌的起价也是动态的。

　　无论是调整市场整体的 MRP，还是在不同流量划分上动态设置 MRP，其基本原理都是根据竞价广告主的 eCPM 分布，找到一个使填充率没有明显下降的 CPM 底价，然后再根据质量度倒算其 CPC 底价。实际上，由于考虑质量度，动态底价可以同时与 (a、u、c) 这 3 个参数都有关系，做到完全的动态。关于动态市场保留价的原理和具体算法，有兴趣的读者可以进一步阅读参考文献 [84]。

5.2.2　定价问题

　　围绕位置拍卖最重要的机制设计是定价（pricing）问题，它探讨的是在一次位置拍卖中，给定各参与者的出价以及他们的期望收益，如何对最后获得某个位置的广告商收取合适的费用。

　　讨论定价问题乍听起来有些多余，按照广告主自己的出价收取不就可以了吗？为了解释研究此问题的动机，先来看看下面的例子。假设有某个单位置（$S = 1$）的广告机会在竞拍，开始有两个广告主参与，甲出价 1 元，乙出价 2 元，于是甲赢得了此次竞价，如果按照其出价来收费，市场就向他收取 2 元的费用。在广告市场里，这一拍卖机会还会重复出现（对应于不断产生的展示），因此广告主也存在调整出价的机会，假设乙在发现自己出 2 元钱能拿到流量以后，自然就会想到，是不是可以调低出价，用更低的成本拿到流量？乙将一直不断尝试，直到把出价调低到 1.01 元，发现继续调低就拿不到位置了。于是系统稳定在甲出价 1 元，乙出价 1.01 元。此时，假设又有一个广告主丙加入竞争，并希望赢得此广告位，那么以此类推，他在不断调整后将会出价 1.02 元，市场的收入也就是 1.02 元。我们有可能通过调整定价策略来影响系统的总收益吗？答案是肯定的。例如，我们在甲出 2 元，乙出 1 元参与竞价时，并不对获胜的甲收 2 元，而是收取其下一名（即乙）的出价 1 元，那么甲就没有动力调低其出价了。那么当丙加入时，就需要出价 2 元以上才可以赢得竞价，市场的收入也就变成了 2 元（不论丙出价多少，我们都按其下一位即甲的出价来收费）。这个简单的例子告诉我们，在广告这样的参与者可以针对同一个标的物不断调整出价的拍卖环境中，通过聪明的定价策略，完全可能为整个市场创造更高的收益和更好的市场稳定性。

　　在定价问题上，微观上的直觉未必可以推广到宏观市场。从整个市场的角度来看，我们重点需要研究的是市场处于稳定状态下的收益和其他特性。而所谓稳定，指的是整个竞价系统处于纳什均衡（Nash equilibrium）状态，即每个广告商都通过出价得到了最符合自己利益的位置。对某一次位置竞价来说，其对称纳什均衡（symmetric Nash equilibrium）状态 [95] 可以表示为下式：

$$\mu_s(v_s - q_s) \geq \mu_t(v_s - q_t), \forall t > s$$
$$\mu_s(v_s - q_s) \geq \mu_t(v_s - q_{t-1}), \forall t < s$$

（5.1）

注意，这里的下标意义有所调整，v_s 指的是排在 s 位置上的广告的点击价值，并非 s 位置带来的点击价值；q_s 指的是市场向排在 s 位置上的广告收取的费用，即定价，也就是广告主的单次投入。这一均衡状态的意义很容易理解：对于最终位置排名竞价结果中的每一条广告，其收益都比排在其他位置上要高。显然，在这样的状态下，每个广告商都达到了自己的最优状态，整个系统也就随之稳定下来。

在式（5.1）中，市场方能够调整的策略只有 q_s 的确定方式，也就是定价策略。随着定价策略的不同，市场达到稳定状态时的宏观收益情况和稳定的程度都有所不同。因此，有关竞价市场宏观性质的研究，主要目的是寻找更好的定价策略以优化整体收益。关于位置竞价问题纳什均衡状态的数学分析，由于与本书的产品和技术重点有一定差距，因此这里不介绍这方面的内容，有兴趣的读者可以阅读参考文献 [95]。

在线广告竞价市场最常见的定价策略是 GSP 方案，另外还有一种 Vickrey-Clarke-Groves（VCG）定价策略，我们分别来介绍一下。

1. 广义第二高价（GSP）

先来看看什么叫第二高价（second price）[97]。这指的是在只有一个位置的拍卖中，向赢得该位置的广告商收取其下一位广告主的出价，这样的拍卖也叫作 Vickrey 拍卖。在搜索广告这种有多个位置的拍卖过程中，很容易凭直觉将第二高价策略推广成这样的策略：对每一个赢得位置的广告主，都按照他下一位的广告主出价来收取费用，这就是广义第二高价 [37]。第二高价是社会福利（social value）最优的机制，换句话说，在这种机制下，广告平台会把广告机会分配给后续回报价值最高的广告主，而非广告平台的收入最优。不难理解，要实现社会福利最优，关键是从机制上做到让广告主忠实地按照自己的回报价值来出价，这样按照出价排序就可以了。

第二高价和广义第二高价的直觉合理性在上面已经有所解释。不过，实际上广义第二高价并不是多位置拍卖时社会福利最优的机制（最优策略是下面要介绍的 VCG 定价）。但是，广义第二高价却有着实现简单、容易向广告主解释等诸多操作中的优点，因此在实际的竞价广告系统中是最主流的定价策略。

如果按照 CPM 结算，那么广义第二高价可以非常直接应用。但在 CPC 结算的竞价广告系统中，广告主的出价是针对点击的，而竞价是针对 eCPM 的，因此要对两者做一下换算，以实现 CPC 情形下的广义第二高价 [37]，其定价公式为：

$$q_s = \mu_{s+1}b_{s+1}/\mu_s + \Delta \tag{5.2}$$

如果将等式两边同时乘以 μ_s，可以看出广义第二高价实际上仍然是 eCPM 上的第二高价。

读者可以自行验证，不论是 CPM 还是 CPC 结算，在广义第二高价的情形下，对某广告主的定价是一定不会大于其出价的。实际上，这种定价策略也同样适用于 CPS 结算的竞价市场，并且只需要将式（5.2）中的 μ 换成 μv 即可。式（5.2）最后的 Δ，一般为广告系统结算货币的最小单位，如 1 美分，这是一种历史惯例，也在某种程度上让广告主心理上感觉更加合理。

2. VCG

VCG 定价 [97, 27, 46] 是 Vickrey、Clarke 和 Groves 在研究竞价系统均衡状态时得到的社会福利最优的定价策略，其基本思想是对于赢得了某个位置的广告主，其所付出的成本应该等于他占据这个位置给其他市场参与者带来的价值损害。在这一原则下，VCG 的定价策略可以表示为：

$$q_s = \sum_{t>s} (\mu_{t-1} - \mu_t) v_t \qquad (5.3)$$

这种定价策略在直觉上的合理性很容易理解。理论分析表明，VCG 定价策略的优越性体现在如下几个方面：首先，在这种定价策略的稳定状态下，市场中的理性广告主是忠实出价的，也就是说，每人能找自己的回报价值来出价，就找到了自己的最优状态；其次，相对于其他定价策略，这种定价向广告主收取的费用是最少的。在单广告位拍卖的情形下，VCG 定价策略就退化为第二高价策略。

可以证明 VCG 是社会福利最优的定价方式，也就是说，广告平台和广告主的整体收益达到了最大。不过，在 VCG 定价情况下，平台的收入却不如 GSP。

VCG 定价在竞价广告中并不是一种主流的方式。这主要是因为这种定价方式的逻辑过于复杂，比较难以向广告主解释清楚；另外，在广告主和媒体存在博弈关系的情形下，媒体是否正确地计算了"给其他市场参与者带来的价值损害"也很难验证。不过这种定价方法也有其市场空间，有的广告厂商（如 Facebook）在实际产品中也采用了这一定价机制。

5.2.3　价格挤压

在 CPC 结算的广告产品中，eCPM 可以表示成点击率和出价的乘积，即 $r = \mu \cdot v = \mu \cdot \mathrm{bid}_{\mathrm{CPC}}$。但是在竞价的机制设计中，我们有时会对此公式做一些微调，把它变成下面的形式：

$$r = \mu^\kappa \cdot \mathrm{bid}_{\mathrm{CPC}} \qquad (5.4)$$

其中的 κ 为一个大于 0 的实数。我们可以考虑两种极端情况来理解 κ 的作用：当 $\kappa \to \infty$ 时，相当于只根据点击率来排序，而不考虑出价的作用；反之，当 $\kappa \to 0$ 时，则相当于只根据出价来排序。因此，随着 κ 的增大，相当于我们在挤压出价在整个竞价体系中的作用，因此我们把这个因子叫作价格挤压（squashing）因子。

价格挤压因子的作用主要是能够根据市场情况，更主动地影响竞价体系向着需要的方向发展。例如，如果发现市场上存在大量的出价较高但品质不高的广告主，则可以通过调高 κ 来强调质量和用户反馈的影响；如果发现市场的竞价激烈程度不够，则可以通过降低 κ

来鼓励竞争，如果存在短期的财务压力，这样就可以短期使整体营收有所上升；如果要鼓励广告主提高广告质量和相关性，则可以通过提高 κ 来降低出价的影响。

5.2.4 Myerson最优拍卖

第二高价和 VCG 是社会福利最优的定价机制。但在实践中，广告平台更加关注的是使收入最优（也就是平台方价值最优）的方法。这个问题，称为最优拍卖问题（optimal auction problem）。当拍卖的标的是单个的不可分物品时，Roger Myerson 给出了理论上的最优机制，称为 Myerson 拍卖[79]。

在 Myerson 拍卖中，我们假设某个广告主 a 的点击期望收益 v_a 为一个随机变量，其概率密度函数为 f_a，累积分布函数为 F_a，而广告主 a 的出价为 b_a。为了简化问题，我们先假设所有广告候选的点击率没有差别，在这种情形下，最优的拍卖机制如下。

（1）将广告主的出价映射成一个虚拟出价 $b'_a = b_a - [1 - F_a(b_a)] / f_a(b_a)$。

（2）以 0 作为虚拟出价上的 MRP，对出价者进行过滤。

（3）在虚拟出价上按第二高价方式进行定价，并转换回真实出价域来扣费。

总结起来，这种机制不保证按照出价的高低进行排序，甚至有时还会拒绝所有的出价者。当 f_a 皆为 [0, 1] 区间的均匀分布时，此机制等价于第二高价加上一个 0.5 的底价。其作用直观上也很好解释：对于那些期望收益很可能比较高的大玩家，我们会通过虚拟出价的变换对其进行一定程度的惩罚，以刺激其出更高的价格。

由于 Myerson 拍卖不仅会影响定价结果，甚至还会影响排序结果，很难向广告主解释其公平性，因此，实践当中各大广告平台虽然或多或少地会采用一些 Myerson 拍卖的思想（如对出价能力强的买家进行一定程度的价格歧视），但很少直接采用 Myerson 拍卖的形式作为市场规则。当然，即使有的平台确实采用了类似的机制，也不会公开宣称。

5.2.5 定价结果示例

我们用一个具体的例子来直观地说明上述的综合竞价和定价过程：假设有一组广告竞争一个有多个位置的搜索广告展示机会，其出价和系统对其点击率[①]的预估如表 5-2 中的第二列和第三列所示，那么计算出的 eCPM，以及按照 GSP 定价策略并取不同 κ 值时向每个广告主收取的费用，如表 5-2 的后面几列所示[②]。从表 5-2 的例子中可以看出，经过 GSP 的 CPC 定价并不是降序的，并且存在低于 MRP（如第三位的广告）的情形，这时需要将其强制设为 MRP；另外，κ 对排序和定价都有明显的影响。

---

① 这里的点击率考虑了广告而未考虑位置和其他因素的影响，因此仅仅是示意性的。

② 计算中忽略了式（5.2）中计价时多加的 Δ。

表 5-2　GSP 广告竞价过程示例（单位：元，MRP=0.25）

出价	点击率（%）	排序 / 定价（$\kappa = 1.0$）	排序 / 定价（$\kappa = 2.5$）	排序 / 定价（$\kappa = 0.5$）
0.80	1.6	1/0.50	1/0.25	2/0.25
2.00	0.4	2/0.75	3/0.70	1/1.60
0.30	1.0	3/0.25	2/0.25	3/0.28
0.40	0.5	4/0.25	4/0.25	4/0.25

想要进一步了解具体实现过程，可以参考 13.1 节中的示例代码。至于按 VCG 定价策略向每个广告主收取的费用，读者可以自行探讨。

5.3　竞价广告网络

竞价机制在搜索广告逐渐成熟的同时，也在展示广告领域得到了广泛应用。对展示广告而言，合约式的售卖方式必然无法消耗所有的库存，实际销售中为了控制售卖比例以获得更高的品牌溢价空间，未通过合约售卖的广告流量很多。这部分流量，我们称为剩余流量（remnant inventory）。竞价交易模式的产生，为这部分流量提供了变现的机会，催生了广告网络这一产品。广告网络的产品功能是，批量聚合各媒体的剩余流量，按照人群或上下文标签的流量切割方式售卖给广告主。

对一些中小媒体而言，甚至完全没有按合约售卖的流量，而是将所有的广告位都交给广告网络来变现，图 5-9 中给出了一个网页上所有广告网络位置的示例，其中所有用线框标出的部分，都是交由广告网络来变现的。

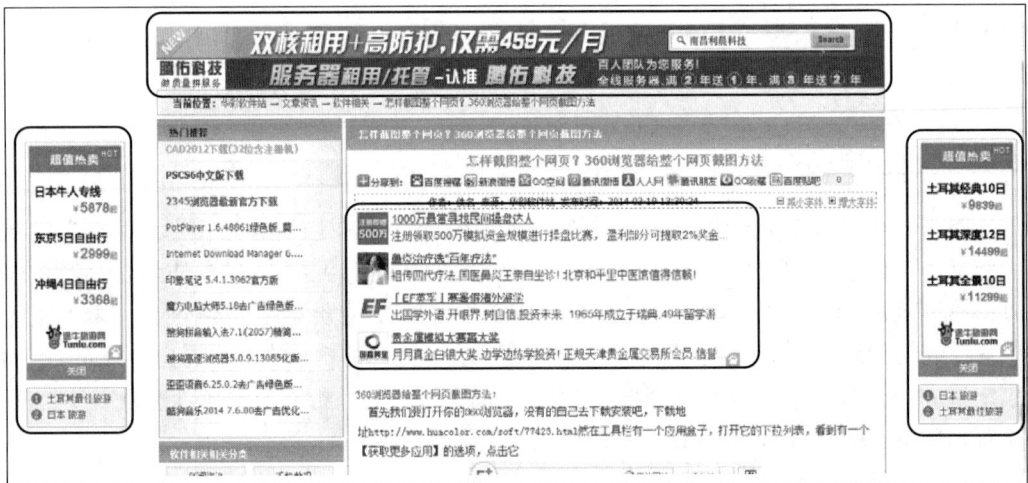

图 5-9　广告网络广告示例

移动应用内流量的广告网络最常见的广告形式是横幅与插屏。不过近年来，移动广告网络原生化发展的趋势已经确立，我们将把这部分有关产品形式的讨论放在第 8 章中讲解，这里主要介绍广告网络在广告决策方面的产品逻辑。

5.3.1 广告网络产品形态

一般来说，广告网络中的投放决策过程对媒体而言类似于一个黑盒子：只需要在广告位的剩余流量上调用广告网络的投放代码或 SDK，而不用关心每次展示的投放结果。在实际运营中，广告网络既有竞价的售卖方式，也有合约的售卖方式。不过我们这里重点讨论的是其竞价部分。

竞价广告网络的产品逻辑示意如图 5-10 所示。这里的产品关键，一是售卖的标的主要是人群，而广告位被淡化了。（根据第 4 章的讨论可知，合约广告是很难淡化广告位标的的。）另外，当流量满足多个广告活动要求时，简单地采用竞价模式而不用考虑量的约束。

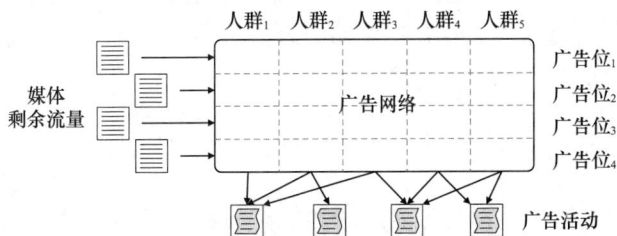

图 5-10 广告网络产品示例

根据人群划分模式的不同，广告网络产品其实有两个来源：一方面来源于搜索引擎发展出来的上下文广告产品，即根据页面中提取的关键词来投放广告；另一方面来源于展示广告的兴趣标签向精细化发展后。无论是上下文还是兴趣，都可以看成是对受众的划分方式，因而它们都统一在广告网络这一产品中。

竞价广告网络有下面几个关键的产品特点。

（1）竞价方式不向广告主做量的约定，而是根据变现能力，即 eCPM，来决定每次展示分配给哪个广告主。因此，与合约式的广告系统不同，广告网络大大降低了为保证合约而设计复杂在线分配算法的必要性，因而其中的计算技术可以把精力集中在对 eCPM 的估计上。

（2）由于是按人群售卖，广告网络会极力淡化媒体和广告位的概念。由于淡化了媒体的概念，广告网络中很难拿到品牌溢价高的广告位，一般来说也不适合广告主的品牌类需求。

（3）从商业角度来看，广告网络的销售模式与合约的方式相比，无须再满足广告主品牌独占的要求，而是让国美和苏宁同时参与同一个人群的竞价，这使得提高市场流动性成为可能，而在合约广告中，这一点是很难做到的。

（4）由于广告网络根据实际消耗来结算，一般来说财务上采用广告主先充值的方式，这区别于合约广告投放结束后结算的方式，结果使得广告网络运营方的现金流状况大为改善。

广告网络存在 CPM、CPC 和 CPS 等不同的结算方式，不过最主流的方式是 CPC。我们有必要从计算的角度分析一下 CPC 结算的合理性：首先，从需求方来看，既然是各种媒体的不同广告位聚合在一起售卖，广告主无法知道每个媒体上广告的具体位置。而位置对于广告的曝光效果影响巨大，因此实际上广告主根本无法评估每次展示的出价，而在点击上出价，这个问题就没那么严重了。另外从供给方来看，由于淡化了广告位的概念，并且聚合了多个媒体的流量，广告网络可以接触到同一个用户比较丰富的网络行为，并且知道每次展示所在的媒体与广告位位置，因此比广告主更容易估计点击率。根据第 1 章中的讨论，由广告网络负责估计点击率，需求方根据对点击价值的估计来出价，是最合理的市场分工。

但是，对一些有特殊业务需求或者特殊数据来源的媒体或媒体组合来说，有时候希望能够直接从广告网络的广告库中挑选广告，并能够创造比广告网络自动挑选更多的价值。因此，某些广告网络也会对一部分合作供给方开放广告库供其自行挑选，这种广告网络的运营模式可以称为联盟（affiliate）模式。

5.3.2　广告网络产品策略

广告网络中的广告决策过程与搜索广告相比，流程要简单一些，如图 5-11 所示，分为检索、排序、定价等几个阶段。虽然流程相对简单，但是广告网络在广告检索和排序两个环节上面对的问题与搜索有些区别，因此在产品策略方面也存在着一定挑战。

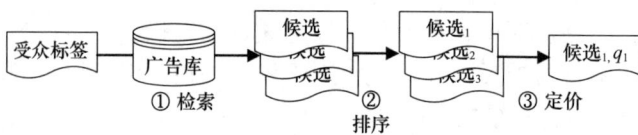

图 5-11　竞价广告网络广告决策过程示意

1．广告检索

广告与搜索面对的文档其实不同，它往往是一个用布尔表达式表达的投放条件，而不可以简单看成一个词的集合。而像搜索那样的面向词集合的检索方案，对布尔表达式来说不是最有效的。在搜索广告条件下，这一问题并不突出，但是在展示广告网络中，这样的差别就值得重视了。

搜索广告检索与搜索基本一致，用常规的倒排索引技术就可以解决。展示广告网络与搜索广告不同，由于用户意图不明确，我们往往要将更多的关键字、兴趣标签同时用于检索过程，而实践也证明，使用更多的标签对于提高效果是有直接帮助的。将很多的标签同时用于一次检索也与搜索中的短查询情形差别很大,这可以描述为一个相关性检索问题,需要探索专门的方法。

以上两个问题主要都与具体的算法有关,在第 13 章中介绍广告技术时再详细讨论。

2.广告排序

我们已经知道,竞价广告中排序的准则是 eCPM,而在 CPC 结算的情形下,对 eCPM 的估计转化为对点击率的估计问题。应该说,在搜索广告和展示广告网络这样的竞价广告产品中,点击率预测的问题才开始面临真正的挑战。

与广告位较规整、点击率较高的搜索广告相比,广告网络中的 CTR 预测有两方面的困难。首先,点击数据更加稀疏,而且需要同时考虑上下文和用户量方面的信息,这使得各种新广告、新策略的冷启动问题非常突出。如何设计好一个合理可行的冷启动策略,对展示广告网络来说至关重要。其次,广告网络中由于广告位的差别巨大,点击率的变动范围很大,这使得稳健地估计点击率变得相对困难。我们在后面讨论点击率预估技术时,将主要以展示广告的复杂情形为场景展开讨论,并将其与搜索广告的特例做对比。

5.3.3 产品案例

实际的广告网络有两种不同的业务方向:一种是广泛承接各种广告库存并面向所有品类的广告主进行服务,称为水平广告网络;另一种则专门服务于某一种类型的广告主(如电商、游戏等),并寻找相关的媒体资源来搭建网络,称为垂直广告网络。下面我们分别举例来介绍这两种类型的广告网络。

Google Display Network

AdSense 是谷歌进入展示广告领域的第一个广告产品,与 AdWords 只通过采用关键词来定向人群不同,AdSense 定向人群的方式更加多样化,可以通过一系列关键词或主题来确定相关的网页,或者通过人群兴趣、性别、历史访问信息等属性来定向人群,也可以通过这些定向条件的组合精确地选择想到达的网页和人群。与 AdWords 相比,广告主可以有机会接触更多的网页和流量。

除了定向人群方面的不同,在广告竞价环节,AdSense 和 AdWords 的流程基本一致,也是根据 eCPM 对广告排序。从 AdSense 的定向环节和竞价环节的不同和相似我们可以发现,相比于 AdWords 的生态圈中只有谷歌、广告主和用户而言,AdSense 多了网站(媒体)这一参与方。在 AdSense 的生态圈中,媒体方会通过调整广告位置和格式、给页面补充合适的关键字以吸引更多同类广告等方式提高点击率。广告主方则会通过选择合适的定向条件和出价提高点击率。在这种机制下,用户会看到更多相关广告,而平台方也会有比较好的收益。

在 AdSense 之后，谷歌又于 2008 年收购了展示广告领域的巨头 DoubleClick。在整合旗下 Utunbe、Google Finance 以及 AdSense 等一些广告资源的基础上，推出了 Google Display Network（GDN）这一展示广告领域最重要的产品之一。由原来 Adsense 这种为搜索广告的衍生产品，进化到独立的 GDN，表现出谷歌对展示广告领域的重视和独立发展的决心。GDN 的下游包括 DoubleClick ADX 和一些 TD，平台会将它竞价比较低的流量导给 DoubleClick ADX 进行实时竞价，使得一些长尾流量可能会以比较高的价格卖出，而 TD 则会从多个 ADX 中买流量并优化 ROI。目前，GDN 是世界上最大的展示广告网络，可以到达 90% 的互联网用户和超过 200 万的网站。

谷歌在 2013 年的财报中指出，谷歌网络成员的网站（Google network members' websites）的收益达到了 131 亿美元。

5.4 竞价广告需求方产品

搜索广告和竞价广告网络虽然效果差别很大，但产品本质相似。竞价广告市场的产生对需求方的技术也提出了新的要求：原来通过直接与媒体签订保量合约的采买方式，变成通过竞价为广告主完成量与质需求的采买产品。具体来说，这样的产品需要具备一项基本功能，即按照广告主预算跨媒体一站式采买人群的功能。另外，还可以具备一项高级功能，即机器决策的 ROI 优化功能。

这样的需求可以分解为两个基本问题：一是如何挑选合适的目标人群；二是如何对各个目标人群给出合适的出价。由于竞价广告平台的决策过程对于需求方来说是个黑盒子，因此要解决好这两个问题其实并不容易。

5.4.1 搜索引擎营销

搜索广告对应的需求方产品，即通过竞价采买搜索引擎关键词来做推广，这就是搜索引擎营销，即 SEM。上面说的两个基本问题在 SEM 中具体表现为关键词选择和出价。对 SEM 来说，各个标签即关键词的流量是互不重叠的，这与展示广告受众定向标签之间可以做复杂的布尔运算不同，实际上比人群标签优化要直接一些。

关键词选择和出价两个问题都有相当的难度。首先来看关键词选择，如果广告主提供一些种子词，那么这个问题看起来非常类似于 5.1.3 节中的查询扩展问题，但又有相当大的区别：搜索引擎进行查询扩展的目的是为了提高自己的营收，而需求方进行关键词选择的目的是为了提高广告主采买流量的 ROI。这两个目标显然有着很大的区别，因此广告主更信赖代表需求方利益的 SEM 公司。不过 SEM 公司由于数据来源的问题，需要长期的数据积累才能达到较好的效果。同时，对于大量长尾的小型广告主，往往比较难于积累起足够的数据用于优化，因此这类 SEM 公司服务的对象主要是中型以上的广告主。

对于出价的问题，传统的认识是广告主根据到达率、自己网站的转化率和客单价来估计点击价值，并以此点击价值为参考来出价。不过这忽略了一个问题，那就是各个关键词的转化率、客单价和市场竞争水平都有很大的区别，因此只有在不同关键词上做不同的出价，才能更深入地优化整体采买的 ROI。由于搜索广告的定向粒度很细，可以看出关键词选择和出价都是规模很大的优化问题，而且由于广告网络半封闭的竞价机制，数据的反馈和调整都不够及时，因此这一优化问题的技术挑战是比较大的。

5.4.2 交易终端

我们将面向 ADN、DSP 等的一站式采买平台称为交易终端，即 TD，与之类似的概念还有媒介采买平台，可以认为它们是同一类产品。

从市场发展来看，许多 TD 都是 4A 或其他代理公司为了适应市场技术形态的变化，收购或者孵化出来的子公司，这从图 1-15 中两部分产品之间的连线就可以看出来。在竞价广告市场上，广告主量的需求仍然是存在的，因此保量的合约并不是消失了，而是由代理与媒体之间下沉到了广告主与媒体采买平台之间。

虽然概念类似，但是 TD 的难点与 SEM 有所不同。媒体采买平台的技术挑战主要在于 ROI 的优化部分，要合理地选择需要的受众定向条件，并在每个人群上优化出价，以保证量的要求和优化收益，是一个复杂的组合优化问题。由于无法具体控制每一次展示，其困难程度要高于后面实时竞价的情况下的效果优化。这种面向广告网络中非 RTB 流量的 ROI 优化，也成为广告技术产品的一个重要方向。

无论是对接 ADN 还是 DSP，TD 都需要采取 API 接入的形式，才能完成自动的流量选择和优化。由于从需求端的接口来看，DSP 与 ADN 并没有太大的差别，因此 TD 也就不用太区分接入的是哪种。实际上，在程序化交易越来越普遍的今天，TD 主要对接的对象已经成了各种 DSP。

5.4.3 产品案例

对于非实时的竞价广告产品，需求方的优化比较困难，因此主要在投资回报比较高的 SEM 中得到了充分发展。我们举一个 SEM 产品的例子供大家参考。

Efficient Frontier

Efficient Frontier（EF）开始是一家专门从事 SEM 优化的广告技术公司，后来也涉足展

示广告网络的优化领域。2011 年，EF 被 Adobe 旗下的 Omniture 以 4 亿美元的价格收购，其产品成为 Adobe digital market suite 中的一部分，称为 Adobe AdLens。被收购时，EF 每年管理着 6 亿美元以上的搜索引擎广告预算，以及超过 4000 万个的搜索关键词，平均每日为每个客户投放 4 万个以上的竞价。

从 EF 这家公司的名称就可以大致了解其技术方向，他们的业务是通过关键词选择和出价，为搜索广告主提供大量关键词情形下的 ROI 优化。EF 采用金融领域的投资组合（portfolio selection）理论 [72] 方法来解决这两个问题，而 efficient frontier 也是这一金融领域中的术语。这一问题是通过计算的方法确定一个投资组合中各个品种的投资比例，以达到期望收益最优情况下风险最小的理论。在各个投资期望收益水平下，相应的最小组合风险对应的曲线就称为 efficient frontier。

如果将搜索广告里的标的物，即关键词，类比于股票，那么在一定预算的限制下分配各个关键词上的投入，以求达到整体 ROI 的最优，从框架上看非常类似于上述的投资组合问题。因此，EF 公司按照这一思路，将量化金融里的投资组合理论与计算广告技术结合起来，创造性地发展出了大规模的关键词出价优化技术。图 5-12 中给出了 efficient frontier 的一个示例，图中每个点代表一个广告投放设置，即关键词组合及其出价，而每一个组合也就对应了一个收入和成本。将各成本对应的最高收入的投放设置连接起来，就构成了 efficient frontier 曲线。找到这条 efficient frontier 曲线后，给定广告主的预算，就可以找到最佳的投放策略。在可选的关键词数量很大时，投放设置的集合规模非常大，再加上搜索引擎非实时的数据反馈，可以想见此优化问题的困难程度。

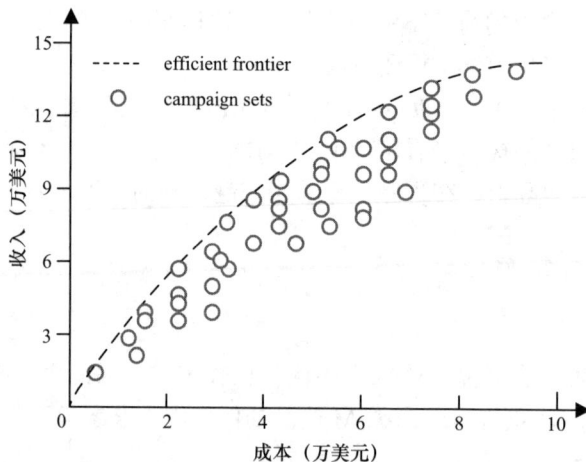

图 5-12　SEM 中的 efficient frontier 示意

广告主优化广告投放收益的问题其实比优化股票收益还要复杂。因为广告主的收益就是 ROI，而无论是估计点击率还是估计点击价值，都严重依赖于数据。因此，这方面数据的积累实际上才是 EF 最核心的竞争力。为了获得更多的数据来强化其竞争力，它被 Adobe 旗下的 Omniture 收购也就符合逻辑了，因为 Omniture 是专门提供网站分析工具的公司，积累了大量的网站行为数据，这对于优化 ROI 来说非常有价值。

除了 SEM，Adobe AdLens 也开展了 Facebook 等展示广告优化业务，因为其技术对于展示广告、搜索广告来说具有通用性——从广告网络的产品角度看，二者的本质是相通的。

5.5 竞价广告与合约广告的比较

在了解了竞价、合约这两类主要的广告交易方式后，我们来简要对比一下它们的优缺点。

从供给方或广告市场方来看，合约广告和竞价广告的对比，可以类比于计划经济和市场经济的对比。在合约广告的情况下，所有量的保证和质的优化都由媒体方的广告投放机来统一完成，而在竞价广告的情况下，市场只负责制定竞价和收费的规则，各广告主量的保证完全采用市场竞争的方式来完成。在这种情况下，市场方需要仔细设计宏观竞争机制，但是不一定需要实现像合约广告那样的交易级别的计划调度。

从需求端来看，合约广告的采买方式对广告主来说缺乏透明性，唯一能做的就是在合约的层面预先约定好一些最关心的利益条款，但是很难做深入的优化。不过，合约的采买方式也有一定的好处，特别是可以对量的保证可以有预先的约定，这对于品牌性质较强的广告活动来说是比较有意义的。

在竞价广告中，供给方和广告主的约定比较松散：首先，供给方不再向广告主承诺广告投放量；与此相对应，点击单价由广告主自行决定。这样的交易逻辑使得广告合同由首先确保量的结构，变成了首先确保成本的结构。这实际上是非常革命性的变化，它使得广告市场产生了以下 3 个有利于大幅提升广告效果的发展趋势。

（1）非常精细的受众定向可以被无障碍地使用在交易中，而这是展示量合约广告很难做到的。由于这一点，市场的效率得到了巨大提升。

（2）大量的中小广告主逐渐成为参与竞价的主体，这使得市场的规模得到了快速扩张。

（3）与合约广告相比，竞价广告中数据的价值得以彰显，整个市场开始以数据为核心来组织和运营广告产品。

第6章

程序化交易广告

在线广告发展到竞价阶段，基本的计算格局已经建立，大多数重要的产品和技术也都浮出水面并得到研究。然而，随着需求方优化效果的要求进一步加强，广告网络在产品形态上已经无法完全满足需要，而市场的发展方向是向需求方彻底开放。具体而言，除了允许广告主按照已经定义好的用户划分来购买，还要进一步提供广告主自行选择流量和在每次展示上独立出价的功能。这样的功能，必然要求询价、出价和竞价在展示时进行，这就产生了以实时竞价（即 RTB）为核心的程序化交易市场。程序化交易产品在整个产品演进过程中的位置如图 6-1 所示。

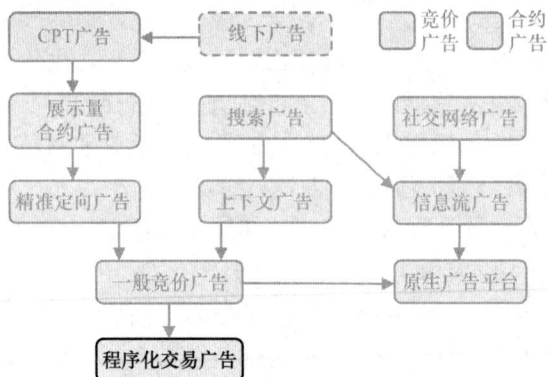

图 6-1　程序化交易广告产品

RTB 的产生使得广告市场向着开放的竞价平台的方向发展，这样的平台就是广告交易平台，即 ADX，其主要特征是用 RTB 的方式实时得到广告候选，并按竞价逻辑完成投放决策。与广告交易平台对应的采买方称为需求方平台即 DSP。在程序化交易市场中，需求方对于流量的选择和控制能力达到了极致，因此其技术和算法的挑战也相当大。

从需求方来看，定制化的用户划分能力使得广告主可以像优化自己的推荐系统那样优化广告购买，唯一的区别是这个推荐系统是放在站外的。动态出价的产品需求以及广告主预算范围内的套利，要求 DSP 具备点击率预测、点击价值估计、流量预测、站外推荐等多方面的计算能力。除了站外推荐，新的技术发展趋势是根据广告主提供的种子用户，利用媒体数据为广告主找到行为相似的潜在用户。这样的一些定向方式都是针对 (a, u) 组合的定制化用户划分，它们使受众定向精准程度达到了新的水平。

在需求方的利益得到充分保证后，媒体的变现手段也发生了相应的变化。发展到今天，媒体至少有 4 种广告变现选择：合约售卖方式、自营竞价广告网络、集成其他广告网络、通过 RTB 市场变现。如何动态地选择这 4 种模式中变现价值最高者，最大化媒体收益，是供给方的需求痛点。在这样的需求驱动下，产生了 SSP 这种优化媒体利益的产品。

除了交易模式的改变，程序化交易还催生了另外一个重要的市场：数据加工和交易市场。开放的交易模式使得广告主可以自由地使用各种数据指导投放，而 RTB 过程又为附带的数据交易提供了天然的基础设施。因此，在程序化交易时代，数据加工和交易规模化地发展了起来。作为数据加工与交易的两个关键产品，即数据交易平台（data exchange）和数据管理平台（即 DMP），分别从第三方数据和第一方数据入手，为市场提供了有价值的数据源或数据加工服务。了解在广告中的数据交易逻辑，对于各行业大数据变现的落地都有重要的指导意义。

在线广告市场发展到今天，程序化交易方式已经成为举足轻重的力量，它使得整个在线广告市场越来越向着数据驱动、计算导向的方式前进。我们在本章中也将对程序化交易的若干种主要方式，以及对应的供应方和需求方产品做一下小结，并与合约制的优先销售方式做对比。

6.1　实时竞价

先来直观地了解一下，为什么广告交易会向实时竞价的方向发展。竞价广告网络中的受众定向虽然可以很精准，但是还是会有一些完成不了的场景。例如，某广告主希望对自己的流失用户进行一次广告促销，或某广告主希望广告平台帮助找到与其现有用户类似的潜在用户。显然，无论怎样选择在广告网络中既有的人群标签，都不可能完成上述的任务。实际上，这两个任务有一个共同的特点，即在做人群选择时，需要利用广告主自有的数据。我们称这样的人群标签为定制化用户标签（customized audience segmentation）。

利用定制化标签进行投放，在传统广告网络中并非完全无法解决：对于最常见的重定向，采用由广告网络在广告主网站布设代码或 SDK 的方式，也可以收集人群和投放广告；而对于一般的定制化标签，可以采用由广告主上传用户 ID（cookie 或移动设备 ID）集合的方案，由广告网络来决策和投放，例如 Facebook 的广告产品就提供这样的功能。不过，这样的方案仍然存在着很多问题。

（1）这种定制化标签的数量是与广告主的量级成正比的，将这些标签由广告平台集中加工使用，显然是一个低效的解决方案。

（2）除了定制化的人群库，需求方往往还对频次、时间、地域等诸多因素有综合决策的需求，而简单地上传用户 ID 集合显然无法达到这样的目的。

（3）简单的人群库交互无法做到精细的出价和预算控制。

因此，采用广告网络这样的封闭式竞价方案，是无法规模化和精细化地针对定制化标签做投放的。什么样的解决方案更加合理呢？其实很简单，只要把竞价过程开放，在广告展示时由需求方来判断是否需要并出价，就可以解决上面的问题，这样的思路就产生了实时竞价。因此，我们认为：

用定制化标签指导广告投放，是实时竞价的关键产品目标。

实时竞价的交易方式不仅解放了相关的效果类广告需求，也为品牌广告创造了全新的机会。我们知道，品牌广告的核心在于其人群触及策略，但无论在展示量合约广告，还是竞价广告网络中，人群的定义方式都由广告平台决定，需求方基本没有加工的自由。然而，在实时竞价交易中，服务于品牌广告主的 DSP 可以根据市场上采买的各种数据，为某个特定的广告主加工特有的人群，完成更加符合其市场策略的人群触及。因此，我们会发现，品牌广告的预算基本上没有进入竞价广告网络，但是在向程序化交易转移。表 6-1 中给出了美国整体 RTB 市场的规模和增长数据，从该数据可以看出，RTB 已经成为展示广告市场非常重要的一部分，并且仍在高速增长中。由于中国市场的 RTB 概念比较混乱，因此这里没有给出中国的数据。

表 6-1　美国 RTB 市场增长情况

年份	2010 年	2011 年	2012 年	2013 年	2014 年	2015 年	2016 年
交易额（亿美元）	4.0	9.9	19.5	33.6	45.5	57.8	70.6
比上年增加（%）	—	149	98	72	36	27	22
占展示广告比例（%）	4	8	13	19	22	25	28

实时竞价的流程

实时竞价的产品接口可以分成两个过程，即预先将 ADX 与 DSP 的用户标识对应的 cookie 映射（cookie mapping）过程以及线上广告请求时的竞价与投放过程，如图 6-2 所示。下面我们分别介绍一下这两个过程。

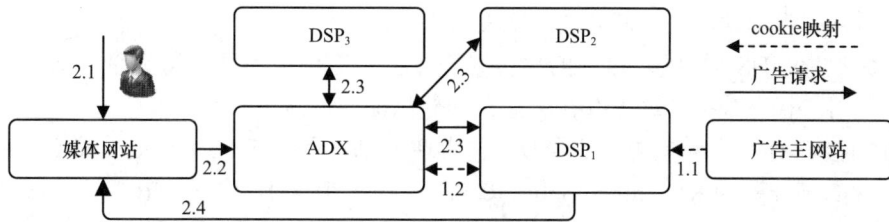

图 6-2　实时竞价（RTB）过程示意

（1）用户标识映射（cookie 映射）：当供给和需求双方都可以得到同样的用户标识时，例如在移动上用 IDFA 或 Android ID 投放时，并不需要此映射过程。但是在 Web 环境下根据 cookie 投放广告时，映射过程不可避免。cookie 映射一般是由 DSP 在广告主网站上发起，这样做的原因是，一般情况下 DSP 负责的是加工广告主定制受众标签，因而不需要对所有用户都做映射。映射过程又可以细分为以下两个步骤。

步骤 1.1：从广告主网站向 DSP 服务器发起 cookie 映射请求。

步骤 1.2：DSP 与 ADX 服务器之间通信完成 cookie 映射。由于 cookie 映射这项专门技术的应用范围不仅限于 RTB，我们将在第 15 章中介绍实时竞价技术时对其进行详细讨论。

（2）广告请求（ad call）：RTB 的广告请求可以分为以下 3 个步骤。

步骤 2.1：当用户接触到媒体网站的广告位时，前端向 ADX 发起广告请求。

步骤 2.2：ADX 向各 DSP 传送 URL（或应用 ID）和用户标识，发起询价请求。如果是 Web 环境，DSP 还要根据 cookie 映射查出对应的己方用户标识。随后，DSP 根据数据决定是否参与竞价，如果参与则计算并返回自己的出价。在等待一个固定的时间片后，ADX 选出出价最高的 DSP 返回给媒体网站。

步骤 2.3：媒体网站从胜出的 DSP 拿到广告创意并展示。

其中步骤 2.2 和步骤 2.3 可以合并为一步，即 DSP 同时返回出价和广告创意地址，由 ADX 返回给媒体。这样做的好处是减少了一次服务器往返，用户看到的广告延迟也会减少，缺点是 ADX 可以获得 DSP 某个广告商的相关受众，因而存在信息泄露风险，不太符合 ADX 中立市场的地位。

实际产品中，这两种方式都有采用。实时竞价的交易方式，给予了广告主最大的流量选择空间，也对系统提出了更高的要求，并且带来了下面这些实际的问题。

（1）每次展示都有 ADX 服务器与多个 DSP 服务器的参与，这使得服务器与带宽成本大大增加。读者可以简单计算一下，假设每个广告请求包的大小是 1 KB，每秒产生 5000 个广告请求，在将每个广告请求都发给 10 个 DSP 的情形下，需要的带宽就将达到 400 Mbit/s，而这样的数字对 ADX 来说只是一个不大的规模。

（2）在询价过程中，ADX 要等待一个约定好的时间片（一般为 100 ms 左右），这使得用户看到的广告延迟增加，对 CTR 有负面影响。但是，在移动应用内广告场景下，由于客户端可以缓存广告创意，这一问题的影响变得不太严重。

（3）原理上，DSP 可以以极低的出价参与竞价，这样虽不能获得流量，却可以低成本得到媒体的用户行为数据，这里存在着潜在的信息泄露风险。

RTB 的接口有两个对接方：在 ADX 方实现的部分称为 RTB for demand（RTBD）；在 DSP 方实现的部分称为 RTB for Supply（RTBS）。在各个 ADX 中，RTB 接口的细节和具体参数有很大的不同。显然这对于广告主从不同的 ADX 中统一采买流量是不利的。为了解决这一问题，IAB 经过充分市场调研与企业合作，制定了 OpenRTB[54] 的接口标准，这一标准涵盖了视频、无线、文字、横幅等多种广告形式下的 RTB 问题，并已经为一些 ADX 所采用。需要进一步了解实时竞价执行细节的读者，可以参考这一标准。

需要特别提醒的是，实时竞价中的“实时”这一限定，特指的是需求方实时地，也就是在每一次展示时参与广告竞价，而供给方对不同广告实时比价的过程，在前面讲到的一般竞价广告中也存在。因此，不要把搜索广告、广告网络等也理解成实时竞价产品。

6.2　其他程序化交易方式

在实时竞价产生以后，广告交易越来越多地依赖机器间的在线通信，而非事先约定或由人工操作完成，这样的交易方式称为程序化交易。程序化交易的核心目的是让需求方能够自由地选择流量和出价。除实时竞价以外，市场上还存在若干其他的程序化交易方式，IAB 在其报告中，根据库存类型和价格模式这两个关键产品特征，把市场上与程序化交易相关的交易方式分成 4 类，如表 6-2 所示。

表 6-2　IAB 总结的程序化相关交易方式

交易方式	库存类型	价格模式	参与方式	市场术语举例
担保投送优化（automated guaranteed）	预留	定价	一对一	**programmatic direct**, programmatic premium
非预留定价交易（unreserved fixed rate）	非预留	定价	一对一	**preferred deals**, private access, first right of refusal
邀请制竞价交易（invitation-only auction）	非预留	竞价	一对少量	**private marketplace**, private auction, closed auction, private access
公开竞价交易（open Auction）	非预留	竞价	一对多个	**real-time bidding (RTB)**, open exchange, open marketplace

6.2.1　优选

优选（Preferred Deal，PD）比实时竞价产生要早，可以看成是只有一个需求方的程序化交易，其交易过程如图 6-3 所示。

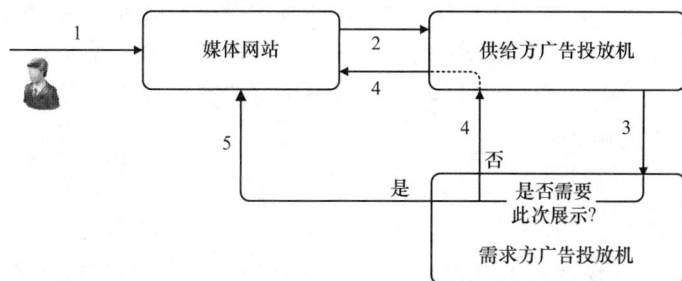

图 6-3 优选交易过程示意

优选方式允许单个需求方既可以按照自己的意愿来挑选流量，又可以避免复杂的竞价过程。这个过程主要有以下 5 个步骤。

（1）用户访问媒体页面。

（2）媒体页面通过 JavaScript 代码或 SDK 向供给方广告投放机发起广告请求。这里的供给方广告投放机，有时是媒体自己的广告投放机，有时则是其他供给方产品的广告投放机。

（3）供给方广告投放机向需求方的广告投放机发起请求，询问是否需要此次广告展示机会。

（4）需求方广告投放机判断是否需要此次展示机会，如果需要，则返回相应的广告创意。

（5）需求方如果不需要此次展示机会，则通知媒体广告投放机，由供给方广告投放机从自有广告库中选择合适的创意返回。

优选过程同样可以使需求方自由地挑选流量，因此也是一种程序化交易方式。因为只有一个需求方参与，所以媒体比较容易控制广告的质量和来源。优选一般按照 CPM 方式结算，由于没有了多方竞价，又有选择流量的便利，因此往往要约定一个比市场价格更高的 CPM 单价。与 RTB 相比，优选的一个缺点是决策过程可能存在比较多的投放机往返：在极端情况下，需要 3 次投放机的往返才能够得到最后的广告。

6.2.2　私有市场

除了实时竞价这种公开市场拍卖机制，有时媒体为了保证广告主的质量，希望将拍卖限制在一些被邀请的需求方的小范围内。这种程序化交易叫作私有市场。私有市场中的在线交易过程与公开的实时竞价一致，在此不再赘述。

私有市场兼顾了优选与实时竞价的好处：首先，私有市场与优选一样，是一种邀请制而非公开的交易方式，因此广告主的质量可以较好地控制，这有利于确保媒体的价值不受伤害；其次，在被邀请的各需求方之间仍然保留了竞价的关系，这有利于提升媒体的变现能力。当然，与实时竞价相比，这两点主要都是对媒体有利，因此私有市场往往是大型优质媒体在考虑程序化交易时的选择。私有市场使更多的优质媒体加入程序化交易市场，反过来可以促进品牌广告投放的程序化进程。

从 2014 年开始，私有市场在整个程序化交易市场中得到了越来越多的重视，以 DoubleClick ADX、Mopub 等为代表的主流 ADX 都在大力加强私有市场的产品和服务。可以预见，随着私有市场与公开市场的充分发展与融合，程序化交易能在效果与品牌、媒体利益与广告主利益的平衡方面变得越来越成熟。

6.2.3　程序化直投

程序化直投属于直接购买与实时竞价之间过渡的一种交易模式。这种方式的特点是，交易本身仍然以定价、保量或半保量的方式完成，但是需求方可以自行对采买的库存做广告投放决策，有时也可进行一定的流量选择。一般来说，程序化直投主要有以下几种应用场景。

（1）跨媒体频次控制。在传统的合约广告模式中，各个媒体分别与广告主签订合同，而媒体负责合同的执行。当同一个用户在不同的媒体上出现时，频次控制也是分别进行的，这对于预算的有效利用是不利的。而在 PDB 模式中，DSP 代表广告主可以进行广告投放，因此也就可以进行跨媒体的频控，这是此种交易模式的优势之一。

（2）多个子产品流量分配。对于一些集团性的大广告主，如宝洁、大众等，往往有多条子产品线有广告投放的需求。于是，在统一采买的资源上对子产品进行流量的再分配也就成了切实存在的需求。在 PDB 模式下，需求方的广告投放机可以根据自有的 CRM、DMP 以及自行决定的策略在子产品之间灵活地分配流量，相当于将采买的资源变成了一个内部的 ADN，这对于提高流量使用价值非常重要。

（3）一定比例的还量。部分媒体在支持 PDB 方式时，向 DSP 提供了一定比例的还量自由（例如可以返还 20% 的广告请求），这使得 DSP 获得了介于合约购买与 RTB 之间的流量选择能力。在频次过高或人群不匹配时，DSP 可以利用还量权力决定不投放广告。不过，这种还量远非 RTB 那样彻底，仍然是一个有较强约束的优化过程，实际的优化效果也相当有限。

6.2.4　广告交易方式谱系

现在我们对在线广告市场上主流的交易方式做一个小结。如图 6-4 所示，按时间段和广告位独占式的售卖，以及展示量合约的售卖，是销售与客户之间将广告投放的关键要求约定下来的交易方式，其中人的因素起了相当大的作用，不过这种售卖一般来说由于能满足一些品牌性需求，溢价能力也较强，属于高质量媒体优先考虑的售卖方式，我们将其称为优先销售（premium sale）。从技术层面来说，优先销售整体对计算的要求不算特别深入，而且主要技术集中在供给方（如在线分配、受众定向）。

	程序化交易			半程序化交易	优先销售	
供给方	RTBD	PMP	优选	网络优化	CPM	CPT
中间平台	广告交易平台			广告网络	广告投放机	
需求方	RTBS	PMP	优选	交易终端		

图 6-4　在线广告主要交易方式一览

在竞价广告网络的市场形态下，对供给方而言，可以通过将广告位直接托管给 ADN 的方式变现，也可以同时使用给多个广告联盟，按照一些规则或模型对不同的流量分割选择不同的 ADN，这称为网络优化（network optimization），6.4 节中还会讨论。对需求方而言，存在着选择合适的人群标签并合理出价，以优化整体 ROI 的需求。这样的交易方式虽然已经比较依赖计算，但是双方的决策并不是实时完成，效率还没有达到最高。我们可以把这种交易方式称为半程序化交易。

在实时竞价市场中，程序交易的过程变得更加简单直接，通过 RTB 或优选等接口，DSP 与 ADX 直接对接，并完成精细的流量采买。除了这两种市场上常见的程序交易结构，上面介绍的优选和私有市场等方式也越来越多地在市场上呈现。我们在图 6-4 中列出了包括优先销售和程序化交易等各种在线广告主要的交易方式，供大家参考。

6.3　广告交易平台

广告交易平台，即 ADX，是程序化交易时代的关键产品，它负责将媒体流量以拍卖的方式售卖给 DSP，可以类比于证券市场中的交易所。最早的 ADX 产品 RightMedia 的初衷，是在纽约的一些广告代理公司之间交换剩余流量。因此，早期的 RightMedia 并不采用 RTB，而是采用类似于私有市场和托管交易的方式。但是，这种私有市场并不能满足大量长尾媒体流量交换的需求，因为剩余流量只有按照需求方最精确的定向方式来交换，才能获得最高的价值。所以当公开 RTB 产生以后，迅速成为 ADX 的标配甚至最主要的功能。

ADX 的产品策略较为简单，由于所有的广告竞价都是实时进行，因此不需要保存广告库，也不需要广告检索流程，排序过程也非常简单。广告交易平台中需要注意的产品策略，主要是如何解决给多个 DSP 发广告请求带来的带宽和机器成本的上升。这一问题，我们称为询价优化（call out optimization）。询价优化的具体技术方案将在第 15 章中再做介绍。

ADX 一般为 CPM 结算方式，这一点要特别说明一下。我们前面提到过，展示量合约按照 CPM 结算，但是不同的广告位一般要放在不同的合约中，分别定价；而广告网络由于广告位复杂，一般只能按照 CPC 结算。那么为什么在情况与广告网络类似的广告交易市场中，可以按照 CPM 结算呢？原因在于，在实时竞价中，广告决策是由 DSP 完成的，而且对每次展示都可以得到广告位信息。因此，虽然各个广告位的点击率差别很大，但是 DSP 还是可以自行精细估计点击率，并实时计算出当前展示的合理 eCPM。并且，由于第一方数据在程序化交易中的广泛使用，DSP 对于人群在特定广告上产生的效果，往往能够估计得更加精细。因此，按照 CPM 结算，将 eCPM 整体的估计都交给需求方是比较合适的市场分工。

产品案例

从早期以托管和私有交易为主的模式，到后来以公开交易为主的模式，ADX 的产品演进很快，其中 DoubleClick ADX 是具有代表性的产品。

DoubleClick ADX

2007 年，谷歌以 31 亿美元的价格收购了 DoubleClick，并在此基础上发布了其广告交易平台产品 DoubleClick ADX，同时将 AdWords 和 AdSense 接入其中。其中，AdSense 是作为广告网络从供给端接入的，而 AdWords 则作为需求方接入。AdWords 的广告主可以直接进入 ADX 并拥有更多的媒体资源，而 AdSense 的发布商也将拥有更广泛优质的广告主资源。DoubleClick 作为一个 ADX，连接了众多广告网络和 DSP，当一次广告展示发生时，AdSense 和 AdWords 只是作为其中两个参与者而已，AdWords 赢得的展示并不一定在 AdSense 上展示，在 AdSense 上展示的广告也不一定是来自 AdWords 的。

DoubleClick 提供的是一个完全透明、理论上任何 DSP 都可以对任何流量竞价的公开交易市场。媒体一般会允许一些或所有需求方通过这种方式接入他们的流量。通常不会与需求方产生直接交流，媒体主可以在完全不知情的情况下参与公开市场流量竞拍。

DoubleClick 的公开透明的 RTB 模式克服了 RightMedia 由于历史问题带来的一些设计上的不足，在其 ADX 的拓扑结构设计上有其独到之处。RightMedia 在拓扑结构设计上，任意两个媒体间换量需要双方签订合同，即在会进行换量的媒体间连边，伴随着换量的媒体的增多，节点之间的连接是任意的，没有规律，这带来了设计上的复杂性。DoubleClick 采用了星形拓扑结构，媒体直接换量需要先经过谷歌公司，直接和谷歌公司签订合同，这么做一方面降低了 ADX 模式的复杂性，另一方面将单纯的分成收益拆分成了两份合同里的收入和成本，也增加了谷歌公司的现金流。

DoubleClick ADX 每天管理着全球数百亿次广告展示的实时竞价，在中国市场也是重要的 ADX 之一。

6.4 需求方平台

与 ADX 相对应，程序化市场中的需求方产品就是 DSP。DSP 产品的核心特征有两个：一个是 RTB、优选等程序化的流量购买方式；另一个是支持需求方定制化用户划分的能力。这两个核心特征其实是同一问题的两个方面：为了按需求方定制化的用户划分采买广告，需要市场开放竞价接口；但如果仅根据供给方定义的用户划分来采买，那么像广告网络那样的非实时竞价也就够了。

什么是定制化[①]用户划分呢？从受众定向的角度看，那些形如 $t(a, u)$ 的定向方式，即与广告主相关的定向方式，就是定制化用户划分。举两个直观的例子。先看第一个例子，假设某电商网站准备进行一次面向其老客户的广告投放，这里的"老客户"就是一种定制化用户划分，显然只有该电商自己才能找到这个用户群，而任何媒体或广告网络，无论数据能力有多强，也无法加工出这样的标签。再看第二个例子，某银行希望通过广告接触到自己信用卡的潜在客户。要找到这些潜在客户，我们需要以银行现有的客户作为基础，分析其行为和人口属性有哪些特征，然后再根据这些特征去拓展可能的潜在客户。这一过程既需要需求方的数据，又需要媒体或第三方数据，而其加工出的人群仍然是与广告主相关的，因此也属于定制化用户划分。

由于可以细分到每次展示来决策和出价，这使得需求方可以向一个推荐系统那样精细化地执行广告活动，也使得推荐和广告这两项互联网重要的产品找到了完美的契合点。

6.4.1 需求方平台产品策略

DSP 的广告决策过程（见图 6-5）与广告网络非常相似，同样先要经过检索、排序、定价几个阶段，主要的差别是完成广告选择后，对增加了一个出价的步骤。因为在实时竞价环境中，出价直接决定着 DSP 的流量基本单位成本和利润，所以出价是 DSP 的关键产品策略之一。

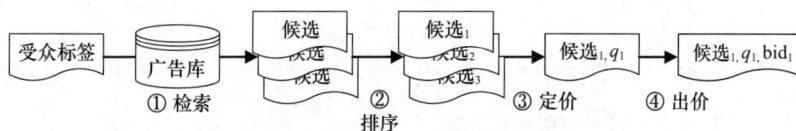

图 6-5　需求方平台广告决策过程示意

DSP 与广告网络另一个不同的产品策略问题，体现在受众定向的方式上。在广告网络中，主流的定向方式都是根据第二方数据加工的标签；但是在 DSP 中，以第一方数据为核心，结合第二方或第三方数据的定制化标签，即 $t(a, u)$ 的定向方式，是其关注的重点。在

①　本书用"定制化"（customized）一词来表示对不同客户的不同结果，而用"个性化"（personalized）一词来表示对不同用户的不同结果。

各种定制化标签中，重定向和新客推荐（look-alike）的方法具有一定的普适性，是 DSP 需要特别重视的产品策略。

下面我们来讨论一下 DSP 中这两个关键的产品策略。

6.4.2   出价策略

在竞价广告网络中，估计 eCPM 的目的是为了对广告进行排序，而绝对的 eCPM 值并不需要太精确。但是在 DSP 中，由于每次展示都要按 CPM 向 ADX 报价，因此准确地估计 eCPM 非常关键，这也成为 DSP 出价策略的基础。

DSP 直觉的出价策略比较简单，只要 eCPM 估计足够精准，并按照此值出价即可。由于 ADX 一般也是按照 GSP 来计费，这样的策略是可以确保有利润空间的。如果高于此价格出价，则可能存在亏损的风险，如果低于此价格出价，则没有充分利用流量。如果没有预算的限制，那么这样的出价策略就是最优策略了。

为什么预算的限制使得情况有变化了呢？我们来看一看图 6-6。图 6-6 中的曲线是某 ADX 的成交价在一天内随时间变化的曲线（bid landscape）[29]。我们发现，由于市场中各 DSP 的广告主、预算及出价的变化，这一曲线不但不平滑，甚至变化还非常剧烈。在这样的市场中，假设我们的 eCPM 是某高于市场水平的固定值，可以比较两种出价策略。

（1）由于 eCPM 高于市场水平，我们可以对所有询价按 eCPM 出价，这样可以获得所有流量，直至当日预算消耗完，即图 6-6 中的策略 A。

（2）我们选择一些市价较低的流量出价，获得这些流量，直至当日预算消耗完，即图 6-6 中的策略 B。

很显然，采用策略 B 中我们付出的成本，要显著低于策略 A，当然也就能获得更高的利润。

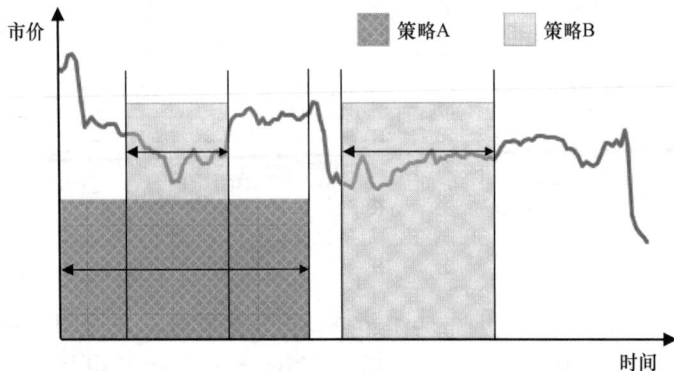

图 6-6   DSP 不同出价策略

在上面的例子中，DSP 优化的出价策略可以定性地描述为：首先，通过历史的观察和预测，得到市价的曲线；然后，将一天的预算分配到那些市价较低的流量上。当然，实际情况要更加复杂，因为 eCPM 也会随着时间而变化，例如游戏广告在休闲时间的 eCPM 显著高于上班时间。于是我们希望获得的并不是市价较低的流量，而是 eCPM 与市价的比例较大的流量。因此，DSP 的出价策略要基于两条曲线，即 eCPM 和市价随时间变化的曲线。

当然，除了在时间轴上找合适的出价区间，也可以将此策略拓展到更多的维度上。例如，一般来说女性用户流量的商业价值较高，市场价也可能会比较高，如果 DSP 广告在男女用户的 eCPM 上差别不大，甚至在男性用户上更高（如游戏），那么就应该尽量多投放男性流量，以获得更高的利润。不过，加入更多维度使问题变得复杂了很多，而且其他因素对市场价的影响没有时间那么大，因此，做好时间轴上的出价策略是实践中最关键的。

6.4.3　出价和定价过程

DSP 同时存在面向广告主的定价过程和面向 ADX 的出价过程，而这两个过程又有密切的关联。虽然其原理与基本的竞价广告定价模式一致，但是实际操作中很多人会有各种各样的疑问。因此，我们在这里详细说明一下 DSP 的定价过程。我们考虑 DSP 在各个广告主之间按 CPC 竞价方式收费的情形，在这种情况下，出价和定价的过程如图 6-7 所示。

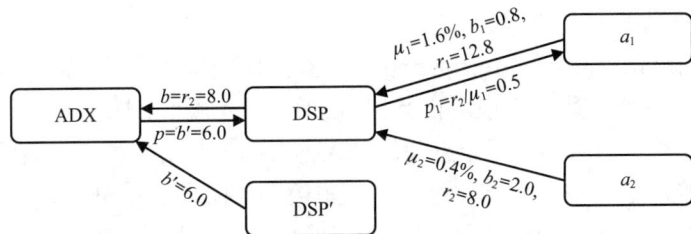

图 6-7　DSP 出价与定价过程示例

DSP 对各个广告候选估计 eCPM 并进行排序，由于向排名第一的广告主（图 6-7 中的 a_1）收费时，要按 CPC 的第二高价 $p_1 = r_2/\mu_1$，因此向 ADX 的 CPM 出价也要等于 r_2。值得一提的是，由于 ADX 一般也采用第二高价，因此 r_2 已经是最优出价策略，当然在有预算限制的情况下，策略会有所不同，详见 15.2.4 节中的讨论。

如果 DSP 赢得了实时竞价，那么 ADX 会按照第二名 DSP′ 的出价 b' 向 DSP 收取费用。在这种情形下，DSP 就获得了 $b - b'$ 的期望收益。但是，在 DSP 按 CPC 向广告主收费的情形下，这只是期望而非确定的收益。

6.4.4　重定向

重定向是在线广告中最早产生，也是最广泛使用的一种定制化标签。它的概念很简单，即把那些曾经对广告主服务发生明确兴趣的用户找出来，向他们投放该广告主的广告。在不同的广告类型上，重定向主要有以下两种目的。

（1）用于品牌广告。当用户已经选择过某品牌的服务或产品后，如果在质量比较高的媒体上看到该品牌的广告，这个用户会进一步肯定自己决策的正确性，从而对该品牌的认知度也大大加强。这种用途下，应当以宣传品牌而不是具体产品为主要诉求。

（2）用于效果广告。当用户曾经考虑过某种产品，但没有完成最终转化，通过在线广告将这个用户找回，点击率和转化率都会明显高于平均水平。如果用户已经选择了该产品，那么可以利用推荐技术向这个用户推送相关的产品广告。

重定向可以根据信息来源和使用信息的精细程度区分为网站重定向、个性化重定向和搜索重定向。下面分别加以说明。

1. 召回重定向与个性化重定向

网站重定向（site retargeting），即将在一段时间内到达过广告主网站或应用的用户作为重定向集合。这样的重定向流量其 eCPM 一般来说要比无定向流量高出一个数量级，因此需要尽可能扩大投放量。在媒体上采买这种重定向流量时，能够得到的量有两个主要影响因素，一是广告主网站本身的访客量水平，二是这些访客与媒体的重合程度。前一个因素没有办法通过广告手段扩大，而后一个因素则要求尽可能多地通过各种渠道采买重定向流量，显然 DSP 是合适的方式。

个性化重定向（personalized retargeting），是召回重定向的一种特例。对重定向流量进行深入加工，按照品类和购买阶段等因素进行创意上的深度个性化，就是个性化重定向。具体来说，个性化重定向可以在两个方面做深入挖掘：一是对于处于不同购买阶段的用户，采用合适的创意推动他尽快完成转化行为，这里的购买阶段包括浏览、搜索、加入购物车等；二是对于已经有过一些购买记录的用户，使用推荐技术向其展示相关的商品以提升二次购买率。从这两层意义上看，这一方法与推荐有非常多的共通之处：从广告产品的视角看，我们称之为个性化重定向；而从推荐产品的视角看，则可以认为是一种站外推荐（off-site recommendation），换句话说，是将原来广告主网站上的推荐模块搬到了站外。

在图 6-8 中，我们给出了个性化重定向广告的一个示例。该广告投放的对象是某个京东商城的用户。该用户很可能在京东商城关注过某种手机商品，以及有关 PHP 编程的技术书。因此，广告系统根据他的个性化购物兴趣，结合京东商城的商品库存，为其推荐了相关的手机和技术书籍。可以想见，这样的广告其点击率和转化率都会比较高。

图 6-8　个性化重定向广告示例

个性化重定向与传统的受众定向方式有较大的差别,其产品关键有以下几点。

(1)动态创意。个性化重定向的核心是用推荐的思路实时决定展示什么商品。由于广告主的商品数量往往相当大,因此显然不可能为所有的商品组合预先准备好创意。因此,动态创意是个性化重定向最重要的支持技术,这也是在线广告朝着彻底个性化、动态化方向发展迈出的重要一步。

(2)推荐引擎。个性化重定向可以看作是站外推荐。不过与站内推荐相比,它有一些不同之处:首先,站内商品页上的推荐主要根据上下文信息来进行,而站外推荐则是根据用户信息来进行;其次,站内推荐由于是发生在某个特定的购买环节上的,因而往往不需要根据用户的购买阶段来调整创意,而站外推荐这么做则非常必要。

(3)广告主商品库存实时接口。对于站外的商品推荐,如果用户在点击某单品到达广告主网站时,发现该商品已经售完或下架,或者是价格与创意上的宣传不符,会对该广告主的品牌形象有较严重的伤害。为了尽可能避免这种情况的发生,个性化重定向服务需要提供准实时的商品库接口,让广告主可以及时地将库存和价格信息同步过来。

2.搜索重定向

搜索重定向(search retargeting),即将搜索过与广告主直接相关的关键词的用户群作为重定向集合。这样的方式也可以获得很精准的用户群,其绝对量也要高于网站重定向,不过对于非主要搜索引擎提供商来说,依靠搜索重定向能覆盖的人群比例未必会高于网站重定向。

既然搜索重定向使用的是搜索引擎的第二方数据,那么为什么也归为定制化标签呢?这要从如何获得搜索重定向中用的词表说起。给一次广告活动确定合适的搜索重定向词表,一般来说有下面3种思路。

(1)人工根据经验确定词表。

(2)如果该广告主同时也在搜索引擎投放,可以直接采用对应投放的关键词表。

(3)基于广告主流量统计的方法,即统计广告主网站流量中从搜索引擎来的流量,将其中频度较高的关键词作为搜索重定向词表。

其中最后一种策略在实践中表现出来两方面的优势:首先,由于是根据实际流量数据统计得到,效果往往比其他方法更好;其次,通过在广告主网站布置代码等手段得到第一方数据后,整个过程可以自动化,简便易行。因此,我们建议的首选搜索重定向策略,是第三种策略,而这种策略需要依赖于第一方数据,因此也是一种定制化标签。

6.4.5 新客推荐

重定向的方式虽然精准,但是量受到极大的限制。而且对于大部分广告主来说,除了对老用户精耕细作,他们更希望能有办法接触到那些"有可能"对自己产品发生兴趣的潜在用户。对于那些处于快速成长期的电商，或者是网站流量并不大的线下业务广告商（如银行、汽车），这方面的需求尤其强烈。

"有可能对自己产品发生兴趣"这样的用户标签，从目的上来说很明确，但从做法上来说比较模糊。很容易想到的思路是：由广告主根据自己的第一方数据提供一部分种子用户，再由拥有更丰富数据的第二方数据的广告平台分析这些用户网络行为的特征，并根据这些特征找到具有相似特征的拓展人群。很显然，这也是一种定制化用户标签。这样的标签加工策略称为新客推荐（look-alike）。

从推荐的角度来看新客推荐，可以认为这是一种"新客推荐"的方式，重点在于向没有关注广告主产品的潜在用户进行推广。当然，既然是推荐，就不是漫无目的的撒网式推广。另外，这样的推荐技术，考虑的是没有广告主站内行为情况下的推荐，是原有狭义推荐问题的扩展。

新客推荐是一种合理的受众定向产品思路，但是要在一定的数据支持下才有可能产生价值，并且由于它涉及第一方数据和第三方数据的获取与加工，在技术上是有一定的挑战的。读者在遇到这类产品时，要特别注意从数据和技术方案合理性的角度判断其真正价值。不客气地说，在中国市场，"新客推荐"这个词已经在一定程度上变成了效果不明、原理解释不清的定向方式的遮羞布，而几乎所有的广告产品都声称自己有此项能力，这实在可以称为中国的"新客推荐乱象"。

6.4.6　产品案例

定制化用户划分和 RTB 技术的产生，催生了许多以技术方式优化广告采买的 DSP 公司。这些公司当中，有些以 CPM 采买并优化 ROI 的套利模式为主；有的则以透明的采买和效果优化功能性服务为主，我们将对这两种类型的 DSP 分别举例说明。

1．Criteo

Criteo 是一家总部位于法国的广告技术公司。从其历史业务来看，Criteo 除了实时竞价，还采用优选方式采买流量。不同于其他的需求方平台，Criteo 的重点产品是按照个性化重定向方式采买广告。其核心技术也就是前面介绍的 3 项：动态创意、推荐引擎和广告主商品库存实时接口。图 6-9 中给出了 Criteo 个性化重定向创意的几个例子。

Criteo 按照 RTB 或优选的方式，以 CPM 方式与媒体结算，但是与广告主之间的结算完全采用 CPC 方式，从而实现套利，并且也比较容易被效果类广告主接受。在个性化重定向的方案框架内，Criteo 还提供了 user、category、data 和 banner 这 4 个维度上比较灵活的优化功能，即广告主可以根据不同的用户细分、商品种类、具体数据和创意类型设置不同的点击出价，从而达到非常精细的 ROI 管理和优化的目的。这样的展示广告运营和投送方式，其精细程度与搜索广告有相似之处：都是在非常精准的流量细分上以效果为导向投放广告，并且能够在非常精细的粒度上控制出价。不过，这种方式对展示广告来说有一些先天的缺点：个性化重定向不同于搜索广告，需要预先在广告主网站布置跟踪代码，这使得新广告主加入的进程变得大为复杂。因此，专门从事个性化重定向的公司，在初期会面临需求不足的问题，并且需要运营商大量的努力和效果上良好的记录才能逐步改善，而 Criteo 也同样经历了这一过程。

图 6-9 Criteo 个性化重定向广告示例

目前，Criteo 的市值在 30 亿美元左右，是市值最高的独立第三方广告平台。

2．InviteMedia

InviteMedia 原是一家独立的 DSP 公司，它在 2010 年 6 月以约 7000 万美元的价格被谷歌公司收购，现已整合进 DoubleClick 的广告系列产品，并改名为 DoubleClick Bid Manager。虽然谷歌在广告产品中全线布局，但 InviteMedia 被整合后仍然保持相对独立，和代表媒体利益的 DoubleClick ADX 之间仍然是相互博弈的关系。

InviteMedia 是广告交易市场上的先行者之一，其业务是提供比较透明的 RTB 采买功能，例如，设定一些规则和优化目标，帮广告主把相关 ADX 接入进来，并从中收取固定比例的佣金，希望借此方式快速拓展广告主端的影响力。当然，随着业务发展，现在也正在提供越来越深入的采买 ROI 优化服务。同时伴随着 2013 年 InviteMedia 将域名切换到 DoubleClick 的域名 dc.com，InviteMedia 不再需要和 DoubleClick ADX 进行 cookie 映射，减少了由 cookie

映射带来的损失，从而提升了采买的效率和最终投放的效果。

6.5   供给方平台

我们再来看看在程序化交易产生以后，供给方的收益优化方案。对于媒体而言，没有必要把全部流量变现都放在一种交易方式上，媒体既可以通过直接销售来高溢价地售卖品牌广告，也可以综合使用各种程序交易方式以追求更高的填充率。

参照 6.2 节中的广告交易方式谱系，媒体的变现平台可以采用这样的产品逻辑：当广告请求到达时，首先检查优先销售的订单有无需求，这包括 CPT 和 CPM 的合约，如果有需求，按照优先级和在线分配的方案完成投放；如果没有这类销售合约，则进入竞价流程，从自运营广告主库中找出 eCPM 较高的，并估算可供调用的若干广告网络的 eCPM，在这两者之间找到较高的，再以此为 MRP 通过 RTB 接口向接入的各 DSP 实时询价。可以看出，在这样的逻辑中，广告请求是被分配到自运营广告库进行广告投放（ad serving），还是以嵌入 JavaScript 或 SDK 的方式对接其他广告网络，或者是以 RTB 方式对接 DSP，是根据其收益在线动态决定的，这样的方案称为**动态分配**（dynamic allocation）。对应的产品形态就叫作**供给方平台**（supply side platform, SSP）。

6.5.1   供给方平台产品策略

SSP 中多种广告源动态分配的决策过程如图 6-10 所示。

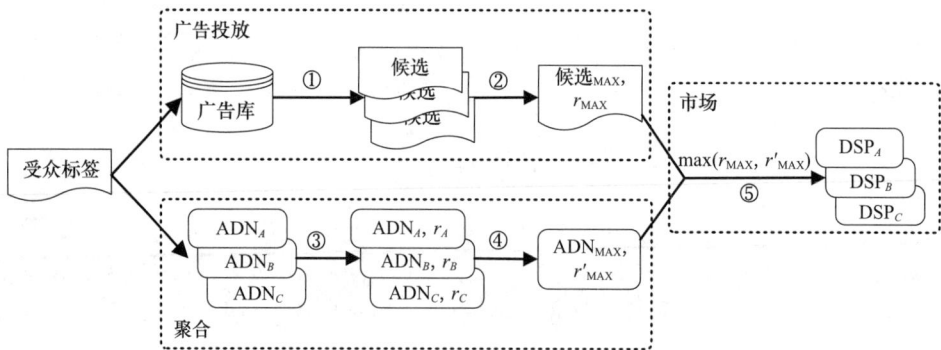

图 6-10   动态分配决策过程示意

这一过程有如下几个关键环节。

（1）**聚合**（mediation）：集成多个 ADN 的 JavaScript 代码或者 SDK，在线动态决定向谁请求广告。选择 ADN 的逻辑，也是对某次展示机会的 (u, c)，对候选的 ADN 估计其 eCPM 以优化收益。由于此时我们没有具体广告的信息，因此这里只能做粗略的估计。在实际策略中考虑的因素主要有两个：一是广告网络或 DSP 的分成模式和比例；二是它们各自的广告返回率，当然可以分时间段和地域进行统计。如果这些合作方本身集中投放某种行业类型的广告，那么人群和环境标签也是有帮助的。

（2）广告投放（ad serving）：SSP 一般也会提供投放媒体自行销售的广告的功能，即帮助媒体做广告投放。从这个功能来看，更像是帮助媒体实现了一个私有的 ADN。不同之处在于，这些内部的广告需要跟外部的 ADN 一起排序，决定是投放内部广告还是向外部 ADN 请求广告，而唯一的准则就是优化收入。

（3）市场（marketplace）：在程序化交易产生以后，SSP 也会以 RTB 方式向 DSP 请求广告，这形成了一个市场。SSP 里的市场与 ADX 相比并没有本质的区别，尤其是当 DSP 越来越多，ADN 越来越少以后，SSP 与 ADX 呈现出越来越强的同质化趋势。

在上述 3 个需求来源中，一般的决策过程是先估算被聚合 ADN 和内部广告的 eCPM，排序选出最优以后，再以此最优的价格作为底价，向 DSP 发出询价请求。有时，向选出的 ADN 投放请求以后，该 ADN 并不一定能填充这次展示机会，那么 SSP 就要转向排名第二的需求方，如果仍然是 ADN，则需要向其再次请求广告，依此类推。这样的模式叫作瀑布模式。显然，多次请求使得总体请求广告的延迟大大增加，因此这是一种比较低效的模式，而下面要提到的 Header Bidding 模式，则可以在一定程度上解决这个问题。

6.5.2 Header Bidding

程序化交易机制的形成和完善，为广告主的效果和媒体的变现提供了新的想象空间。然而，在这个市场中起决定作用的不只是技术，还有商业利益上的博弈。随着谷歌、Mopub 等在供给方市场的地位日趋垄断，它们一来在流量分配时会或多或少优先自己内部的广告主，二来会收取比较高的费用（可能高达 40%），广告主和媒体的利益受到了一定的损害。在收益最大化的驱使下，市场驱使广告主和媒体联合起来打破垄断，这便催生了 Header Bidding 技术。

先来看看 trends.builtwith 的统计数据，感受一下世界范围内媒体网站对它的需求。如图 6-11 所示，从 2016 年 2 月到 9 月，使用 Header Bidding 技术的媒体网站的数量几乎呈爆发式增长：不到一年时间，就有超过 40% 的头部网站采用了 Header Bidding 技术。

Header Bidding 是 Bidder 和媒体建立直连绕过 ADX 的一种方式，Bidder 有机会在实时竞价开始之前直接向媒体报价，媒体根据出价高低决定中标者。这里的 Bidder 就是所有可以进行报价的服务，可以是 DSP，也可以是 ADX 或者其他广告参与者。如果没有，再交由 ADX 进行实时竞价。而直接的报价过程，是在客户端即浏览器或应用中发生的。其广告决策过程如图 6-11 所示。

（1）用户访问媒体页面，向媒体服务器发起 HTTP 请求。

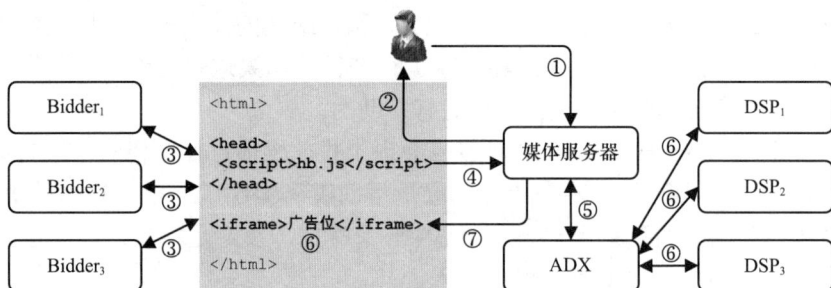

图 6-11   Header Bidding 决策过程

（2）媒体服务器将实现 Header Bidding 功能的脚本 hb.js 放在 HTML 的 head 标签中，该 HTML 作为 HTTP 响应发给用户浏览器。

（3）用户浏览器在解析 HTML 时，将媒体网站配置好的 hb.js 下载到本地。在 hb.js 的控制下，用户浏览器向媒体网站约定好的 Bidder 发起本次曝光机会的竞价请求，Bidder 将报价返回给用户浏览器。

（4）在 hb.js 控制下，用户浏览器将各家 Bidder 报价信息回传给媒体网站。

（5）媒体服务器同时向 ADX 或 SSP 发送广告请求。

（6）ADX 或 SSP 发起 RTB 过程并获得广告候选。

（7）媒体服务器将 Header Bidding 出价结果和 RTB 出价结果放在一起进行排序，出价最高者赢得本次广告展示机会，用户浏览器请求胜出方加载广告。

Header Bidding 也可以被认为是供给端产品，或者一种特殊的 SSP。与上面一般 SSP 的决策过程相比较，它们主要区别在于绕过 ADX 接入的是可以返回报价的 DSP 而非只能估计 eCPM 的 ADN，这使得收入优化变得简单直接，也比较容易获得更高的 eCPM。但是这种方式在技术上存在明显的问题：最关键的一点是，客户端询价的模式带来了比较大的广告时延，这使实际的曝光减少了，也影响了用户体验。因此，我们更倾向于认为 Header Bidding 的成功是商业博弈的结果，而不是一种技术上的进步。

6.5.3　产品案例

在广告网络时代，SSP 产品由于可以一站式地接入多个广告网络，对媒体来说价值较大。当今，随着程序化交易的发展，其市场空间有所减小，产品功能上也与 ADX 有更多的交叠，下面我们以具体的产品来说明。

1．Admeld

Admeld 的创始人 Michael Barrett 曾经在美国在线（AOL）和福克斯集团（FOX）担

任要职，所以 Admeld 的产品从一开始就在为门户网站设计广告管理功能，优化媒体利益。Admeld 的早期客户包括 AOL、FOX 等在美国具有相当流量的大型门户型网站。从 2008 年起，Admeld 一直在网络优化、PMP 等方向上引领 SSP 相关技术和产品形态的发展。

　　早年 Admeld 在为媒体做收益管理时，接入的主要流量并不只是来自 ADX 里的 RTB 流量，而是主要来自各大 ADN，比如，在北美市场就接入了 50 多家 ADN，换句话说，媒体只要加一段 Admeld 的代码，就可以对接所有这些 ADN，这极大地方便了剩余流量的变现和优化。在对这 50 多家广告网络做网络优化时，如前所述，由于对广告网络自己的定向方式和广告库不是特别清楚时，反而是使用广告位和时间段这样的基本划分比较稳健，因此主要在广告位维度、时间维度、广告返回率和分成比例等少数维度上进行 eCPM 估计和流量切分。

　　Admeld 也会从 DMP 购买用户数据，这样做一方面是为了自己能更进一步深入地估计各广告网络的 eCPM，另一方面也是为了方便参与竞价的各 DSP 了解流量质量，从而刺激 DSP 的竞价价格和市场的流动性。

　　2011 年 Admeld 被谷歌以 4 亿美元收购后，整合了 DoubleClick 的 DoubleClick for Publishers（DF-P）广告管理系统。谷歌收购 Admeld 后，就能获取到一些他们难以取得的顶级内容供应商的流量以及良好的媒体关系，而 Admeld 的 SSP 相关技术也被整合进 DFP 中，完善了谷歌的广告生态链。

　　2．Mopub

　　在 PC 和移动 Web 领域，随着程序化的发展，ADN 的重要性在逐渐下降，于是 SSP 也演变成以实时竞价为主的与 ADX 类似的产品形式。不过在移动应用变现领域，随着 FAN 这样的封闭 ADN 越来越重要，传统的 SSP，或称为聚合平台的产品又逐渐在市场中占有一席之地，而其中最典型的代表之一就是 Mopub。

　　Mopub 是面向移动应用媒体，通过综合管理各种广告来源优化媒体收入的平台。与 6.5.1 节中的产品逻辑相对应，Mopub 主要提供以下几种变现功能。

　　（1）ADN 聚合。ADN 一般以 SDK 的形式嵌入 Mopub 的 SDK 中。媒体可以自行管理在各地区、各时间段中各个广告网络的优先级，并且采用瀑布式的请求来综合利用各个 ADN。Mopub 在这部分变现中并不向媒体收取费用。

　　因为 Facebook、Admob 等在移动应用变现中具有一定的重要性，所以这一部分往往是媒体最重要的收入来源。不过，由于 ADN 不会向 Mopub 实时报价，因此算法优化的空间相对较小。一般来说，SSP 需要以 API 的方式从 Facebook、Admob 等 ADN 拉取报表以优化收入，Mopub 目前采用的是由媒体手工填写各 ADN 的 RPM 的操作方式，似乎不是特别方便，也不太容易做到实时优化。

（2）程序化交易市场。对于 ADN 变现以外的流量，Mopub 自建了一个程序化交易市场，从各 DSP 处获得广告和变现能力。这部分与一般 ADX 的功能差别不大，但是因为是在 SSP 内的程序化交易市场中，所以需要按照 6.5.1 节中的动态分配方案来综合优化收入。

在程序化交易市场部分，Mopub 收取的中间费用较高，可以达到 30% ~ 40%。

（3）广告投放（ad serving）。Mopub 也允许媒体自行进行广告销售，并为媒体的直客提供广告投放功能服务。一般来说，媒体的直接销售可能在一些头部流量上获得最高的溢价。因此，SSP 需要以最高优先级投放直客广告，再将剩余流量交由 ADN 聚合或交易市场来变现。

2013 年 9 月，Twitter 斥资 3.5 亿美元买下 Mopub，2014 年 Mopub 的收入达到 5600 万美元。最近几年的收入情况不详，但是毫无疑问，Mopub 是移动领域最重要的 SSP 之一。不过，Mopub 在被 Twitter 收购以后产品迭代变得有些缓慢，在视频广告等新形式上的进展也较小，这也给了专门从事激励视频广告的几家公司巨大的市场机会。

第 7 章

数据加工与交易

通过第 6 章的讨论，我们知道，要提高定向的精准程度与人群覆盖率，技术并不是最重要的因素。那么什么才是决定性的呢？是数据的来源与质量。这是正确认识精准广告业务非常重要的观点。为了强调这一观点，我们以大家更容易理解的石油加工工业为例来做类比，如图 7-1 所示。在石油工业中，从油田挖掘出的原油是整个行业的原材料，炼油厂的作用是把这一原材料加工成汽油等燃料，再输送给加油站这样的销售终端。在精准广告中，可以把用户的行为类比于石油工业中的原材料，而日志收集和清洗系统的作用就相当于油田的挖掘设备。而受众定向的平台可以类比于炼油厂，它把原油，即清洗过的日志，加工成用户标签，而这些用户标签就像汽油一样，是可以被销售和使用的了。而传统广告中起关键作用的广告位，在这里仅仅变成了加油站，负责完成产品消费的过程而已。

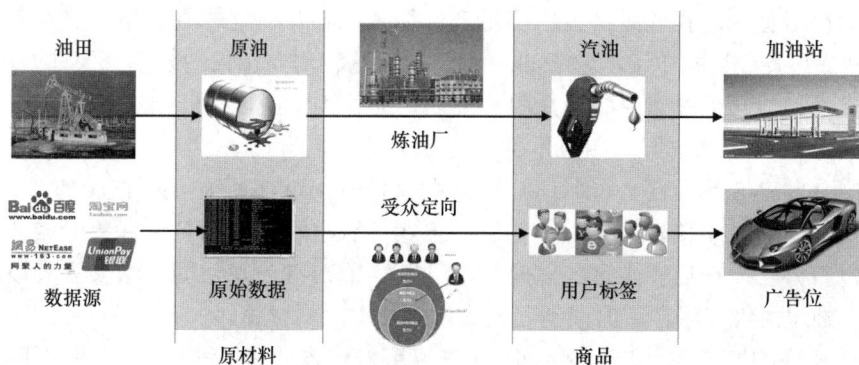

图 7-1　数据驱动的计算广告与石油加工对比

那么如何正确认识技术在精准广告业务中的作用呢？从上面的类比可以看出，技术的地位相当于挖掘设备和炼油设备，当然有着无可置疑的重要性。技术能力的高低，直接影响着数据采集和变现的有效性。不过从另一个角度说，技术的作用也不能被过分夸大。巧妇难为无米之炊，没有高质量的原材料，即用户数据，再高明的技术也没有用武之地。

从历史发展来看，与数据相关的产品和产业是从服务于广告行业逐渐发展起来的。不过，时至今日，数据行业已经逐渐发展成了一个相对独立且有巨大发展空间的产业。因此，我们特意将与数据相关的内容在本章中统一介绍，希望大家能跳出广告的范畴，对数据产品本身的发展规律有深入理解和思考。

在本章中，我们首先介绍哪些数据资产具有明确的市场价值，价值高低如何，这些是我们收集、交换和加工数据之前非常重要的判断基础。在拥有了数据资产以后，将其整理加工成可直接利用的信息并支持变现过程的产品，可以统称为数据管理平台，即 DMP，当然，DMP 也有第一方与第三方的区别，这类产品的基本逻辑和商业模式也会在本章中介绍。此外，本章还将介绍数据交易和数据隐私安全这两个数据领域比较前沿的问题，帮助读者建立这方面的概念。

7.1　有价值的数据来源

既然数据是精准广告市场的核心，那么围绕数据本身的加工与交易，就与广告的投放技术一样令人瞩目。有哪些数据是对精准广告业务有直接贡献的呢？我们可以重点关注下面几类。

（1）用户标识。对广告而言，如何确定哪些行为来自于同一个用户是非常关键的问题。用户标识对于行为定向的重要性往往容易被忽视。实际上，稳定精确的用户身份，就像是一串 0 前面的那个 1 一样，对准确界定受众和利用数据至关重要。无论能拿到多少行为数据，如果没有办法把它们与投放系统联系起来，这些数据就没有办法发挥作用。

对于浏览器行为，我们最常使用的用户标识是 cookie，但是由于存在同时使用多个浏览器、cookie 过期或用户主动清除 cookie 的情况，这种用户标识的长期一致性并不算太好。好在对广告来说，起关键作用的还是用户近期内的行为，所以用 cookie 作为用户标识还是为业界广泛采用的基础方案。如果运营广告业务的域名同时提供其他有永久身份的服务，比如电子邮件、SNS 等，那么可以用这一永久身份找回过期或被清除的 cookie，这样用户身份的一致性就会有所改善。当然，如果广告业务域名和用永久身份服务的域名不同，也不是完全没有办法，在后者同意的前提下，可以采用 cookie 映射的方法来对应彼此的用户身份，这一技术的细节将在后面谈到广告交易的技术时再讨论。

在移动互联的情形下，iOS 与 Android 在应用内广告使用的用户 ID 有所不同：前者是苹果公司设计的广告专用用户标识符（IDentifier For Advertising，IDFA），其性质与 cookie 类似，而后者没有专门的广告用户 ID，一般采用 Android ID 或国际移动设备标识（International Mobile Equipment Identity，IMEI）等标识信息。

由于高质量的用户标识本身就是一种非常有价值的数据，因此也是可以在市场交换和售卖的。

（2）用户行为。业界通常认为，主要有转化（conversion）、预转化（pre-conversion）、搜索广告点击（sponsored search click）、展示广告点击（ad click）、搜索点击（search click）、

搜索（search）、分享（share）、页面浏览（page view）、广告浏览（ad view）等在线行为是可以被广泛采集并且对受众定向或广告决策有明确作用的。按照对效果广告的有效性分类，这些行为又可以分为决策行为、主动行为、半主动行为和被动行为。

决策行为主要包括转化和预转化。这些都是在广告主的网站内发生的行为，往往对应着非常明确的用户兴趣。例如，在电商网站上，转化对应最后的下单，而预转化对应下单前的搜索、浏览、比价、加入购物车等多种准备工作。这类行为的价值是最高的，但是也是供给方或广告平台最难得到的。根据广告主的数据来进行重定向或者个性化重定向是对此类行为最直接的利用。在行为定向中，这类数据虽然量不大，但却不能忽视。

主动行为主要包括广告点击、搜索和搜索点击。这一组行为都是用户在网络上在明确意图支配下主动产生的行为，因而也有比较丰富的信息量。其中的广告点击行为一般来说量不大，并不能作为定向的主要数据来源。而搜索行为是能够大量获得的最主要的主动行为，要特别注意挖掘利用。

半主动行为主要包括分享和网页浏览。主动行为和半主动行为都是用户在目的比较弱的内容消费过程中产生的，因此，其所涉及的兴趣领域对把握用户信息有价值，但是细节的内容精准程度有限。半主动行为的指导意义虽然有限，但是其数据量却是各种行为中最大的。

被动行为主要是指广告浏览。广告浏览严格来说不能算作定向的行为依据，但是由于其频次与相应类别的广告点击负相关，因而在行为定向的建模中也可以使用。

（3）人口属性。人口属性是常用的一种定向标签，因此其数据来源很重要。一般来说，只有一些能够与用户实名身份绑定的服务才可以得到此信息。我们也可以利用网络行为数据来进行人口属性标签的预测，但是这样做的准确程度一般都很有限，而且这仍然需要一些标定的数据用于训练。对于某些人口属性，可能一些特别的信息比较容易给出准确的判定，例如，用语音服务记录的声音信号，可以将男女区分得相当准确。

（4）地理位置。地理位置信息随着能获得的精度不同，其用途也会有相当大的差异。如果只能根据 IP 进行映射，我们往往只能拿到精确到城市级别的地理位置，当然这对于很多广告投放来说，已经有相当的价值。而在移动互联环境下，GPS 或蜂窝可以提供的定位往往可以精确到几百米的范围，这就让我们可以收集用户线下的到店兴趣，并使 hyper-local 的区域广告商（如餐饮）投放定向广告成为可能。

（5）社交关系。社交网络上的关系反映了人与人之间的联系，也隐含了一种联系人之间"兴趣相似"的合理推测。因此，社交关系可以用于用户兴趣的平滑。当广告系统观察到某个人的行为不足，无法进行精准的行为定向时，可以考虑借鉴其社交网络朋友的行为和兴趣。例如，一个人在微博上的好友有很多都是足球爱好者，那么可以猜测他也是一名足球爱好者。虽然这样的猜测未必准确，但只要统计上合理，就会对广告投放效果有帮助。需要注意的是，这样的平滑只适用于那些长期稳定的兴趣，对于短时的购买兴趣则不太适用。从这个意义上来看，强关系类型的 SNS 比弱关系的 SNS 有优势。

（6）设备信息。移动设备能够获得的数据比 PC 要丰富得多，其中一些设备的状态信息，如设备的应用安装列表、机型、年龄、陀螺仪乃至电池电量等，对场景的确定非常有帮助。因此，移动广告对于设备信息的收集和深入加工有特别重要的意义。场景有关的讨论参见 8.4 节。

关于以上各类行为数据对广告效果的意义，有两条基本的规律：首先，随着用户主动意图的提升，相应的行为数据价值也随之增大；其次，越接近转化的行为，对效果广告的精准指导作用越强。把握这两条规律，有助于大家判断各种各样的行为数据的价值。不过读者不要忘记，广告的根本目的是"低成本地接触潜在用户"。如果仅仅从转化效果上判断行为数据的作用，会发现靠近转化的行为更精准，实际上是因为这部分人群已经更加接近于决策的最终阶段，也就是说越发不是"潜在用户"。因此，在行为定向这个问题上，不能单纯追求 ROI 或者转化效果，而是要根据广告主的具体的人群接触目标来平衡效果和覆盖率。

7.2   数据管理平台

市场上的数据管理产品有立足于第一方和第三方两种场景，当然也可以统一称为数据管理平台，即 DMP。第一方和第三方 DMP 虽然在技术环节上基本一致，但是在产品方向和商业模式上却有较大的差别，我们将在本节中具体说明。

7.2.1   三方数据划分

广告中用到的用户数据，根据其来源的不同，可以分为第一方数据、第二方数据和第三方数据，如图 7-2 所示。一般我们说的第一方和第二方分别是指广告主和广告平台，而不直接参与广告交易的其他数据提供方统称为第三方。在广告网络中，主要使用第二方数据指导广告投放；而在实时竞价环境下，不仅第一方数据可以被利用起来，大量第三方数据的加工和交易也逐渐发展起来。第一方数据的量虽然一般较小，却是所有数据的灵魂。以第一方数据为基础，用好第二方数据和第三方数据，是实时竞价时代重要的方法论。

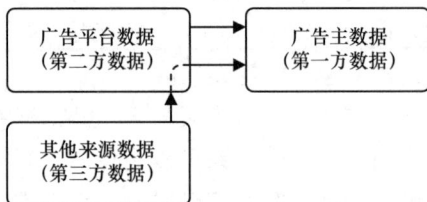

图 7-2   三方数据示意

7.2.2   第一方数据管理平台

面向第一方的数据加工产品，是狭义的数据管理平台。第一方数据的收集和加工是广告市场上非常重要的环节。不过，对没有这方面技术积累的广告主而言，专门设团队进行数据加工是没有必要的。因此，市场上产生了专门管理此业务的产品，这就是第一方数据管理平台。这一产品有下面几个核心功能。

（1）它可以为网站（可以是媒体，也可以是广告主网站）提供受众定向功能，并将得到的用户标签应用于网站业务。在这一过程中，除了加工一些通用标签，DMP 还需要能够比较灵活地按照网站定义的用户标签来加工受众人群。

（2）广告主网站可以通过 DMP 与广告采买渠道进行更方便的数据对接。这一点可以通过下面的应用来理解。假如某广告主需要通过外部广告平台做重定向，那么需要将自己的用户集合通过某种技术方式通知广告平台。如果每个广告平台都采用在广告主网站上加跟踪代码的方式来收集用户，就会有两个弊端：一是多个广告平台同时加代码，有可能使页面变得太重；二是访客的积累可能需要长达数周的时间，这使得广告平台重定向的效率降低。如果由 DMP 唯一负责广告主网站的用户积累和划分，并通过数据接口的方式传送给广告平台，那么可以在很大程度上解决上述问题。

第一方 DMP 的商业模式如图 7-3 所示。DMP 应数据源（Data Provider，DP）的要求，收集第一方数据，并加工成第一方需要的用户标签。DP 可以根据这些用户标签进行站内运营，也可以用这些用户标签来指导 DSP 进行广告投放。如图 7-3 所示，DSP 利用这些标签数据以 RTB 方式在 ADX 中投放广告，当然，第一方需要同时向 DSP 支付费用。

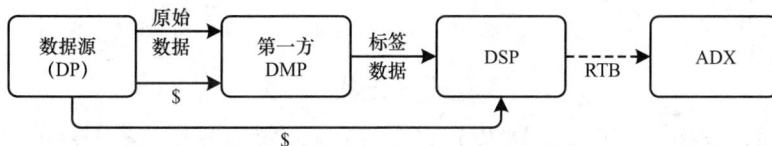

图 7-3　第一方 DMP 商业逻辑

虽然 DMP 按照 DP 需求整理和加工数据会向 DP 收取费用，但是绝对不应该把数据看作自己的财产进行二次变现，或者把不同 DP 的数据混合使用。第一方 DMP 是一种数据托管和加工服务，并非以数据变现为目的，其客户也多为大中型的媒体和广告主。当然，也可以自建 DMP 为自己的业务服务。

7.2.3　第三方数据管理平台

第三方 DMP，也称数据交易平台（data exchange）。它的主要产品功能是聚合各种来源的在线的用户行为数据，将这些数据加工成有价值的用户标签，然后在广告市场上通过售卖这些标签来变现。数据交易平台与数据管理平台的产品边界并不是泾渭分明，一般来说，数据交易平台除了聚合成形的用户标签，也都会提供聚合原始行为数据、自行加工标签的功能，也就是兼具 DMP 的产品功能；不过，数据交易平台往往是按照自己的逻辑，而非媒

体的需求来制定标签体系和加工数据。因此，数据交易平台主要是站在第三方数据的角度
提供产品，所以称为第三方 DMP。

第三方 DMP 的商业模式如图 7-4 所示。DMP 从多个 DP 那里收集原始数据，按照自己
的逻辑加工成用户标签，并向 DSP 出售标签数据收入。同时，获得的收入再按照一定的比
例分成给 DP。与第一方 DMP 不同，第三方 DMP 是一种数据变现产品，其 DP 也以中小型
的媒体和数据所有者为主。

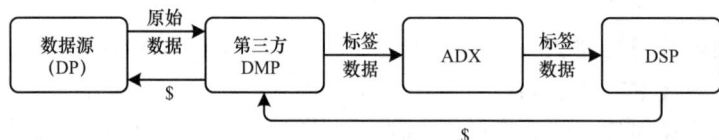

图 7-4　第三方 DMP 商业逻辑

7.2.4　产品案例

数据管理和交易产品在程序化交易市场已经比较普及，但是在中国市场中还没有形成规
模。究其原因，恐怕与大量作弊和流量劫持（参见 16.4 节）等灰色低成本渠道不无关系。因
此，我们将主要关注国际市场中比较成熟的数据类产品，并以 BlueKai 和 AudienceScience 为
代表来进行介绍。

1．BlueKai

BlueKai 是比较典型的第三方 DMP 产品，也是最早践行数据交易的公司之一。

BlueKai 的 CEO Omar Tawakol 预见到未来展示广告的客户需要将广告精准投放到特定的
消费群体，于 2008 年建立了一个名为 Data Exchange 的数据库，一方面让中小网站提供流量、
会员资料等信息，另一方面则将这些信息加工后销售给中小广告主。2009 年 BlueKai 启动了
分析服务，帮助用户区分受众购买行为。2011 年，BlueKai 收购 TrackSimple，加强了自己的
数据分析能力，从而为广告主提供一站式的包括数据分析、数据购买的 SaaS 服务。近年来，
作为数据交易平台和 DMP 的领头羊，BlueKai 开创和推动了一个独立 DMP 时代，活跃用户
数超过 3 亿，前 20 位的广告网络、门户网站中有 80% 在使用 BlueKai 的数据。

BlueKai 作为一个独立 DMP，不像其他 DMP 公司开始整合 DSP 业务，而是一直不
提供媒体的竞价采购服务。BlueKai 认为，这样可以保持 DMP 的中立性，可以使 BlueKai
的 DMP 与多家 DSP 对接合作。2014 年 2 月，BlueKai 被 Oracle 以 4 亿美元收购。作为
BlueKai 的收购方，Oracle 没有媒体购买的业务，而主要是一些企业级的市场营销管理服
务，因此与 BlueKai 的独立 DMP 的市场定位相符合。作为独立的 DMP，BlueKai 收入规模
并不大，2013 年总收入仅 6400 万美元左右。

　　BlueKai 的主要业务模式，是聚合大量中小媒体的有价值行为数据，使用受众定向技术为用户打上标签，并对外售卖标签以获取收入。BlueKai 通过数据交易获得的收入，其中很大比例还将返还给数据提供方。BlueKai 的重点放在汽车网站、旅游网站和各种购物网站上，因为这些网站背后代表着某一个同质性较高的族群，与这些主题网站相关的广告主，如航空公司、汽车厂商等，也非常需要精准营销。例如，有一家卖服装的小网店，它有自己用户的搜索行为和购买行为，但它的数据量不大，不值得用这些数据去分析变现，BlueKai 就会与这些中小网站合作，通过汇聚众多中小网站的用户资料和行为数据，加工成受众定向标签对外售卖。例如，某些 DSP 想知道用户身上有什么标签，而它又没有用户信息，就可以向 BlueKai 购买或分成，BlueKai 再向网站分成。

　　通过这种数据交换方式，广告市场上最有价值的数据资源被盘活利用了：数据拥有者不需要直接涉足复杂的广告业务，也可以对数据进行变现；而数据需求者也可以方便地找到数据购买来源，以快速提高自己广告投放的效果。BlueKai 也注意到了隐私的问题，它提供了一个接口，用户可以看到自己的资料被谁使用，也可以选择"捐给慈善机构"。而实际上这不过是一种规避风险的方式，基本上不会影响到 BlueKai 和中小网站原本的收入。有关隐私方面的问题，读者可以进一步参考 7.4 节。

　　BlueKai 提供大量细分的类别，它有着开放体系上的标签，如"对宝洁洗发水感兴趣的人""想去日本旅游的人"，这些非常精细的类目对于要做效果广告的广告主来说非常有意义，所以它的售价也很高。根据广告主使用目的和数据来源的不同，这些标签又分成如下的几种：Intent、B2B、Past Purchases、Geo/Demo、Interest/Lifestyle、Branded、Estimated Finan-cial/Economic。这是一个比较典型的半开放的标签体系，其中的 Intent 部分非常类似于前面的兴趣定向体系，这部分是由 BlueKai 根据通过数据交易平台收集的用户行为加工的。而其他部分，有的由其他数据提供商直接提供，如由 Bizo 提供的 B2B 标签，也有的根据多家的数据融合决策而成，如 Demo/Geo 标签，实际上融合了 Bizo、Datalogix、Expedia 等多家数据提供商的数据源。

　　之所以说 BlueKai 的标签体系是开放式的，是因为它会根据数据的来源和市场需求不断拓展和调整标签的类别和内容，力求能够满足尽可能多的广告主的特质化需求。表 7-1 中列出了 BlueKai 的几种主要标签、覆盖用户量和主要数据来源。

表 7-1　BlueKai 标签体系主要类别

类别	描述	数据来源	用户规模
Intent	最近输入词表现出某种产品或服务需求的用户	BlueKai Intent	16 亿以上
B2B	职业上接近某种需求的用户	Bizo	9 亿
Past Purchase	根据以往消费习惯判断可能购买某产品的用户	Addthis, Alliant	6.5 亿以上
Geo/Demo	地理上或人口属性上接近某标签的用户	Bizo, Datalogix, Expedia	

续表

类别	描述	数据来源	用户规模
Interest/LifeStyle	可能喜欢某种商品或某种生活方式的用户	Forbes、i360、IXI……	10.3 亿以上
Qualified Demo	多数据源上达成共识验证一致的人口属性	多数据源	9 亿以上
Estimated Financial	根据对用户财务状况的估计做的分类	V12	

2．AudienceScience

AudienceScience 是广告市场上首先明确提出受众定向这一概念的公司，并且长期专注于这方面的数据加工和算法建设。它的核心业务有以下两项。

（1）主要提供面向媒体和广告主的第一方 DMP 服务。例如，《纽约时报》自己有很多用户，也有很多在线数据，但它的核心业务不是做广告，也不是做数据加工，它更愿意把数据交给 AudienceScience。AudienceScience 帮它加工一些有意义的用户标签，如财经类用户、体育类用户。《纽约时报》的 BI 系统可以用这些标签分析哪些用户对哪些内容感兴趣，应该如何优化内容。

（2）AudienceScience 还直接运营一个效果广告网络，并帮助广告主进行投放管理和优化，这里它就用到了它分析得到的用户标签。就其数据聚合和收入分成的模式来说，AudienceScience 与 BlueKai 有很多相似之处。两者主要的区别是 AudienceScience 并不通过售卖标签来获得收入，而是仅供委托他们优化效果的广告商使用，即通过运营一个自有的广告网络来变现，使用标签创造的营收按照一定比例与提供数据的媒体分成。这样做的原因是 AudienceScience 认为数据加工业务在扣除媒体分成以后利润空间太小，而自营广告网络有可能获得更大的套利空间。

AudienceScience 具体的商业流程是：网站（可以是广告主或媒体网站）先把自己的流量托管给 AudienceScience，并付给 AudienceScience 一定的技术服务费，AudienceScience 把数据加工成标签，首先提供给网站用以优化它的流量和用户体验。

遗憾的是，2017 年 5 月，AudienceScience 公司关闭了，这也反映出在当今互联网广告业中，单纯的数据服务规模化和盈利能力都比较有限，在市场上举步维艰。

3．TalkingData

TalkingData 是中国市场知名的移动数据平台，以向开发者提供应用统计分析工具为切入点，TalkingData 积累了每月 700 PB 左右的独立设备数据，在这些数据的基础上，又推出了营销云产品 MarketingCloud。从产品上看，这是一个将第三方数据和第一方数据相结合

用于营销的 DMP 产品，从商业模式上看，更接近于第一方 DMP 产品。MarketingCloud 主要的产品功能有以下几个。

（1）用户 ID 的映射与管理。客户在各种情形下收集到的第一方用户数据，往往以不同的 ID 出现。例如，CRM 数据、线下门店数据、线上浏览数据、微信公众号数据，其对应的用户标识都不一样。为了有效地管理用户，需要把以不同 ID 出现的同一个用户数据打通，这需要比较强的第三方数据积累，MarketingCloud 提供了这方面的产品功能。

（2）向客户开放的第三方标签库。由于 TalkingData 已经积累了大量的第三方数据，可以让客户在自己的第一方数据以外，更方便地全面了解和使用全网用户数据进行受众定向或新客推荐。比起第一方 DMP 主要利用第一方数据的方法，这些第三方数据有可能让客户面向新用户的营销能力有质的提升。目前，MarketingCloud 中的第三方用户标签包括人口属性、城市、设备属性、应用兴趣、消费偏好等体系，一共 800 多个细分维度。

（3）地理围栏目标受众。通过 GPS、Wi-Fi 信号、蓝牙等方式，移动设备可以更准确地了解用户的地理位置，而这些地理位置经常可以准确地恢复用户的场景。MarketingCloud 利用 TalkingData 积累的地理位置数据，向客户开放根据地理围栏构建目标受众的能力。

（4）营销过程监测和管理。第一方数据管理和第三方数据利用的主要目的之一是用于营销过程。对此，MarketingCloud 提供了一系列的功能，用于营销前的受众洞察和营销后的数据分析，希望逐渐驱动营销过程的自动化。

与 MarketingCloud 类似的数据驱动的营销自动化产品近年来成为市场的热点。通过综合利用第一方数据和第三方数据，在获客、再营销、效果评估和优化等环节上，实现基本自动的营销过程，是未来市场发展的重要方向之一。

7.3 数据交易的基本过程

数据交易一般是通过 ADX 或 SSP 作为中转来完成的，如图 7-5 所示。DMP 的各种用户标签，以批量传输的方式提供给 ADX，并作为 ADX 的一个辅助产品售卖给各 DSP。标签一般按照 CPM 计价，DSP 如果选择购买某种标签，则在广告询价的过程中，ADX 将本次请求的用户标签传给 DSP，最终以 DSP 实际成交的展示量乘以 CPM 价格作为其购买数据的附加费用。

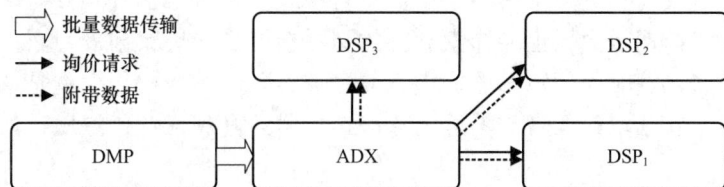

图 7-5 数据交易过程示意

以广告交易为载体进行数据交易，与在 DMP 和 DSP 之间直接进行数据交易相比，是更加合理的产品方案，它有以下一些好处。

（1）因为数据的量级可能较大，所以数据传输的成本是无法忽略的。如果在 DMP 和 DSP 之间进行数据交易，总体的数据传输成本就非常高。而在广告请求上附加用户标签本身不会带来额外的服务开销，因此整体数据交易的传输成本就只有 DMP 和 ADX 之间的一次传输。

（2）所有的 DSP、数据提供方都只需要与 ADX 进行 cookie 映射，这种以 ADX 为中心的星形拓扑结构，比起 DSP 直接与数据提供方进行 cookie 映射的拓扑结构，显然是要方便得多的。ADX 触达的用户规模往往比单个 DSP 或 DMP 要高很多，这种方案实际上最大限度地避免了由于 cookie 映射带来的数据损失。

（3）这种方式还有一个很大的好处，那就是实现了数据的部分交易：DSP 显然很少有机会利用到某个 DMP 的所有数据，通过在广告交易过程中传数据的办法，DSP 可以自由限制需要的数据范围。例如，某 DSP 只投放上海地区的客户，那么在 ADX 中选择上海地区以后，就只会收到上海地区的数据了。

（4）ADX 在数据的买方和卖方之间恰好起到了数据使用量监测和计费的作用。

不过，数据作为一种信息类商品，其属性与其他实体商品乃至广告这种虚拟商品最大的不同在于可以重复售卖；另外，数据又不同于软件这种可以重复售卖的信息商品，因为软件售卖后使用者之间是彼此分离的，而同一份数据的使用则是面对同一批用户群的，因此存在博弈关系。

对于这样一种特殊商品的交易，我们对其规律的认识也是循序渐进的。目前看来，上节介绍的现有数据交易机制是存在一些问题的。我们举个例子来说明：假如某 DMP 知道某个用户是高尔夫爱好者，把这个信息以数据交易的模式卖给了一家 DSP，于是该 DSP 可以利用此信息获得较高的回报，当然也就可以承受比较高的数据采购价格；但是，如果 DMP 将此数据出售给了 DSP，那么这些 DSP 在定向同一个用户时，必然因为竞价的关系抬升流量成本，于是因为数据获得的回报就变少了，当然也会间接影响数据的变现价格。简单来说，我们认为：*数据的重复售卖会引起数据价格向流量价格的转移*。

无限制重复售卖数据的另一个问题是无法按竞价的方式售卖，这一点并不难理解。我们知道，在线广告市场正是因为采用了竞价交易模式，才带来了客户数量和变现能力的大幅提升。因此，我们期望数据也能探索竞价的交易模式，如果数据采用限量的售卖，则有可能发展竞价模式，同时保证数据的提供方的利益。限量的数据售卖就是，每条信息在一定时间内仅提供给有限家购买者，不过究竟应该提供给几家，竞价方式该如何确定，还有待探讨。

7.4　隐私保护和数据安全

广告是一个典型的个性化系统，它需要大量使用用户的行为数据来进行受众定向，同时，在广告市场中还存在着数据交易的产品。无论是受众定向还是数据交易，都需要谨慎地考虑对行为数据的使用是否会泄露用户的隐私；同时也要考虑拥有数据的利益方，特别是广告主，是否在广告市场中被平台或竞争对手获得和利用了自己的关键商业数据。

7.4.1　隐私保护问题

隐私问题讨论的是用户个人信息的安全性，对这个问题，存在着一定的认识误区。实际上，隐私保护除了关心那些成批的用户资料泄露，更大的挑战是针对熟人的隐私窥探，即窥探者在了解被窥探者一些背景信息的基础上，用这些背景信息进一步试图获取其更多的隐私信息。后一种挑战由于可能是人工与机器相结合，而且对成本往往不敏感，给隐私带来的风险也最大。一个最生动的例子可以参见"清华学生用自拍照推理出王珞丹住址"这篇报道，在这个例子里，一名清华学生通过分析王珞丹的微博发帖和照片，准确地得到了其住址这一隐私信息。下面我们来具体看一下隐私保护的原则。

1．隐私保护基本原则

隐私保护在互联网个性化服务发展的很早阶段就得到了重视，欧盟特别对此问题做过深入的研究和规范。目前，工业界有一些共识性的隐私保护原则，这些原则主要包括以下几条。

（1）要严格避免使用个人可辨识信息（Personal Identifiable Information，PII）。PII 是最重要的隐私信息，它指的是那些被获取后可以方便地定位到具体人的信息，如身份证号、电话号码、电子邮件地址、家庭住址等。这些信息一旦被恶意获取，会给当事人带来非常大的不便和潜在风险，因此需要无条件地被严格保护。需要说明的是，广告系统中经常使用的用户标识，如 cookie、IMEI 等，由于不具有方便地辨识人的作用，因此不属于 PII。

（2）用户有权要求系统停止跟踪和使用自己的行为数据。如图 7-6 所示，当向用户提供行为定向广告时，广告提供商应该给出明确的提示，如图 7-6 中的广告创意右上角的"AdChoices"。如果用户对自己的行为被使用感到不满，可以通过此入口得到更多的详细说明，并且可以通过说明页面上的"Opt-Out"操作来通知系统停止跟踪和使用自己的行为数据。系统得到通知后，必须停止记录该用户的行为信息，也不再向其投放行为定向广告。这样的入口给了用户决定是否接受个性化广告的权力，对特定情形下的隐私保护非常重要。

（3）不应长期保留和使用用户行为数据。即使用户同意接受行为定向广告，广告平台在数据的使用和存储上也应该有所节制。长期保留用户行为数据对受众定向价值有限，同时又加大了数据泄露的风险，因此应该只保存一段时间内的行为数据，过期的数据如果并非与业务直接相关，不应再存储。

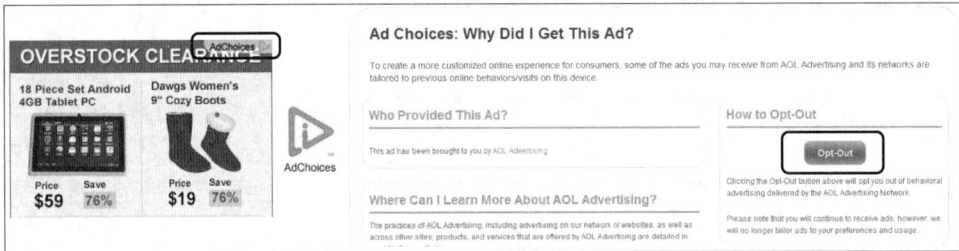

图 7-6　Ad Choices 示例

（4）工程上还需要特别注意权限的严格分配和最小数据访问的原则。工程师在调试程序时，最好使用采样过的、关键信息被匿名化处理过的数据子集，而在生产系统中要通过特别的密钥访问原始数据全集，即使是开发数据处理程序的人，包括管理层，也不应当有数据访问的权限。

上面的这些原则相当基本，也非常重要，是广告系统、推荐系统在用户行为数据使用中首先要遵循的。不过，这些原则并不能解决一些深层次的数据隐私泄露问题，对此我们还需要更加深入的认识与对策。

2．准标识符与 K 匿名

PII 是可以辨识个人身份的隐私信息，那么是不是非 PII 的信息就无法辨识身份了呢？举个例子，假设有这样一条用户信息"姓名：×××；手机号：×××；年龄：36；工作地点：上海市携程大厦；性别：男；职位：测试工程师；爱好：羽毛球；月薪：15000 元"，其中的"姓名""手机号"等 PII 已经被隐藏。但是，如果此用户的一个朋友看到这条记录，根据"年龄、工作地点、性别、职位、爱好"这些非 PII 的组合，还是很容易辨识出是谁的信息，从而得到"月薪"这一隐私信息。

在上面的例子里，年龄、工作地点、性别、职位、爱好这组信息虽然单独看来都无法确定一个人，但组合在一起就有可能让熟人确定出对应的人，这样的信息，我们称为"准标识符"（quasi-identifier）。由于有这样的准标识符的存在，即使没有提供 PII，也存在比较高的隐私泄露风险，这一点希望引起大家的注意。

有没有什么办法能够降低这一挑战带来的风险呢？简单的思路是将准标识符做一定程度的泛化。例如，将"年龄：36 岁"泛化成"年龄：30 ～ 40 岁"，将"工作地点：上海市携程大厦"泛化成"工作地点：上海市"。如果泛化的结果使数据集里的每一组准标识符的实例都能找到 K 条与其相同的，那么就说实现了 K 匿名。显然，当 K 的值取得比较合理时，隐私泄露的风险也就降低了不少。

准标识符与 K 匿名并不是互联网隐私问题的产物，而是在数据库领域就有的。它给了我们很大的启发：当背景信息充分，而这些信息又较为稀疏时，隐私问题的挑战会变得更大。而在以互联网广告、推荐等为代表的个性化系统相关的数据交易中，这样的风险变得空前严峻。

3．稀疏行为数据的挑战

在计算广告这样的个性化互联网应用中，对一个用户的描述不再限于上面例子里的基本信息，而是包括了其大量的行为数据。行为数据的特点是极为稀疏，换句话说，任何两个用户的行为数据都几乎不可能是相同的，也很难通过 K 匿名的方案来解决。那么是否可以通过行为数据来反推用户的隐私呢？答案是肯定的，而且有实际的案例发生。

在著名的 Netflix 百万美元推荐大赛 [6] 中，主办方公布了比赛用的数据库，其中的关键用户信息已经去除了 PII，并做了 K 匿名处理。不过，由于用户的观影记录和打分是推荐使用的主要数据而未做处理。当数据公布后，恰好有一位关注者在数据中发现了一条记录，从其观看的影片和评价分数来看，集合可以确定无疑是自己的另一位朋友，而同样在这个用户观影记录中，还发现了一些同性恋题材的影片。读者显然明白这意味着什么，实际上，他的朋友不想为人所知的同性恋隐私被这样一个推荐大赛在无意中泄露了。由于稀疏的行为数据很难通过简单技术处理模糊用户间的区别，再加上其他一些原因，这一大赛就没有继续举办下去了。

在参考文献 [80] 中，作者对上面的隐私安全问题做了更加系统的研究，他发现通过简单的算法就可以将 Netflix 给出的数据与另一个 IMDb 给出的数据库做用户身份上的对应，而且准确率相当高。抛开具体的方法不谈，这一研究向我们揭示的问题是：通过稀疏的行为数据，可以比较容易地定位自己熟悉的人，并进而获取其相关隐私信息。这一问题的发现使工业界对隐私安全问题的认识大大提升，也提醒我们在数据交易和披露过程中，要特别注意这方面巨大的风险。这也催生了与深度个性化系统中隐私安全相关的差分隐私（differential privacy）[35] 问题的研究。

坦率地讲，稀疏行为数据给隐私保护带来的巨大风险还没有成熟的解决方案，这无疑将是大规模行为数据利用头上的达摩克利斯之剑。在实际的工业实践中，需要对此问题有一定程度的认识和理解，并尽可能考虑到自己的业务过程中与此相关的隐私安全风险。

目前，差分隐私的技术在学术界和工业界引起了越来越多的关注。所谓差分隐私，指的是对数据集进行一定程度的修改，在尽可能少损失查询准确率的情况下，使隐私泄露的风险最低。2016 年，苹果公司宣布在其 iOS 10 操作系统中集成了差分隐私技术，不过具体实现了什么样的功能尚不清楚。

7.4.2　程序化交易中的数据安全

程序化交易的产生使在线广告市场可以综合利用需求方和供给方的数据来完成更加精准的广告决策。当然，这样的便利性也是一把双刃剑，在数据得到更加充分利用的同时，RTB 中供给方和需求方对于数据安全性的顾虑和诉求也必须加以考虑。

1．供给方的数据安全

我们先来看一下供给方的数据安全问题。因为在 RTB 过程中，ADX 需要向参与竞价的

DSP 广播每次展示的 URL 和 cookie，这使得 DSP 在理论上存在规模化监听媒体用户行为的可能。假设有某个恶意的 DSP，对于能够参与竞价的所有广告请求，都以很低的价格参与竞价，目的不在于赢得流量，而在于收集媒体上的用户行为，这就产生了媒体数据的安全问题，我们将其称为供给方的数据安全问题，第 6 章中介绍 RTB 原理时也曾经提到过这一问题。

供给方的数据安全问题尽管在 RTB 中确实存在，但是并不是想象中那样严重。我们可以了解一下 15.1.2 节中介绍的询价优化技术：由于带宽的限制，实际上在每次询价时，ADX 应该尽可能只向那些最可能赢得竞价的 DSP 发送询价请求，而那些以恶意收集数据为目的的 DSP，在理想情况下应该被挡在大部分询价之外。

2. 需求方的数据安全

再来看看需求方的数据安全问题。在 RTB 的环境下，由于定制化标签的引入，广告主的第一方数据也暴露在了广告交易的过程中，而这些数据有的是广告主的核心数据，需要认真考虑其安全问题。为了表达更加清楚，我们用图 7-7 所示的例子来说明一下：假设有两个英语教育类广告主"英孚教育"和"华尔街英语"，两者都通过 DSP 进行重定向访客找回，那么他们分别利用 RTB 的方式接触到了自己的访客集合。需要注意的是，这里的访客集合实际上是广告主的私有数据，也是特别具有商业价值的数据，然而，DSP、ADX 和媒体都有可能在 RTB 过程中得到这些访客集合。如果 DSP 希望制造更加激烈的竞价环境以获得更高的利润，那么它实际上可以将这两个广告主的访客集合合并在一起，并生成一个相应的用户标签吸引双方来对此标签竞价。这种做法的实质是在竞争对手之间倒卖访客集合，并且可以通过比较模糊的标签名字（如为上面两个广告主的访客集合打上"英语教育"的人群标签）非常隐蔽地操作。随着竞价激烈程度的增加，原本属于广告主的利润就向市场其他环节发生了转移，这个问题就是需求方的数据安全问题。

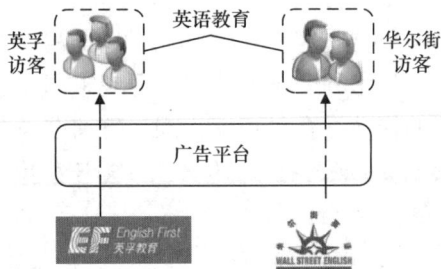

图 7-7　需求方数据安全问题示例

需求方的数据安全性在某种意义上比供给方的数据安全性更加重要，因为这决定了广告主是否可以放心地通过 RTB 进行广告采买。坦率地讲，当前的广告交易市场对这个问题的重视程度和解决方案都还很不充分。因此，要提醒广告主，在广告交易中使用自己的第一方数据时，特别是面对强势的广告平台时，要特别留意数据安全的问题。

7.4.3 欧盟的通用数据保护条例

说到有关隐私保护的法律法规，不能不提欧盟议会于 2016 年 4 月通过的《通用数据保护条例》（General Data Protection Regulations，GDPR）[107]，此条例于 2018 年 5 月正式生效实施。GDPR 适用范围很广，任何收集、传输、保留或处理欧盟成员国个人信息的机构组织均受其约束。

GDPR 规定了对于个人敏感数据的收集、处理和存储的原则，而下列个人数据皆被视为敏感数据：

- 种族或民族出身；
- 政治观点；
- 宗教/哲学信仰；
- 工会成员身份；
- 涉及健康、性生活或性取向的数据；
- 基因数据；
- 经处理可识别特定个人的生物识别数据。

其中最后两类数据是以前的相关法规讨论中未曾涉及的，也是在新时代技术背景下合理的拓展。

对这些数据的收集和使用，GDPR 要求企业必须以明确得到用户"同意"为基础，在征求同意的条文中，企业需要明确说明用户他的哪些信息会被收集，以及这些信息是如何被存储和使用的。以前那种模糊的、容易混淆的条文，将不再被允许。

另外，GDPR 认为对消费者来说，应该明确拥有对个人数据的以下 4 项权利：

- 数据访问权，即用户有权了解企业对其数据的具体使用情况；
- 被遗忘权，即用户有权要求企业删除已经收集的个人数据；
- 限制处理权，即有权禁止企业将信息用于特定用途，如用于营销或者将数据透露给第三方；
- 数据携带权，即用户想离开某平台时可以带走其在该平台产生的个人数据，如歌曲列表。

GDPR 被称为史上最严格的用户隐私保护法规。应该说，这一条例对于用户隐私的重视与剖析，值得所有互联网工作者认真学习。另外，欧盟为了彰显其执行这一条例的决心，声称会对违反该条例的企业处以最高达数千万欧元的罚款。

但是，我们认为该条例也存在很多严重的问题，主要有以下几点。

- 如前文所述，用户隐私保护本身是个复杂的技术问题，恐怕不是靠法规可以彻底解决的。例如，因为数据本身与其他用户隐私有关联性，"数据携带权"这样的规定实际上很难执行。事实上，GDPR中很多具体的执行标准到今天仍然语焉不详。

- 法规低估了互联网产品使用数据的技术复杂性。实际上，由于深度学习等方法的普遍应用，企业本身也无法说清楚用户的数据是如何被使用的，这就使这样的规定有些想当然了。
- 有人评估过，如果企业严格按照GDPR条例改造产品和系统，那么要花费至少数百万美元的额外成本。显然，这样的成本对于Google和Facebook这样的大公司来说无足轻重，但小企业却难以承受。

因此，我们认为，这一条例很可能会成为加剧互联网寡头化趋势的"恶政"。

总体而言，GDPR 是用户隐私保护领域的一次重要探索。但从实际规定来看，这一条例有些因噎废食和纸上谈兵，如果彻底严格执行，有可能会对欧洲的互联网产业带来致命打击。

第 8 章

信息流与原生广告

通过前面几章的产品介绍，我们了解了计算广告从合约到竞价再到程序化交易的产品演进路线。可以说，进入程序化交易时代以后，互联网广告产业多方参与、规模化利用流量和数据的整个产品体系已经逐渐完善。广告从依附于媒体的简单变现功能，已经进化成了独立的业务体系，在互联网行业中的地位举足轻重。

但从另外一个方面来看，广告毕竟是离不开用户产品的。目前的广告交易体系倾向于直接使用第一方数据和第三方数据做指导，在独立的交易环境中完成投放，而广告与媒体内容的关系则在一定程度上被弱化了。应该说，这并不是一个好的趋势，独立于内容的广告交易，必然会在效果和用户体验方面碰到天花板。将内容与广告决策深度融合的原生广告产品是本章讨论的重点。这部分产品在整体产品演进过程中的位置如图 8-1 所示。

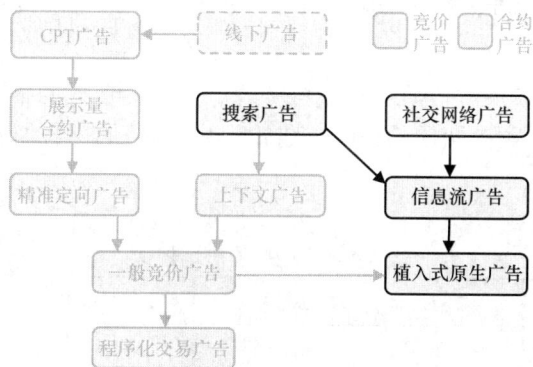

图 8-1　原生广告产品

原生广告最重要的也是最早引发"原生"问题讨论的产品形式就是信息流广告。这种广告形式最早见于社交网络，后来为各类移动广告产品广泛采用。从形式上看，交互的联动性和相对独立于周围内容的特性，使信息流广告有非常好的效果，我们将试图在此基础上给出信息流广告的定义。从产品本质上看，信息流广告与普通展示广告区别不大，可以看成是一个多位置且广告放置比较自由的竞价广告产品。

但是，关于"原生广告"这个更一般的概念，我们很难给出清晰的定义。实际上，从软文、搜索广告到社交网络中的信息流广告，都有一些原生广告的意味，但也都只反映了原生广告的一个侧面。应该说所有将商业化内容与非商业化内容统一生产或混合排序的产品，都可以认为与原生广告有关。这样的产品方向，也经常被称为内容即广告（content as ad）。在本章中，我们会介绍几种常见的原生广告初级产品。

原生广告得到充分的重视和发展是在移动互联网时代到来以后。这是因为，将广告与内容独立地展示和运营在屏幕较小、触屏交互方式不够精准的移动设备上遇到了巨大的挑战。于是，业界开始探讨将原生广告部分代替一般展示广告，提高移动环境下广告的变现能力。实际上，真正由第三方提供的平台化的原生广告产品，也产生于移动互联网。因此，从移动广告的角度出发，我们更能深切地理解原生广告产生的关键诉求，以及它所面临的主要产品挑战。在原生的发展方向下，以激励视频为代表的深度原生广告形式正在变得越来越普及，并且带动了移动广告视频化和交互化的发展方向。

不过，与内容结合的原生广告如何能够规模化、交易化运营是产品面临的一个挑战。根据现在市场上的产品探索，我们总结了一些原生广告交易化运营的关键点，以及将会面临的主要挑战。虽然原生的时代尚未到来，但是我们希望与大家一起展望这样的产品形态会对互联网广告可能带来的变革性影响。

8.1　移动广告的现状与挑战

移动互联网的快速发展，对所有在线服务都产生了颠覆式的推动，在线广告行业当然也不例外。到 2016 年，中美两国的在线广告市场中，移动广告的份额都已经超过了一半，具体的数据参见表 8-1。

表 8-1　移动广告市场规模

		2012 年	2013 年	2014 年	2015 年	2016 年
中国	收入（亿美元）	6.3	16.8	47.6	132.5	230.2
	市场占比（%）	5.5	10.4	21.0	43.0	55.8
美国	收入（亿美元）	41.1	106.7	191.5	287.2	405.0
	市场占比（%）	11.2	24.7	37.7	49.0	60.4

移动互联网广告的产品和交易形式，可以视为 PC 互联网广告的自然延伸：无论是 PC

上展示广告网络的方式，还是搜索竞价排名的方式，都被移植到了移动环境下。前面讨论的在线广告市场的大多数交易机制和产品形态，在移动广告中仍然是适用和存在的。不过，移动广告也存在着自己非常鲜明的特点，这些特点使这一市场同时存在着巨大的机会和挑战，特别是存在着广告原生化的巨大动力。因此，下面我们将以移动广告为典型的场景，分析一下原生广告的关键产品方向。

8.1.1 移动广告的特点

由于移动互联网越来越显著的重要性，业界对移动广告产品逐渐产生了独立的思考和认识。在认清了移动设备的一些独特属性，特别是可以对人的行为模式进行全时段、全场景分析这一特点后，我们会发现，移动广告面临着前所未有的巨大的市场机遇。

移动广告的库存正随着移动设备的爆发式增长而迅猛成长，这一点带来的流量红利当然是最大的机遇。不过，我们更关注的是，从产品本身来看，移动广告究竟带来了哪些新的机会呢？我们认为至少有以下两点。

（1）场景广告的可能性。从用户行为分析角度来看，移动设备与 PC 最大的不同是可以对用户行为模式进行全天候的监测和分析。移动设备的特点是一直跟用户在一起，并且从地理位置、生活状态、需求意图等各方面都可能对用户有深入的理解。因此，在移动环境下，受众定向完全有可能做到从场景和意图出发，而不是仅根据兴趣推送商品。举个例子，根据简单的地理位置分析，就可以判断用户是在家还是在上班，如果是在上班，那么就不应该向其推送游戏广告。

（2）大量潜在的本地化广告主。广告发展到今天，可以说没有任何主流的渠道可以帮助本地化小商家做推广。电视、路牌这种品牌性媒体自不必说，即使是在线广告，在 PC 时代往往也只能定位到城市级别，这样的地域定向对一个小区的理发店来说显然是粒度太粗了。而在移动环境下，GPS、蜂窝、Wi-Fi 等多种精确定位的手段，使基于精确地理位置的本地化广告变得可行。当然，精确地理位置也需要结合移动特点，用场景化的方式来使用。

8.1.2 移动广告的传统创意形式

上面说到，移动广告就其交易形态而言，与 PC 广告并无本质区别，但在广告的展现和转化路径上则体现出比较独特的一面，这也使移动广告创意衍生出一些新的形式，如插屏广告和积分墙等。这些新的创意形式，一方面为传统的横幅广告提供了符合移动设备特点的补充，另一方面也使大家开始专门探讨和设计面向移动的创意方案。移动展示广告比较传统的创意形式有横幅与插屏、开屏与锁屏、推荐墙与积分墙等，示例如图 8-2 所示。

横幅　　　　　　　　　开屏　　　　　　　　　推荐墙

图 8-2　移动广告形式示例

1．横幅与插屏

横幅是移动应用中产生比较早的广告创意形式，也是直接从 PC 广告的形式传承下来的。虽然形式上类似，但在移动广告中横幅这种形式却有一定的问题。首先，移动横幅广告的点击率远高于 PC 横幅广告，当然其中有很大比例是误点击。横幅的误点在移动设备上会严重打乱用户的任务，因此对用户体验的伤害也较大。其次，广告主观察到的转化率很差，这一方面是因为大量的误点不会产生任何效果，另一方面是因为广告主的后续转化体系在移动广告上不够成熟，当然这并不是横幅独有的问题，我们后面还会提到。

插屏广告（interstitial ad）与视频中的暂停广告非常类似，往往也是出现在游戏或其他应用暂停时。这种广告同样有着点击率虚高、转化相对较差等特点。

虽然横幅和插屏有这些问题，但是由于广告网络、广告交易平台等成熟交易体系的存在，这种标准化程度较高的形式最容易形成规模。因此，到目前为止，横幅和插屏广告仍然是移动展示广告主要的形式，并且主要以竞价方式售卖为主。另外，正是由于这些广告形式在移动设备上面临的新挑战，才让业界认真思考移动广告更加有效的产品形式。

2．开屏与锁屏

开屏是在一个应用打开时，在加载页面展示的全屏广告，读者在新浪微博、网易新闻等应用加载时经常可以看到。开屏可以说是移动广告形式比较好的探索之一，因为用户在等待应用打开时还没有明确的任务，因此不会对广告很反感。另外，全屏的展示形式让这种广告的品牌价值较高，因此在实际售卖时往往以合约方式为主。

与开屏类似，还有一种锁屏广告，它是在用户的移动设备被锁定时展示的广告，其特性与开屏广告很相似，对用户体验的影响也较小。但是，这种广告一般以激励型为主。

3．推荐墙与积分墙

由于移动应用生态体系的存在，有相当比例的移动广告预算是以推广应用下载为目标的，因此，也产生了一些专门针对此类推广需求的广告形式。最直接的下载类广告形式是推荐墙（offerwall）。从技术上说，这可以类比于第 7 章中提到的站外推荐。不过，推荐墙并没有成为移动应用推荐类广告最主要的形式。

实践中还有一种叫"积分墙"的产品。积分墙同样是向用户推送应用下载类广告，不同的是，在用户下载并激活该应用后，会得到一定的积分，这些积分往往可以兑换游戏币、电话卡等虚拟物品，以此刺激用户的下载行为。积分墙与返利网一样，都属于激励型广告，虽然点击和激活数据很好，但是后续活跃程度比较差。不过，在特殊场景下，积分墙这种推广方式也有其特殊的价值。

（1）应用冲榜。当开发者开发的新应用上线时，往往需要短时间内的大量下载，冲高在 Apple Store、Google Play 等这类应用商店里的排名，因此积分墙是一个很好的渠道。不过在中国，由于 Android 市场非常割裂，因此积分墙主要流行于 iOS，而苹果公司从 2013 年开始也明确表示会打击这类用积分推广影响榜单的方法，因此其前景并不乐观。

（2）游戏开服。在线手机游戏增加新的服务器时，也需要短时间内有大量玩家进入以形成社区，因此也常常选择积分墙。

8.1.3 移动广告的挑战

虽然移动广告前景广阔，但由于与 PC 环境巨大的差异，很多旧的经验和规律在移动环境下遇到了不小的挑战。在这些挑战里，下面 3 点尤其值得关注。

（1）应用生态造成的行为数据割裂。在目前的移动互联网环境中，并没有形成 PC 时代那样的以 Web 为核心的生态，取而代之的是以应用为主的生态体系，这有些像 PC 早些年的情形。

应用与 Web 相比，虽然在用户体验的流畅性、功能丰富性方面有一定的优势，但是也带来了对商业产品的挑战：各应用之间相对独立，没有 Web 环境下超链接那样的组织体系，因此数据的来源也相对割裂，整合起来比较困难。因此，虽然理论上说，移动环境对用户的了解更加深入，但实际操作中数据的获取更加困难。Web 生态下常用的数据交换接口，如 JavaScript 跟踪代码之类，在应用生态中需要用更加复杂的 SDK 来解决，可行性往往大打折扣。

（2）许多 PC 时代广告主移动化程度还不够，无法充分消化广告带来的流量。虽然原理上讲，将一个 PC 的广告投放迁移到移动上非常简单，但在实际操作中，会在后续转化流程上遇到巨大的麻烦。

首先，是落地页展示和交互模式的巨大差别。在图 8-3 中，我们对比了一个成熟广告主的 PC 端与移动端落地页。很显然，如果将 PC 端的落地页直接照搬到移动投放中，交互体验会非常差，效果当然也不会好。这还仅仅是落地页，如果涉及后续转化流程的多个页面，可以想象，广告活动的移动化不仅是一个系统工程，而且很可能是要等待广告主自身业务移动化的进程。就目前而言，移动端业务交互较完善的中小广告主的比例仍然不算高。

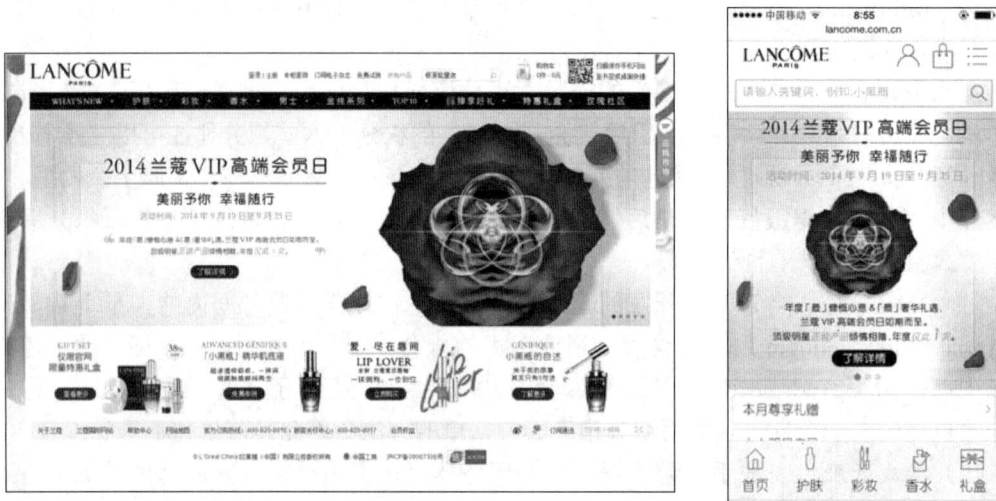

图 8-3   同一广告在 PC 端的落地页（左）和移动端的落地页（右）

有人会有疑问，既然移动环境是应用生态主导的，为什么广告主不能把落地页做成应用，再用广告推广此应用呢？对于大中型的广告主，如果其业务是用户黏性较高、周期性访问的，那么这样的策略应该是更合适的；但对于大量中小广告主，或者那些业务本身在线上交互较浅的广告主，指望用户下载应用来完成广告转化的过程是不现实的。试想，你会为了了解一次 4S 店组织的试驾活动，而专门下载此 4S 店的应用吗？

为了让广告主后续的转化流程更符合移动环境的用户使用习惯，移动广告的落地页也产生了一些新模式，例如，点击广告直接拨打广告主服务电话或者发送短信，这也都是为了让后续的转化流程更加顺畅。

（3）移动广告的产品形态需要一次革命。上面谈到的传统横幅广告在移动环境下遇到的问题，实际上反映了产品形态的深层次问题。在传统的在线广告中，广告位和内容总是被放在不同的单元中，以相对独立的方式运营的。但到了移动环境下，屏幕的尺寸减少了很多，如果被广告位再占据一块空间，那么变现与用户体验的矛盾就显得非常突出了。

那么，移动广告产品形态的变革有何方向呢？显然，原生广告是一个值得探索的方向。因为原生的目的就是解决广告与内容对立的问题，希望广告也能在用户正常的内容消费中和谐地存在。如果这样的产品能够发展起来，也就不存在广告与内容争抢版面并严重损害用户体验的问题了。正是基于此，我们才将移动广告和原生广告这两个并非并列关系的问题在这一章里一起讨论，因为在我们看来，只有原生化才是移动广告最重要的方向。

8.2 信息流广告

作为原生广告最重要的形式之一，信息流广告起源于社交网络。2010 年 4 月，Twitter
发布了其"Promoted Tweets"产品，在其信息流中插入商业化的内容，如图 8-4 所示。这
样的信息流广告后来也被其他的社交网络（如 Facebook、微博、QQ 空间等）广泛采用。
信息流广告由于自然地出现在用户内容消费的主路径上，而且展示形式与内容非常接近，
因此受到的关注比较有效，这也使得其效果比一般展示广告有较大的提升。正是从这种信
息流广告开始，大家才意识到，内容与广告的有机融合是提升广告十分有效的手段，这也
催生了对于原生广告系统性的探讨。

图 8-4 "Promoted Tweets"信息流广告示例

如今，信息流广告也出现在一些非社交类的媒体上，如今日头条、Yahoo! 新首页等。这
些适合于信息流广告的媒体都有一个共同特点，即信息流中的各条内容相关性并不强。在这
种情形下，插入一条商业化内容，形式上不会显得太突兀，用户体验也会较好。如果在一些
垂直媒体的信息流中提供广告，则需要考虑上下文的影响，以达到原生的目的。实际上，在
社交网站上投放信息流广告时，如果考虑与周围内容的相关性，也会提升一些效果。

信息流中的内容排序方式比较多样化，例如，在社交网络中一般按照时间排序，在新
闻客户端则按照兴趣、热度等排序。因此，无法将内容与广告按同一准则排序，一般是将
广告按照一定的规则插入到自然结果中。

8.2.1 信息流广告的定义

在产品发展过程中，对信息流广告曾经有过不同的称谓和理解。最初，大家认为这是

伴生在社交网络产品中的广告产品,所以往往只提及社交广告;后来,随着新闻等内容类产品广泛采用这种变现方式,才开始将信息流广告作为一种特殊的产品形式来考虑;近来,随着各种类型的应用都开始结合自己的交互特点嵌入这种广告形式,信息流广告的外延开始不断丰富,内涵也逐渐明确。如图 8-5 所示,典型的上下滑动交互信息流、多列的瀑布流,甚至左右滑动的负一屏,在用户体验上和广告效果上都呈现出比较一致的特征,可以把它们都归到信息流广告的范畴。当然,信息流广告这种形式既可以用于移动端,也可以用于 PC 端。

图 8-5　信息流广告若干示例

如何给信息流广告下一个比较确切的定义呢?我们经过调研和实践,认为可以这样描述:

信息流广告指的是这样一种广告形式:首先,广告以与内容联动的方式进行交互;其次,被广告区隔开的各部分内容之间没有直接的关联。

我们用图 8-6 来说明以上定义的两个关键点。

（1）广告与内容的交互联动，指的是用户在上下、左右或其他交互方式操纵内容进行浏览时，嵌入内容之间的广告也要按同样的方式被操作，换句话说，怎么操作内容，就怎么操作广告。如图 8-6 所示，用户通过上下滑动操作 $c_1 \sim c_4$ 这些内容片断的显示时，嵌入其中的广告 a 也跟随其移动改变显示位置。广告与内容的交互一致，一方面可以极大程度地提高操作的便捷性，降低误点概率；另一方面会让用户感觉广告也是内容消费的一部分，从而提高关注程度和广告效果。举个例子，传统的横幅广告在内容交互时，广告在上部或下部悬浮不动，就不符合这条定义。在插屏这类占据屏幕较大比例的广告形式中，如果采取角上按钮关闭广告，则并非内容的典型交互形式，所以不应认为是信息流广告；但如果通过滑动消除广告，进入其他内容或功能界面，也可以归为信息流广告。

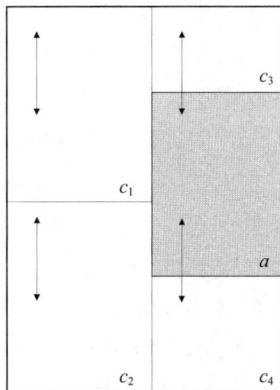

图 8-6　信息流广告关键特征示意

（2）被广告区隔开的内容相对独立，指的是图 8-6 中被 a 区隔的 $c_1 \sim c_4$ 等部分各自独立表达一项内容，并没有直接的接续、因果等关系。之所以强调这一点，是因为如果内容块之间有很强的联系的话，用户从感知上就会认为广告打断了他当前的阅读任务，根据 2.1 节的讨论我们知道，这会影响广告的关注程度和用户的产品体验。根据这一定义，我们知道在一篇文章中间开辟一个广告位，把内容区隔开的产品形式，并不属于信息流广告，而社交网络、新闻客户端等产品形式，由于内容块之间天然具有联系较弱的特征，非常适合采用信息流广告变现。

需要说明的是，展示样式与内容块一致、采用受众定向的方式精准投放广告等特征，虽然在实践中为大多数信息流广告产品所采用，但是并非根本特征，可以不放在定义的要求之中。

8.2.2　信息流广告产品关键

值得注意的是，所谓信息流广告，是一个展示和交互形式上的概念，它与前面介绍的交易形式意义下的诸多产品概念不属于同一个范畴。实际上，在信息流广告中也存在封闭的 ADN、供给方的 ADX 与 SSP、需求方的 DSP 等产品，这里不再赘述。总体来看，信息流广告是展示广告的一种特例，因此主体的产品决策流程与展示广告基本一致。就信息流广告特有的产品问题来看，有两点需要专门讨论：一是如何将同样的广告素材适配到不同的信息流位置上去；二是如何处理广告在信息流中出现的位置与密度。

1. 广告位适配问题

如图 8-5 所示，信息流广告不同于标准的横幅、插屏等位置，往往需要根据媒体的上下文布局与风格确定展示样式。然而，为每一种展示样式单独制作一个创意的成本，对于广告主和平台来说是无法接受的。因此，需要有自动化的产品方案能够解决同一个广告在不同广告位下的适配问题。

实际上，这个问题并非信息流广告独有的，而是原生广告遇到的普遍性问题，我们将其称为"表现原生"问题。8.4 节中将对此进行详细讨论并给出示例。

有人认为，对于 Facebook 这类流量很大的平台，设计信息流广告时并不涉及多种位置适配的问题，这样的观点是不对的。实际上，任何一个平台在充分变现自由流量后，都会向外拓展新的流量来源，而这些站外流量由于产品情况复杂，要做到原生的展示必然存在适配问题。而如果广告主需要为站外拓展流量重新制作创意，必然会带来填充率的严重下降，变现能力也会大打折扣。

2．广告竞价与放置

信息流广告与普通的展示广告并没有非常本质的区别。如图 8-7 所示，信息流广告可以看成是一个多位置的竞价广告产品，其基本产品问题可以概括如下。

（1）一个信息流插入的若干广告位（如图 8-7 中的 a_1, a_2, a_3, …）构成一个竞价队列，可以按照 VCG 或 GSP 来扣费。当然，也可以将 a_1, a_2, a_3 视为不同的广告位分别竞价，不过如果要求在这几个广告位之间对广告去重的话，就等价于只有一个竞价队列。

（2）如图 8-7 所示，在哪里插入信息流广告主要取决于两个参数：一是 S，即首条广告出现在第几条内容之后；二是 K，即两条广告之间间隔几条内容。这两个参数的值越大，广告获得的用户关注就越少，对用户体验的影响也越小。于是，这里有一个信息流广告主要的产品问题，即与 5.1.3 节中搜索广告类似的广告放置问题。

解决信息流广告放置问题的思路也与解决搜索广告放置问题基本一致：在平均广告条数的约束下，通过调整每个用户的 S 与 K，优化总体广告的点击率。其中平均广告条数的约束，相当于对用户体验的约束，当然也可以改用其他更加精细的量化指标。求解的关键也与搜索广告一样，需要尽可能准确地预估每个用户相对于整体用户的点击率水平。具体的方法思路参见 5.1.3 节。

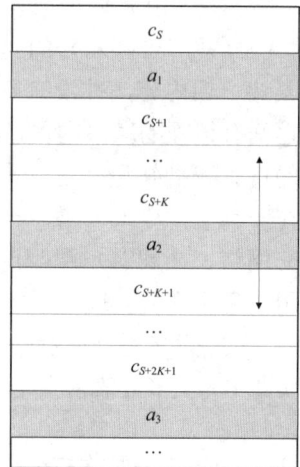

图 8-7　信息流广告广告放置示意

8.3　其他原生广告相关产品

在探讨原生广告的产品本质之前，我们先来看一下在信息流广告以外，市场上曾经出现的几种内容与广告深度结合的广告产品，对原生的问题形成一些感性认识。

8.3.1 搜索广告

在竞价广告产品中，我们重点介绍了搜索广告，现在可以换一个视角再做解读。

搜索广告的展示形式与自然搜索结果基本一致，也可以看成是存在于同一个信息流当中。因此，它的高变现能力也部分地源于这种原生的产品形式。另外，搜索广告的另一个特点，即用一个明确的查询来触发广告，对我们探索原生广告也很有启发：要想真正做到"内容即广告"，显然在广告决策过程中要明确考虑用户当前的任务和意图，并直接根据这些来触发广告。

搜索广告与内容的混合方式有两种，一种是将广告在固定的位置上展现，另一种是将广告与内容混合排列在一起。当然，在实际的搜索引擎中，广告与内容也是来源于不同的服务，前者按照 eCPM 排序，后者按照相关性排序，两者混合的规则也是一些固定的逻辑，并没有实现按同一准则的统一排序。应该说，如果按照内容即广告的思路前进，那么在搜索引擎中，内容与广告按照同一准则的统一排序将会是一个有价值的发展方向。

8.3.2 软文广告

在这种广告类型中，内容本身就是为了委婉地宣传某种产品而生产的。很多网站的内容营销，实际上指的就是这种软文广告。这种方式也从一个独特的角度体现了"原生"的意义：较高质量的软文往往让读者可以像接受普通文章一样接受其内容，因而宣传效果也会比较好。不过这种软文广告的生产和传播过程很难被标准化，不是产品化交易的对象，因此并不是我们重点讨论的广告产品。

虽然软文本身离广告产品较远，不过也给我们提供了重要的启发：在内容的生产过程中，应该同时考虑到商业化的可能。虽然整篇的软文生产很难做到规模化，但是如果将内容中一些相对标准化的片段变成商业化信息会如何呢？显然，这个方向是值得探索的。

8.3.3 联盟

在前面介绍广告网络的时候，我们提到过一种联盟（affiliate）的模式，即由媒体从广告库中自由选择要推广的对象，并按照自己控制的方式来进行推广。虽然这是比较原始的广告产品形式，但是也对原生的思路有一定启发：只有给媒体一定的选择广告的权限，才能比较容易地做到广告与内容在主题上的和谐，也才会产生像淘宝客那样可以将广告自由地嵌入博客和各种网站的用法。

不过还是要说明，这样简单的联盟方式并不是理想中的原生广告形式。因为在这种方式下，数据基本上无法发挥作用，也并没有一个第三方平台专业化地负责广告的运营和投放，而且因为投放过程不透明，作弊情况比较多。因此，联盟的市场相对原始，规模化程度也有限。

8.4 原生广告平台

我们从现有的原生产品状态和共同特点出发，来看看市场真正需要的原生广告平台有什么样的产品特征。注意，下面我们讨论的基础是由独立广告平台，而不是媒体本身提供广告。

8.4.1 表现原生与场景原生

从 8.3 节中提到的几种原生广告产品中，我们可以发现，"原生"这一概念实际上有两种不同的诉求：一种诉求是将广告的展示风格和样式变得与内容相一致，从而做到产品形式上的"原生"；另一种诉求是将广告的投放决策逻辑与内容生产相一致，从而做到用户场景上的"原生"。我们把这两种原生分别称为表现原生与场景原生。

表现上的原生性需要媒体来控制广告展示形式。从信息流广告、搜索广告这些例子中，可以总结出原生广告的最重要也最直觉的产品原则，即内容与广告的展示形式要尽可能一致。从广告有效性原理来看，这样做有助于用户自然地给予广告更多的关注。而在独立原生广告平台的情形下，要做到广告与内容表现上的和谐，只能由媒体来设计和控制展式样式。当然，表现原生可以考虑的方面很多，并不是只在信息流中嵌入与模板接近的广告。例如，在图 8-8 中，在插屏广告外套上一个媒体风格的对话框，也是很典型的原生设计，效果也非常显著。另外，像字体、颜色这些特征，在表现原生的要求下也需要根据媒体做适配，这些显然都是传统的"创意"无法承载的新产品要求。

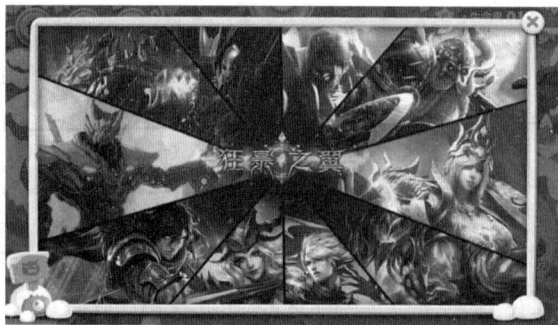

图 8-8   原生插屏广告示例

场景上的原生性则需要媒体明确提供场景和需求。如果我们进一步比较搜索广告和社交网络信息流广告，会发现前者的效果仍然要好于后者。究其原因，是因为搜索广告的投放决策是完全按照内容结果的展示原则进行的，也就是说，我们在以投放内容的方式匹配广告。根据这一点，我们可以得到原生广告的另一个产品原则，即应该用媒体提供的广告需求来筛选广告。

在 8.3 节中介绍的原生广告产品中，社交网络信息流广告侧重于表现的原生性，而搜索广告在表现和场景两个方面都是原生的。大体而言，对于那些用户直接意图比较模糊的用户产品，如社交网络、新闻列表等，表现原生的广告产品就足够了；而对于用户直接提供明确意图的用户产品，如搜索，则最好要做到场景上的原生性。除了这两类产品，互联网上还有大量的用户产品，实际上用户有比较明确的意图，但是并未以查询等方式直接提供，并且在表现形式上也不是规整的信息流模式。在这样的用户产品中，联盟或软文就是适用于这样场景的原生广告形式，这实际上也是兼顾了表现和场景上的原生性。但是，联盟和软文并不能像其他广告产品那样以计算的方式来优化效果，并且通过广告市场规模化地交易，因此在这方面存在着探索空间。

比较理想的原生广告平台，应该能够兼顾表现原生和场景原生的要求，并且仍然可以以第三方平台的形式规模化运营，而这样的设想在移动广告的推动下也已经形成了一定的产品趋势，我们将在下一节中来介绍。

8.4.2　场景的感知与应用

在移动环境下，"场景"具有特别重要的意义，这一点与 PC 大为不同。人们使用桌面 PC，无非是上班办公和回家上网这两个典型场景；使用笔记本 PC 时，场景会稍丰富些，如会有在高铁上或咖啡厅里使用的场景。到了移动时代，场景的丰富性大大增加：人们在吃饭、健身、乘地铁、开会时都会携带手机。显然，对广告营销来说，场景携带了很多有价值的信息，因为它直接反映了用户所处的状态。例如，在用户工作时向其投放游戏广告应该点击率不会太高。需要说明的是，场景与 4.2 节中讲的上下文并不是一回事：上下文主要表达的是当前用户关注的互联网内容，而场景主要表达的是用户本身的环境和任务。

同时，由于移动设备有丰富的用户行为、地理位置和传感器信息，通过数据推断用户场景也是可能的。例如，上面说的用户工作场景，可以用如下数据逻辑获得：每天上午 10 点检测用户所处的位置，如果统计发现每月有一定的天数（如 15 天）以上在同一个地点附近出现，那么可以推断这个地点就是该用户的上班地点。以后只要用户出现在这个地点，就可以认为这个用户处在上班的场景。

抛开各类应用内产生的行为数据不谈，在移动设备层面都有哪些状态和传感器数据可以帮助我们检测用户的场景呢？表 8-2 中给出了 Android 系统的一些例子。读者可以想象，将这些信息组合起来进行分析，可以比较完整地恢复一个移动设备用户的状态和场景，当然，这样的状态和场景可能过于琐碎，如何找到对营销和其他任务有关键意义的部分是一个比较大的挑战。举个例子，假设我们后验地知道北京的出租司机群体有某项共同需求，那么从陀螺仪、速度这些状态信息上找出这一群体并不难。可是，这样的群体和可能的生活状态五花八门，绝不是产品经理可以全面了解的，这与 PC 时代我们基本采用"看什么推什么"的思路相比，难度大大增加了。因此，要从海量的用户状态信息中找到有意义的场景，只能依靠机器的自动挖掘，采用深度学习的思路来进行。

表 8-2 移动设备状态与传感器信息示例

移动设备场景	信息示例
硬件信息	品牌、型号、CPU、显示屏参数、系统定制商、MAC 地址、RAM 大小……
软件环境	操作系统名称、操作系统版本号、操作系统架构、时区……
状态信息	信号强度、Wi-Fi 列表、音量、屏幕亮度、陀螺仪、蓝牙信息、NFC 状态……
广播信息	飞行模式、电量、系统启动、按下照相物理按键、改变输入法、应用被安装……

当然，场景的感知与应用在移动广告中还是比较新的课题，无论是数据的收集及监测、隐私的合理保护，还是自动挖掘的方法，都处在比较早期的探索阶段，并没有形成成熟的经验。

8.4.3 植入式原生广告

根据场景原生的需求，在一个第三方运营的原生广告平台中，媒体应该提供哪些有指导性的广告需求呢？简单来说，一是要判断用户当前的场景及意图，二是要确定根据用户的意图提供什么样的信息。例如，在一篇旅游博客上，媒体运营方可以很容易地判断读者一般是为了了解该目的地的旅游信息，进而可以向广告平台请求同一目的地的酒店作为广告。我们相信，通过这种方式，可以真正挖掘一家媒体的商业价值。这不同于传统的展示广告中的上下文定向，因为在上下文定向中，是广告平台而非媒体，采用比较粗浅的自然语言处理方法获得页面的主题。对于用户的意图，这种面向全行业的自动化往往行不通，而如果有了媒体的主动参与，用户意图提取起来就容易得多了。

广告平台提供的则是结构化的付费内容。由于媒体控制广告展示，广告平台返回的就不能是成形的图片或文字链创意，而必须是一些结构化的信息，作为媒体拼装创意的素材。因此，原生广告平台的广告库的结构不是简单的广告投放和创意信息，而是各行业结构化的付费内容，这一点将会显著改变广告业态的结构。

如果按照上面的逻辑来设计和运营一个原生广告平台，实际上可以称为一个"植入式广告"的投放系统，这样的系统逻辑是在内容的行文中自然地植入付费信息。我们仍然以上面提到的旅游网站为例，用图 8-9 中的概念性示例看一下整个投放决策过程。图 8-9 中的广告请求发生在某拉萨旅行游记的网页上。在这样的内容中，除了游记本身，编辑很自然会推荐拉萨酒店，以方便读者。然而我们知道，酒店信息是高度商业化的内容，有没有可能以付费内容的方式从第三方广告平台获得呢？这显然是可行的。

（1）首先，媒体给出用户场景或意图，并用一个结构化查询"类型=酒店；地点=拉萨"来表示。这里的"类型"限定的是需要什么样的付费内容，而后面的"地点"则是与此类型相关的查询条件。

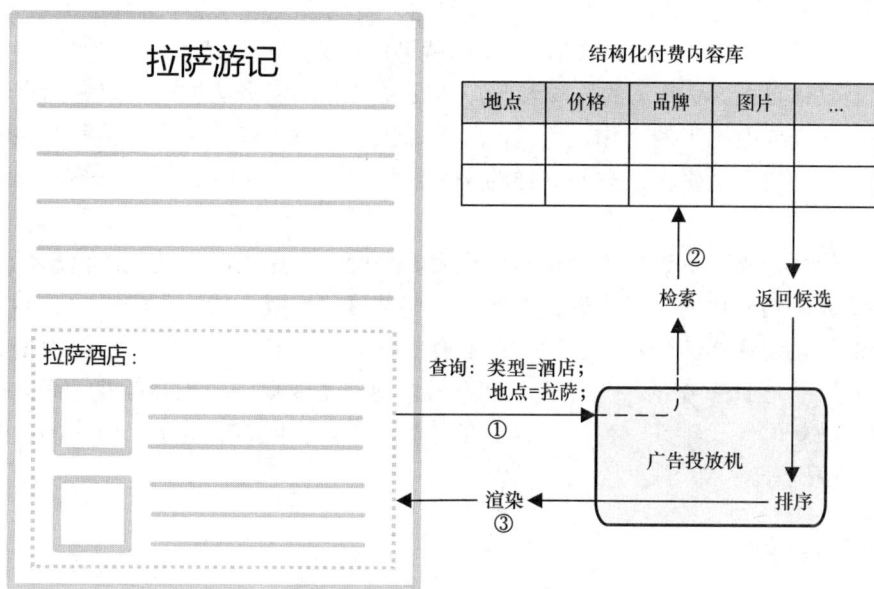

图 8-9　植入式原生广告投放过程示意

（2）广告投放机收到此查询后，会去酒店库中检索符合条件的酒店。在得到候选后，广告投放机仍然要根据 eCPM 对各个候选进行排序，而在此排序过程中，人群标签仍然可以使用，例如收入水平较高的用户可能对高星级的酒店点击率较高。

（3）排序完成以后，将结构化的酒店信息拼装渲染的过程则由媒体来控制。媒体可以自由地根据自己页面的风格、色调、字体等，从酒店信息中选取需要的字段，加工成最终展示出来的创意，而这样的创意是可以做到与内容无缝融合的。在实际产品中，如果将每一次的广告渲染都交由媒体处理，则既对媒体提出了过高的技术要求，又不利于点击监测、反作弊等环节的实施。因此，我们可以采用一种等价的方法：由媒体按照广告平台的格式提供渲染模板，在广告平台审核通过后，每次展示按照此模板来拼装渲染，最后返回的与普通广告一样，仍然是一段 HTML 片段。

以这种植入式广告的逻辑来运营原生广告，是希望在内容生产的过程中，当某些片段商业价值较高时，将这些内容按照严格的条件，交由广告平台来生产。这样做，不仅可以避免现有的展示广告产品对用户体验的打扰和伤害，而且有可能将展示广告变成类搜索广告，真正为媒体创造高价值的变现能力。

不过，不要指望这样的产品能在一夜之间变成主流，因为这样的广告体系与现有体系的差别是巨大的。它将会面临哪些挑战呢？我们设想，主要可能会有下面两点挑战。

（1）媒体参与让广告多了一个自由度，运营难度大大增加。在前面介绍的各种广告产品中，媒体对于除了品牌广告部分的交易，基本上都可以简单地加投放代码或 SDK 来完成。这虽然带来了引发原生广告讨论的许多问题，但也极大地方便了媒体的流量变现需求。但是无论是"原生"还是"植入式"，从字面就可以理解，没有媒体一定程度的参与是不可能的。如果媒体以图 8-9 所示的方式参与广告交易过程，那么从生成用户意图查询到渲染模板的设计，需要做不少的工作。所以，尽管原生广告对于媒体用户体验和变现能力都有帮助，但要想让中小型媒体参与到这样的交易过程中，需要一个较长的市场培育和产品教育过程。

（2）大量分行业、结构化广告信息的建立需要时间。原生广告处理的信息，从原来的广告创意变成了结构化的付费内容。然而，即使是目前比较大的广告平台，实际上也还没有成规模地积累起这样的付费内容库，它们有的都只是广告创意。唯一已经积累起一些付费内容库的产品是 DSP 中的个性化重定向，其内容库主要集中在电商行业。而大量的非商业化行业，如新闻、视频等，实际上也存在付费推广自己内容的需求，而这部分的内容库需要市场慢慢积累。

8.4.4　产品案例

媒体自己运营的原生广告产品，规模最大，也最有典型意义的是 Facebook 的信息流广告。以独立广告平台方式运营的原生广告产品，在市场上还处于早期阶段，我们以 2014 年 InMobi 发布的产品为例进行介绍。有关将分行业结构化信息作为付费内容的引入，我们介绍 Facebook Audience Network。另外，我们将以 Applovin 为例介绍激励视频这一新兴的原生广告形式。

1. InMobi 原生广告

作为一家总部在印度的广告技术公司，InMobi 在创立之初就把握了移动互联网广告全球化的特点，大力开阔全球市场，首先避开竞争激烈的北美、欧洲市场，InMobi 把视角对准印度周边的新型市场，如印度尼西亚、马来西亚、沙特阿拉伯等，等有了一定实力站稳脚跟后 InMobi 再进入北美市场、欧洲等市场，经过不断的全球化拓展的努力，InMobi 成为仅次于 Google Admob 的全球第二大移动广告平台，覆盖到全球 165 个国家和地区的 7.59 亿消费者。InMobi 在 2012 年的营收为 6000 万美元，2013 年就增长到了 1.04 亿美元，发展势头相当迅猛。

在发展移动广告平台的过程中，InMobi 发现应用比网站更加重视用户体验，而沿用 PC 端的传统横幅广告显然会影响 App 的用户体验。对移动端来说，提升用户体验就可以提升流量变现能力，因为移动端的环境限制这一点相对于 PC 端更重要。InMobi 在洞察到这一点后，在 2014 年年初推出了原生广告平台，这种原生广告能够完全融入应用本身的内容、场景和交互方式，不会打断用户与移动 App 的交互和体验，用户也不会有突兀的感觉，因而可以最大限度地维护用户体验。

InMobi 原生广告的示例如图 8-10 所示。在即时通信、应用搜索、桌面或新闻等各类应用中，都可以以本场定制化的形式展示 InMobi 提供的应用下载类或品牌类付费信息，并且根据供给方的需要对信息做裁剪和排列。

| 应用搜索 | 即时通信 | 桌面 | 新闻 |

图 8-10　InMobi 原生广告示例

在推出了原生广告后，相对于传统的横幅广告，InMobi 广告的流量变现能力提升了 5 倍以上。更重要的是，一些高端的应用更加愿意尝试这种广告形式，这将会给移动广告市场带来深远的正面影响。最初，原生广告在部署过程中还远远不能达到自动化，仍然需要 InMobi 工程师的参与，因此市场推广进程并不快。

2. Facebook Audience Network

Facebook Audience Network（FAN）是 Facebook 为第三方移动应用开发者提供的广告变现产品，2014 年 5 月正式向市场开放。它以 SDK 的方式集成在应用当中，并且主要提供原生广告形式。由于变现能力强，FAN 目前已经成为大多数国家和地区移动应用变现的首选产品。

FAN 的广告投放策略与一般 ADN 有所不同，仅在那些有 Facebook 账号的移动设备上才会出广告，这使其填充率并不高。不过，由于账号带来比较确定的真人属性，因此广告主愿意出更高的价格，这也使 FAN 的 eCPM 一般来说要高于其他 ADN。另外，FAN 还有对媒体广告位的分级评定制度，级别不同的广告位会以不同质量的广告填充，eCPM 水平也会相差巨大（甚至有一个数量级的差距）。

与其他大多数变现产品不同，FAN 迄今为止没有引入任何程序化交易的成分：既没有向 DSP 开放 RTB 接口，也没有从其他 ADX 那里购买流量。维持这样封闭生态的原因是 FAN 主要致力于原生广告领域，重点解决的是如何用一组相对稳定的素材来适配各种广告位的问题。对此，如图 8-11 所示，FAN 的解决方案是让广告主提供如下一组元素：（1）图标，（2）标题，（3）赞助内容标签，（4）广告主选择，（5）大图，（6）社交元素，（7）描述，（8）行动按钮。在大多数情形下，利用这几个元素灵活拼装，就可以适应各种比例和风格的广告位。而且，FAN 的 SDK 直接向媒体返回这些素材，媒体用一个模板自行拼装。这样的方式极大地提高了广告的原生化，不过媒体自行拼装的产品形式也带来了一定的修改或替换创意的风险。

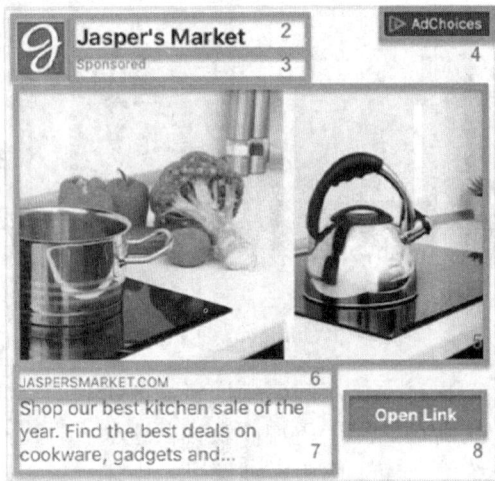

图 8-11　FAN 原生广告元素

2015 年，FAN 的收入就达到了 10 亿美元，2016 年更是高达数十亿美元。不过，市场上也因此出现了一些针对 FAN 的有损用户利益的收入优化方法，甚至出现了"利用 Facebook 广告大规模获取用户，并利用 FAN 激进变现"的套利手段。对此，FAN 在 2017 年加强了对开发者和广告位的审核，正在牺牲一些收入以换取市场的良性发展。

3．Applovin

激励视频广告（rewarded video ad）是近年来原生广告领域的重要创新形式，它比一般的广告流程要复杂一些，如图 8-12 所示。

激励视频广告最常见的场景是在游戏媒体当中，其展示过程分下面几个步骤。

（1）游戏场景带入：在游戏里的某个情节中，会向用户提示看一段视频，看完以后可以给游戏内的虚拟商品奖励。

（2）播放视频广告：当用户打开视频时，会发现这是一个 15～30 s 的广告片，并且不能跳过。

（3）广告播放结束：视频广告播放完成，向用户展示下载或其他转化跳转页面，同时发送点击请求。

（4）获得游戏奖励：回到游戏中，获得虚拟商品的奖励。

游戏场景带入

播放视频广告

播放结束，发送点击链接

回到游戏场景，获得奖励

图 8-12　激励视频广告流程示意

注意，这里的激励视频与 1.4 节中提到的激励广告是不一样的，因为激励视频只对用户观看广告的行为给予奖励，并不刺激用户去下载，因为不会出现获取用户质量偏低的情况。

激励视频是原生广告发展到今天的一个代表性产品，它需要从游戏的场景自然带入，又需要与游戏的积分体系无缝对接，为用户带来了沉浸式的广告体验。当然，媒体往往也要付出一定的成本来设计和实现带入情节。不过，这种原生形式的核心部分——视频素材播放，又是相当标准的过程，非常容易程序化地交易。因此，我们有理由认为，激励视频广告将会是移动广告最近几年的重要发展方向之一。

与大家的直觉不同，Applovin 的激励视频广告最成功的是服务于效果而非品牌广告主。主要的几家激励视频广告网络都以服务应用下载广告为主要的收入来源。究其原因，我们认为有以下两点：首先，在激励的场景下，用户不能跳过视频只能看完，接受了充足的信息后，转化效果自然也会变好；其次，激励视频附赠的游戏内虚拟商品，对那些非充值的游戏用户来说，实际上是稀缺资源，这让用户可以在实际价值较低的情况下观看广告。在效果的支持下，Applovin 的业绩和利润飞速发展，这家成立于 2012 年的公司，2016 年已经实现了超过 5 亿美元的收入和 9000 万美元的净利润，在第三方广告公司中颇为亮眼。

8.5　原生广告与程序化交易

在讨论到原生广告后，本书的话题似乎来了个 180°的大转弯：从受众购买、程序化的市场趋势变成了在媒体深度参与下将广告融合到内容中。读者不免会产生这样的疑问：这两条道路是不是通往同一个方向呢？原生广告与程序化交易的产品结合点在哪里呢？

要回答这些问题，请大家先观察和思考一个现象：搜索广告是否有程序化交易的可能呢？显然，我们没有见到过这种产品场景。不过在 Facebook 的信息流广告中，却有按照广告主上传的人群库投放的方式，这虽然不是程序化交易，但是目的却很类似，而且也很容易改造成 RTB 的交易方式。我们前面说过，搜索广告和信息流广告都是原生广告的特殊形式，那么为什么在程序化交易这一点上，这两种形式的接受程度不同呢？

实际上，这里的关键问题就是原生广告的触发是否根据用户意图进行。在明确提供用户意图的原生广告中，完全开放地进行 RTB 很难控制付费结果的相关性。例如，对搜索而言，能够做到良好相关性的只有谷歌这样的大平台，而引入大量 DSP 参与竞价，就很难保证结果质量了，因此，在这种情形下，我们认为采用单个技术能力较强的原生广告网络（也可以自营）的方式比较可行。但如果是像社交网络信息流这样的原生广告环境，由于用户意图并不明确，也不要求广告依此触发，在这种情况下完全可以考虑用程序化交易的方式来运营，而且我们依然认为这也是原生广告未来的发展趋势之一。

第三部分
计算广告关键技术

第 9 章

计算广告技术概览

对在线广告产品的介绍，到第 8 章就告一段落了。读者可能会有一种感受，在计算广告中，无论我们讨论的是产品还是策略，都与技术的关系十分密切。这是因为这个市场本质上是计算驱动的，而计算背后的能源正是大规模的数据。从本章开始，我们将从系统架构和数据处理算法的角度重新审视各种广告产品，希望能对需要在实际工作中具体搭建流量变现或数据变现系统的读者有所帮助。

有很多大数据驱动的产品，就其技术架构而言，往往都落地成一个个性化系统，即根据用户、上下文的一些信息，动态决定返回什么内容的系统。计算广告也是一个典型的个性化系统。不过由于复杂的市场交易结构、多样的数据来源以及预算带来的约束，计算广告是目前工业界遇到的个性化系统中比较复杂的，也是相对成熟的。因此，无论你在从事什么类型的大数据业务，我们都建议您从计算广告系统中了解一些关键技术挑战，并掌握相应的基本设计原则。

个性化系统与搜索系统都是互联网时代具有挑战性的大规模计算问题。由于数据规模的要求，它们一般都采用检索（retrieval）加排序（ranking）这样类搜索的系统架构，因而这两种系统有非常多的相似之处。个性化系统与搜索系统的主要差别在于大量的用户特征的使用。由于需要对每一个用户进行刻画，这一过程需要用到大规模的分布式数据处理平台，如 Hadoop；另外，由于个性化特征的效果与其生成的实时性关系很大，为了尽可能实时地利用线上数据，我们还会用到流计算平台来加工短时的个性化特征。将离线的分布式计算平台和在线的流计算平台相结合，已经成为这样的系统生成个性化特征的常用方案。

虽然计算广告系统是一种典型的个性化系统，不过由于其业务的特殊性，在具体模块设置上，它会比一般的个性化系统更加复杂。为了方便后面各广告产品的系统架构和算法介绍，本章会给出一个示意性的广告系统统一架构。虽然这一架构中的模块在不同的广告产品中有取舍和变形，它仍然对从宏观上把握广告系统的全貌，以及各种产品在技术方面的内在联系，有一定的价值。后文有关各种广告产品的架构讨论，都会在这个统一架构的基础上进行。

在互联网时代，要搭建这样一个五脏俱全的广告系统，实际上并没看起来那么复杂。这里最关键的方法是要充分利用开源社区的成熟工具快速搭建系统框架，把底层通信、资源分配、集群管理、跨语言调度等与核心业务逻辑无关、但又有较高技术难度的部分用成熟方案来解决，这样广告系统的开发者就可以重点关注业务逻辑和核心算法了。在本章中，我们也将对选择哪些成熟的开源工具快速搭建广告系统框架做一些介绍。

9.1　个性化系统框架

计算广告是根据个体用户信息投送个性化内容的典型系统之一，类似的系统还有推荐系统、个人征信系统、室内导航系统等。我们发现，大多数以大数据为核心驱动力的产品，往往都需要一个这样的个性化系统，而不同产品的个性化系统之间也存在着许多共同点。在介绍计算广告系统的架构之前，我们先来看看一般的个性化系统是如何构成的。

如图 9-1 所示，一般的个性化系统由 4 个主体部分构成。

（1）用于实时响应请求，完成决策的在线投放引擎（online serving engine）。

（2）离线的分布式计算（distributed computing）数据处理平台。

（3）是用于在线实时反馈的流计算（stream computing）平台。

（4）连接和转运以上三部分数据流的数据高速公路（data highway）。

这几部分互相配合，完成个性化系统的数据挖掘和在线决策任务。

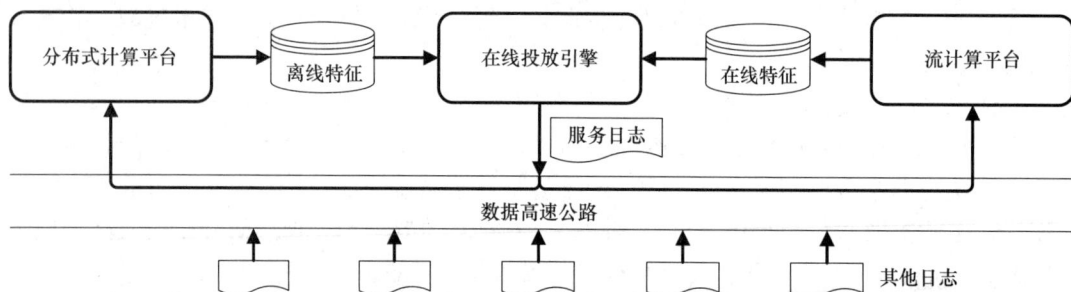

图 9-1　个性化系统一般框架

这几部分的协作流程是：在线投放系统的日志接入数据高速公路，再由数据高速公路快速转运到离线数据处理平台和在线流计算平台；离线数据处理平台周期性地以批处理方式加工过去一段时间的数据，得到人群标签和其他模型参数，存放在缓存中，供在线投放系统决策时使用；与此相对应，在线流计算平台则负责处理最近一小段时间的数据，得到准实时的用户标签和其他模型参数，也存放在缓存中，供在线投放系统决策时使用，这些是对离线处理结果的及时补充和调整。可以看出，整个系统形成了一个闭环的决策流程，而这个闭环在搭建完成后，基本依靠机器的运算来运转，人的作用只是进行策略上的调整和控制。实践证明，这样的闭环系统是有效全量利用大数据的关键。

还有一点需要强调，由于个性化需要的是对用户尽可能准确的理解，因此除了个性化系统本身的日志，一般都还会用到其他的业务线数据或采买得到的数据，这些数据都会进入数据高速公路以及后续的加工流程中。因此，在同一个企业中，我们会在不同的业务之间尽可能共享离线和在线的两个计算平台，以及所有的用户行为数据。

各种个性化系统之间有上述的共性，不过由于其数据来源、产品形态、优化目标的不同，系统架构的细节也会呈现出很大的差别。我们以最典型的两种个性化系统，即计算广告和个性化推荐，以及不需要深度个性化的搜索系统为例，比较一下这几个 Web 规模问题在不同方面的区别，如表 9-1 所示。而这些区别，是决定它们系统架构不同的关键原因。

表 9-1　Web 规模问题比较

比较项	搜索	搜索广告	展示广告	个性化推荐
主要准则	相关性	利润		用户兴趣
其他目标	垂直领域决定	质量、安全性		多样性、新鲜度
索引规模	十亿级	百万级、千万级	百万级	百万级、亿级
个性化	较少的个性化需求	亿级规模用户上的个性化		
检索信号	较明确	较分散		

9.2　各类广告系统优化目标

广告系统的优化目标是提高广告产品的利润，也就是第 2 章中提到的计算广告核心挑战：

$$\hat{a}_{1,\cdots,T} = \max_{a_1,\cdots,T} \sum_{i=1}^{T} \{r(a_i,u_i,c_i) - q(a_i,u_i,c_i)\}$$
$$= \max_{a_1,\cdots,T} \sum_{i=1}^{T} \{\mu(a_i,u_i,c_i) \cdot v(a_i,u_i) - q(a_i,u_i,c_i)\} \tag{9.1}$$

任何一个具体的计算广告系统，都是为了优化上面的目标而设计的。对应于上一节的个性化系统一般框架，在广告系统中，每次展示的 r 是由在线的投放引擎来决策的，而离线数据处理平台和流计算平台所做的，都是为了准备 a_i, u_i, c_i 这 3 个变量或其组合的一些特征。

在不同的广告产品中，上述优化目标会具体表现为不同的形式，并且有时会有额外的约束。表 9-2 中列出了主要广告产品中优化目标各部分的具体表达，通过这张表可以直观地了解各广告系统的优化方向。

表 9-2   主要广告产品优化目标分解

广告投放	产出（r）		投入（q）	约束
	点击率（μ）	点击价值（v）		
GD	constant		常数	合约的展示量要求
ADN	$\mu(a, u, c)$	$\text{bid}_{\text{CPC}}(a)$	$\propto r$	无
ADX	$\text{bid}_{\text{CPM}}(a)$		$\propto r$	带宽、服务成本
DSP	$\mu(a, u, c)$	$v(a, u)$	$q(a, u, c)$	预算限制

在展示量合约的 GD 系统中，只要各合约达成，系统的收益就是确定的，因此这一系统的主要优化在于满足各合约带来的约束，而成本由于是媒体静态产生，与广告优化过程无关，可以认为是常数；ADN 需要估计点击率 $\mu(a, u, c)$，并与广告主出的点击单价 $\text{bid}_{\text{CPC}}(a)$ 相乘得到期望收入，而成本是与收入成正比的媒体分成；ADX 直接用广告主出的展示单价 $\text{bid}_{\text{CPM}}(a)$ 作为期望收入，成本也是与收入成正比的媒体分成；只有在 DSP 中，点击率 $\mu(a, u, c)$、点击价值 $v(a, u)$ 和成本 $q(a, u, c)$ 都可能是需要预估和优化的，因此算法的挑战较大。

9.3   计算广告系统架构

根据广告的核心优化问题和上面个性化系统的一般框架，我们抽象出一个完整的广告系统可能具备的各个模块，以及这些模块之间的协作关系，用图 9-2 所示的架构框架来描述。这一架构图将是后面讨论各种广告产品系统结构的统一基础。我们在下面分几个主要部分，介绍该架构中有哪些功能模块。

需要说明，并不是每一个广告系统都需要以上所有的功能模块。这样的架构图和模块划分，是为了方便本书后面在各种广告系统之间进行架构上的对比。另外，这样的架构主要是根据竞价广告系统的骨架来进行的，对于其他类型的广告系统，虽然概念上也可以套用，但是术语和习惯表达上会有一些不同。大家要注意的最关键之处是，在一个完整的广告系统架构中数据的记录、交易、流转、建模和使用，因为这些是广告系统最核心的驱动力，也从本质上决定了广告产品的变现能力和利润空间。因此，我们将广告系统归于大数据产品之列。

在实践中，广告系统的建立应该是循序渐进的。一般来说，对一个刚起步的广告产品，有广告投放机和相应的日志系统，实现简单的定向投放逻辑，就可以开始使用。随着对广告效果深入优化的需求，需要建立起完整的广告排序和用户行为反馈模型；而当中小广告主大量增加时，就需要实现广告的倒排索引和相应的检索功能。因此，在一个新的广告产品开始运营和逐步完善的过程中，要特别注意根据当前阶段的实际需求决定哪些模块是必要的，哪些可以暂时省略，以避免过度设计和不必要的投入。

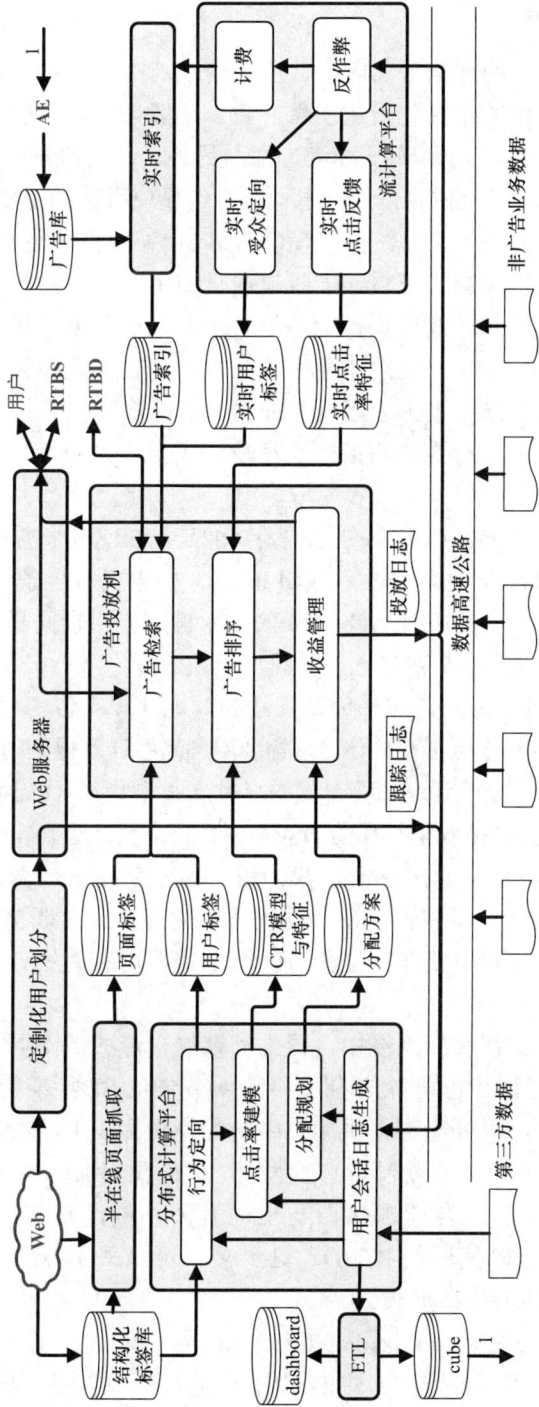

图 9-2　在线广告系统一般性架构示意

9.3.1   广告投放引擎

广告系统中必不可少的部分是实时响应广告请求，并决策广告的投放引擎，这与我们在个性化系统框架中介绍的个性化投放引擎一致。一般来说，广告系统的投放引擎采用类搜索的架构，即检索加排序的两阶段决策过程。另外，广告投放引擎还有一个独特模块，就是要从全局优化的角度对整体收益进行管理。广告投放引擎的主要模块有以下几个。

（1）广告投放机（ad server）。这是接受广告前端 Web 服务器发来的请求，完成广告投放决策并返回最后页面片段的主逻辑。广告投放机的主要任务是与其他各个功能模块打交道，并将它们串联起来完成在线广告投放决策。一般来说，为了扩展性的考虑，我们都采用类搜索的投放机架构，即先通过倒排索引从大量的广告候选中得到少量符合条件的或相关的候选，再在这个小的候选集上应用复杂而精确的排序方法找到综合收益最高的若干个广告。对广告投放机来说，最重要的指标是每秒数（Query per Second，QPS）以及广告决策的延迟（latency）。

（2）广告检索（ad retrieval）。这部分的主要功能是，在线时根据用户标签（user attribute）与页面标签（page attribute）从广告索引（ad index）中查找符合条件的广告候选。实际上，倒排索引技术的重要性体现在所有 Web 规模的技术挑战上，也同样是大规模计算广告系统的基础。广告检索得到的候选将被送入广告排序模块。

（3）广告排序（ad ranking）。这部分是在线高效地计算广告的 eCPM，并进行排序的模块。eCPM 的计算主要依赖于点击率估计，这需要用到离线计算得到的 CTR 模型和特征（CTR model & feature），有时还会用到流计算得到的实时点击率特征（real-time feature）。在需要估计点击价值的广告产品（如按效果结算的 DSP）中，还需要一个点击价值估计的模型。

（4）收益管理（yield management）。我们用这部分来统一代表那些在各种广告系统中将局部广告排序的结果进一步调整，以全局收益最优为目的做调整的功能，如 GD 系统中的在线分配、DSP 中的出价策略等。这部分一般都需要用到离线计算好的某种分配计划来完成在线时的决策。

（5）广告请求接口。在实际系统中，根据前端接口形式的不同，广告请求可能来自于基于 HTTP 的 Web 服务器，也可能来自于移动 App 内的 SDK 或者其他类型的 API 接口。不过，无论是哪种接口，只要能够提供用户唯一的身份标识 ID 以及其他一些上下文信息，从逻辑上讲与标准的 HTTP 请求就没有本质区别，因此我们都用 Web 服务器来表示。

程序化交易市场中的广告请求接口与上面有所不同，它包括作为需求方时使用的 RTBS，以及作为供给方时使用的 RTBD。这一接口可以采用 IAB 建议的 OpenRTB 协议，或者其他主要 ADX 规定的接口形式。

（6）定制化用户划分（customized audience segmentation）。由于广告是媒体替广告主完成用户接触，那么有时需要根据广告主的逻辑来划分用户群，这部分也是具有鲜明广告特色的模块。这个部分指的是从广告主处收集用户信息的产品接口，而收集到的数据如果需要较复杂的加工，也将经过数据高速公路导入受众定向模块来完成。

9.3.2 数据高速公路

数据高速公路（data highway）完成的功能是，将在线投放的数据准实时传输到离线分布式计算平台与流式计算平台上，供后续处理和建模使用，它非常类似于人体的循环系统。由于在进行受众定向建模时需要用到广告系统以外的其他用户产品日志，或者第三方提供的数据，因此，数据高速公路也担负着收集这些数据源的任务。

9.3.3 离线数据处理

计算广告最具挑战的算法问题很多都集中在离线数据处理的部分。离线数据处理有两个输出目标：一是统计日志得到报表、仪表板等，供人进行决策时作为参考；二是利用数据挖掘、机器学习技术进行受众定向、点击率预估、分配策略规划等，为在线的机器决策提供支持。为了对大规模数据进行分布式的处理加工，我们一般会选用 Hadoop 这样的分布式存储和 MapReduce 计算框架。离线数据处理的主要模块有下面几个。

（1）用户会话日志生成。从各个渠道收集来的日志，需要先整理成以用户 ID 为键的统一存储格式，我们把这样的日志称为用户会话日志（session log）。这样整理的目的是让后续的受众定向过程更加简单高效[①]。

（2）行为定向。这部分的功能是完成挖掘用户日志，根据日志中的行为给用户打上结构化标签库（structural label base）中的某些标签，并将结果存储在用户标签的在线缓存中，供广告投放机使用。这部分是计算广告的原材料加工厂，也因此在整个系统中具有非常关键的地位。

（3）上下文定向。这部分包括半在线页面抓取和页面标签的缓存，这部分与行为定向互相配合，负责给上下文页面打上标签，用于在线的广告投放中。这里的抓取系统比搜索系统要简单，但也有不太一样的需求，后面会详细介绍。

（4）点击率建模。它的功能是在分布式计算平台上训练得到点击率的模型参数和相应特征，加载到缓存中供线上投放系统决策时使用。

（5）分配规划。这部分为在线的收益管理模块提供服务，它根据广告系统全局优化的具体需求，利用离线日志数据进行规划，得到适合线上执行的分配方案（allocation plan）。

（6）商业智能系统。这部分包括 ETL（extract-transform-load）过程、仪表板和 Cube。这些是所有以人为最终接口的数据处理和分析流程的总括。因为它担负着对外信息交流的任务。由于实际的广告运营不可能完全通过机器的决策来进行，其间必然需要有经验的运

---

① 关于为什么要这样做，可以参照第12章中行为定向部分中的讨论。

营者根据数据反馈对一些系统设置做及时调整。因此，实现一个功能强大、交互便利的 BI 系统是非常重要的。

（7）广告管理系统。这部分是广告操作者，即客户执行（Account Execute，AE）与广告系统的接口。AE 通过广告管理系统定制和调整广告投放，并且与数据仓库交互，获得投放统计数据以支持决策。一般来说，广告系统中只有这部分是面向用户的产品。根据对操作对象开放程度的不同，这一系统有时又有开放自助的需求，在这种情况下，还需要包含相应的财务结算功能。对于这部分，读者可以从很多自助式广告产品中看到，我们在第 3 章中已经做了简单介绍。

9.3.4　在线数据处理

在线数据处理基本上可以认为是离线数据处理的镜像功能，它是为了满足广告系统对实时数据反馈的要求，解决那些离线分布式计算平台无法快速响应的计算问题。为了组织下面一些在线时前后有依赖关系的数据流加工过程，我们经常选用流式管理平台作为基础设施。在线数据处理的主要模块包括以下几个。

（1）在线反作弊。实时判断流量来源中是否有作弊流量，并且将这部分流量从后续的计价和统计中去除掉，是广告业务非常重要的部分。此模块是所有后续在线数据处理必须经过的前置模块。

（2）计费。这部分同样是计算广告关键的业务功能之一。对于那些经过扣费预算耗尽的广告，系统必须马上通知广告索引系统将其下线。当然，扣费也必须在扣除了作弊流量的基础上进行。

（3）在线行为反馈，包括实时受众定向和实时点击反馈等部分。这部分是将短时内发生的用户行为和广告日志及时地加工成实时用户标签，以及实时的点击率模型特征。对于在线广告系统，这部分对于效果提升的意义重大：在很多情形下，把系统信息反馈调整做得更快比把模型预测做得更准确，效果更显著。

（4）实时索引。这部分的主要功能是实时接受广告投放数据，建立倒排索引。广告的索引由于涉及预算调整等商业环节，因此必须在投放管理者调整以后非常快速地在线上广告索引中生效。

9.4　计算广告系统主要技术

了解了计算广告的优化目标和系统架构，我们再来看看这一系统会用到哪些关键的技术。实际上，上一节介绍的广告系统架构也是由这些技术问题决定的，而这些也给我们提示了实践中需要重点关注并优化的方向。

从算法优化的角度看，主要有下面的一些问题，解决这些问题需要广泛用到机器学习、数据挖掘等一些相关学科的技术。

（1）式（2.2）的特征提取，即对 a, u, c 打标签以方便后续建模和市场售卖的问题，是计算广告中非常核心的受众定向问题（参见第 12 章）。

（2）如果不考虑全局最优，则计算广告系统主要靠 eCPM 估计，特别是点击率预测（参见 14.1 节）来完成每一次展示时的局部优化。

（3）如果考虑到量的约束和投放时即时决策的要求，则产生了在线分配的问题（参见 11.3 节）。

（4）为了在多方博弈的市场中达到动态平衡时的收益最大化，则需要对市场的机制设计（mechanism design）（参见 5.2 节）做深入研究，进而确定合理的定价策略。

（5）为了更全面地采样整个 (a, u, c) 的空间以便更准确地估计点击率，需要用到强化学习（reinforcement learning）中的探索与利用（Explore and Exploit，E&E）（参见 14.3 节）方法。

（6）在实时竞价快速发展的今天，个性化推荐（personalized recommendation）技术也被广泛使用在效果类 DSP 的个性化重定向当中（参见 15.2 节）。

从系统架构的角度看，大规模广告决策和投放都有如下一些特点：首先是服务压力大，这是由于广告的投放量往往数倍于页面浏览的 PV，这使得广告成为互联网流量规模最大的产品之一；其次，因为用户对广告产品接受是被动的，广告展现延迟的增加往往会带来广告效果的显著下降，因此广告系统的决策延迟是非常关键的指标；从另一方面看，也正因为广告是被动的用户产品，其决策结果的逻辑性不直接，因此广告系统在用户标签的数据一致性方面要求是比较低的，也往往并不需要持久化的存储，这为系统设计提供了一定的灵活性。计算广告在系统架构方面涉及的技术问题有以下几个。

（1）由于广告主的预算、定向条件等信息在设置后需要快速在线上生效，我们需要用实时索引技术服务于广告候选的检索。

（2）需要用 NoSQL 数据库为投放时提供用户、上下文标签和其他特征。

（3）广泛使用 Hadoop 这样的 Map Reduce 分布式计算平台进行大规模数据挖掘和建模，也用到流计算平台实现短时用户行为和点击反馈。

（4）在广告交易市场中实现高并发、快速响应的实时竞价接口，这是一项广告中用到的独特技术。

上述这些技术与大数据、分布式计算等领域中的一些通用技术有紧密的联系，但也有很多结合广告产品特点的独特需求。我们将会在介绍具体的广告产品时，结合相应的上下文具体讨论。

有关这些技术需要了解的一些基础知识，将在第 10 章中简要介绍。当然，本书并不是专门讨论机器学习或信息检索的教程，因此大家不要期望在这里能系统地学习到这些领域的知识。我们的目标是从商业的需求出发，解剖问题的本质，并给出代表性的解决方案。

同时，在用到其他工业界已经成熟的技术时，会尽量给出建议的参考方案，以方便大家进一步深入了解。

9.5   用开源工具搭建计算广告系统

上面的广告系统架构模块众多、交互复杂，从头搭建并不容易。在大型互联网公司中，这样的广告系统可以精雕细琢，其中的很多模块也都可以进行专门开发。不过，对于初创型企业和变现业务方向尚需探索的企业来说，需要根据最小值原型（Minimum Value Prototype，MVP）的原则，低成本、短平快地搭建系统，然后在实际业务中进行快速迭代。幸运的是，开源社区为搭建广告系统提供了很多不错的工具，利用这些工具可以相当方便地搭建起一个广告系统基础骨架。一般来说，我们可以利用成熟的开源工具解决底层通信、数据传输、负载分配等基础问题，从而将精力重点放在与业务逻辑相关的开发上。

计算广告系统中经常用到的一些开源工具，如图 9-3 所示。为了方便读者在实际工作中的需要，我们将简要介绍其中一些主要工具在广告系统中的用法。

9.5.1   Web服务器Nginx

NGiNX

我们先从在线投放时用到的 Web 服务器说起。由于广告系统有高并发、低延迟的性能要求，Nginx 在多数情形下都是广告系统首选的 Web 服务器解决方案。

Nginx 是一款开源服务器软件，兼有 HTTP 服务器和反向代理服务器的功能。其主要特点在于高性能、高并发和低内存消耗，并且具有负载均衡、缓存、访问控制、带宽控制以及高效整合各种应用的能力，这些特性使得 Nginx 非常适合计算广告这种并发很高的互联网服务。

Nginx 还提供了 fastCGI 这一与各种编程语言之间的通信接口，开发者可以很方便地将服务器的功能逻辑用 fastCGI 插件的形式实现，而无须关注响应 http 请求的细节。在广告系统中，用 Nginx 作为前端 Web 服务器，而将广告投放机的功能用 C/C++ 语言实现成 fastCGI 插件，是一个开发成本较低，性能又很不错的方案。实际上，这一方案已经实现了一个基本的广告投放机，从事最简单的广告投放业务，而其他模块和功能则可以根据需求逐步开发。

有关 Nginx 更详细的介绍和使用方法可以查阅参考文献 [93]。其他相关开源工具还有 Apache httpd 等。

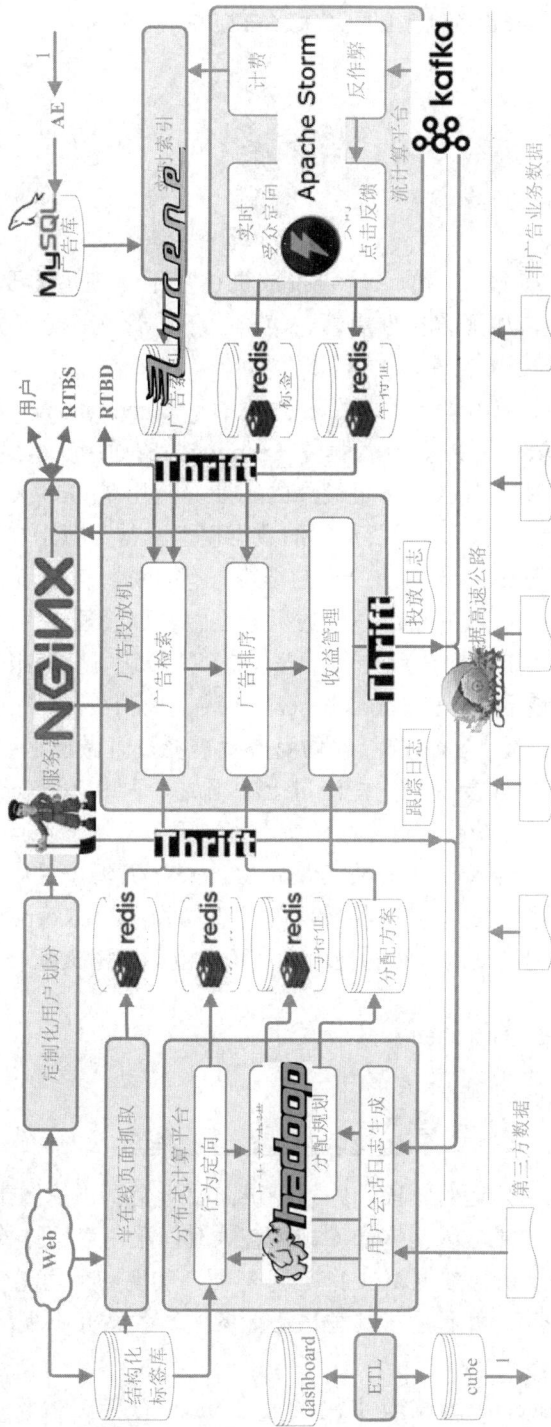

图 9-3　计算广告系统用到的开源工具示意

9.5.2   分布式配置和集群管理工具ZooKeeper

由于广告系统的流量很大，单台广告投放机往往不能满足需要。而在使用多台投放机的时候，会遇到很多诸如配置文件更新、集群上下线管理等分布式环境下的同步问题。ZooKeeper 是解决这些问题非常有用的开源工具。

ZooKeeper 是为分布式应用建立更高层次的同步（synchronization）、配置管理（configuration maintenance）、群组（group）以及命名服务（naming）的通用工具。它的基础原理是参考文献 [66] 中的 Paxos 算法，而这一算法最早的工业界应用是 Google 开发的 Chubby[19]。在编程上，ZooKeeper 的设计很简单，所使用的数据模型非常类似于文件系统的目录树结构，简单来说，有点类似于 Windows 中注册表的结构，有名称、树节点、键 / 值等，可以看成一个树形结构的数据库，可以分布在不同的机器上做名称管理。由于 ZooKeeper 并不是用来传递计算数据，而是用来传递节点的运行状态的，所以运行负载很低。

对广告投放机进行集群管理是 ZooKeeper 在广告系统中的典型应用之一：由于某台服务器宕机或者新机器上线，Nginx 的负载均衡方案需要及时做出调整。显然，人工地维护响应时间较长，不可避免地会带来一些流量上的损失。利用 ZooKeeper 的 Ephemeral 类型节点，可以很方便地实现此功能，这方面的参考资料很多，本书不具体介绍。

由于在广泛使用的 Hadoop、HBase、Storm、Flume 等开源产品中都需要用到 ZooKeeper 进行分布式同步。如果把上述开源产品看成各种小动物，ZooKeeper 这一命名可以说非常形象。有关 ZooKeeper 更详细的介绍和使用方法可以查阅参考文献 [59]。

9.5.3   全文检索引擎Lucene

大多数广告业务在初始运营阶段，并不见得需要一个真正的倒排检索引擎。不过当广告业务开始面向长尾广告主，因而广告库规模较大时，采用"倒排检索"加"排序"这样的两段式决策过程是必要的（参见 10.1.1 节）。然而，实现一个功能全面、效率较高的倒排索引并不是一件简单的事，并且由于其与核心业务逻辑关系并不大，也可以用开源方案来实现。

在开源工具中，Lucene 是比较常用的基于 Java 的全文检索工具包。Lucene 并不是一个完整的搜索引擎，但是针对计算广告系统的需要，它可以方便地实现全文索引（indexing）和检索（retrieval）功能。Lucene 能够为文本类型的数据建立索引，其主要功能是替文档中的每个关键词建立索引。另外，Lucene 还提供一组解读、过滤、分析文档，编排和使用索引的 API。我们选用 Lucene，除了它的高效和简单外，还因为它允许用户对其中的关键环节自定义功能逻辑。不过一些特殊的检索算法，如第 13 章中要介绍的相关性检索，在 Lucene 中并不能直接支持，还需要在深入理解源代码的基础上做改动或者另行开发。

有关 Lucene 更详细的介绍和使用方法可以查阅参考文献 [74]。在需要比较强的索引扩展性的情形下，还可以考虑使用 Elasticsearch，它是一个基于 Lucene 构建的开源、分布式、RESTful 搜索引擎。设计场景主要是在云计算的环境中，能够实现稳定可靠的实时搜索，并具有良好的水平扩展性。

9.5.4 跨语言通信接口Thrift

图 9-2 中的各个模块之间广泛地存在数据交换，不过由于各模块需求的不同，有时我们会选用不同的开发语言来分别实现它们；或者由于开源工具的不同，最方便使用的语言也不同。为了方便在不同语言的模块之间实现调用接口，避免应用开发者过多地将精力放在底层通信上，开源社区涌现了若干跨语言通信接口工具。我们以 Thrift 为例来介绍一下。

Thrift 被描述为 "scalable cross-language services implementation"（可扩展跨语言服务实现）[89]，它有自己的跨机器的通信框架；此外，它还提供了一套代码生成工具，可以生成多种编程语言的通信过程代码。Thrift 有一种描述对象和服务的界面定义语言（Interface Definition Language，IDL），它提供了一种网络协议，使用这些对象和服务定义的进程之间基于这种网络协议彼此进行通信。Thrift 根据 IDL 的描述，可以生成绝大多数流行语言（如 C++、Java、Python、PHP、Ruby、Erlang、Perl、Haskell、C#、Cocoa、JavaScript 等 ）的代码框架。因此，服务器端实现语言不会影响到客户端，这给复杂的计算广告技术平台不同系统之间的通信提供了很大的便利。

此外，Thrift 还提供了实践中非常有用的版本兼容性功能，即服务器端能在不影响现有的客户端的情况下增加数据结构、字段、服务方法和函数参数。这一特性使得大型工程中模块间的依赖性大为减弱，也能够显著降低开发成本。因此，我们建议在计算广告的系统模块之间尽可能采用 Thrift 这类工具封装接口。

有关 Thrift 的设计原理和更多细节可以查阅参考文献 [89]。其他的相关开源工具还有 ProtoBuf、Avro 等。

9.5.5　数据高速公路Flume

计算广告这样的个性化系统由于并发很高，产生的日志量也非常大。在这类系统中，应该避免对数据做单点的集中式读写，而是尽量应该让数据的处理形成环形的流动，即由数据高速公路将线上日志准实时地送至离线或在线处理平台，再将处理结果存放在缓存中供线上决策使用。在这样的架构中，一个分布式、高吞吐率的数据传送通道至关重要。

在这类数据传输工具中，Flume 是比较常用的开源解决方案之一。Flume 是 Cloudera 提供的一个高可用的、高可靠的、分布式的海量日志采集、聚合和传输的系统，它支持在日志系统中定制各类数据发送方，用于分布式地收集和汇总日志数据。Flume 提供了从控制台（console）、RPC（Thrift-RPC）、文本（text）、Tail（UNIX tail）、日志系统（syslog，支持 TCP 和 UDP 两种模式）、命令执行（exec）等数据源上收集数据的能力；同时，Flume 还提供了对数据进行简单处理并输出到各种数据接收方的能力。如果广告投放机采用系统日志方式记录投放、点击等日志，可以很方便地通过配置 Flume 将日志传送到 Hadoop 上。

其他的相关开源工具还有 Scribe 等。

9.5.6　分布式数据处理平台Hadoop

图 9-2 中的离线数据处理部分需要一个能够存储和加工海量数据的基础设施，实际上这也是大多数大数据系统都需要的平台。在开源的这类平台工具中，Hadoop 几乎是工业界的标准选择。Hadoop 的核心架构主要包括 Hadoop 分布式文件系统（Hadoop distributed file system，HDFS、Hadoop MapReduce 和 HBase，其中 HDFS 是 Google 文件系统（Google file system，GFS）[43] 的开源实现，MapReduce 是 Google MapReduce[30] 的开源实现，而 HBase 则是 Google BigTable[22] 的开源实现。

HDFS 是一种易于横向扩展的分布式文件系统，提供大规模数据文件存储服务，支持 PB 级数据规模。它可以运行在上万台的通用商业服务器集群上，提供副本容错机制，为海量用户提供性能优秀的存取服务。计算广告系统里的海量日志文件等就是通过 Flume 之类的数据高速公路传送，最终存储在 HDFS 上，为各种离线计算任务提供服务。

Hadoop MapReduce 是一种分布式计算框架，顾名思义，它由 map 和 reduce 两个部分组成。map 是将一个作业分解成多个任务，而 reduce 是将分解后多任务处理的结果汇总起来。在程序设计中，一项工作往往可以被拆分成为多个任务，任务之间的关系可以分为两种：一种是不相关的任务，可以并行执行；另一种是任务之间有相互依赖，先后顺序不能够颠倒，这种任务是无法并行处理的。MapReduce 适用于第一种类型，庞大的集群可以看作是硬件资源池，将任务并行拆分，然后交由每一个空闲硬件资源去处理，能够极大地提高计算效率，同时这种资源无关性对于计算集群的横向扩展提供了最好的设计保证。为了降低 MapReduce 编程的复杂性，人们还开发了 Hive、Pig[42, 83] 等开源工具产品，使用类似于 SQL 的脚本语言来发起各种数据计算任务。

在广告系统中，Hadoop 主要承担着离线数据的存储和计算需求，可以说是计算广告系统进行大规模数据处理不可或缺的基础平台。无论是受众定向、点击率预测还是基础的报表生成，都需要在 Hadoop 上进行大规模的数据处理。因次，关于 Hadoop 的原理和应用必须深入掌握。有关 Hadoop 更详细的介绍和学习资料可以查阅参考文献 [100]。

9.5.7　特征在线缓存Redis

无论是离线计算的受众定向标签还是点击率模型参数或特征，由于规模比较大，一般来说都无法直接存放在在线广告投放机的内存中，而是要用独立的缓存服务。在线用到的特征缓存有两个显著的特点，首先是往往只需要存储简单的键 / 值对，其次是大多数情形下需要支持高并发的随机读和不太频繁的批量写。在这样的需求下，Redis 是比较合适的开源工具之一。

Redis 也是一种 NoSQL 数据库，它主要提供的是高性能的键值存储（key/value store），采用的是内存数据集的方式。Redis 的键值可以包括字符串（string）、哈希（hash）、列表（list）、集合（set）和有序集合（sorted set）等数据类型，因此也被称作是一款数据结构服务器（data structure server）。Redis 会周期性地把更新地数据写入磁盘或者把修改操作写入追加的记录文件，并且在此基础上实现了主从同步，具有非常快速的非阻塞首次同步、网络断开自动重连等功能。同时，Redis 还具有其他一些特性，其中包括简单的 check-and-set 机制、pub/sub 和配置设置等，使得它能够表现得更像缓存（cache）。Redis 还提供了丰富的客户端，支持现阶段流行的大多数编程语言，使用起来比较方便。

在广告系统中使用 Redis，需要注意的一点是当以批处理方式更新其中内容时，应避免对线上高并发的读请求产生影响，因此有时需要采用多次写入的方案。

有关 Redis 更详细的介绍和使用方法可以查阅参考文献 [69]。

9.5.8　流计算平台Storm

Hadoop 能够处理的数据规模相当可观，但是处理的响应速度却很难保证。因此，在图
9-2 的在线处理部分，需要一种新型的、能够以数据流的方式对线上日志做准实时处理的平
台作为基础设施，在这类平台的开源解决方案中，Storm 是工业界比较常用的一种。

广告中需要用到流计算的问题包括在线反作弊、计费、实时受众定向和实时点击反馈
等（参见 13.3.1 节）。我们希望的解决方案是，能够自动地处理各流计算模块间的通信和数
据依赖，并能够在数据规模增大时自动进行分布式的负载分配，Storm 这样的流计算平台就
可以为我们实现上述的需求。流计算的任务逻辑与 MapReduce 过程有些类似，熟悉 Hadoop
编程的读者也可以比较容易地在 Storm 上开发应用。不过要注意，流计算的任务调度原则
和 HDFS 上的 MapReduce 是不同的：前者是调度数据，让数据在不同的计算节点间流动起
来，而后者是尽可能调度计算以减少数据 I/O。因此，流计算从本质上来讲并不是一个可以
真正处理海量数据的框架，它的特长仍然在数据处理的响应速度上。

Storm 保证每个消息都会得到处理，而且处理速度很快，每秒可以处理数以百万计的
消息，并且可以使用任意编程语言来做开发。另外，Storm 还可以直接部署在新一代的
Hadoop 计算调度引擎 YARN 上，这样可以非常方便地共享一个 Hadoop 集群的存储功能和
计算资源。

其他的相关开源工具还有 S4 以及下面要介绍的 Spark 的流方式等，但它们的系统特点和
使用场景还是有一定差别的，读者可以自行了解。有关 Storm 更详细的介绍和使用方法可以
查阅参考文献 [3, 103]。

9.5.9　高效的迭代计算框架Spark

Spark 在最近几年崭露头角，作为一种新兴的大数据计算平台受到越来越多的关注，一
些计算广告系统也开始广泛使用 Spark 平台解决一些需要迭代计算的问题。用 Hadoop 进行
大规模数据处理，在 map 和 reduce 两个阶段之间需要用硬盘进行数据交换，因此在需要面
对多次迭代才能完成的任务时效率相当低。由于这样的迭代计算任务在计算广告中很常见
（参见第 10 章），如文本主题模型、点击率预估等，我们非常需要一种更适合于迭代计算的
框架。

　　作为一种新型分布式计算框架，Spark 的最大特点在于内存计算。Spark 的计算模型可以更加精简地描述等价的 MapReduce 模型，另外由于 Spark 的数据共享基于内存，因而相对于基于硬盘的 Hadoop MapReduce 批处理计算，其性能有数量级的提升。此外，Spark 可以在一套软件系统上支持多种计算任务，除了传统的 Hadoop MapReduce 所对应的批处理计算之外，还支持各种机器学习算法为代表的迭代型计算、流式实时计算、社交网络中常用的图计算、SQL 关系查询、交互式即席查询等。这样，使用 Spark 就可以避免同时维护多套针对不同计算需求的系统，还可以避免不同系统之间的数据转储，大大减低了开发和运维成本。

　　虽然 Spark 可以在很多中等规模的迭代计算问题上有着非常优异的性能，但是由于大量数据的基础存储仍然要依赖于 Hadoop，在两个集群之间调度数据成为高效处理数据的障碍。不过，与 Storm 一样，现在 Spark 也已经可以直接部署在 YARN 之上，以 "Spark on YARN" 的方式与 Hadoop 方便地共享集群的存储功能和计算资源。

　　有关 Spark 更详细的介绍和使用方法可以查阅参考文献 [23, 60]。

第 10 章

基础知识准备

计算广告并不是一门独立的学科，它更应该被看成是一个工业界的具体问题。在解决此问题的过程中，需要大量用到相关学科的一些基本技术和算法。本书的目的并不是专门介绍这些技术，但是在后续的讨论中不可避免需要用到一些背景知识。因此，我们在进入具体的广告技术和算法之前，先用本章概要性地介绍几个相关领域的技术和算法。这既是为了后面的算法章节做铺垫，也是为了帮助读者将来在工作中遇到相关问题时可以有目的地找到相关资料。

我们将重点关注 3 个相关领域的背景知识：信息检索（Information Retrieval，IR）、最优化（optimization）和机器学习（Machine Learning，ML）。其中，信息检索是所有大规模数据处理系统，特别是搜索和个性化系统的通用技术，而为了了解广告检索、流量预测等相关问题中的一些改进算法，必须对其中的倒排索引等基本方法有基本认识。对于所有与数据、算法打交道的工程师来说，最优化理论的重要性可以排在首位，因为它是连接问题、模型与最终解决方案的关键桥梁。在面对不同类型的最优化问题时的一般思路和基本方法，将是我们介绍的重点；而机器学习算法对于计算广告的作用不言而喻：广告中的许多问题，如文本主题模型、受众定向、点击率预测等，都需要掌握一些机器学习基础方法，并对机器学习的方法论有清晰认识。我们将主要介绍统计机器学习的框架，并关注其在分布式计算环境下的实现思路。

在机器学习的各种方法论中，基于深度神经网络的深度学习方法最近几年在很多领域取得了突破性进展。因此，深度学习也成为目前机器学习领域最重要的方法之一。此外，由于各种形式的神经网络结构可以采用类似的框架学习，这使得此领域的可扩展性大大增强。在计算广告领域，由于数据规模和计算能力不断提高，近年来深度学习方法在各种问题上的应用也越来越广泛。在本章中，我们也将对深度学习的基本方法和常用模型进行概要介绍，方便读者深入学习。

从本章开始，我们会用 C++ 或 Matlab 语言给出一些关键性算法或过程的示例性代码。我们会尽量将这些代码的具体逻辑实现得清晰完整，不过由于对整个系统的依赖性，大多数情况下并不能将这个代码视为可实际执行的代码。但是，在参考这些示例代码的基础上，相信读者可以比较方便地在实际系统中实现相应的功能。

10.1 信息检索

从第 9 章介绍的广告系统架构可以看出，为了达到面向大量中小广告主时良好的扩展性，计算广告采用的是类搜索的技术框架，即检索加排序两段的决策过程。因此，我们有必要对搜索引擎信息检索的基本方法有所了解，这里主要介绍倒排索引和向量空间模型。

10.1.1 倒排索引

倒排索引（inverted index）[106] 是现代搜索引擎的核心技术之一，其核心目的是将从大量文档中查找包含某些词的文档集合这一任务，用 $O(1)$ 或 $O(\log n)$ 的时间复杂度①完成，其中 n 为索引中的文档数目。也就是说，利用倒排索引技术，可以实现与文档集大小基本无关的检索复杂度，这一点对于海量内容的检索来说至关重要。正是有了倒排索引技术的支撑，互联网才在实时检索大规模数据方面取得了质的飞跃。我们用例子来说明倒排索引的基本概念，假设我们有如下的几篇文档：

D_0 = "谷歌地图之父跳槽 Facebook"

D_1 = "谷歌地图之父加盟 Facebook"

D_2 = "谷歌地图创始人拉斯离开谷歌加盟 Facebook"

D_3 = "谷歌地图创始人跳槽 Facebook 与 Wave 项目取消有关"

D_4 = "谷歌地图创始人拉斯加盟社交网站 Facebook"

对每篇文档都进行分词以后，可知这些文档中包含的关键词（term）有：{谷歌，地图，之父，跳槽，Facebook，加盟，创始人，拉斯，离开，与，Wave，项目，取消，有关，社交，网站}。首先，去掉"与"这样的没有实际表意作用的停止词（stop word），我们对每一个词建立一个链表，表中的每个元素都是包含该词的某篇文档的标识。于是，与上面的文档集对应的倒排索引，也就是所有关键词的倒排链集合，可以表示如下：

谷歌 → $\{D_1, D_2, D_3, D_4, D_5\}$，地图→ $\{D_1, D_2, D_3, D_4, D_5\}$，之父→ $\{D_1, D_2\}$，

跳槽 → $\{D_1, D_4\}$，Facebook → $\{D_1, D_2, D_3, D_4, D_5\}$，创始人→ $\{D_3, D_4, D_5\}$，

加盟 → $\{D_2, D_3, D_5\}$，拉斯→ $\{D_3, D_5\}$，离开→ $\{D_3\}$，Wave → $\{D_4\}$，

取消 → $\{D_4\}$，项目→ $\{D_4\}$，有关→ $\{D_4\}$，社交→ $\{D_5\}$，网站→ $\{D_5\}$。

为了后文一些实例的方便，我们用下面一段代码中的类结构来描述一个倒排索引。这个类结构派生于哈希图（hash map），其中的键为关键词，即 term，典型情况下，该键是

---

① 不同的时间复杂度与索引的具体数据结构有关：采用哈希表索引时为$O(1)$，采用树索引时为$O(\log n)$。

string 类型，但是在后文介绍的布尔表达式检索等场景中，其键的类型可能会发生变化。因此，为了逻辑统一，我们引入了模板参数来泛化此处的数据类型。而哈希图（hash map）的值就是倒排链，是一个由索引条目组成的链表。每个索引条目有两个域，第一个是该条目对应的文档的 ID，第二个是一个辅助变量，例如，可以用于表示目前关键词在此文档的 TD-IDF（参见 10.1.2 节），在后面提到的其他索引类型中也会有独特的应用。当然，这种结构只是一个概念上的表达，实际的倒排索引还要存储很多其他信息，为了便于突出主要概念，在本书中采用这样简单的概念性描述。

倒排索引最基本的操作有两项：一是向索引中加入一个新文档；二是给定一个由多个关键词组成的查询时，返回对应的文档集合。我们也在下面的代码中对这两项基本功能的实现做了描述。需要注意的是：在倒排索引中，由于文档 ID 是在加入倒排索引时被在线分配的，因此每个倒排链都可以确保是有序的，这会在后面的应用中得到具体利用。

```
1   template <class TKey>
2   class InvIndex : public map<TKey, list <int> > {
3    public:
4     vector<vector<TKey> > docs; // 文档正排表
5
6    public:
7     // 向索引中加入一个文档
8     void add(vector<TKey> & doc) {
9       // 在正排表里记录该文档
10      docs.push_back(doc);
11      int curDocID = docs.size () - 1;
12
13      // 遍历 document 里所有的 term
14      for (int w = 0; w < doc.size(); w ++) {
15        map<TKey, list <int> >::iterator it;
16        it = this -> find(doc[w]);
17
18        // 如果该 term 的倒排链不存在
19        if (it == index.end ()) {
20          list<int> newList;
21          index[doc[w]] = newList;
22          it = this -> find(doc[w]);
23        }
24
25        // 在倒排链末尾加入新的文档 ID
26        it -> second.push_back(curDocID); // second ?**
27      }
28    }
29
30      // 在索引中进行一次查询
```

```
31      void retrieve(vector<TKey> & query, set<int> & docIDs) {
32        int termNum = query.size();
33
34        // 合并所有 term 的倒排链
35        docIDs.clear();
36        for (int t = 0; t < termNum; t ++) {
37          map<TKey, list<int> >::iterator it;
38          // 该 term 倒排链不存在则跳过
39          if ((it = this -> find(query[t])) != this -> end())
40            docIDs.insert(it -> second.begin(), it -> second.end());
41        }
42      }
43    };
```

需要说明的是，这段代码仅仅是帮助大家了解问题的示例性代码，而实际的倒排索引远比此复杂。其工程难点有很多，例如，如何设计精简的数据结构以节省对内存的使用，以及如何比较实时地将新的文档加入倒排索引等。因为这些问题是信息检索领域专门的研究课题，并非广告的特殊需求，我们不再深入介绍。需要自行实现广告检索部分的读者，可以参考这方面专门的技术文献，或者深入学习 9.5.3 节中介绍的开源的倒排索引工具 Lucene。

10.1.2 向量空间模型

如果说倒排索引技术是大规模信息检索的基石，那么向量空间模型（vector space model, VSM）[94] 则是信息检索中最基础且最重要的文档相似度度量方法之一。VSM 的核心有两点，文档的表示方法和相似度计算方法。

首先，我们对每个文档采用词袋（bag of words, BoW）假设，即用各个关键词（term）在文档中的强度组成的矢量来表示该文档：

$$\boldsymbol{d} = (x_1, x_2, \cdots, x_M)^{\mathrm{T}} \tag{10.1}$$

其中 x_m 一般采用词表中第 m 个词在 $\boldsymbol{d}$ 中对应的词频－倒数文档频率（term frequency-inverse document frequency, TF-IDF）值，这是一种信息检索中最常见的词强度度量，可以分解为两个量的乘积：一个量是词频（term frequency, TF），即某文档中该词出现的次数；另一个量是倒数文档频率（inverse document frequency, IDF），即该词在所有文档中出现的频繁程度的倒数。IDF 的引入是考虑到那些广泛出现在各个文档中的常用词对主题的鉴别力并不强，因而需要降低其权重。IDF 的计算方法有若干种，最常用的形式为：

$$\mathrm{IDF}(m) = \log(N/\mathrm{DF}(m)) \tag{10.2}$$

其中 DF(m) 为词 m 在其中出现的文档的总数目，N 为总文档数目。在广告应用中如何计算 IDF 值，在某些情形下需要不同的处理。例如，在处理对广告主有价值的竞价标的词时，可以采用所有广告描述，而不是互联网上的网页作为文档集合。相应地，在根据关键词进行广告检索时，也应该使用这种方法得到的 TF-IDF。

这样的 BoW 文档表示方法是对自然语言最简单粗略的一种近似表示。它完全忽略了词的前后接续关系，以及更高阶的语法因素的影响，因而并不太可能具有精细的文档描述能力。不过，这种方法在信息检索中的作用无疑是巨大的，因为它通过极为简单经济的操作对文档进行了简化，同时又比较好地保留了文档的概貌，这对于海量文档数据的处理和索引非常有利。时至今日，虽然学者们在自然语言处理方面取得了许多进展，但这种简单的方法仍然是工程实践中信息检索和文档主题挖掘的最常用文档表示。如果我们考虑更精细的文档描述，可以进一步加入文档的 *n*-gram 信息，但是也会带来数据的爆炸式增长和模型估计稳健性上极大的挑战。

采用 BoW 的文档表示方法，在计算两个文档的相似度时，一般是用其对应矢量的余弦距离：

$$\cos(\boldsymbol{d}_1, \boldsymbol{d}_2) = \frac{\boldsymbol{d}_1^{\mathrm{T}} \boldsymbol{d}_2}{\|\boldsymbol{d}_1\| \cdot \|\boldsymbol{d}_1\|} \qquad (10.3)$$

余弦距离的最显著好处是当两个矢量在尺度上没有归一化时，仍然可以得到比较稳健的结果。例如，有两篇一样的文档，将其中的一篇内容重复一遍，再去计算余弦距离仍然是 0，而如果采用其他方式，如欧氏距离，结果就不再是 0 了。再比如两个人对各种电影打分，甲倾向于给较高的分数，乙倾向于给较低的分数，那么在一组三部电影上，甲给出的分数 {3.6, 3.6, 4.8} 和乙给出的分数 {3.0, 3.0, 4.0} 实际上一致程度相当高，这也可以被余弦距离比较公允地度量出来。

了解了上面的这些内容，读者可以建立对海量文档进行检索的基本方案。在离线索引阶段，需要对文档集合分词，并按照 BoW 模型表示得到每个文档的 TF-IDF 矢量，对分词后的文档集合建立倒排索引。当在线的查询到来时，也进行分词，从倒排索引中查出所有符合要求的文档候选，并对其中的每个候选评价其与查询的余弦距离，按距离由小到大进行排序。这样的一个基本框架，同样适用于广告这一大规模数据挖掘问题，也是图 9-2 的基本原理。

虽然 VSM 不是实际系统中对检索候选进行排序的常见方法，不过要提醒大家注意，这是一种简单、无须训练的基线方法。因此，在探索各种数据驱动的精细模型时，要先将它们与 VSM 方法做比较。

10.2　最优化方法

为了探索比上面的向量空间模型更加有效的计算广告方案，必然会碰到大量的与数据挖掘和机器学习相关的算法问题。在这些与数据相关的问题中，最重要的基础技能，是最优化的理论和方法。最优化讨论的是在给定一个数学上明确表达的优化目标后，如何用系统性的方法和思路找到该目标的最优解。这方面的书籍和文章很多，我们从工程的角度出发，简要整理一下在面临各类目标函数时的一般性思路，并希望大家能够认清"模型"和"优化"这两个概念的联系与区别。

最优化问题讨论的是，给定某个确定的目标函数（objective function），以及该函数自变量的一些约束条件，求解该函数的最大或最小值的问题。这样的问题可以表示为下面的一般形式：

$$\min f(\boldsymbol{x})$$

$$\text{s.t.} \quad \boldsymbol{g}(\boldsymbol{x}) \leqslant 0, \quad \boldsymbol{h}(\boldsymbol{x}) = 0 \tag{10.4}$$

其中 $f(\boldsymbol{x})$ 是一个关于自变量 x 的目标函数，而 $g(x)$ 和 $h(x)$ 为 x 的矢量函数，对应着一组不等式和等式约束约束条件，其中 $g(x) \prec 0$ 表示矢量 $g(x)$ 的每一个元素都小于或等于 0。根据约束条件以及目标函数的性质不同，最优化问题求解的思路也有很大的不同。其中无约束优化问题的方法是基础，而带约束优化问题则在一定条件下可以转化为无约束优化问题来求解，这涉及下面将要谈到的拉格朗日法和凸优化问题。

10.2.1 拉格朗日法与凸优化

我们先来看看解带约束优化问题的一般框架思路。在实际工程中，带约束优化非常常见，如后面将提到的广告合约量约束下的优化问题。带约束优化最重要的方法就是拉格朗日法。具体来说，对于式（10.4）中的带约束优化问题，我们可以引入一个拉格朗日对偶函数（Lagrange dual function）[15]，或简称对偶函数：

$$L(\boldsymbol{\lambda}, \boldsymbol{v}) = \inf_{x}[f(\boldsymbol{x}) + \boldsymbol{\lambda}^{\mathrm{T}}\boldsymbol{g}(\boldsymbol{x}) + \boldsymbol{v}^{\mathrm{T}}\boldsymbol{h}(\boldsymbol{x})] \tag{10.5}$$

这里引入的矢量变量 λ 和 v 称为拉格朗日乘子，对偶函数是一个关于拉格朗日乘子的函数，对应地，有下面的拉格朗日对偶问题（Lagrange dual problem）：

$$\max L(\boldsymbol{\lambda}, \boldsymbol{v}) \quad \text{s.t.} \quad \boldsymbol{\lambda} \geqslant 0 \tag{10.6}$$

可以证明，对偶问题的最优值是原问题最优值的下界，而当这两者完全一致时，称为强对偶（strong duality）得到满足。可以证明，当原问题是凸优化问题，即目标函数为凸函数，并且由各项约束得到的可行解域（feasible region）也是凸的话，强对偶总是被满足的。但需要特别说明，并不是只有凸优化问题才是强对偶的[①]，例如下文将要提到的置信域方法中的子问题，虽然其目标函数不能保证为凸，但是强对偶也是可以保证的。由于凸优化的这一性质，它在带约束优化中具有非常重要的核心地位——因为我们可以通过转而优化对偶问

---

① 参见参考文献[15]中的具体讨论。

题求得同样的解，这为优化过程提供了极大的方便性。另外有趣的是，不论原问题是否为凸优化，这一对偶问题都是一个凸优化问题，因此往往在求解上有一定的便利性。

进一步，当原目标函数和所有的约束函数都可导时，强对偶问题最重要的性质，是使 KKT（Karush-Kuhn-Tucker）[15] 条件成立的点可以同时满足原问题和对偶问题最优化的要求。KKT 条件是一组关于 x, λ, v 的等式和不等式方程，它为很多带约束优化问题提供了求得解析解的思路，这里我们略去其具体形式，有兴趣的读者请进一步参阅参考文献 [15] 中详细的说明。

拉格朗日乘子法和 KKT 条件为带约束优化问题提供了标准思路。而当我们遇到的带约束优化问题为凸优化时，完全可以沿着这一标准思路来解决；当问题不是凸优化时，需要具体分析强对偶是否成立，再决定求解的思路。

通过拉格朗日方法，我们可以将一个带约束优化问题转化为不带约束的基本优化问题来解决。在下面的讨论中，我们将根据优化问题的特点，介绍无约束优化的一些基本算法。

10.2.2　下降单纯形法

在有些问题中，f 不可导或者工程上求导代价极大[①]。这种情形下，假设函数值是连续的，我们有一种自然的思路，那就是采用不断试探的方法：在自变量为一维的情况下，给定一个初始区间，假设区间内有唯一的最小值，可以按照黄金分割的方法不断缩小区间以得到最小值。

上面的方法也可以推广到自变量是高维的情形，对应的算法称为下降单纯形法（downhill simplex method）。这一方法有一个更直观的称呼，即阿米巴（Ameoba）变形虫法。简单地讲，将一维空间上用两个点限制的区间不断变形的思路加以推广，在 D 维空间中，可以选择一个 $D + 1$ 个点张成的超多面体，或称为单纯形（simplex），然后对这一单纯形不断变形以收敛到函数值的最小点。

有关下降单纯形法的细节和代码实现，读者可阅读参考文献 [86]。

10.2.3　梯度下降法

当 f 可以比较容易地求导时，基于梯度的方法是首要选择。我们先来看一下梯度的定义。假设有 D 维空间中的自变量 $x = (x_1, x_2, \cdots, x_D)^{\mathrm{T}} \in R^D$，那么函数 $f(x)$ 在 x 点的梯度可以写成：

$$\nabla f(x) = \left(\frac{\partial f}{\partial x_1}, \ \frac{\partial f}{\partial x_2}, \ \cdots, \ \frac{\partial f}{\partial x_D} \right)^{\mathrm{T}} \tag{10.7}$$

---

① 有时我们需要遍历所有数据或者使用很大内存才能得到目标函数的导数，这种情况实际上在工程中比问题不可导要更常遇到。

梯度的几何意义是 f 在 x 点函数值上升最快的方向，因此它是一个与 x 维数相等的矢量。而利用梯度的优化方法，概念上就是每次都沿着梯度的相反方向按某步长前进一小步，这样的方法称为梯度下降法（gradient descent），其更新公式为：

$$x \leftarrow x - \epsilon \nabla f(x) \qquad (10.8)$$

其中 ϵ 控制着沿梯度负方向下降的速度，称为学习率（learning rate）。

很多工程中的目标函数都具有可分解的特性，即整个训练集上的梯度可以表示为各个训练样本梯度的和。在这种情况下，一个可行但效率并不高的并行实现就是将计算梯度的过程分解到各个数据划分上分别完成，然后将各部分的梯度相加并更新参数。显然这样的计算过程非常容易在 MapReduce 框架下实现，然而每迭代一步，都要用到训练集所有的数据，可想而知，在数据规模较大时，这种方法的迭代计算效率是比较低的。

另外，在实际的工程问题中，梯度下降法有时会遇到一个麻烦：当函数值对各个自变量归一化不够好时，优化过程会陷入 Zig-Zag 折线更新的困境，这一现象可以用图 10-1 中的例子来形象地说明。在自变量维数很高时，这一问题尤为严重，因为我们无法一一检查各个自变量的意义，因此在某些维度上缩放尺度不一样是无法避免的。因此，批处理的梯度下降法，很多时候并不是实践中的可行方法。

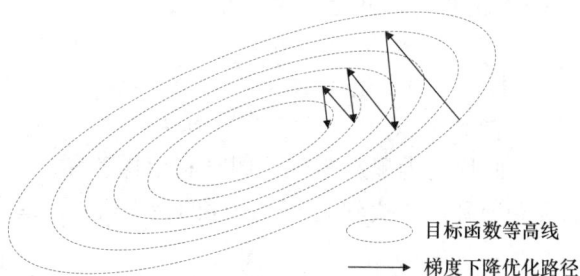

目标函数等高线
梯度下降优化路径

图 10-1　梯度下降法优化过程示意

梯度下降法的另一种变形随机梯度下降（stochastic gradient descent，SGD）[13] 法，实用性要好得多。在普通梯度方法中，计算一次下降方向需要很大的计算量，而 SGD 的每一次迭代中，并不是在全量数据上计算梯度，而是基于随机选取的少数一组样本计算梯度。实际上，SGD 引入了一定随机性的成分，这就解决了梯度下降的两个问题：收敛速度慢和陷入局部最优。在大规模数据的情况下，SGD 往往比批处理梯度法的效果更好。SGD 每一步的更新公式为：

$$x \leftarrow x - \epsilon \nabla f^{(i)}(x) \qquad (10.9)$$

其中 $f^{(i)}(x)$ 为在第 i 个样本组上计算的梯度。除了这种基本方法，SGD 还有一些变形的形式，如利用历史信息提高参数更新稳健程度的 Momentum[88] 方法，其更新公式为：

$$\Delta \boldsymbol{x} \leftarrow \eta \nabla f^{(i)}(\boldsymbol{x}) + \alpha \, \Delta \boldsymbol{x} \tag{10.10}$$
$$\boldsymbol{x} \leftarrow \boldsymbol{x} + \Delta \boldsymbol{x}$$

顾名思义，这是一种利用"惯性"避免类似于图 10-1 中的缓慢收敛问题的方法。比较常用的还有在 $\boldsymbol{x}$ 的每一维上采用不同学习速率的 AdaGrad[34] 方法，其更新公式为：

$$G_{\mathrm{d}} \leftarrow G_{\mathrm{d}} + \{\nabla f_{\mathrm{d}}^{(i)}(\boldsymbol{x})\}^2$$
$$x_{\mathrm{d}} \leftarrow x_{\mathrm{d}} - \frac{\eta}{\sqrt{G_{\mathrm{d}} + \epsilon}} \nabla f_{\mathrm{d}}^{(i)}(\boldsymbol{x}) \tag{10.11}$$

这一方法的特点是前期 G 较小的时候能够放大梯度，后期则能够约束梯度。另外，AdaGrad 还比较适合处理稀疏梯度。

这些方法的程序实践都比较简单，这里就不给出示例的伪代码了。

10.2.4 拟牛顿法

为了解决批处理梯度下降法收敛速度慢的问题，假设函数值呈现像图 10-1 中那样呈近似的二次曲面状，那么很自然的思路就是引入二阶导数信息，以迅速探索到函数值的谷底。$f(\boldsymbol{x})$ 的二阶导数是一个 $N \times N$ 的矩阵，其定义为：

$$\nabla^2 f(\boldsymbol{x}) = \left\{ \frac{\partial^2 f}{\partial x_i \partial x_j} \right\}_{D \times D} \tag{10.12}$$

这是一个 $N \times N$ 的矩阵，我们称之为黑森矩阵。同时利用梯度和二阶导数做优化，相当于在当前点处进行二阶的泰勒展开，并找到此二次曲面的极小值点，这样的方法称为牛顿法，其更新公式为：

$$\boldsymbol{x} \leftarrow \boldsymbol{x} + \epsilon[\nabla^2 f(\boldsymbol{x})]^{-1} \nabla f(\boldsymbol{x}) \tag{10.13}$$

当 $\epsilon = 1$ 时，牛顿法的每一步都是在求一个二次曲面的极小值。显然，只有当黑森矩阵正定时，极小值才存在。不过在实际的优化问题中，即使目标函数存在唯一的极小值，也不能保证每一点的黑森矩阵都正定，因此一般来说，牛顿法并不是想象中那样可行。

解决上面的问题其实也不难：我们可以构造一个不太精确，但是可以保证正定的伪黑森矩阵，用它来代替实际的黑森矩阵更新参数，这样的方法就是工程上真正使用的拟牛顿（quasi-Newton）法。直观上来看，利用前面几次迭代的函数值和梯度，可以近似地拟合出黑森矩阵，而随着拟合公式的不同，也就产生了不同的拟牛顿方法。拟牛顿的一种常见方法是由 Broyden、Fletcher、Goldfarb、Shanno 这 4 位学者创造的方法，称为 BFGS 方法 [82]。在 BFGS 方法中，黑森矩阵的逆是迭代更新的，其更新公式如下：

$$H_{k+1} = H_k + \frac{s_k s_k^{\mathrm{T}}}{y_k^{\mathrm{T}} s_k} \left[\frac{y_k^{\mathrm{T}} H_k y_k}{y_k^{\mathrm{T}} s} + 1 \right] - \frac{1}{y_k^{\mathrm{T}} s_k} [s_k y_k^{\mathrm{T}} H_k + H_k y_k s_k^{\mathrm{T}}] \tag{10.14}$$

其中 $y_k = \nabla_{k+1} - \nabla_k$ 为前后两次的梯度差，而 $s_k = x_{k+1} - x_k$ 为前后两次的自变量差。这里之所以要直接操作黑森矩阵的逆，是因为在牛顿法的更新中，给定黑森矩阵的逆和梯度矢量，可以通过简单的矩阵乘法得到更新方向，从而避免了复杂的求逆过程。

再来看看如何确定式（10.13）中的步长 ϵ。牛顿法是在当前自变量点进行泰勒展开，因此拟合出来的二次曲面严格来说只在很小的邻域内是有效的，因此我们完全无法保证式（10.13）会得到更好的函数值。但是，当 ϵ 足够小时，我们一定可以找到一个比现有函数值更优的点。要找到这样一个合适的 ϵ，需要根据 Wolfe 条件[82]，即要求 ϵ 满足如下的不等式：

$$f(x_k + \epsilon\, p_k) \leqslant f(x_k) + c_1\, \epsilon\, \nabla f_k^{\mathrm{T}} p_k$$
$$\nabla f(x_k + \epsilon\, p_k)^{\mathrm{T}} p_k \geqslant c_2 \nabla f_k^{\mathrm{T}} p_k \tag{10.15}$$

其中 p_k 为迭代第 k 步时找到的下降方向，在拟牛顿法中即为 $B_k \nabla f_k(x)$，而 $0 \leqslant c_1 \leqslant c_2 \leqslant 1$ 为两个常数①。因此，在实际的拟牛顿法中，在得到下降方向后，需要在下降方向上进行一维线搜索（line search），以找到满足 Wolfe 条件的 ϵ 来更新参数。

需要强调，拟牛顿法是连续优化问题中最为基础的优化方法，它作为原子操作大量地被用在其他更为复杂的优化方法当中。因此，对拟牛顿方法熟练地掌握和应用，是工程中非常重要的基本技能。我们在下面附上 BFGS 迭代求解的代码片段。

```
1    // 用于计算目标函数的值和梯度的函数指针类型
2    typedef vector<double> Vec ;
3    typedef void(*FP_EVAL)(const Vec & x, double & f_x, Vec & df_x , ...);
4
5    // 以 x0 为种子，用 BFGS 方法求目标函数 f 的局部极小值
6    void BFGS(FP_EVAL f, Vec & x0) {
7      double f_x0, f_xt; // 初始和更新后目标函数值
8      Vec df_x0, df_xt; // 初始和更新后梯度
9      Vec xt, s, y;
10
11     f(x0, f_x0, df_x0);
12
13     // H0 初始化成对称正定对角阵
14     int dim = x0.size();
15     vector<Vec> H; H.resize(dim);
16     for (int i = 0; i < dim; i++) {
17       H[i].resize(dim, 0.0);
18       H[i][i] = 1.0;
19     }
20
```

① 关于Wolfe条件的几何意义和其他细节，参见参考文献[82]中更详细的讨论。

```
21    int iter = 0;
22    while (iter < MAX_ITER_NUM && dot(df_x0 , df_x0) > TOL) { // 判断收敛
23
24      // 求下降方向 -H∇f(x)
25      d = scale(multiply(H, df_x0), -1.0);
26
27      // 线搜索
28      WolfeSearch(f, x0, d, xt);
29      f(xt, f_xt, df_xt);
30
31      s = minus(xt, x0);
32      y = minus(df_xt, df_x0);
33
34      // 迭代更新 Hessian 矩阵
35      Vec t = multiply(H, y);
36      double rho = 1.0 / dot(y, s);
37      double l = dot(t, y) * rho * rho + rho;
38      for (int i = 0; i < H.size(); ++ i)
39        for (int j = 0; j <= i; ++ j) {
40          H[i][j] -= rho * (s[i] * t[j] + s[j] * t[i]) + l * s[i] * s[j];
41          H[j][i] = H[i][j];
42        }
43
44      // 进入下一轮迭代
45      x0 = xt; f_x0 = f_xt; df_x0 = df_xt;
46      iter ++;
47    }
48  }
```

　　这段代码仍然是示例性的，并且为了表述简洁，其中用到了未预先定义，但意义很清楚的简单的运算函数，例如，用 dot 函数计算两个向量的点积等。本书后面的一些代码也会有这样的情况，我们就不一一说明了。在上述代码中用到了一维线搜索求解步长，即其中的 WolfeSearch 函数调用。比较常见的方案是基于 Wolfe 条件的方法，下面给出其示例性代码。

```
1  // In:
2  //    f     : 目标函数
3  //    x0    : 初始自变量
4  //    d     : 搜索方向
5  // Out:
6  //    xt    : 更新后自变量
7  int WolfeSearch(FP_EVAL f, const Vec & x0, const Vec & d, Vec & xt) {
8    double f_x0, f_xt;
9    Vec df_x0, df_xt;
```

```
10
11    f(x0, f_x0, df_x0);
12
13    double leftBound = 0.0, rightBound = MAX; // 初始搜索区间 [0, MAX]
14    double alpha = 1; // 初始步长
15    double C1 = 0.1, C2 = 0.9;
16    double ddt, dd0 = dot(d, df_x0);
17
18    int iter = 0;
19    while (iter < MAX_ITER_NUM) {
20      xt = x0;
21      plusAssign(xt, alpha, d); // xt = x0 + alpha * d, 检查下一个点
22
23      f(xt, f_xt, df_xt);
24      ddt = dot(d, df_xt);
25
26      if (f_xt > f_x0 + C1 * alpha * dd0) { // 检查函数是否充分下降
27        rightBound = alpha;
28        alpha = (leftBound + rightBound) / 2;
29      }
30      else if (ddt < C2 * dd0) { // 检查 Wolfe 条件是否满足
31        leftBound = alpha ;
32        alpha = (leftBound + rightBound) / 2;
33      }
34      else return 0; // 找到了满足条件的点
35      iter ++;
36    }
37    return -1;
38  }
```

置信域法

梯度下降法、牛顿法和拟牛顿法都属于线搜索方法，它们的共同特点是，在当前迭代点 x^k 处寻找下一个迭代点 x^{k+1} 时，首先确定一个下降方向，然后沿着这个下降方向进行一维线搜索。这种搜索策略可以概括为"先方向，后步长"。置信域（trust-region）法采用的是一种不同的搜索策略：每次迭代时，将搜索范围限制在 x_k 的一个置信域内，然后同时决定下次迭代的方向和步长；如果当前置信域内找不到可行解，则缩小置信域范围。在每个迭代中，我们要求自变量的差 s_k 满足 $\|s_k\|_2 \leqslant \delta_k$。另外，为了提高单次迭代求解的效率，用函数在 x_k 附近的泰勒展开 $m_k(s) = f(x_k) + \nabla f(x_k)^\mathrm{T} s + \frac{1}{2} s^\mathrm{T} \nabla^2 f(x_k) s$ 来近似原来的目标函数 $f(x_k + s)$。具体来说，每一次迭代需要解下面形式的子问题：

$$
\begin{aligned}
\min_{s} \ & f(x_k) + \nabla f(x_k)^\mathrm{T} s + \frac{1}{2} s^\mathrm{T} \nabla^2 f(x_k) s \\
\text{s.t. } & \|s\|_2 \leqslant \delta_k
\end{aligned}
\tag{10.16}
$$

通过解得的 s，可以同时获得本次迭代的方向和步长。由于此过程没有对目标函数的一阶导数和二阶导数做近似，往往能够更准确地把握下降方向，因此有时能表现出比拟牛顿法更好的收敛性能。

在式（10.16）的基础上，为了实现置信域优化策略，还需要确定置信半径 δ_k 的选取。一般来说，可以通过比较模型函数和目标函数的下降量来指导置信半径的选择：

$$\rho_k = \frac{f(\boldsymbol{x}_k) - f(\boldsymbol{x}_k + \boldsymbol{s})}{m_k(\boldsymbol{0}) - m_k(\boldsymbol{s})}$$

如果 $\rho_k \leqslant 0$，说明目标函数值没有改进；若模型函数较真实地逼近了目标函数，我们期望 ρ_k 的值接近 1；如果 ρ_k 的值较小，说明在当前置信域内，模型函数和目标函数差别较大，需要缩小当前的置信域；如果 ρ_k 的值较大，可以在下次迭代时适当伸长收敛半径。在这一思路的基础上，我们附上置信域算法主流程的代码片段：

```
1   // 用置信法求目标函数 f 的局部极小值，迭代初始点 x0
2   void trustRegion(FP_EVAL f, Vec & x0) {
3     double delta, snorm, prered, actred, f_x0, f_xt, rho;
4     int iter = 0;
5     Vec x0, xt, df_x0, df_xt, s, r;
6
7     f(x0, f_x0, df_x0);
8     delta = dot(df_x0, df_x0);
9     double gnorm1 = delta;
10
11    while (iter < MAX_ITER_NUM) {
12      // 求解子问题 10.16 得到位移 s
13      tr_cg(delta, df_x0, s, r);
14
15      // xt = x0 + s，计算在 xt 点的梯度 ∇f(xt) 和目标函数值 f(xt)
16      xt = x0;
17      plusAssign(xt, 1, s);
18      f(xt, f_xt, df_xt);
19
20      // ρk ← (f(xk)-f(xk+s)) / (mk(0)-mk(s))
21      actred = f_x0 - f_xt;
22      prered = -0.5 * (dot(df_x0, s) - dot(s, r));
23      rho = actred / prered;
24
25      // 初始化首轮迭代的置信域大小
26      snorm = dot(s, s);
27      if (iter == 0) delta = min(delta, snorm);
28
```

```
29        // 根据目标函数和模型函数的逼近程度和一定的规则，更新置信域的半径
30        double delta_old = delta;
31        delta = updateDelta(actred, prered, delta_old);
32
33        // 如果 ρ_k > η, x_{k+1} = x_k + s_k, 否则 x_{k+1} = x_k
34        if (rho > ETA0) {
35          x0 = xt; f_x0 = f_xt; df_x0 = df_xt;
36          double gnorm = dot(df_x0, df_x0);
37          // 判断收敛
38          if (gnorm <= eps * gnorm1)
39            break ;
40        }
41        iter ++;
42      }
43  }
```

在每个迭代中，需要解子问题（10.16），即代码中的 **tr_cg** 这一函数调用。显然，这是一个带约束优化问题，由于 $\nabla^2 f(x_k)$ 未必是正定的，因此这并不是一个凸优化问题。不过，在这个特殊的非凸优化中，读者可以自行验证，KKT 条件是可以满足的，因此仍然可以用拉格朗日法来求解。我们略去求解的过程，直接给出下面的解。$\hat{s}$ 为问题（10.16）的全局最优解，当且仅当 $\hat{s}$ 本身是一个可行解，并且存在 $\lambda \geqslant 0$ 满足下面的条件：

$$\begin{cases} (H_k + \lambda I)\hat{s} = -\nabla f(x_k) \\ \lambda(\delta_k - \|\hat{s}\|) = 0 \\ (H_k + \lambda I) \geqslant 0 \end{cases} \tag{10.17}$$

最后一个不等式表示矩阵 $(H_k + \lambda I)$ 是半正定的。当 $\hat{s}$ 位于置信域内部时，$\lambda = 0$，有显式解 $\hat{s} = -H_k^{-1}\nabla f(x_k)$；当 $\hat{s}$ 位于置信域边界上时，$\lambda > 0$，问题变为寻找充分大的 $\lambda > 0$，使得 $H_k + \lambda I$ 半正定，并且为 $\|-(H_k + \lambda I)^{-1}\nabla f(x_k)\| = \delta_k$ 这一方程的根，此时虽然不存在显式解，但由于这是一个单变量的优化问题，可以比较方便地用线搜索的方法得到解。根据式（10.17），读者容易写出 **tr_cg** 函数的具体实现。

10.3 统计机器学习

机器学习是近年来得到快速发展和广泛应用的研究领域，它研究的是用数据或先验知识优化计算机算法的效果。从机器学习的方法可以分为统计方法和非统计方法。非统计的方法种类很多，并且往往最后都归结于一个具体的优化问题，可以通过深入掌握优化理论和算法，比较有效地把握各种非统计类方法。而统计类机器学习方法，虽然也用到最优化方法，但是还有一些在概率框架下系统性的思路。下面我们把统计方法的脉络稍加整理，

供大家参考。

10.3.1　最大熵与指数族分布

统计机器学习中，指数族形式 [10] 的分布由于求解的方便性，有非常重要的工程地位，我们先来看一下这一族分布形式产生的原因。要了解指数族形式产生的原因，需要先了解最大熵（Maximum Entropy，ME）原理 [7]。最大熵原理告诉我们，当在某些约束条件下选择统计模型时，需要尽可能选择满足这些条件的模型中不确定性最大的那个。如果采用熵作为统计不确定性的度量，这个问题就变成一个在这些约束下优化熵的问题。在最大熵的准则下，估计一个概率的优化问题可以表示成：

$$p^*(\boldsymbol{x}) = \arg\max_{p(x)} H(\boldsymbol{x})$$
$$\text{s.t.}\quad E_p[f_d(\boldsymbol{x})] = E_{\tilde{p}}[f_d(\boldsymbol{x})], \quad d = 1,\cdots,D \tag{10.18}$$

其中 $H(\boldsymbol{x}) = -p(\boldsymbol{x}) \ln p(\boldsymbol{x})$ 为概率分布 $p(\boldsymbol{x})$ 的熵，$f_i(\boldsymbol{x})$ 为一组特征函数，而优化中约束的意义是这一组特征函数在模型 $p(\boldsymbol{x})$ 下的均值等于其数据上的均值（$\tilde{p}(\boldsymbol{x})$ 为数据分布）。有时，我们是用最大熵准则来优化一个条件分布 $p(\boldsymbol{x}|y)$，在这种情形下，可以很方便地构造一个相应的根据特征 $\boldsymbol{x}$ 对标签 y 进行分类的模型，本书后面将谈到的点击率预测的逻辑回归模型，也属于此最大熵模型的特例。

上面的最大熵问题的另一项产出就是指数族分布。将拉格朗日方法应用于式（10.18）有一项重要的结论，就是求其最大熵解等价于求一个对应指数形式分布的最大似然解。这样的结果带来了指数族分布这一工程中非常常用的分布形式。指数族分布的归一化形式（canonical form）可以表示为：

$$p(\boldsymbol{x}|\boldsymbol{\theta}) = h(\boldsymbol{x})g(\boldsymbol{\theta}) \exp\{\boldsymbol{\theta}^{\mathrm{T}}\mathbf{u}(\boldsymbol{x})\} \tag{10.19}$$

在这一形式中，$\mathbf{u}(\boldsymbol{x})$ 为上面 $f_i(\boldsymbol{x})$ 聚合在一起的矢量形式；$\boldsymbol{\theta}$ 为指数族分布的参数，而 $g(\boldsymbol{\theta})$ 为使得概率密度曲线下面积为 1 的归一化项。指数族分布在建模上被广泛采用是因为一个重要的特性：指数族分布参数的最大似然估计，可以完全由其充分统计量（sufficient statistic）得到。这里的充分统计量指的是训练集上变换函数 $\mathbf{u}(\boldsymbol{x})$ 的统计量，即 $\sum_{i=1}^{N}\mathbf{u}(\boldsymbol{x}_i)$。在给定了充分统计量以后，$\boldsymbol{\theta}$ 的最大似然解可以通过解下式求得：

$$-\nabla \ln g(\boldsymbol{\theta}_{\mathrm{ML}}) = \frac{1}{N}\sum_{i=1}^{N}\mathbf{u}(\boldsymbol{x}_i) \tag{10.20}$$

这一概念强调的是，在给定充分统计量以后，最大似然估计过程与数据无关。根据充分统计量的形式，我们很容易得出，无论什么样的指数族分布，都只需要遍历一遍数据就可以得到最大似然解，这一点实际上对应了一个非常简便的 MapReduce 实现。这也是指数族分布在大数据运算上带给我们的最大便利性，请细心体会。由于指数族的分布形式与最大熵原理的本质联系，这一族的许多重要分布都可以从最大熵的角度加以解释。表 10-1 中列举了几种重要的指数族分布形式，以及其主要用于描述的变量类型。

表 10-1　若干重要指数族分布形式

分　布	$\mathbf{u}(x)$	解　　释	使 用 场 景	示　例
高斯分布	$\begin{bmatrix} x \\ x^2 \end{bmatrix}$	给定均值方差时熵最大的分布	一般实变量	
γ 分布	$\begin{bmatrix} x \\ \ln x \end{bmatrix}$	给定均值方差，且 $x>0$ 时熵最大的分布	非负实变量	
β 分布	$\begin{bmatrix} \ln x \\ \ln(1-x) \end{bmatrix}$	给定均值方差，且 $x \in (0,1)$ 时熵最大的分布	某区间内的实变量	
多项式分布	x	给定均值方差，且 $\boldsymbol{x} \in \{0,1\}^D$ 时熵最大的分布	离散变量	

从表 10-1 所示的示例中还可以发现指数族分布的另一个重要特点，那就是这些分布都是单模态（uni-modal）的。所谓单模态，可以理解为分布从几何形态上看只有一个峰或者一个谷，这实际上说明了指数族分布虽然数学上使用方便，但其实际的描述能力是有限的，并不适合于表达多种因素并存的随机变量。

10.3.2　混合模型和EM算法

由于指数族分布是单模态的，因而不适用于分布比较复杂的数据建模。为了解决这个问题，同时又能充分利用到指数族分布的一些方便的性质，工程领域产生了采用多个指数族分布叠加的部分来建模的实用方法，即混合模型（mixture model）。指数族分布形式的混合模型可以表示为：

$$p(\boldsymbol{x} \mid \boldsymbol{\omega}, \boldsymbol{\Theta} = \sum_{k=1}^{K} w_k h(\boldsymbol{x}) g(\boldsymbol{\theta}_k) \exp\{\boldsymbol{\theta}_k^{\mathrm{T}} \mathbf{u}(\boldsymbol{x})\} \qquad (10.21)$$

其中 $\boldsymbol{\omega} = (\omega_1, \cdots, \omega_K)$ 为各个组成分布先验概率，而 $\boldsymbol{\Theta} = \{\boldsymbol{\theta}_1, \cdots, \boldsymbol{\theta}_K\}$ 表示各个组成分布的参数。这一分布的图模型表达如图 10-2 所示。

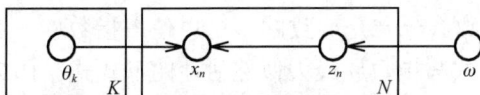

图 10-2　混合分布的概率图模型表示

在许多常见的机器学习模型当中，根据多个变量的条件依赖关系，可以用图 10-2 所示的有向图模型来比较清晰地表达整体的联合分布。有向图模型表达的信息是：图 10-2 中的每一个节点代表一个随机变量，而给定了该变量所有入边对应的起始节点后，该变量的分布与其他所有变量都条件无关。需要指出，有向图模型本身只给出了条件依赖关系，并没有明确各条件分布的形式。一般来说，我们在工程中的思路是用图模型表达先验的变量结构关系，然后对每个条件分布选取合适的指数族分布来建模，而混合分布模型就是了解这种工程思路的最典型例子。按照上面的有向图模型表示，我们引入了多项式变量 $z = (z_1, \cdots, z_K)^{\mathrm{T}}$ 来明确表示状态，可以把混合分布改写成结构更清晰的表达式：

$$p(\boldsymbol{x} \mid \boldsymbol{\omega}, \boldsymbol{\Theta}) = \sum_z \prod_k \omega_k^{z_k} \left\{ h(\boldsymbol{x}) g(\boldsymbol{\theta}_k) \exp\{\boldsymbol{\theta}_k^{\mathrm{T}} \mathbf{u}(\boldsymbol{x})\} \right\}^{z_k} \tag{10.22}$$

在混合模型的最大似然求解过程中，最大期望算法起着非常重要的作用。从上面的概率图模型例子可以看出，除了要求解的参数 $\boldsymbol{w}$、$\boldsymbol{\Theta}$ 和观测到的变量 $\boldsymbol{x}$，还存在一个变量 $\boldsymbol{z}$，我们把这样的变量称为隐变量（hidden variable）。EM 算法就是为了解决有隐变量存在时的最大似然估计问题的。这是一种迭代的算法，每个迭代又可以分为 E-step 和 M-step：在 E-step 阶段，我们将参数变量和观测变量都固定，得到隐变量的后验分布；而在 M-step 阶段，我们将用得到的隐变量的后验分布和观测变量再去更新参数变量。以上面的混合分布问题为例，在 EM 算法的每一步迭代当中，都转而求解下面的辅助函数优化问题：

$$\max_{\boldsymbol{\omega}, \boldsymbol{\Theta}} Q(\boldsymbol{\omega}, \boldsymbol{\Theta}; \boldsymbol{\omega}^{\mathrm{old}}, \boldsymbol{\Theta}^{\mathrm{old}}) = \max_{\boldsymbol{\omega}, \boldsymbol{\Theta}} \sum_z p(\boldsymbol{z} \mid \boldsymbol{X}, \boldsymbol{\omega}^{\mathrm{old}}, \boldsymbol{\Theta}^{\mathrm{old}}) \ln p(\boldsymbol{X}, \boldsymbol{\omega}, \boldsymbol{\Theta} \mid \boldsymbol{z}) \tag{10.23}$$

由于此时的隐变量 z 是离散的，因此等式右边为求和的形式，如果在其他问题中遇到的隐变量是连续的，那么只需要将求和号换成积分号即可。

对应于式（10.23），指数族混合分布 EM 算法的 E-step 和 M-step 可以很容易求出，其结果如下式：

$$\text{E-step：} \quad \gamma_i(k) \triangleq p(z_k = 1 \mid \boldsymbol{\Theta}^{\mathrm{old}}, \boldsymbol{\omega}^{\mathrm{old}}, \boldsymbol{x}_i) = \frac{\omega_k^{\mathrm{old}} g(\boldsymbol{\theta}_k^{\mathrm{old}}) \exp\{\mathbf{u}^{\mathrm{T}}(\boldsymbol{x}_i) \boldsymbol{\theta}_k^{\mathrm{old}}\}}{\sum_l \omega_l^{\mathrm{old}} g(\boldsymbol{\theta}_l^{\mathrm{old}}) \exp\{\mathbf{u}^{\mathrm{T}}(\boldsymbol{x}_i) \boldsymbol{\theta}_l^{\mathrm{old}}\}} \tag{10.24}$$

$$\text{M-step：} \quad -\nabla \ln g(\boldsymbol{\theta}_k^{\mathrm{new}}) = \frac{1}{N} \sum_{i=1}^N \gamma_i(k) \mathbf{u}(\boldsymbol{x}_i)$$

$$\omega_k^{\mathrm{new}} = \frac{1}{N} \sum_{i=1}^N \gamma_i(k) \tag{10.25}$$

在混合分布的情形下，这种分解使得许多非指数族分布的模型在进行最大似然估计时，其 M-step 形式上与简单的指数族分布是一致的，这也使得指数族分布工程上的便利性得以继续发挥。虽然 M-step 的形式与指数族最大似然估计的形式式（10.20）非常相近，我们却不宜将等式右边的部分也称为充分统计量，因为这一过程是迭代进行的，需要多次访问数据才能完成最大似然估计，因此，简单地称其为统计量更为准确。

指数族分布的混合模型在工程中的应用同样很广泛，只要是单模态分布不易刻画的数据分布，都可以考虑用某种指数族分布叠加的方式更精确地建模。常见的混合模型，如高斯混合模型（Mixture of Gaussians，MoG）和概率潜在语义索引（Probabilistic Latent Semantic

Index，PLSI），可以认为后者是建立在多项式分布基础上的混合模型，在文本主题分析中有着广泛的应用。

需要注意的是，指数族混合分布的 EM 算法只是 EM 算法的一种较简单的特殊情况，这一算法广泛应用于各种隐变量存在的统计模型训练中，有关这方面更详细的理论和应用介绍，读者可阅读参考文献 [10] 和参考文献 [33] 中更多的介绍。

10.3.3 贝叶斯学习

以上讨论的模型参数估计方法，都是在最大似然准则下进行的。最大似然准则，是把模型的参数看成固定的，然后找到使得训练数据上似然值最大的参数，这是一种参数点估计（point estimation）的方法。这样的点估计方法，在实际中如果遇到数据样本不足的情形，往往会产生比较大的估计偏差。对此，工程上常常用到贝叶斯学习（Bayesian learning）的方法论。为了介绍贝叶斯学习的基本概念，我们先从下面的贝叶斯公式入手了解一下其中的关键概念：

$$\underbrace{p(\boldsymbol{\theta} \mid \boldsymbol{X})}_{\text{后验概率}} = \frac{\overbrace{p(\boldsymbol{X} \mid \boldsymbol{\theta})}^{\text{似然值}}\overbrace{p(\boldsymbol{\theta})}^{\text{先验概率}}}{\underbrace{p(\boldsymbol{X})}_{\text{证据因子}}} \tag{10.26}$$

在贝叶斯体系下，模型参数 $\boldsymbol{\theta}$ 不再被认为是固定不变的量，而是服从一定分布的随机变量。在没有数据支持的情况下，我们对其有一个假设性的分布 $p(\boldsymbol{\theta})$，称为先验分布（prior），而在观测到数据集 $\boldsymbol{X} = \{\boldsymbol{x}_1, \cdots, \boldsymbol{x}_N\}$ 以后，根据数据集上表现出来的似然值 $p(\boldsymbol{X} \mid \boldsymbol{\theta})$，可以得到调整后的后验分布 $p(\boldsymbol{\theta} \mid \boldsymbol{X})$。先验分布、后验分布和似然值之间的变换关系，就通过上面的贝叶斯公式表达出来。等式右侧的分母项，也是贝叶斯学习中的一个重要概念，称为证据因子（evidence），它可以展开表示为 $p(\boldsymbol{X}) = \int p(\boldsymbol{X}|\boldsymbol{\theta})p(\boldsymbol{\theta})\mathrm{d}\boldsymbol{\theta}$。由贝叶斯公式和这些重要概念出发，3 种常见的模型估计方法的对比如表 10-2 所示。

表 10-2　常见模型估计方法对比

模型估计方法	参 数 估 计	预 测
最大似然方法	$\hat{\boldsymbol{\theta}}_X^{\mathrm{ML}} = \arg\max_{\boldsymbol{\theta}} p(\boldsymbol{X} \mid \boldsymbol{\theta})$	$p(\boldsymbol{o} \mid \boldsymbol{X}) = p(\boldsymbol{o} \mid \hat{\boldsymbol{\theta}}_X^{\mathrm{ML}})$
贝叶斯方法	$p(\boldsymbol{\theta} \mid \boldsymbol{X}) = p(\boldsymbol{X} \mid \boldsymbol{\theta})p(\boldsymbol{\theta})$	$p(\boldsymbol{o} \mid \boldsymbol{X}) = \int p(\boldsymbol{o} \mid \boldsymbol{\theta})p(\boldsymbol{\theta} \mid \boldsymbol{X})\mathrm{d}\boldsymbol{\theta}$
最大后验概率方法	$\hat{\boldsymbol{\theta}}_X^{\mathrm{MAP}} = \arg\max_{\boldsymbol{\theta}} p(\boldsymbol{\theta} \mid \boldsymbol{X})$	$p(\boldsymbol{o} \mid \boldsymbol{X}) = p(\boldsymbol{o} \mid \hat{\boldsymbol{\theta}}_X^{\mathrm{MAP}})$

概率统计模型有两个常见任务：一是参数估计，二是预测。其中第二项任务指的是给定一组训练数据 $\boldsymbol{X}$，评估某新的观测数据 $\boldsymbol{o}$ 的概率。在最大似然体系中，参数估计是根据似然值最大化得到的点估计，而预测过程就利用估计出来的参数计算似然值 $p(\boldsymbol{o}|\boldsymbol{\theta})$ 即可。

而在贝叶斯体系下，参数的点估计为其后验分布所代替，也就意味着参数在估计结果中具有不确定性，于是，在预测过程中，需要用积分的方式将参数的不同可能性都加以考虑，这是两者非常本质的区别。还有一种常见的参数估计方法，即最大后验概率（Maximum a Posterior，MAP）方法，它本质上仍然是点估计方法，只不过同样引入了先验部分来对参数做规范化，因此，其参数估计形式上是对贝叶斯后验概率求极值，而预测过程则与最大似然情形一样。

1. 共轭先验

贝叶斯方法有个关键问题，是如何选择式（10.26）中的先验分布 $p(\boldsymbol{\theta})$，这一点有两层含义：一是如何选择先验分布的形式，二是如何确定先验分布中的参数。之所以要讨论这个问题，是因为虽然先验分布的形式是我们选择的，但后验分布 $p(\boldsymbol{\theta}|\boldsymbol{X})$ 的形式却无法选择，而后验分布才是在使用中最关键的，其形式如果过于复杂，会给实际应用带来很大困难。如果我们能够找到一种先验分布，使得相应的后验分布也具有同样的形式，无疑是方便的。满足这种条件的先验分布，就称为共轭先验（conjugate prior）。

对于指数族分布的似然函数，容易发现共轭先验总是存在的，这又一次说明了指数族分布在工程上的便捷性。对于式（10.19）的指数族分布形式，其共轭先验可以一般性地写成：

$$p(\boldsymbol{\theta} \mid \eta) = \exp\{\chi^{\mathrm{T}}\boldsymbol{\theta} - \nu g(\boldsymbol{\theta}) - b(\chi, \nu)\} \tag{10.27}$$

值得注意的是，这一指数族分布的共轭先验分布仍然是指数族的形式，其用到的数学工具也就与前面的讨论一致。这一先验分布的参数 $\boldsymbol{\eta} = \{\chi, \nu\}$，称为超参数（hyper-parameter），$\boldsymbol{\eta}$ 控制着先验分布的具体形状。

将前面介绍的几种典型指数族分布与式（10.27）相对照，则可以得到相应的共轭先验。

（1）对于高斯分布，如果仅仅考虑其均值的不确定性，则对应的共轭先验仍然是高斯分布。

（2）对于 γ 分布，其对应的共轭先验称为维希特分布（Wishart distribution）。

（3）对于多项式分布，其对应的共轭先验是狄利克雷分布（Dirichlet distribution）。多项式－狄利克雷这一共轭对是后面介绍的文本主题分析中非常重要的分布形式。

当模型为指数族分布并选择共轭先验的情形下，对应的后验分布 $p(\boldsymbol{\theta} \mid \boldsymbol{X})$ 可以很简单地写成下面的形式：

$$\tilde{\chi} = \chi + \sum_{i=1}^{N} \mathbf{u}(x_i) \tag{10.28}$$

$$\tilde{\nu} = \nu + N \tag{10.29}$$

这里用变量上的波浪线代表后验。我们又一次看到，指数族分布的充分统计量在这里仍然发挥了核心作用，其结果是使得贝叶斯学习中后验概率分布的计算非常简便。需要特别指出，选择共轭的先验形式，从贝叶斯体系来看并没有太多理论上的必然性，这主要是为了满足工程上的方便性。

同样是从工程上来说，采用贝叶斯方案的目的是对模型参数进行约束，以提高估计的稳健性。因此，超参数的选择同样十分关键，因为超参数的取值决定了模型参数的自由程度。在实际应用中，可以根据一些领域知识和经验来设定超参数值，但是这样的方法有以下两个问题。

（1）当模型过于复杂，超参数数目太多时，不太可能都根据经验相对合理地设定超参数。

（2）采用这种主观的方式设定超参数，必然导致在一个固定的数据集上，参数估计的结果会随着主观超参数的不同而变化，这有些背离数据建模的客观性。因此，有必要探索一种数据驱动的超参数设定方法。

2. 经验贝叶斯

数据驱动的超参数决定方法中，经验贝叶斯的方法值得大家注意。在式（10.26）中，右边的分母，即证据因子，是将模型参数积分后的似然值的期望。我们注意到，在似然值和先验部分的形式确定的前提下，证据因子仅仅是先验部分的函数。从概念上来看，如果把证据因子认为是超参数对应的似然值，那么也可以用优化证据因子的方式找到最优的超参数。这种根据数据来确定超参数的方法就称为经验贝叶斯，其优化问题可以表示为：

$$\hat{\boldsymbol{\eta}} = \arg\max_{\boldsymbol{\eta}} \int \prod_{i=1}^{K} p(\boldsymbol{X}_i \mid \boldsymbol{\theta}_i) p(\boldsymbol{\theta}_i \mid \boldsymbol{\eta}) \mathrm{d}\boldsymbol{\theta}_i$$

由于是根据证据因子来确定超参数，这一方法框架又称为证据框架。需要说明，证据框架除了能够用于确定超参数，同样可以用于在若干种先验部分形式中做选择，选择标准仍然是判断各种分布的证据因子的大小。上式中还有一点需要特别注意，那就是我们是假设 $i = 1, \cdots, K$ 个模型共享同一个先验分布。从后面的讨论可知，只有当 $K > 1$ 的时候，上面的经验贝叶斯问题才会有非退化的解。

我们注意到，在式（10.30）中，$\boldsymbol{X}$ 为观测量，$\boldsymbol{\eta}$ 为参数，而 $\boldsymbol{\theta}$ 实际上是隐变量。因此，最直接的思路仍然是使用 EM 算法[10]来求解。当 $p(\boldsymbol{x} \mid \boldsymbol{\theta})$ 为指数族分布，而 $p(\boldsymbol{\theta} \mid \boldsymbol{\eta})$ 为其共轭先验分布时，对应的 EM 辅助函数可以写成下面的表达形式：

$$\begin{aligned} Q(\boldsymbol{\eta}, \boldsymbol{\eta}^{\mathrm{old}}) &= \sum_{i=1}^{K} \int_{\theta_i} p(\boldsymbol{\theta}_i \mid \boldsymbol{X}_i, \boldsymbol{\eta}^{\mathrm{old}}) \ln p(\boldsymbol{X}_i, \boldsymbol{\theta}_i \mid \boldsymbol{\eta}) \mathrm{d}\boldsymbol{\theta}_i \\ &= \sum_{i=1}^{K} \int_{\theta_i} p(\boldsymbol{\theta}_i \mid \boldsymbol{X}_i, \boldsymbol{\eta}^{\mathrm{old}}) \ln p(\boldsymbol{\theta}_i \mid \boldsymbol{\eta}) \mathrm{d}\boldsymbol{\theta}_i + \mathrm{C} \qquad (10.30) \\ &= \sum_{i=1}^{K} \int_{\theta_i} p(\boldsymbol{\theta}_i \mid \tilde{\boldsymbol{\eta}}_i^{\mathrm{old}}) \ln p(\boldsymbol{\theta}_i \mid \boldsymbol{\eta}) \mathrm{d}\boldsymbol{\theta}_i + \mathrm{C} \end{aligned}$$

注意，这里用到了共轭先验的性质，即后验分布有着与先验分布一样的行为，并且将第 i 个模型的后验超参数记为 $\tilde{\boldsymbol{\eta}}_i^{\mathrm{old}}$。仔细观察这一结果，如果把 $\boldsymbol{\theta}$ 当成数据，$\boldsymbol{\eta}$ 当成参数，那么

已知的后验分布 $\frac{1}{K}\sum_{i=1}^{K}p(\boldsymbol{\theta}_i\,|\,\widetilde{\boldsymbol{\eta}}_i^{\text{old}})$ 可以看成是数据的分布，而 $\ln p(\boldsymbol{\theta}_i\,|\,\boldsymbol{\eta})$ 则相当于参数 $\boldsymbol{\eta}$ 在此数据集上对应的似然值。于是，对此辅助函数的优化，相当于是在此数据分布上对 $\boldsymbol{\eta}$ 进行最大似然估计。又由于 $p(\boldsymbol{\theta}\,|\,\boldsymbol{\eta})$ 也是指数族分布，其最大似然估计可以通过充分统计量得到。因此，易于验证，该经验贝叶斯问题的 E-step 和 M-step 可以表示成下面的形式：

$$\text{E-Step:}\quad \widetilde{\boldsymbol{\chi}}^{\text{old}}=\boldsymbol{\chi}^{\text{old}}+\sum_{i=1}^{N}\mathbf{u}(\boldsymbol{x}_i),\quad \widetilde{\nu}^{\text{old}}=\nu^{\text{old}}+N$$

$$\text{M-Step:}\quad \langle\boldsymbol{\theta},g(\boldsymbol{\theta})\rangle_{p(\boldsymbol{\theta}|\boldsymbol{\eta}^{\text{new}})}=\frac{1}{K}\sum_{k=1}^{K}\langle\boldsymbol{\theta},g(\boldsymbol{\theta})\rangle_{p(\boldsymbol{\theta}|\widetilde{\boldsymbol{\eta}}_k^{\text{old}})} \qquad (10.31)$$

其中的 E-step 就是采用共轭先验的情形下后验的计算公式，而 M-step 是一个关于 η^{new} 的方程，此方程是否有闭式解与具体的指数族分布形式有关。

10.4　统计模型分布式优化框架

在上面介绍的一些统计机器学习模型中可以发现，指数族分布及其充分统计量在计算流程中起着非常关键的枢纽作用。不论是指数族分布的最大似然解、指数族混合分布的最大似然解，还是指数族分布的贝叶斯学习，如果采用 MapReduce 的计算框架，都可以用图 10-3 来描述。

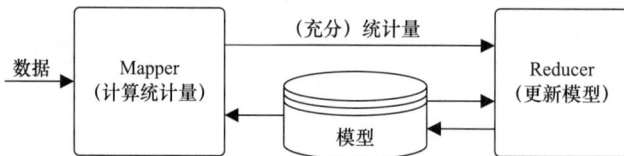

图 10-3　指数族分布 MapReduce 学习框架

从这一计算流程可以看出，对于大规模数据上的许多机器学习计算问题，MapReduce 是一个可行的选择：因为在机器之间交换的数据只是统计量或者充分统计量，其空间复杂度只与模型的参数数目有关，与数据的多少并无直接关系。不过，MapReduce 的方案却并不是一个高效的方案，当算法需要多次迭代才能完成的时候，由于需要在每次 map 过程中重新加载数据，使得整个过程的 I/O 负担变得较重，从而降低整个计算过程的效率。这里的分析主要是针对上面指数族分布相关的概率估计问题，但是对于前面提到的迭代式优化问题也同样成立。

由于 MapReduce 方案在面对迭代求解问题时效率不高，我们应该考虑其他替代方案。当数据的规模可以承受时，采用 Spark 之类的计算框架会更加高效，参见 9.5.9 节中的介绍。而在 Hadoop 新一代的调度器 YARN 的基础上，Spark 可以直接架设在 Hadoop 底层的分布式存储 HDFS 上，这使得数据可以直接在 Spark 的计算过程中复用，并没有在不同集群之间大量传递数据的开销。

10.5 深度学习

近年来，随着语音识别、计算机视觉等领域取得的突破式进展，深度神经网络正有取代其他各种机器学习框架而一统天下的趋势。所谓神经网络，指的是将简单的感知神经元连接在一起，从而模拟各种函数的灵活框架。以比较典型的全连接多层感知机（Multi-Layer Perceptron，MLP）为例，其结构如图 10-4 所示。MLP 中的节点分别表示输入层、隐藏层和输出层：输入层的每一个节点代表一个已知的输入变量，用 $x = (x_1, \cdots , x_N)^{\mathrm{T}}$ 来表示；在隐藏层中，每个节点接收前一级的输入，通过一个神经元（neuron）的非线性变换（称为激活函数），将其映射为一个新变量；经过多层的映射以后，输出层负责将最后一个隐藏层的变量加工为最终的输出变量，输出变量有可能是一个，也可能是多个。

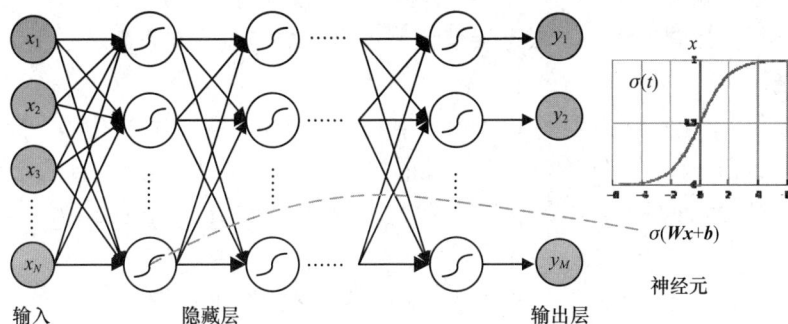

图 10-4 全连接多层感知机

显然，这是深度神经网络较为一般的一种结构形式，很多情况下直接套用这种形式并不能高效地对问题进行建模。因此，根据具体问题的数据特点，产生了卷积神经网络（CNN）、递归神经网络（RNN）等丰富的结构形式。但是，深度学习绝非会使用工具就可以对付各种建模问题的万用灵药，根据领域知识和数据特点设计合适的模型与特征结构，并找到高效的优化方案，才是最核心的能力。

有了非线性变换的存在，深度神经网络就可以表达更加复杂的函数形式。神经元中非线性单元可以是 sigmold 函数，也可以是 ReLU（Rectified Linear Unit）[48] 等形式。网络的深度，即隐藏层的数目，则决定了在同样参数数量的情况下，模型的表达能力[48]，实际上这也是深度学习取得成功的最关键之处。需要说明的是，深度神经网络并不是近年才有的新模型，只是随着计算能力的指数增长，特别是参考文献[64]中利用 GPU 加速神经网络的运算之后，这一模型才逐渐在工业界实用起来。

深度学习与大数据有着天然的密切联系：由于计算技术和计算能力的快速发展，我们目前已经能够处理越来越复杂的网络结构。但要让复杂的网络结构发挥优势，一定要有大量的数据才行。因此，深度学习最有可能在那些数据丰富的领域发挥巨大的作用。换言之，在具有明确目标函数，又具备充足高质量数据来源的问题上，机器的能力会非常快地接近甚至超过人类。

10.5.1　深度神经网络优化方法

深度神经网络的另一个优势是各种结构的模型优化方法相对一致。目前，反向传播算法（back propagation）是最常用且最有效的算法，其基本原理如下。

（1）将训练数据输入到深度神经网络的输入层，经过隐藏层，最后达到输出层并输出结果，这是前向传播过程。

（2）由于输出值与标注值之间存在误差，计算该误差，并将其从输出层向隐藏层反向传播，直至传播到输入层。

（3）在反向传播的过程中，根据误差调整各个参数的值，并不断迭代上述过程，直至训练过程收敛。

为了方便表达，我们先对照图 10-4 中的神经网络结构，定义几个变量，令 ω_{jk}^l 表示第 l–1 层的第 k 个神经元连接到第 l 层第 j 个神经元的权重，b_j^l 表示第 l 层第 j 个神经元的偏置，z_j^l 表示第 l 层第 j 个神经元的输入，a_j^l 表示第 l 层第 j 个神经元的输出，$\sigma(\cdot)$ 表示激活函数，于是有：

$$a_j^l = \sigma(z_j^l) = \sigma\left(\sum_k w_{jk}^l a_j^{(l-1)} + b_j^l \right) \tag{10.32}$$

将表示输出值与标注值之间误差的代价函数表示为 C，将第 l 层第 j 个神经元中产生的误差定义为 $\delta_j^l \triangleq \partial C / \partial z_j^l$。假设第 l 层的神经元数目为 M_L，令 $\boldsymbol{\delta} = (\delta_l^l, \cdots, \delta_{M_l}^l)^{\mathrm{T}}$，经过不太复杂的推导，可以得到下面的反向传播公式：

$$\begin{cases} \boldsymbol{\delta}^L = \varDelta_a C \odot \sigma'(z^L) \\ \boldsymbol{\delta}^l = (W^{(l+1)})^{\mathrm{T}} \boldsymbol{\delta}^{l+1} \odot \sigma'(z^l) \end{cases} \tag{10.33}$$

其中 L 为神经网络总层数，$\odot$ 表示矩阵或向量之间的 Hadamard 乘积。得到了上式以后，可以很容易得到各个权重与偏置的梯度：

$$\begin{cases} \partial C / \partial w_{jk}^l = a_k^{(l-1)} \delta_j^l \\ \partial C / \partial b_j^l = \delta_j^l \end{cases} \tag{10.34}$$

求得了梯度就可以利用各种基于梯度的方法优化模型参数。

从上面的方法可以看出，神经网络的优化方法与其模型结构并没有太大的关系，这使得开发一个较为通用的神经网络表达和优化工具成为可能。目前，开源的神经网络工具软件主要有 TensorFlow[1]、Caffe[56]、Mxnet[24] 等。它们的共同特点是都可以利用比较方便的编程工具表达出一个与模型结构相对应的图表示，然后工具本身可以自动进行反向传播的优化过程。当然，神经网络的求解过程远非这么简单，在经过多个环节的传播以后，往往会出现梯度消失（gradient vanish）或梯度爆炸（gradient explode）等问题，这些都使网络结构的设计和优化方法与参数的选择变得十分重要。

当神经网络的规模很大、层数较深时，上述优化方法计算量非常大，这也是神经网络在学术界提出了几十年以后仍然没有得到广泛使用的原因。直到 Jeffrey Hinton 等人利用 GPU 大幅提高了神经网络的计算效率，才使它接近于实用，并迅速取得了在语音识别、图像识别等问题上的重要进展。今天训练实用的深度神经网络不利用 GPU 应该说是不太现实的。在 TensorFlow 等工具中，已经集成了调用 GPU 进行计算的底层方案，而模型的设计者和应用者则可以无须关心这些实现细节。

10.5.2　卷积神经网络（CNN）

卷积神经网络（Convolutional Neural Network，CNN）[67] 是一种常见的深度神经网络结构，主要用于图像处理领域。在人脸识别等图像处理任务中，是将原始图像张量作为输入，经过多层的非线性变换，一层层得到更高级的语音信息，最终完成识别其中物体的任务。显然，图像处理有两个重要的领域特点。

（1）局部感知。在图像上提取边缘、发现物体等操作，往往只需要聚焦在图上的一个局部范围中。

（2）参数共享。视觉元素的特征与位置无关，因此，在同一层中的不同神经元，可以共享一样的输入变量的权重。如果输入变量整理成张量的形式，这一组在局部范围图像上的变换权重称为一个卷积核。将一幅图像利用卷积核做变换的过程，如图 10-5 所示。卷积神经网络训练的目的就是得到各卷积核上的各个权重。

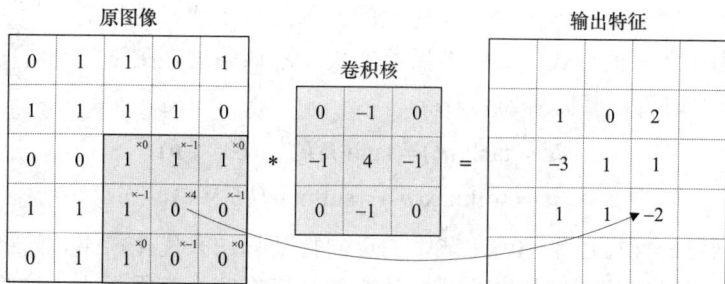

图 10-5　卷积核对图像的变换过程示例

卷积神经网络对图像进行处理的原理如图 10-6 所示。卷积神经网络交替采用采样和卷积对原图像进行变换，从而获得越来越抽象的图像理解能力。如果 CNN 应用于多选一的分类问题，往往采用 softmax 方法将最后的输出矢量映射为各个类的后验概率，假设最终的输

出矢量为 $o = (o_1, \cdots, o_N)^T$，其 softmax 映射结果可以表示为：

$$\text{softmax}(o) = \left(\frac{e^{o_1}}{\sum_i e^{o_i}}, \cdots, \frac{e^{o_N}}{\sum_i e^{o_i}} \right)^T \tag{10.35}$$

计算上面的输出与标准结果对应的多项式变量 y 之间的距离，即可以得到神经网络整体优化的损失函数 $L(y, o) = \|y - o\|^2$。注意，当 $N = 2$ 时，根据 softmax 方法确定的损失函数等价于 LR 模型。

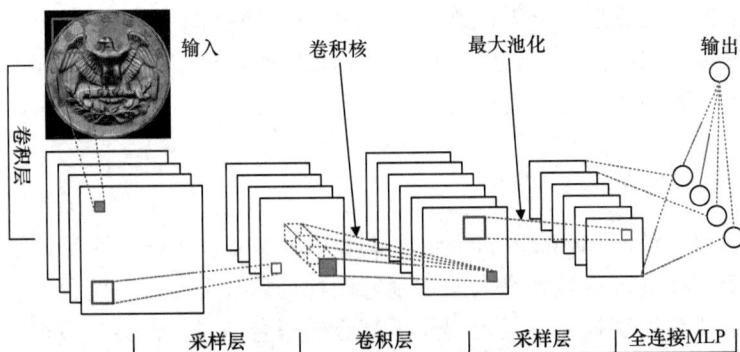

图 10-6　卷积神经网络示例

10.5.3　递归神经网络（RNN）

另一种常见的深度学习模型是递归神经网络（Recursive Neural Network，RNN）[88]，它主要用于处理时间序列数据的建模，典型的例子是语音识别和机器翻译。RNN 要解决的问题是 $p(\{y^1, \cdots, y^t\}|\{x^1, \cdots, x^t\}\})$ 这种建模问题，其典型的网络结构如图 10-7 所示，从展开的网络结构可以看出，RNN 在每个 t 时刻的局部结构是递归重复的。为了便于表达，也可以将其表达为图左侧的形式，其中的黑色方块表示该条边是到下一个时间单元相应位置的输入。在每一个时刻，其更新公式为：

$$h^t = \tanh(a^t) = \tanh(Wh^{t-1} + Ux^t + b)$$
$$y^t = \text{softmax}(o^t) = \text{softmax}(Vh^t + c) \tag{10.36}$$

递归神经网络一样可以用 10.5.1 节中的反向传播算法来优化，不过这样做可能面临着相当大的挑战。当时间间隔过长时，反向传播的梯度有时会变得极小，这将使模型无法描述长距离的依赖性；反向传播的梯度有时候也会变得很大，这会导致优化失败。为了解决这些问题，一种叫作门控递归神经网络（gated RNN）的结构在实践中取得了不错的效果，这种结构比较典型的代表是长短时记忆（Long Short-Term Memory，LSTM）[50] 模型，如图 10-8 所示。LSTM 引入了控制变量 C 与相关的门结构去除或者增加历史长时信息的影响，其中有遗忘、输入和输出 3 个门。

（1）遗忘门会根据 h^{t-1} 和 x^t 输出一组 $(0, 1)$ 之间的数值，用以调节 C^{t-1} 的遗忘程度：

$$f^t = \sigma(W_f[h^{t-1}, x^t] + b_f) \tag{10.37}$$

注意，此处的 $\sigma(\cdot)$ 表示对矢量中的每一维都用 sigmoid 函数 σ 进行变换。

（2）输入门的作用是确定什么样的新信息被存放在细胞状态中。首先，根据 h^{t-1} 和 x^t 层创建新的候选值 Δ_t，并算出其加权系数 i^t；然后，将 Δ_t 与 C^{t-1} 加权得到 C^t：

$$
\begin{aligned}
i^t &= \sigma(W_i[h^{t-1}, x^t] + b_i) \\
\Delta^t &= \tanh(W_\Delta[h^{t-1}, x^t] + b_\Delta) \\
C^t &= f^t \odot C^{t-1} + i^t \odot \Delta^t
\end{aligned} \tag{10.38}
$$

（3）输出门先得到需要输出的系数 q^t，然后把 C^t 通过 tanh 得到一组在 $(-1, 1)$ 之间的值，将二者相乘得到输出部分：

$$
\begin{aligned}
q^t &= \sigma(W_o[h^{t-1}, x^t] + b_o) \\
h^t &= q^t \odot \tanh(C^t)
\end{aligned} \tag{10.39}
$$

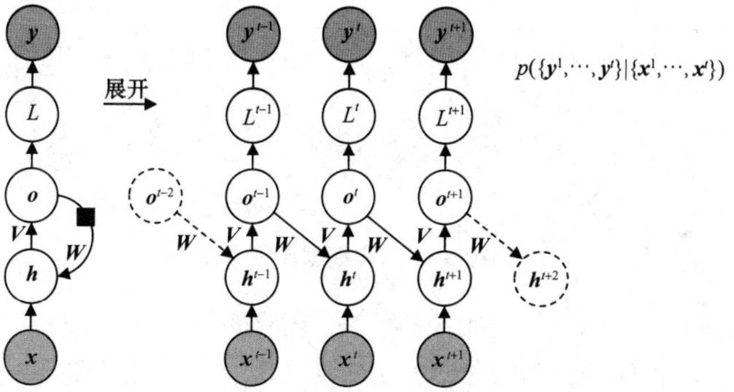

图 10-7　递归神经网络示例

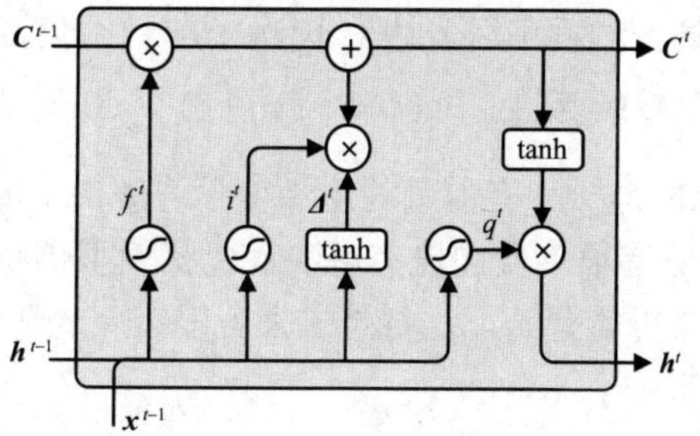

图 10-8　LSTM 模型结构示例

10.5.4   生成对抗网络（GAN）

Szegedy 在研究神经网络的性质时发现，针对一个已经训练好的分类模型，将训练集中的样本做一些细微的改变会导致模型给出一个错误的分类结果。这种虽然发生扰动但人眼可能识别不出来且会导致误分类的样本称为对抗样本，他们利用这样的样本发明了对抗训练（adversarial training），模型既训练正常的样本也训练这种自己造的对抗样本，从而改进模型的泛化能力[91]。

与此相关，Goodfellow 提出了生成对抗网络（Generative Adversarial Net，GAN）[47]，它要解决的问题是如何从训练样本中学习出新样本，训练样本是图片就生成新图片，训练样本是文章就生成新文章，等等。GAN 受博弈论中的二人零和博弈的启发，它采用一种非常巧妙的思想给出了用深度神经网络实现生成模型的一般思路，其学习框架如图 10-9 所示。

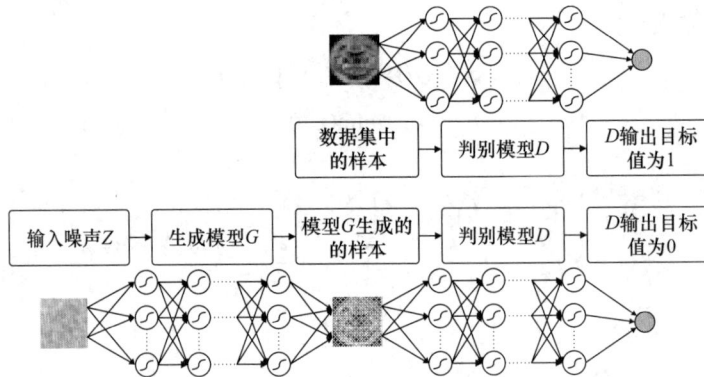

图 10-9   GAN 模型原理示意

它包含一个生成模型 G 和一个判别模型 D。用噪声数据 Z 生成一个类似真实训练数据的样本，追求效果是尽可能像真实样本；而 D 是一个二分类器，估计一个样本来自训练数据（而非生成数据）的概率。训练时，固定一个模型的参数，更新另一个模型的参数，交替迭代，使对方的错误最大化。最后的目标是使 G 能准确描述出样本数据的分布。令 $\tilde{p}(x)$ 表示数据集的经验分布，这一过程可以表达为下面的最优化过程：

$$\min_G \max_G V(D,G) = \mathbb{E}_{x \sim \tilde{p}(x)}[\ln(D(x \mid y))] + \mathbb{E}_{x \sim p(z)}[\ln(1 - D(G(x \mid y)))] \tag{10.40}$$

虽然从概念上说，GAN 是一种有前景的用深度学习解决生成问题乃至无监督训练问题的方案，不过其优化过程还有很多问题没有解决，包括模型训练的收敛性和细节的把握方面都存在很多的问题。但是毋庸置疑，这将是未来若干年深度学习研究的重点方向之一。

第 11 章

合约广告核心技术

　　合约广告的关键特征，是广告投放的价格和量由双方协商约定。合约广告的最初形式是按广告位售卖的 CPT 广告，而这样的 CPT 广告排期系统并不是一个个性化系统，技术实现上相对简单。不过，在实际的媒体广告投放中，经常会遇到 CPT 广告与其他服务器决策的动态广告混合的情形，并需要处理动态广告返回失败时的防天窗问题。本章将会介绍这样一个混合排期系统的决策框架。

　　合约广告的重点形式是按指定受众购买的、按 CPM 计费的展示量合约广告。展示量合约广告的投送系统称为担保式投送系统。它依赖于受众定向、流量预测、点击率预测这 3 项基本技术，并采用在线分配的方式完成实时决策。由于受众定向和点击率预测的重要程度已经超出了合约广告的范畴，我们会在后续的章节中陆续介绍。而在线分配问题，即在一组合约量的约束条件下，对每个在线到达的展示做投放决策，以优化某效果目标这一问题，将是本章介绍的重点技术。

　　担保式投送的决策逻辑比较复杂，而且在目前竞价广告为主的市场环境中显得有些过时。然而，此问题的研究却对广告中广泛存在的"量的约束下优化效果"这一根本诉求给出了重要的框架，而这一框架在各种市场形态中都有具体的表现形式，比如后面章节中将介绍的 ADX 中的询价优化问题等。因此，我们希望能从两个方面介绍此问题的一般性思路：一是在未来流量分布未知的情形下，如何估计在线分配算法的极限性能；二是在根据历史数据能进行相对合理的流量预测的情形下，如何利用这些预测搭建一个实用的在线分配系统。

　　按 CPM 售卖的合约广告，除了上述的核心算法，还有两项广泛应用的支持技术，即流量预测和频次控制。其中流量预测是在线分配的基础，也是后面竞价广告系统中广泛使用的功能。流量预测的方法有多种类型，本章将介绍一种基于信息检索技术的方案。频次控制则是广告主为了展示的有效性提出的控制性要求。这两项技术的业务背景和常用的技术方案也将在本章中介绍。

11.1   广告排期系统

对于按 CPT 结算的广告位合约，媒体一般采用广告排期系统来管理和执行。广告排期系统与我们后面要讨论的各种广告系统都不同，因为它并不是一个个性化系统，也不太需要服务器端的动态决策。广告排期系统的一般技术方案是将广告素材按照预先确定的排期直接插入媒体页面，并通过内容分发网络（Content Delivery Network，CDN）加速访问。这样可以使广告投放延迟很小，也没有服务器端的压力和开销。

广告排期系统需要注意的技术环节是，在与其他动态广告混合投放时的调度策略。由于广告位合约的方式不需要在服务器端计算，因此在混合投放时，也要充分考虑这一特点，尽可能地减少服务器端的负载。另外一个相关的问题就是，当一些横幅广告位上没有广告位合约，需要用其他服务器动态决策的广告补足时，由于服务器可能出现超时或其他错误导致广告未能返回，那么也需要在页面上展示一个默认广告防止出现广告位的空白，这样的广告称为防天窗广告。防天窗广告由于需要在服务器不工作的情形下补位，因此也应该放在 CDN 上实现。下面我们看一下这类混合投放时的决策逻辑。

排期与动态广告混合系统

对一个广告位合约与动态广告混合投放的系统来说，需要同时考虑 CPT 广告和防天窗广告的投放逻辑。我们以 Web 页面上的广告投放为例来描述这一调度过程。

（1）前端的广告位代码从 CDN 上获取一个默认广告素材，并标示此广告是优先的 CPT 广告还是防天窗广告的参数。

（2）根据上述参数，如果 CDN 上获得的是一个 CPT 广告，那么直接将素材渲染在页面上即可。

（3）如果 CDN 上获得的是一个防天窗广告，则优先向广告投放机发送请求，如果在指定延迟时间内有广告返回，则将其渲染在页面上。

（4）如果服务器在指定延迟时间内没有广告返回或发生其他错误，则将从 CDN 里得到的防天窗广告渲染在页面上。

这一过程如图 11-1 所示。可以很容易地验证，只要 CDN 不发生错误，这样的系统就可以保证不会出现广告位上的天窗。同时，由于我们对广告位合约直接通过前端投放，在这部分流量上避免了访问服务器带来的延迟，因此 CPT 广告的效果可以得到较好的保证。实际的排期和动态广告混合系统，由于有轮播模式的存在和地域定向[①]的需求，会比上述的逻辑更加复杂一些，不过在原理上没有差异。

---

① 地域定向虽然是受众定向的一种，但由于逻辑比较简单，在 CPT 广告中也会售卖，并且可以采用在前端代码中实现逻辑的方式。

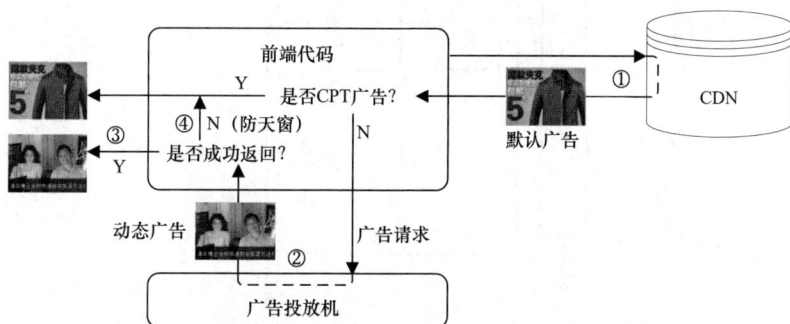

图 11-1 排期与动态广告混合投放决策逻辑

虽然本书的重点是讨论各种基于受众定向的动态广告系统，但是读者需要了解，往往上面这样的排期调度系统是媒体投放展示广告的基础系统，而各种动态广告产品的接入则统一在步骤 2 中进行。

11.2 担保式投送系统

与展示量合约对应的广告系统称为担保式投送（Guaranteed Delivery，GD）系统。在展示量合约这样的交易结构中，只要合约都被满足，系统的收益就是一定的，于是式（2.2）中的优化目标变成了常数。不过，这一系统多了合约带来的一组量的约束条件，因此变成了一个带约束优化问题。关于此问题的具体描述和解法将放在后面的在线分配部分中介绍。有时，展示量合约还会约定投放量未达到时的惩罚，在这种情况下，目标不再是一个常数，不过这仍然可以用在线分配的一般框架来解决。

担保式投送系统的整体架构如图 11-2 所示。在此系统中，在线投放引擎接收用户触发的广告请求，根据用户标签和上下文标签找到可以匹配的广告合约，然后由在线分配模块决定本次展示投放哪个广告。完成决策后，将展示和点击日志送入数据高速公路。这些日志一方面进入离线分布式计算平台以后，通过日志的整理，完成合约的计划，即确定在线分配算法的参数，再将分配方案送给线上投放机使用；另一方面，日志也送到流式计算平台，在反作弊和计价的基础上，再对索引进行快速调整。可以看出，这一系统的核心技术是在线分配的算法策略与执行过程。

由于担保式投送需要用到人群标签或上下文标签，因此在广告检索的过程中也需要用到用户标签库和页面标签库这两个标签库，由于标签的生成过程与担保式投送本身的关系不大，因此将放在后面受众定向技术部分集中讨论。

担保式投送需要用到的核心技术，最重要的就是在线分配。关于在线分配，我们将在下面用专门的章节介绍。除了在线分配，担保式投送还有另外两项主要的支持技术，即流量预测和频次控制。

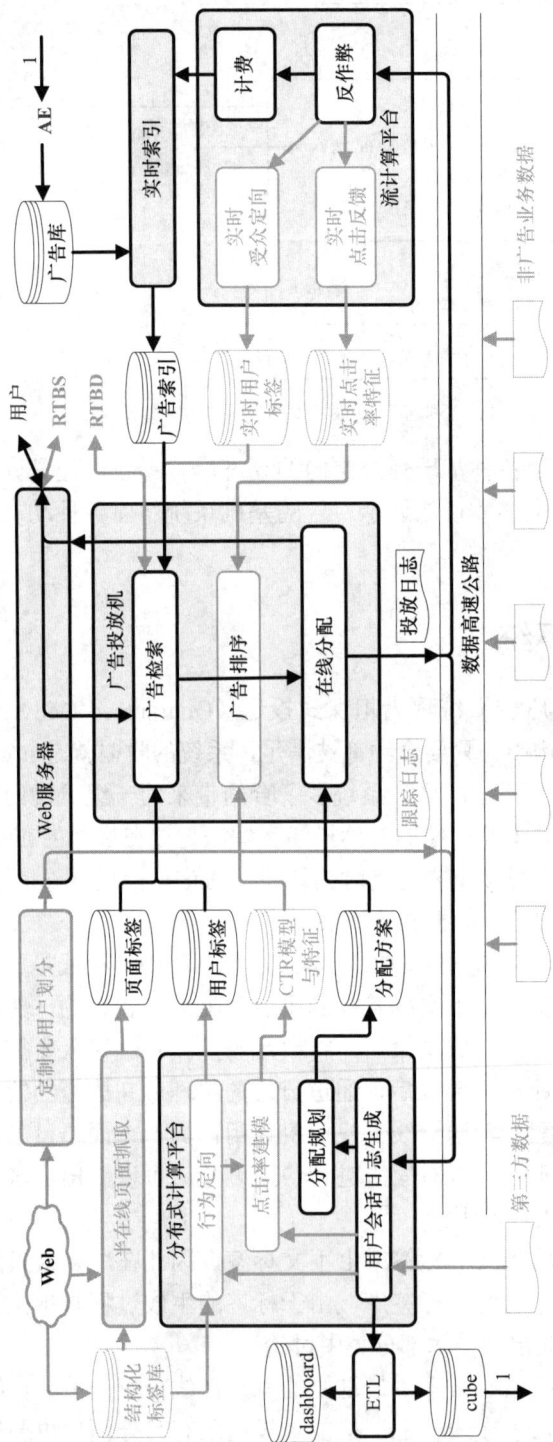

图 11-2　担保式投送广告系统架构示意

11.2.1 流量预测

在展示量合约广告中，流量预测 [98] 是一项支撑技术，它对于在线分配的效果至关重要。除此以外，在广告网络中，一般来说也需要根据定向条件和出价估计广告展示量，以辅助广告主进行决策。因此，流量预测是一项在计算广告中广泛使用的技术。

流量预测的问题可以描述为：给定一组受众标签组合以及一个 eCPM 的阈值，估算在将来某个时间段内符合这些受众标签组合的条件并且市场价在该 eCPM 阈值以下的广告展示量。这里的 eCPM 阈值主要用于竞价广告系统中，目的是了解在某出价水平下的流量情形。对展示量合约式广告来说，这个阈值是不需要的，或者为了工程上一致，将该阈值设为一个很大的常数。

流量预测一般的方法其实并不是预测，而是根据历史数据的统计来拟合未来的流量。当然，也可以引入时间序列分析的方法，从流量在时间轴上的规律预测未来某个时间段的流量，这主要适用于需要短时预测的场景，对广告业务来说不是很有必要。因此，我们将主要介绍根据历史数据统计的方法。用统计的方法解决流量预测问题，工程上的主要挑战在于，给定的受众标签组合可能性非常多，不可能将所有这些组合都预先做好统计。可行的思路是将其视为一个反向检索的问题：在一般的广告检索问题中，索引的文档是广告 a，而查询是 (u, c) 上的标签；而在流量预测问题中，索引的文档由广告 a 变成了每次展示，而文档的内容即是这次展示上的 (u, c) 上的标签，而查询由 (u, c) 上的标签变成了广告设置的受众条件。可以看出，这两个问题是对偶的，可以用类似的技术方案来解决。

与广告检索问题相比，流量预测的检索问题要简单一些：首先，(u, c) 供给节点不存在布尔表达式描述，而是简单的特征集合；另外，流量预测的大多数应用场景对实时性的要求都不算高，例如，在竞价系统辅助决策时，秒级的响应完全可以满足要求，这比线上广告检索毫秒级的要求显然要低得多。用反向检索的方案来进行流量预测，主要有如下一些步骤。

（1）准备文档。将历史流量中 (u, c) 上的所有标签的展示合并为一个供给节点 i，并统计其总流量 s_i，以及这部分流量上 eCPM 的直方图 hist_i。这样的每个供给节点作为流量预测反向索引的一篇文档。

（2）建立索引。对上一步生成的每个供给节点建立倒排索引，文档的 terms 即为此供给节点 (u, c) 上的所有标签。同时，在索引的正排表部分记录下 s_i 和 hist_i。

（3）查询结果。对于一条输入的广告 a，将其限定的标签条件作为查询，得到所有符合条件的供给节点的集合。

（4）估算流量。遍历上一步得到的每个供给节点，对于某个供给节点 i，首先计算其与该广告 a 的 eCPM，即 $r(a, u_i, c_i) = \mu(a, u_i, c_i)\text{bid}_a$，然后根据相应的 eCPM 直方图 hist_i 计算 a 能获得的流量。这样，就可以估算出 a 在出价 bid_a 情形下能获得的近似流量。

上述基于反向索引的流量预测方法如图 11-3 所示。在实际操作过程中，由于历史广告投放日志可能流量非常大，将所有的供给节点都建立索引在规模上是无法承受的。当然，实际上我们也并不需要这样做，在流量预测误差允许的范围内，我们可以在上面的第 1 步和第 2 步之间加一个采样的过程，将索引中的供给节点的数量控制在合理的规模。

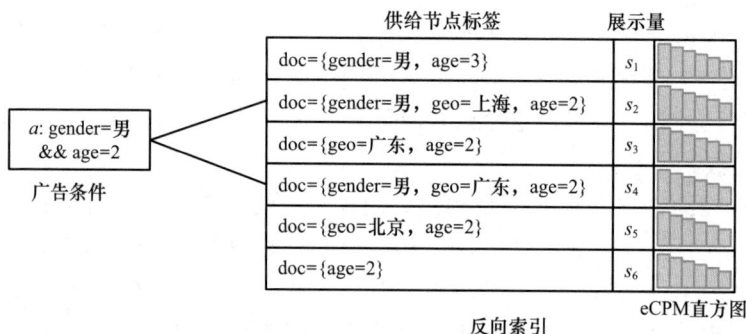

图 11-3　基于反向索引的流量预测示意

11.2.2　频次控制

频次指的是某个用户在一段时间内看到某个或某组广告的曝光次数。关于频次对广告效果的影响，Herbert E. Krugman 博士在 1972 年提出了著名的"三打理论"[65]：第一次，刺激消费者试着了解信息，去问"这个广告是什么？"；第二次，刺激消费者去评量，去问"广告内容是什么？""我曾经看过这个广告吗？"；第三次，消费者接触到广告时会回忆并开始逃离广告。三次足以对消费者产生作用。这个理论对广告投放的效果有重要的指导意义，但是主要适用于传统广告，并且假设用户已经顺利通过了关注阶段。对于互联网广告，技术手段能够记录到的展示在广告位置差异的影响下离有效展示有相当大的差距，因此无法直接套用三打理论。不过，一般来说，随着某个用户看到同一个创意频次的上升，点击率呈下降的趋势这一点是可以被验证的。因此，在按照 CPM 采买流量时，广告主有时会要求根据频次控制某个用户接触到某创意的次数，以达到提高性价比的目的。特别是在视频广告这样有效曝光程度较高的广告产品中，频次控制（frequency capping）的意义和重要性尤为显著。

图 11-4 给出了某广告产品中实际的频次与广告效果（eCPM）的关系曲线。将这一量化结果与传统广告的频次理论相对比，会有一些新的发现：首先，广告效果随着频次的上升呈单调下降趋势，而并非在三次时达到最佳；其次，频次较高的广告展示效果很差，因此，没有足够的广告主数量，整体的广告效果会受到相当大的限制。而这些特点在竞价广告产品中更加容易利用，我们将在第 13 章中再讨论。

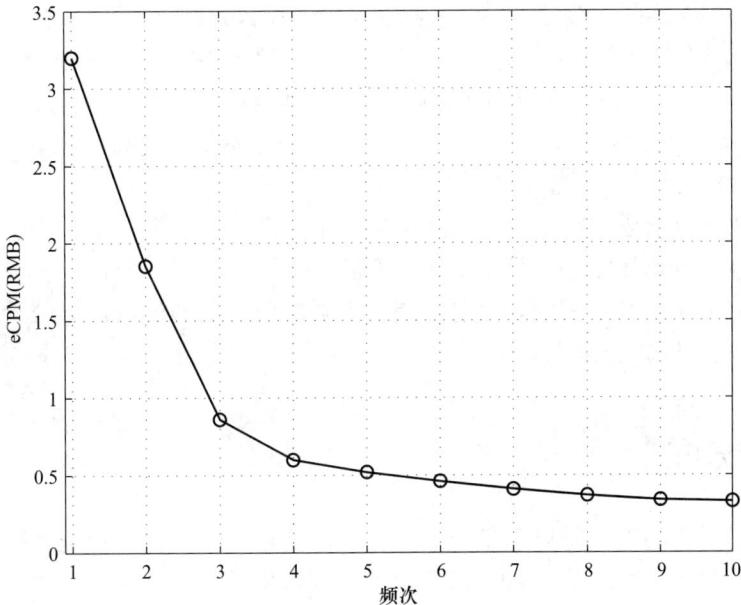

图 11-4　频次与广告效果的关系示例

　　从计算的角度来看，频次是使得式（2.2）中的可分性假设不成立的最主要影响因素。而将频次作为一个可控制的定向条件引入广告系统后，这个问题虽不能被彻底解决，却可以大大地缓解。频次控制的需求可以描述成，控制各 (a, u) 组合在一定时间周期内的展示量。应该说，频次的明确要求主要存在于展示量合约广告中，而在 CPC 结算的竞价广告中，可以将频次作为 CTR 预估的特征之一，从而隐式地对广告的重复展示进行控制。

　　频次控制有客户端和服务器端两种解决方案。客户端的方案就是把某个用户对某个广告创意的频次值记录在浏览器 cookie 里，投放决策时再把这个值传给投放器来决策创意。这一方案的好处是简单易行，而且服务成本低。缺点是扩展性不够好，当同时跟踪多个广告的频次时，cookie 可能会变得很重，从而影响广告响应时间。当然，在移动应用广告中利用 SDK 做前端投放控制的场景中，客户端的方案是非常好的选择。服务器端的方案是在后台设置一个专门用于频次记录和更新的缓存，当广告请求到来时，在缓存中查询候选广告的频次，并根据最后实际投放的广告更新频次。

　　频次控制用到的缓存，同时存在高并发读和高并发写的要求。而且随着频次控制粒度要求的不同，需要记录的频次变量数目也可能很大。例如，在创意级别控制频次就比在广告主级别控制频次需要更多的缓存容量。不过考虑到问题的实际情况，这一缓存实际上可以有很轻量级的方案。对我们有利的问题特性主要有以下两点。

　　（1）频次存储的规模是有上限的。如果我们在某个时间周期内控制频次，那么上述的频次变量总数一定不会超过这个时间周期内的展示总数，这会远远小于所有可能的 (a, u) 的组合数量。因此，缓存实际的存储规模没有我们想象的那么大。

（2）当用 (a, u) 的组合生成缓存中对应的键时，实际上并不需要处理冲突，因为从业务角度来说，对极小比例的冲突组合上的频次控制不准是可以接受的。因此，我们用简单的 MD5 之类的哈希方法生成键就可以，这会比哈希表的方案要简便高效一些。这实际上也反映了广告系统投放过程弱一致的设计原则。

由于频次控制有上述这些特点，并且存在高并发读写的要求，大多数通用型的 NoSQL 存储方案并不能很好地用于频次控制的缓存服务，因此很可能需要自行实现一个非常轻量级的内存键值对方案来满足需求。而且，就大多数广告产品的流量规模来看，此缓存完全可以放在广告投放机本机的内存中。

11.3　在线分配

本章中我们讨论的重点是展示量合约广告，以及相应的担保式投送系统。展示量合约广告的优化问题与式（2.2）表达的一般问题的主要区别在于，合约量的要求引入了一些约束条件，这引出了在线分配问题。

在线分配问题指的是，通过对每一次广告展示进行实时在线决策，从而达到在满足某些量的约束的前提下，优化广告产品整体收益的过程。很容易理解此问题计算上最困难的地方在于"在线"，也就是在信息尚不全面的时候做出决策；而系统上最困难的地方在于分配策略是需要弱状态的，同时各广告投放机之间的耦合程度也要尽量低。

在线分配是计算广告中比较关键的算法框架之一，它适用于许多量约束下的效果优化问题，而这实际上是广告业务非常本质的需求。由于在线分配问题的重要性超越了担保式投送本身，我们先详细介绍一下此问题的应用场景与算法。

11.3.1　在线分配问题

我们的出发点仍然是式（2.2）的计算广告核心问题。此问题优化的是一组广告展示上的利润，不过在在线分配问题中，我们进一步引入了量的约束。为了讨论方便，我们需要先对式（2.2）做一些变化，得到适合于描述在线分配问题的带约束优化问题。

1. 供给与需求二部图

以担保式投送为代表，可以看出在线分配问题有两个主要的挑战：一是要在量的约束下优化效果；二是要实时对每一次展示做出决策。直接在这两个要求下优化会使求解过程相当困难。因此，在在线分配问题中，一般将此问题简化为一个二部图（bipartite graph）匹配的问题。这里的"二部"指的是代表广告库存的供给节点（其集合记为 I），其中某个节点代表的是所有标签都相同的流量库存和代表广告合约的需求节点（其集合记为 A）。

供给节点、需求节点和在线分配二部图的示例如图 11-5 所示。在这个示例中，下方的 6 个节点为供给节点，而上面的 3 个节点为需求节点。如果某个供给节点的受众标签能够满足某个需求节点的要求，就在相应的两个节点间建立一条连接边。我们把这个二部图记为 $G = (I \cup A, E)$，其中 E 为 I 与 A 之间边的集合，并用 $\Gamma(a)$ 表示所有与需求节点 $a \in A$ 相邻的供给节点的集合，而用 $\Gamma(i)$ 表示所有与供给节点 $i \in I$ 相邻的需求节点的集合。我们的任务就是求解由 $i \in I$ 到 $a \in A$ 的分配比例，使得在满足供给方和需求方的约束的同时，某个与广告效果相关的目标函数达到最优。

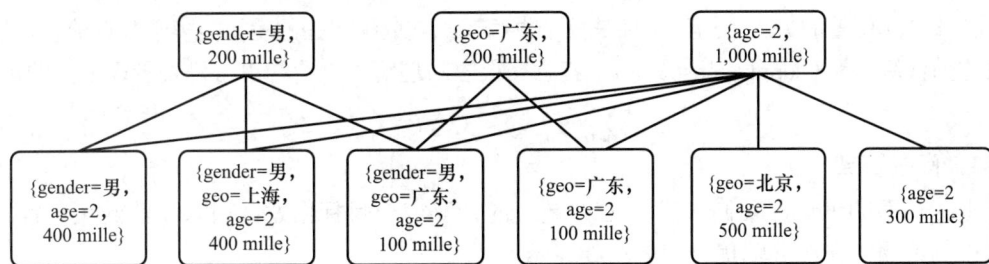

图 11-5　在线分配中的二部图匹配问题示意

二部图中的供给节点有时为一组标签约束下的流量集合，在这种情况下，我们用 s_i 表示供给节点 i 的总流量；有时我们也会用一个节点代表一次展示，这适用于不假设对流量有预测能力的场景或者需要精细区分每次展示的场景。

请大家注意，与式（2.2）的计算广告一般问题相比，这样的二部图结构实际上假设了在同样一组供给节点和需求节点之间发生的广告展示，其目标函数或回报 r 是没有差别的。这虽然不够准确，但却是更直接地研究在线分配算法的一种合理近似。在这一近似下，r 由 (a, u, c) 组合的函数变成了供给节点 i 和需求节点 a 的函数，我们将其记为 r_{ia}。为方便起见，从分配问题的物理意义出发，我们往往还假设整体的收益或目标函数是可分的[96]，这一目标函数表示为如下的形式：

$$F(s, x) = s_i x_{ia} r_{ia} \qquad (11.1)$$

其中 s_i 为供给节点 i 的总供给量，而 $x = \{x_{ia}\}_{|I| \times |A|}$ 中的每个元素表示 s_i 分配给合约 a 的比例，这就是我们在线分配问题求解的变量。

这一在线分配问题的目标函数，直观上看与式（2.2）的一般广告问题目标大有不同，不过这实际上是通过二部图假设简化后得到的表示。另外，在这种表示中，供给节点的数目会随着定向条件的增加而呈几何级数上升，也就会使对应的分配问题变得过于复杂而无法有效求解。下面我们来看一下此优化问题有哪些约束。

2. 需求约束与供给约束

在线分配问题的第一个约束条件是，分配给某广告合约 a 的收益要至少等于其约定的

量 d_a，这个约束称为需求约束（demand constraint）：

$$\sum_{i \in \Gamma(a)} q_{ia} s_i x_{ia} \leq d_a, \ \forall a \in A \tag{11.2}$$

其中 q_{ia} 为将供给节点 i 连接到需求节点 a 的单位流量惩罚，其具体意义将在后面举例说明。简单起见，我们一般都假设这一需求约束是线性的，实际上这也已经能满足所有常见场景中的需求。

实际产品中常见的需求约束有两类：一类是预算、服务成本等的上限要求；另一类是合约量的下限要求。在后一种情形下，q_{ia} 为负数，需求约束实际上描述的是一个收益项的下限。

在线分配问题的另一个约束条件是每个供给节点被分配出去的量不能多于其总流量，这个约束称为供给约束（supply constraint），其意义很容易理解。供给约束可以表示成下面的形式：

$$\sum_{a \in \Gamma(i)} x_{ia} \leq 1, \ \forall i \in I \tag{11.3}$$

3．问题框架

根据上面的讨论，我们从式（2.2）定义的计算广告目标出发，引入供给约束与需求约束，得到下面的在线分配优化问题框架表示：

$$
\begin{aligned}
\max \ & \sum_{(i,a) \in E} s_i x_{ia} r_{ia} \\
\text{s.t.} \ & \sum_{a \in \Gamma(i)} x_{ia} \leq 1, && \forall i \in I \\
& \sum_{i \in \Gamma(a)} s_i x_{ia} q_{ia} \leq d_a, && \forall a \in A \\
& x_{ia} \geq 0, && \forall (i,a) \in E
\end{aligned} \tag{11.4}
$$

除了供给约束和需求约束，上式中还有第三个约束，它用以保证分配变量非负。式（11.4）是一个比较一般性的数学表达，不仅适用于 GD 问题，也适用于其他量约束下的在线分配问题。有关它的一些算法和结论，也不仅可以用于合约式广告系统，在后面介绍的竞价广告系统或广告交易市场中也有广泛的应用。

如果可以离线对式（11.4）进行决策，那么这是一个一般的带线性约束的优化问题。然而在广告投放实际环境中，不可能达到全局最优，而是必须对每次广告展示马上做出决策，这就要求我们设计一种比较聪明的策略，使得在整体流量情况尚不明朗时，仍然可以相对合理地做出决策，而最终目的是全部流量上的分配结果与离线最优化的结果尽量接近。

11.3.2　在线分配问题举例

在线分配技术并不仅适用于 GD 问题，其他典型的问题还有 AdWords 问题、展示广告问题、最大代表性分配（MRA）[44] 问题、广告交易平台中的询价优化问题等。下面通过举例介绍一下 GD 问题和 AdWords 问题的具体表达，其他问题有的还会在本书的后面遇到。

1．GD 问题

在线分配的最典型应用就是上面提到的 GD 问题。这里主要考虑按 CPM 结算的市场。

在 GD 合约的情形下，由于按 CPM 售卖广告，在所有合约都满足的情形下，如果不考虑合约 a 未完成时的惩罚，收益是一定的常数。那么 GD 的优化问题可以写成：

$$
\begin{aligned}
&\max C \\
&\text{s.t.} \sum_{a\in\Gamma(i)} x_{ia} \leqslant 1, && \forall i \in \boldsymbol{I} \\
&\quad\ \sum_{i\in\Gamma(a)} s_i x_{ia} \geqslant d_a, && \forall a \in \boldsymbol{A} \\
&\quad\ x_{ia} \geqslant 0, && \forall (i,a) \in \boldsymbol{E}
\end{aligned}
\tag{11.5}
$$

可以看出，GD 问题的优化目标主要在于更好地满足所有合约的要求，而不是优化 eCPM。有时候，GD 合约在未达成时会有相应的惩罚，在这种情形下，目标函数就不是常数了，我们可以引入惩罚项来改写上面的问题，使其仍然在在线分配的框架内，不过这里我们就不详述了。

GD 问题的两个约束都非常容易理解：供给约束的含义是每个供给节点分配给所有需求节点的流量比例之和不超过 1，而需求约束的含义是每个需求节点被分配到的流量总和应该大于等于对应合约的展示量要求。

2．AdWords 问题

AdWords 问题，也称为有预算约束的出价（budgeted bidder）问题，讨论的是在 CPC 结算的竞价广告环境下，给定各个广告主的预算，整体化市场营收的问题。在这种情形下，式（11.5）中的目标函数和需求约束都有所变化，其对应的在线分配问题体现为如下的形式：

$$
\begin{aligned}
&\max \sum_{(i,a)\in \boldsymbol{E}} q_{ia} s_i x_{ia} \\
&\text{s.t.} \sum_{a\in\Gamma(i)} x_{ia} \leqslant 1, && \forall i \in \boldsymbol{I} \\
&\quad\ \sum_{i\in\Gamma(a)} q_{ia} s_i x_{ia} \leqslant d_a, && \forall a \in \boldsymbol{A} \\
&\quad\ x_{ia} \geqslant 0 && \forall (i,a) \in \boldsymbol{E}
\end{aligned}
\tag{11.6}
$$

为了便于理解，可以把这里的供给节点 i 具体想象成搜索广告中的一个关键词。于是，q_{ia} 代表的是将关键词 i 的一次点击分配给广告 a 的期望收益，即广告 a 对关键词 i 的出价[①]；s_i 为关键词 i 的总点击量；x_{ia} 为关键词 i 分配给广告 a 的流量比例。AdWords 问题的优化目标表达的是整个市场的收入最大化，供给约束的含义与 GD 问题一样，需求约束的含义为每个广告主的花费应该小于该广告主的预算。

研究 AdWords 问题的目的是探讨在广告主有预算上限的情形下，是否可以通过全局的分配调整影响整个市场的收入。虽然对这一问题的实际意义和效果，工业界存在着不同的看法：在自助式投放中，广告主有时会先预设较少的预算，并在预算将花完时判断是否要追加。因此，在系统中看到的预算并不是一个强约束。但是，这样的思考方式以及在线分配对于各种量约束下优化问题的框架意义是值得体会的。

① 这里没有考虑广义第二高价等定价机制的影响。

11.3.3　极限性能研究

如果不对未来的流量分布做假设和预测，那么在线分配的效率上限如何，什么样的策略更加合理呢？虽然讨论这样极端的情形对实用系统的帮助有限，但这一极端情形的研究对我们理解问题的本质特点和算法方向有指导意义。

极限性能研究的指标主要是某在线分配策略的有效性。所谓有效性，可以描述如下：如果能够完全确定所有的流量分布情况，那么可以根据全局的信息求得一个分配的最优解；但是由于分配是在线执行，最优解并不一定能达到，如果某种在线分配策略在最差情形下能够达到上述最优解目标函数的 ϵ 倍，那么我们就说这一分配方案是 ϵ-competitive 的。显然，这里的 ϵ 是一个 [0, 1] 之间的数，也就是该分配方案有效性的度量。

式（11.4）是一个典型的带约束优化问题，根据第 10 章中介绍的最优化知识，可以应用拉格朗日乘子法来分析这一问题。式（11.4）的拉格朗日算符可以表示为：

$$\sum_{(i,a)} r_{ia} s_i x_{ia} + \sum_i \alpha_i \left[\sum_{a \in \Gamma(i)} s_i x_{ia} - s_i \right] + \sum_a \beta_a \left[\sum_{i \in \Gamma(a)} q_{ia} s_i x_{ia} - d_a \right] - \sum_{(i,a)} \gamma_{ia} s_i x_{ia} \qquad (11.7)$$

不进行预测，把每次展示当作一个供给节点，则有 $s_i = 1$，于是上式的对偶问题为：

$$\min \sum_{a \in A} d_a \beta_a + \sum_{i \in I} \alpha_i$$
$$\text{s.t.} \quad \beta_a + \alpha_i \geqslant r_{ia} \qquad (11.8)$$
$$[x_{ia}, \beta_a, \alpha_i \geqslant 0]$$

原问题的每个约束条件对应着一个对偶变量。在参考文献 [38] 中，利用这些对偶变量，作者给出了在 Free Disposal[①] 前提下在线分配的一种优化方案框架。该方案有如下的几个步骤。

（1）初始化每个需求约束的对偶变量 $\beta_a \leftarrow 0$。

（2）当一次展示 i 到达时，令 $a' \leftarrow \arg\max_a r_{ia} - \beta_a$ 取得最大值的广告合约 a（即分配给收益最大的合约，如果该值对所有的广告都为负，则所有合约都不需要分配）。

（3）令 $x_{ia} = 1$，如果 a' 已经被分配了 $d_{a'}$ 次展示，令 i' 为其中最小的，并将 $x_{i'a'}$ 设置为 0。

（4）在对偶问题中，令 $\alpha_i = r_{ia} - \beta_{a'}$，并通过一定的更新规则来更新 $\beta_{a'}$。不同的更新规则对应了不同的分配算法，也相应地会导致不同的分配性能。

这个过程的关键在于两点：一是第 2 步中，实际上是把展示分配给最难满足的一个合约；二是第 4 步中，如何更新 $\beta_{a'}$，即如何重新估计需求合约的满足难度。参考文献 [38] 中对几种典型的 β_a 的更新策略进行了讨论，并且给出了一种有效性为 $(1 - 1/e)$-competitive 的分配方案，实际上，可以证明这是在线分配问题可以达到的有效性的上限。参考文献 [38] 中讨论的几种在线分配策略的对比如表 11-1 所示。在这几种 $\beta_{a'}$ 更新策略中，指数加权的极限性能最佳，而且 $1 - 1/e$ 被证明是所有分配算法理论上能达到的最好的极限性能。

---

① 　Free Disposal 指的是给某个合约投送的量超过合约要求是无收益也无损失的，这一点符合大多数广告合约的实际情况。

表 11-1　几种在线分配策略的对比

策　略	描　述	有　效　性
贪心	β_a 是分配给 a 的前 d_a 个高权重展示中最低的权重，即 a 接受一个新的展示需要抛弃的权重	$\frac{1}{2}$-competitive
平均加权	β_a 是分配给 a 的前 d_a 个高权重展示的权重的算术平均。如果分配给 a 的展示少于 d_a 个，β_a 是这些展示总权重与 d_a 的比	$\frac{1}{2}$-competitive
指数加权	β_a 是分配给 a 的前 d_a 个高权重展示的权重的指数加权，也就是说，设 $r_1 \leqslant r_2 \leqslant \cdots \leqslant r_{d_a}$，则 $$\beta_a = d_a\{[(1+d_a^{-1})^{d_a}]\}\sum_{j=1}^{d_a} r_j(1+d_a^{-1})^{j-1}$$	$\left(1-\dfrac{1}{e}\right)$-competitive

直观地理解，β_a 可以对应于将一个新的展示替换原有已分配给 a 的展示时，被替换掉的收益部分。显然，当合约 a 被分配展示少于 d_a 时，β_a 应该为 0，而上面的研究告诉我们，按照已分配的权重进行指数加权会有比较好的极限性能。在实际的工程系统中，不可能不利用历史流量数据来进行在线分配。然而，上面的研究对于深入理解在线分配的合理策略会有很大的帮助。

11.3.4　实用优化算法

假定未来一段时间内需要投放的合约是已知的，如果广告流量的分布在各个循环周期内是近似一致的，那么在线分配的问题就可以在流量预测的指导下进行，这是大多数在线分配实用工程方法的基本出发点。

1. 直接求解的原始分配方案

在实际的工程系统中，假定流量的分布是平稳的，我们会利用历史流量数据来拟合未来流量 s_i，把在线分配转化成离线问题，离线对式（11.4）进行决策。这是一个一般的带线性约束的优化问题，当优化目标为线性函数或二次函数时，是一个标准的线性规划（linear programming）或二次规划（quadratic programming）问题，可以采用相应的优化工具直接求解该问题。当所求解的问题规模较小时，例如定向标签很少、广告主也较少时，求解过程也很简单。直接求解的 Matlab 代码如下所示。

```
1   % In:
2   %   demands      : 需求节点列表
3   %   demandLinks  : 满足各个需求节点的供给节点列表
4   % Out:
5   %   theta        : 需求节点的需求与供给比
6   function theta = get_theta(demands, demandLinks)
7     % 生成各需求节点对应总供给
8     eligibles = zeros(size(demands));
9     for d = 1 : length(demands)
10       eligibles(d) = sum(supplies(demandLinks{d}));
```

```
11      end
12
13      % 各个需求节点的需求 - 供给比
14      theta = demands ./ eligibles;
15  end
16
17  % In:
18  %     supplies    : 供给节点列表
19  %     demands     : 需求节点列表
20  %     supplyLinks : 满足各个供给节点的需求节点列表
21  %     demandLinks : 满足各个需求节点的供给节点列表
22  % Out:
23  %     allocation_plan : 求解得到的分配方案
24  function allocation_plan = get_primal_solution(supplies, demands,
25      supplyLinks, demandLinks)
26
27      theta = get_theta(demands, demandLinks);
28
29      numSupply = length(supplies);
30      numDemand = length(demands);
31
32      % 原始问题的约束条件
33      begIdx1 = 1;             endIdx1 = begIdx1 + numDemand - 1;
34      begIdx2 = endIdx1 + 1; endIdx2 = begIdx2 + numSupply - 1;
35      begIdx3 = endIdx2 + 1; endIdx3 = begIdx3 + numDemand * numSupply - 1;
36      numConstraint = endIdx3;
37      numX = numDemand * numSupply;
38
39      % Ax <= b
40      A = zeros(numConstraint, numX);
41      b = zeros(numX, 1);
42
43      % 需求约束
44      for j = 1 : numDemand
45          for i = demandLinks{j}
46              id = (i - 1) * numDemand + j;
47              A(j, id) = -supplies(i);
48          end
49      end
50      b(begIdx1 : endIdx1) = -demands';
51
52      % 供给约束
53      idx = numDemand;
54      for i = 1 : numSupply
55          for j = supplyLinks{i}
56              id = (i - 1) * numDemand + j;
57              A(idx + i, id) = 1;
```

```
58      end
59    end
60    b(begIdx2 : endIdx2) = ones(numSupply, 1);
61
62    % 非负约束
63    A(begIdx3 : endIdx3, :) = -eye(12);
64    b(begIdx3 : endIdx3) = zeros(numX, 1);
65
66    x0 = rand(numX, 1); % 初始值
67    option = optimoptions('fmincon', 'Algorithm', 'active-set')
68    f = @(x)f_origin(x, supplies, demands , supplyLinks, demandLinks, theta);
69    [x, ~] = fmincon(f, x0, A, b, [], [], [], [], [], option);
70
71    allocation_plan = zeros (numSupply, numDemand );
72
73    for i = 1 : numSupply
74      for j = supplyLinks{i}
75        allocation_plan(i, j) = x((i - 1) * numDemand + j);
76      end
77    end
78  end
```

在大型合约广告系统中，由于定向条件的复杂性，供给节点的数目会随着定向条件的增加而呈几何级数上升，需求节点数也会达到数千个，边 $|E|$ 的数目会在百万级以上，这就使得对应的分配问题变得过于复杂而无法直接有效求解。我们令 n 为变量的个数（正比于供需二部图中边的数目 $|E|$），求解线性规划问题的经典算法如内点法（时间复杂度为 n 的多项式级别）和单纯形法（时间复杂度为 $O\left(n^{1.5}\text{-}n^2\right)$），小时级延迟的定期更新求解是几乎不可能的。另外，这样直接求得的解参数正比于 $|E|$ 的数量，规模有可能过于庞大，在线上投放时使用很不方便。因此，我们有必要探索更新、效率更高、空间复杂度更低的在线分配方案。

2．基于对偶算法的紧凑分配方案

在实际的广告系统中，不仅要考虑离线分配方案规划时的复杂度，还要考虑线上的快速响应。模型的分配策略不能给服务器带来内存和计算上的很大负担，而前述原始分配方案中求解出来的原问题的方案过于庞大（变量数正比于 $|E|$）。因此，我们往往需要一个更紧凑的分配方案。

除了紧凑性的要求，如果分配策略能做到一定程度上无状态，即投放策略与前面的投放历史无关，这对于广告投放机的实现非常有利：因为这样的话，多台广告投放机之间就不需要频繁进行同步以完成状态更新，而是根据预先计算好的策略进行投放即可，这对于系统的稳健性和扩展性非常有益。

在线分配对偶问题的解不是紧凑解，其变量数目正比于约束的数目，包括供给约束和需求约束，前者变量的量级在数十万甚至百万千万，但后者的量级在合同级别。为了分配

方案的紧凑性，可否只保留需求约束对应的对偶变量，通过数学变换恢复出供给约束的对偶变量和分配率 x 呢？在参考文献 [96] 中，作者就给出了这样的方案，通过对相应对偶问题的 K.K.T 条件的分析，推导得到了一个由 β 恢复 α 和 x 最优解的计算方法：

$$\sum_{a \in \Gamma(i)} r_{ia}^{-1}(\beta_a - \alpha_i) = 1 \tag{11.9}$$

$$x_{ia}^* = \max\{0, r_{ia}^{-1}(-q_{ia}\sum_k \beta_k - \alpha_i)\} \tag{11.10}$$

由于 β 的维数正比于合约数目 $|A|$，远远小于 x 的维数（正比于 $|E|$），我们把这样的方案称为紧凑分配方案（compact allocation plan）。利用这一方法，我们只需要在一部分历史数据上求解对偶问题得到 α，就可以很高效地进行在线分配。

下面的 Matlab 模拟实验代码描述了这一过程。

```
1   % In:
2   %   alpha        : 需求节点的对偶变量
3   %   supplies     : 供给节点列表
4   %   demands      : 需求节点列表
5   %   supplyLinks  : 满足各个供给节点的需求节点列表
6   %   demandLinks  : 满足各个需求节点的供给节点列表
7   % Out:
8   %   beta         : 供给约束的对偶变量
9   function beta = get_supply_dual(alpha, supplies, demands, supplyLinks,
10    demandLinks)
11
12    theta = get_theta(demands, demandLinks);
13
14    % 计算供给节点的对偶变量
15    beta = zeros(size(supplies));
16    for i = 1:length(supplies)
17      tmp2 = sum(theta(supplyLinks{i}));
18      tmp1 = tmp2 + sum(theta(supplyLinks{i}) .* alpha(supplyLinks{i})) -1;
19
20      if(abs(tmp2)) < 1e-20
21        beta(i) = 0;
22      else
23        beta(i) = tmp1 / tmp2;
24      end
25
26      if beta(i) < 0
27        beta(i) = 0;
28      end
29    end
30  end
```

还原原问题的原始解 x_{ij}：

```
1   % In:
2   %   alpha        : 需求约束的对偶变量
```

```
3   %    beta          : 供给约束的对偶变量
4   %    supplies      : 需求节点列表
5   %    demands       : 供给节点列表
6   %    supplyLinks   : 满足各供给节点的需求节点列表
7   %    demandLinks   : 满足各需求节点的供给节点列表
8   % Out:
9   %    x             : 分配方案
10  function x = dual2primal(alpha, beta, supplies, demands, supplyLinks,
11    demandLinks)
12
13    theta = get_theta(demands, demandLinks);
14
15    numSupply = length(supplies);
16    numDemand = length(demands);
17    x = zeros(numSupply, numDemand);
18    for i = 1 : numSupply
19      for j = supplyLinks{i}
20        x(i, j) = max(0, theta(j) * (1 + alpha(j) - beta(i)));
21      end
22    end
23  end
```

在实际应用中，由于使用所有历史数据求解上述问题规模太大，需要对数据做一些采样以便更高效地得到分配方案。关于采样的方法以及采样以后该问题求解的稳定性分析，参考文献 [96] 中也都做了详细讨论，有兴趣的读者可以进一步探索。

3. 综合分配方案 SHALE

上述的基于对偶算法的紧凑分配方案，虽然在线分配时确实达到了紧凑和无状态的特性，但是求解的代价仍然较高。在 SHALE 算法 [9] 中，作者对求解对偶变量的步骤进行了优化，采用原始对偶方法迭代进行求解，每次迭代的过程中改善对偶解。采用这样的方法可以比较高效地求解。这一方法的 Matlab 代码如下所示。

```
1   % In:
2   %    supplies      : 需求节点列表
3   %    demands       : 供给节点列表
4   %    supplyLinks   : 满足各供给节点的需求节点列表
5   %    demandLinks   : 满足各需求节点的供给节点列表
6   %    N             : 迭代次数
7   % Out:
8   %    alpha         : 需求约束的对偶变量
9   %    beta          : 供给约束的对偶变量
10  function[alpha, beta] = shale(supplies, demands, supplyLinks,
11    demandLinks, N)
12
13    theta = get_theta(demands, demandLinks);
14
15    alpha = zeros(size(demands));
```

```
16    for i = 1:N
17       beta = get_supply_dual(alpha, supplies, demands, supplyLinks,
            demandLinks);
18       alpha = get_contract_dual(beta, supplies, demands, supplyLinks,
            demandLinks);
19    end
20  end
```

```
 1  % 已知供给约束的对偶变量，求需求约束的对偶变量
 2  % In:
 3  %   beta           : 供给约束的对偶变量
 4  %   supplyLinks    : 满足各个供给节点的需求节点列表
 5  %   demandLinks    : 满足各个需求节点的供给节点列表
 6  %   supplies       : 供给节点列表
 7  %   demands        : 需求节点列表
 8  % Out:
 9  %   alpha          : 需求约束的对偶变量
10  function alpha = get_contract_dual(beta, supplies, demands,
11    supplyLinks, demandLinks )
12
13    theta = get_theta(demands, demandLinks );
14
15    alpha = zeros(size(demands));
16    for j = 1:length(demands )
17      a = sum(supplies(demandLinks{j}));
18      b = sum(supplies(demandLinks{j}) .* beta(demandLinks{j}));
19      tmp1 = demands(j) + theta(j) * b - theta(j) * a;
20      tmp2 = theta(j) * a;
21
22      if abs(tmp2) < 1e-20
23        alpha(j) = 0;
24      else
25        alpha(j) = tmp1 / tmp2;
26      end
27    end
28  end
```

读者可以自行验证，通过原始对偶方法得到的 α，和前述直接求解的 α 一致。在得到了合同的对偶解后，之后的算法和参考文献 [96] 中的就一样了。但基于迭代的对偶问题求解方法节省了线下的计算时间，同时也能更好地支持插入新合同时的增量求解。

4. 启发式的分配方案 HWM

上述根据历史流量数据来求解紧凑分配方案的方法原理上可行，但在实际的工程应用中仍然显得有些复杂，例如离线仍要耗费大量时间求解对偶解。我们希望实现一种快速算法，保持上述方法紧凑分配、无状态的特性，效果上也能近似最优。上述方案中通过合同节点的对偶变量（是否容易满足约束）即可恢复最优解，受上面讨论的启发，我们发现，只要大体确定好每个合同在分配中的相对优先级，以及分配时得到某次展示的概率，就可以构造出一种直觉上可

行的在线分配方案。高水位（High Water Mark，HWM）算法[26] 就是这样一种方案，虽然其数学上不是完全严谨，但是由于根据历史数据来制订分配方案本身就具有相当程度的近似，因此其实际效果也相当不错，又加上工程上的便利性，可以考虑在使用在线分配方案时采用。

HWM 分配规划算法的关键有两点：一是根据历史流量确定每个广告合约资源的紧缺程度，进而得到分配优先级；二是根据优先级确定各个广告合约的分配比例。其中优先级可以通过可满足各合约的供给节点总流量的升序排列得到，在确定了合约的优先级之后，则按照优先级依次确定各合约的分配率以满足其流量要求。下面的 Matlab 代码描述了HWM 离线制订分配计划的算法。

```matlab
1   % In:
2   %   supplies      : 供给节点列表
3   %   demands       : 需求节点列表
4   %   demandLinks   : 满足各需求节点的所有供给节点号列表
5   % Out:
6   %   orders        : 需求节点的分配顺序
7   %   rates         : 需求节点分到流量的比例
8   function[orders, rates] = hwm_plan(supplies, demands, demandLinks)
9     demandNum = length(demands);
10
11    % 生成各个需求节点总供给
12    eligibles = zeros(size(demands));
13    for i = 1:demandNum
14      eligibles(i) = sum(supplies(demandLinks{i}));
15    end
16
17    % 把需求节点按照紧急程度（需求与供给比）降序排序
18    [~, orders] = sort( demands ./ eligibles, 'descend');
19
20    % 按分配顺序依次处理各需求节点
21    rates = zeros(size(demands));
22    remains = supplies ;
23    for d = orders
24      for s = demandLinks{d}
25        total_remain = sum(remains(demandLinks(d)));
26        if total_remain < demands(d)
27          rates(d) = 1.0;
28        else
29          rates(d) = demand(d) / total_remain;
30        end
31        remains(s) = remains(s) * (1 - rates(d));
32      end
33    end
34  end
```

根据上面离线生成的分配方案，即对每个需求节点计算出来的分配优先级（order）和分配率（rate），我们可以很方便地在线上服务中对每次展示做出简单的决策，这一决策的过程如图 11-6 所示。

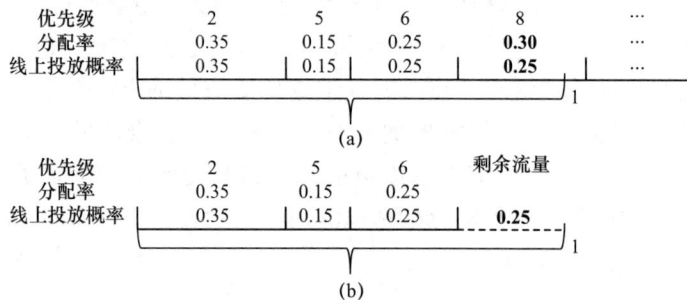

图 11-6　HWM 算法在线分配方案示意

　　HWH 算法在线分配的基本逻辑是：根据优先级依次检查各个符合条件的候选，直至它们的累积分配比例超过 1，然后，按照这些合约对应的分配比例随机选择一个合约投放（如图 11-6a 所示）；如果所有的候选合约总的分配比例不足 1，那么以 1 减去其总分配比例的概率请求其他剩余流量变现的广告产品（如图 11-6b 所示）。此分配过程的关键思想在于以概率和优先级相配合的方式进行投放决策。下面的 Matlab 代码描述了 HWM 在线分配的算法。

```matlab
 1  % In:
 2  %    candidates   : 满足本次请求的所有需求节点列表
 3  %    orders       : 所有需求节点的分配优先级
 4  %    rates        : 分配方案
 5  % Out:
 6  %    candId       : 选中的广告，如果返回 -1，则将此次展示交还 server，再从其他渠道查询广告
 7  function candId = hwm_serve(candidates, orders, rates)
 8      %将所有候选按照分配优先级排序
 9      candNum = length(candidates);
10      [~, sortedIndex] = sort(orders(candidates));
11      candidates = candidates(sortedIndex);
12
13      % 对此次展示产生分配随机数
14      randValue = rand();
15
16      % 计算累积 serving rate 的截断位置
17      accuRate = cumsum(rates(candidates));
18      candId = -1;
19      for i = 1:candNum
20        if randValue < accuRate(i)
21          candId = i;
22          break;
23        end
24      end
25  end
```

第 12 章

受众定向核心技术

要提高在线广告的效果，受众定向是最重要的核心技术之一。从式（2.1）的计算广告核心问题来看，受众定向技术是对广告（a）、用户（u）、上下文（c）这 3 个维度提取有意义的特征（这些特征也称为标签）的过程。由于上下文标签也可以认为是即时的用户兴趣，因此我们把它们统称为受众定向。受众定向虽然不见得是计算广告中最困难的技术，但是确实是在线广告，特别是展示广告最核心的驱动力之一，也是计算广告成为大数据典型应用的关键。

关于各种受众定向技术的原理，应该在第 2 章里广告有效性模型的基础上进行理解。一般来说，对于某种特定的定向技术，需要同时关注其效果和规模两方面的指标，同时提供覆盖率较高但精准程度有限的标签和那些非常精准但量相对较小的标签，这有利于市场形成竞争的环境，也为竞价广告形成充分竞争提供了基础。

从技术框架来看，受众定向标签可以分成用户标签、上下文标签和广告主定制化标签 3 种类型，其实现方案也有较大的不同。本章重点介绍前两种定向技术的做法，而广告主定制化标签属于需求方定义的标签，第 15 章讲述 DSP 技术时再介绍。

上下文定向需要对广告所在的页面进行分析，然而这一分析过程与搜索引擎的爬虫有很大的不同。结合广告对上下文信息的需求特点，一般可以采用一种半在线的方式抓取和分析页面，这种方式避免了无效的页面分析计算，又能够快速地对需要分析的页面做出响应。

行为定向是根据用户历史上的网络访问行为对用户打标签的过程。哪些网络行为有价值是挖掘行为数据来源时需要考虑的问题。本章将列举一些业界公认的有价值的行为数据类型，并给出使用多种数据类型进行行为定向的基本框架。由于海量用户的原始网络行为的数据量一般来说特别巨大，如何设计非常高效的数据组织方式以及其访问流程，对于行为定向的实用化是非常关键的。行为定向一般采用 reach/CTR 曲线进行半定量的评价，而此曲线的解读方法也将在本章中提及。

实际上，受众定向除了服务于广告产品外，也成为广告市场中相关数据产品的关键技术。而这些数据产品的地位，也随着实效广告的发展变得越来越重要，因此，对于受众定向技术的探讨，除了考虑广告产品中的需求之外，也必须考虑数据产品带来的需求。与受众定向直接相关的数据产品主要是数据交易平台和数据管理平台。这两种产品从第一方数据和第三方数据的角度出发，专门提供数据加工和交易功能，实际上它们是受众定向技术直接产品化的结果。本章也会简单介绍这类数据加工产品的技术架构。

12.1　受众定向技术分类

我们先来回顾一下第 4 章中介绍的受众定向常见方法（见图 12-1）。

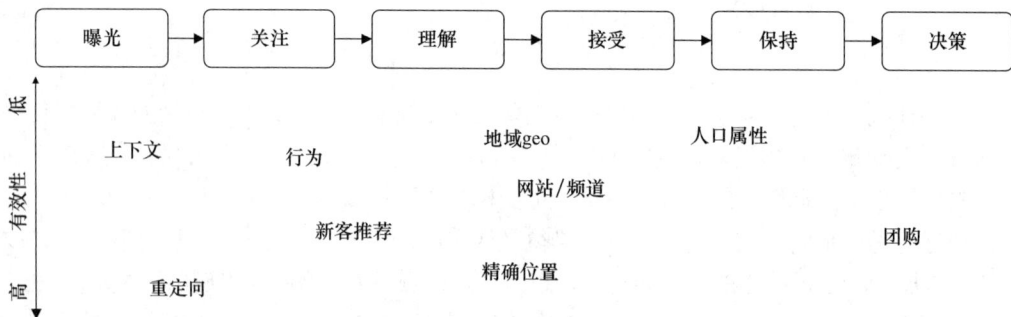

图 12-1　常见受众定向方法一览

总体上看，按照计算框架的不同，这些受众定向技术可以分为以下 3 种类型。

（1）用户标签，即可以表示成 $t(u)$ 形式的标签，这是以用户历史行为数据为依据，为用户打上的标签。

（2）上下文标签，即可以表示成 $t(c)$ 形式的标签，这是根据用户当前的访问行为得到的即时标签。

（3）定制化标签，即可以表示成 $t(a, u)$ 形式的标签，这也是一种用户标签，不同之处在于是针对某一特定广告主而言的，因而必须根据广告主的某些属性或数据来加工。

以上各种定向中，地域定向、频道定向和上下文定向属于 $t(c)$ 的定向方式；人口属性定向、行为定向属于 $t(u)$ 的定向方式；而重定向和新客推荐则属于 $t(a, u)$ 的定向方式。各种定向的标签被应用于根据用户和环境信息选取广告候选的过程，因而对广告投送的结果会有比较显著的影响。$t(c)$ 和 $t(u)$ 两种定向方式，一个是根据当前环境信息，一个是根据历史日志数据，因而在技术方案上有比较大的区别。下面我们将对这两种方式的典型代表，即上下文定向和行为定向的实现进行讨论。而定制化标签，即 $t(a, u)$ 形式的标签，则变成了完全开放的标签体系，其标签数量不再是常数，而是有可能与广告主数目成正比，因此最适合于在程序化交易的环境中由需求方直接提供，这种标签将在第 15 章讨论 DSP 时再介绍。实际上，我们还需要对每个广告也打上标签 $t(a)$，以便与上下文或用户的标签进行匹配，广告标签一般有两种常用选择：一是直接将广告投放中的广告主、广告计划、广告组、关键词等直接用作标签；二是用人工的方式归类。我们可以用一个 (a, u, c) 上的三维坐标来示意以上的几种标签类型，参见图 12-2。

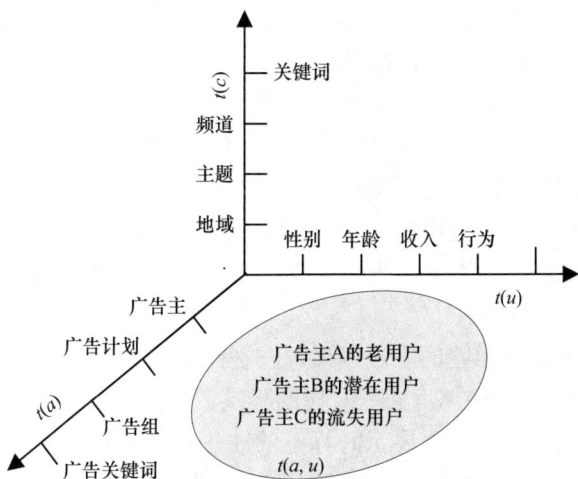

图 12-2 常见受众定向方法一览

值得注意的是，受众定向技术并非按照上述的分类严格区分或者一成不变的。各个广告网络或定向技术提供商能够接触到的数据类型和规模都各不相同，基于这些数据本身进行深入挖掘，并找到对广告投放有意义的信号，才是受众定向在使用中的重点。另外，上面的分类主要是为了方便技术方案的讨论，从产品角度来看，以上几种受众定向标签对广告主而言并没有本质区别。

12.2　上下文定向

我们先来看那些归类为 $t(c)$ 的受众定向方式。这样的定向中有一些根据广告请求中的参数信息，经过简单运算就可以得到，如地域定向、频道 /URL 定向、操作系统定向等。另外一类则是根据上下文页面的一些特征标签，如关键词、主题、分类等进行定向，我们重点讨论这样的上下文定向技术。

抛开标签体系不谈，仅从打标签的方法上来看，上下文定向主要有如下的几种思路。

（1）用规则将页面归类到一些频道或主题分类。例如，将 auto.sohu.com 下的网页归在"汽车"这个分类中。这种方法相对简单。

（2）提取页面中的关键词。这种方法是在将搜索引擎的关键词匹配技术推广到媒体广告上时自然产生的，也是上下文定向的基本方法。

（3）提取页面入链锚文本中的关键词。这种方法需要一个全网的爬虫作支持，因此已经超出了一般意义上广告系统的范畴，有兴趣的读者可以参考搜索引擎方面的有关文献。

（4）提取页面流量来源中的搜索关键词。这种方法除了页面内容，也需要页面访问的日志数据作支持，从技术方案上看更接近后面介绍的行为定向。

（5）用主题模型将页面内容映射到语义空间的一组主题上，这样做的目的是为了泛化广告主的需求，提高市场的流动性和竞价水平。

在以上各种思路中，关键词提取是一项基础技术。上下文定向中的关键词提取可以按照信息检索中的一般方法，即选取页面内容中 TF-IDF 较高的词作为关键词（见 10.1.2 节中的具体介绍）；也可以采用需求方驱动的思路，从广告商相关描述中得到商业价值高的关键词表和 IDF，再与页面内容中关键词的 TF 一起计算 TF-IDF，以此来选取关键词。当能够得到比较丰富的广告信息时，如运营搜索引擎的文本广告，或者可以拿到广告主 SEM 词表时，后一种方法往往更加有效。

确定了对上下文页面打标签的方法以后，在在线广告投放时，页面标签系统需要对广告投放机查询的某一个 URL 快速返回其对应的标签。复杂的打标签计算是不可能马上完成的，不过在广告的问题中，某一次展示时标签的缺失并不是致命性的。根据广告的这一特点，我们可以用一种半在线的方式实现页面抓取和打标签的逻辑。

半在线抓取系统

上下文页面的有关信息显然不可能在广告请求发生时实时分析得到，那么我们是否需要一个类似于搜索引擎爬虫的系统来做预先抓取呢？对广告系统来说，是没有这个必要的。因为页面信息对搜索引擎而言是服务的主体内容，而对广告系统而言，只是锦上添花的补充信息，我们完全可以设计一个更轻量级、效率更高的页面抓取系统。这一系统的设计关键是不做任何离线抓取，而在在线服务时产生实际需求后才尽快抓取，我们把它叫作半在线的抓取系统。

半在线抓取系统的工作原理如图 12-3 所示。系统用一个缓存（如 9.5.7 节中介绍的 Redis）来保存每个 URL 对应的标签，当在线的广告请求到来时进行如下操作。

（1）如果该请求的上下文 URL 在缓存中存在，那么直接返回其对应的标签。

（2）如果该 URL 在服务中不存在，为了广告请求能及时得到处理，当时返回空的标签集合，同时立刻向后台的抓取队列中加入此 URL，这样在较短的一段时间（通常为秒至分钟量级）之后，该 URL 就被抓取下来，并打上标签存入缓存中。

（3）考虑到页面内容可能会不定期更新，可以设置缓存合适的 TTL（time to live）以做到自动更新标签。

这样的方案有以下两点好处：一是是在线缓存的使用效率非常高，仅仅那些最近有广告请求发生的 URL 才会被抓取，这样就不需要耗费大量的爬虫资源去抓取可能根本用不到的 URL；二是，因为只抓取需要的页面，并且可以在该页面第一次广告请求后很快得到页面标签，页面的信息覆盖率也很高。

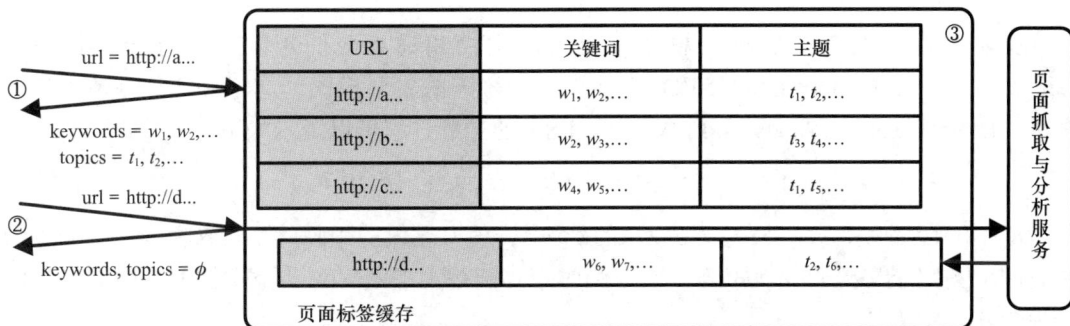

图 12-3　上下文定向半在线抓取系统示意

半在线的上下文抓取系统非常典型地揭示了在线广告系统弱一致的业务需求：只要保证大多数的广告决策最优正常，很少量的次优决策甚至随机决策都是可以接受的。充分把握这一特点，对于设计高效率、低成本的广告系统至关重要。

12.3　文本主题挖掘

根据上下文内容进行受众定向的粒度，可以精细到关键词，也可以粗略到页面的类型。除了这两种极端情况，我们也可以考虑将页面内容直接映射到一组有概括性意义的主题上，比如将一个讲编程语言的博客页面映射到"IT 技术"这样的主题上。如果把页面视为一个文档，这就对应于文本主题模型（topic model）的研究问题。文本主题模型有两大类别：一种是预先定义好主题的集合，用监督学习的方法将文档映射到这一集合的元素上；另一种是不预先定义主题集合，而是控制主题的总个数或聚类程度，用非监督学习的方法自动学习出主题集合，以及文档到这些主题的映射函数。

广告中的主题挖掘有两种用途：如果仅仅用于广告效果优化的特征提取，那么监督或非监督的方法都可以；如果是用于对广告主售卖的标签体系，那么应该优先考虑采用监督学习的方法，因为这样可以预先定义好对广告主有意义且可解释的标签体系，对售卖会有很大帮助。

我们先从非监督方法说起。先来看一下问题的描述：假设我们有一个由 M 个词组成的词表，以及一组文档 $\{d_1, d_2, \cdots, d_N\}$，采用 BoW 表示，文档 d_n 表示为 $\{x_{n1}, x_{n2}, \cdots, x_{nM}\}$（$1 \leqslant n \leqslant N$）的形式，其中 x_{nm} 为词表中第 m 个词 w_m 在 d_n 中对应的词频或 TF-IDF 值。显然，一般情况下，矩阵 $X = \{x_{nm}\}_{N \times M}$ 是非常稀疏的。假设这一文档集合主题模型对应着 $\{1, 2, \cdots, T\}$ 这一组主题，我们的目的就是对每个文档得到其在这些主题上的强度 $\{z_{n1}, z_{n2}, \cdots, z_{nT}\}$（$1 \leqslant n \leqslant N$）。

12.3.1　LSA模型

文本主题模型最初的解决思路是对上面文档和词组成的矩阵 X 进行奇异值分解（singular value decomposition，SVD），找到这一矩阵的主要模式，这一方法称为潜在语义分析（Latent Semantic Analysis, LSA）[32]。LSA 的分解过程可以表示如下：

$$X = (\alpha_1 \cdots \alpha_K) \cdot \mathrm{diag}(s_1, \cdots, s_K) \cdot (\beta_1 \cdots \beta_K)^{\mathrm{T}} \tag{12.1}$$

其中 K 为矩阵 X 的秩，$s_1 \geqslant s_2 \cdots \geqslant s_K$ 为 X 的 K 个奇异值。左侧的矩阵就是将潜在语义空间中的主题映射到某个文档的变换矩阵，而右侧的矩阵则是主题映射到某个文档词表中某个词的变换矩阵。

最多可以得到的主题数目等于矩阵 X 的秩 K，不过一般情况下，我们都会选择一个远小于 K 的主题数目用来建模。当我们选择的主题数目为 K 时，实际上是用下式对 X 进行了近似：

$$X \approx (\alpha_1 \cdots \alpha_T) \cdot \mathrm{diag}(s_1, \cdots, s_T) \cdot (\beta_1 \cdots \beta_T)^{\mathrm{T}} \tag{12.2}$$

这等价于我们令所有的 $s_t(T < t \leqslant K)$ 都等于 0，换句话说，通过这种方式去掉了大多数非主要因素的影响，从而得到了整个语义空间比较平滑的描述，相应得到文档的相应主题。

根据奇异值的性质，我们知道所有的奇异值都是非负的，但是 LSA 得到的两个变换矩阵不能保证每个元素都为非负值。这一点对应的直觉意义是：如果一篇文档有某个主题的话，可能该文档中出现某些词的频次的期望值为负。这一点直观上并不十分容易理解，是 LSA 模型与后面几种概率文档主题模型不太一样的地方。

12.3.2　PLSI模型

LSA 方法的物理意义清楚，也有成熟的数学工具可以利用，因而在信息检索中得到了比较早的应用。类似的思想也可以用概率建模的方式来表达，这就是概率潜在语义索引（Probabilistic Latent Semantic Indexing，PLSI）方法 [51]。PLSI 方法是通过对文档生成的过程进行概率建模来进行主题分析的。这一模型下的文档生成过程可以表述为以下两个步骤。

（1）根据每个文档 d_n 生成对应的一个主题 z。

（2）给定主题，对应一个词的多项式分布 $p(w_n|z, \beta)$，据此生成一个词 w_i；其中的参数 $\beta = (\beta_1, \cdots, \beta_K)^{\mathrm{T}}$，而 β_k 即为当 $z_k = 1$ 时对应的多项式分布参数。

PLSI 的图模型如图 12-4 所示。

对应上面的生成过程，文档集 X 的生成似然值可以表达为：

$$
\begin{aligned}
\ln P(X) &= \sum_{n,m} P(d_n)P(w_m \mid d_n) = \sum_{n,m} x_{nm} \ln\Big\{ P(d_n)\sum_z P(w_m \mid z)P(z \mid d_n) \Big\} \\
&= \sum_{n,m} x_{nm} \ln\Big\{ \sum_z P(w_m \mid z)P(d_n \mid z)P(z) \Big\}
\end{aligned}
\tag{12.3}
$$

其中$P(z)$为一多项式分布Multi(z; ω)，显然，这也是一个混合模型的形式，如果$P(d_n|z)$和$P(w_m|z)$也都采用多项式分布形式，就是PLSI模型。PLSI是概率化了的LSA模型，可以将$P(d_n|z)$和$P(w_m|z)$的参数分别对应于LSA中的两个变换矩阵。这两个模型的形式很相似，不过物理意义有所不同：在PLSI中，变换矩阵（即两个条件分布）的元素都大于0，也就是说，在给定一个主题的情况下，某个词频的期望值不会为负，这一点与直觉更为吻合，也更加合理。

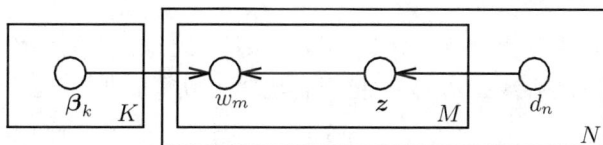

图 12-4   PLSI 的图模型表示

概率模型的另一个好处是可以较容易地实现分布式求解。容易看出，PLSI 模型是10.3.2 节中介绍的指数族混合分布的特例，其中的基本分布为多项式分布。因此，可以直接套用 EM 算法，以及对应的 MapReduce 或 MPI 迭代解法来求解。而 LSA 模型用到的 SVD 分解，需要一定的技巧才能变成分布式版本。因此，在实际的海量数据上的文档主题模型，PLSI 比 LSA 有实用优势。

12.3.3　LDA模型

10.3.3 节中介绍的贝叶斯方法也可以应用于 PLSI 模型，这样做的目的是在文档信息不足或者噪声较大时，能够利用贝叶斯的框架对结果做有效的平滑。这一思路也就产生了潜在狄利克雷分配（Latent Dirichlet Allocation，LDA）方法[11]。在 LDA 方法中，我们视PLSI 模型的参数为随机变量，对于某一篇文档，其生成过程可以描述如下。

（1）根据一个泊松分布选择文档的长度 M。

（2）根据 ω 的先验分布 Dir(α) 生成 ω。

（3）对每个文档中的词 $m \in \{1, \cdots, M\}$：（a）根据 Multi(ω) 分布选择一个主题 z；（b）给定主题，对应一个词的多项式分布 $p(w_m|z, \beta)$，据此生成一个词 w_m。

其对应的图模型如图 12-5 所示。

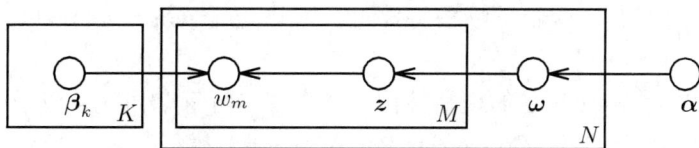

图 12-5   LDA 概率图模型表示

把这一生成过程与 PLSI 对比可以知道，这相当于 PLSI 的贝叶斯版本，即给主题的分

布 w 加上了先验分布，而先验分布采用的是共轭形式，即狄利克雷分布。当然我们也可以对主题的词频分布 $\boldsymbol{\beta}$ 用贝叶斯的方法加以平滑处理，这实际上对应了参考文献 [11] 中的 LDA 平滑方法。从 10.3.3 节中的介绍可知，我们可以采用经验贝叶斯的方案来确定这两个超参数 $\boldsymbol{\alpha}$。由 PLSI 模型到 LDA 模型，对文档生成过程的描述更为清晰，而根据贝叶斯学习的作用可知，LDA 模型在数据噪声较大或者每个文档内容较少时可以达到比较稳健估计的效果。

如果采用经验贝叶斯的方法来确定超参数 $\boldsymbol{\alpha}$，那么此时原来的参数 $\boldsymbol{\omega}$ 就变成了隐变量，优化的参数除了 $\boldsymbol{\alpha}$，还包括参数 $\boldsymbol{\beta}$，优化的目标函数可以写成：

$$p(w\,|\,\boldsymbol{\alpha},\boldsymbol{\beta}) = \int p(\boldsymbol{\omega}\,|\,\boldsymbol{\alpha})\Big(\prod\nolimits_{m=1}^{M}\sum\nolimits_{z}p(z\,|\,\boldsymbol{\omega})p(w_m\,|\,z,\boldsymbol{\beta})\Big)\mathrm{d}\boldsymbol{\omega} \qquad (12.4)$$

由于 PLSI 模型不是指数族分布，因而其对应经验贝叶斯模型的解不能通过 EM 方法得到闭式解，而是需要采用变分法[58] 近似求解。在参考文献 [11] 中，对这一模型的变分解法进行了详细的介绍。不过在实际的工程实践中，LDA 模型更为常用的更新方法是吉布斯采样（Gibbs sampling）法，而且这种方法更容易实现分布式更新求解。关于分布式吉布斯采样方法，可查阅参考文献 [81]。

12.3.4　词嵌入word2vec

所谓词嵌入（word embedding），指的是将词级别的语义信息映射成稠密的实数向量来表达。具体来说，把词典大小的维度降维到一个 K 维的特征空间，每个词对应特征空间内的一个点，即一个 K 维的稠密的实数向量。相近的词会出现在特征空间中离得更近的地方，从而使词的表示具有一定的泛化性。

最早的词嵌入方式源自 Bengio 基于神经网络的语言模型工作的副产品，而在 Mikolov 的 word2vec[78] 工作中，副产品词嵌入成了核心的产出。其单机训练的高效率、词嵌入的高质量效果和便捷的无监督训练的方式，所以在 2013 年开源后很快流行起来。

需要说明的是，由于 word2vec 是基于神经网络语言模型来学习词的表示的，往往被外界误认为是深度学习模型，但其模型层次较浅，并不是一个深层模型，神经网络中的隐藏层也被省去。这里以 CBOW+ 哈夫曼树为例简要概括一下 word2vec 在加速训练的过程中对神经网络的结构做了哪些特殊设计，这也是 word2vec 得以广泛应用的重要原因。

图 12-6 给出的是 word2vec 的模型结构。首先，它将每个词映射成一个向量表示。在输入层中，采用的是 CBOW（Continuous Bag of Words）模型，它与 N-gram 比较相似，不同之处在于 N-gram 基于前 n 个词去预测下一个词，而 CBOW 基于上下文窗口词预测当前词。将上下文窗口词对应的向量平均以后，直接与输出层相连。

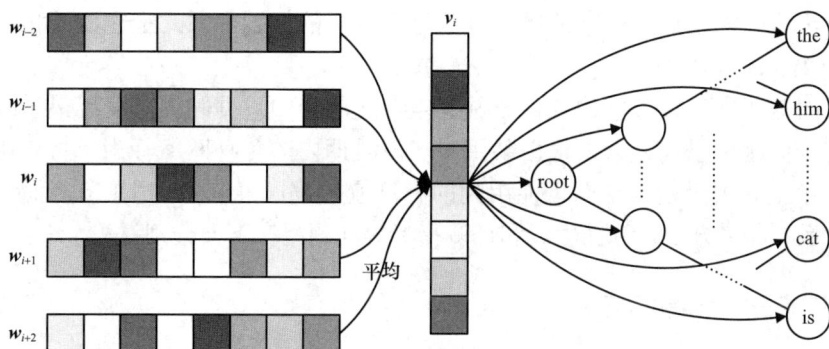

图 12-6   word2vec 模型结构

word2vec 的输出层设计比较有特色：如果把词表中的词全部摊开，采用 softmax 方法进行映射，由于词表 V 的规模太大，拟合的难度非常大，而且计算复杂度也是难以承受的 $O(|V|)$。于是，在输出层中，我们先把词表编码成一棵哈夫曼树，这样对于一个目标词 w_i，假设其对应的二叉树编码为 $\{0, 1, 0, \cdots, 0\}$，对应这个例子，优化的似然函数为：

$$p(w_i|v_i) = p(D_1 = 0|v_i) \cdot p(D_2 = 1|D_1 = 0) \cdots p(w_i|D_k = 0) \qquad (12.5)$$

式中的每一项都是一个二元的 softmax，即逻辑回归函数。这样一来，计算复杂度就由最初的 $O(|V|)$ 降到了 $O(\log|V|)$。

word2vec 这种词嵌入模型关注的是最底层的词的表达，但由于词嵌入具有语义可加性，进而使得短语、句子、文章的语义也可以用嵌入的方式进行表达。同时，词嵌入基于非线性的变换，表达能力更强，且在一定程度上考虑了上下文的结构信息而不仅仅是词袋，因此在部分短文本的应用场景中逐渐取代了 LDA。另外，word2vec 也适用于序列建模的场景，根据应用场景巧妙地定义文档和词，挖掘文档内的词共现关系，可以用在广告、推荐等众多场景。

但 word2vec 也存在和无监督 LDA 一样的问题，即只是基于无标注语料中词的共现做无监督学习，并不能够针对具体问题学习语义表示，所以在具体任务中的效果与主题模型相差并不大。伴随着深度学习技术的兴起，有监督地去训练得到任务相关的词嵌入表达，取得了明显的效果提升，13.4 节中还会提到。

12.4   行为定向

再来看那些归类为 $t(u)$ 的受众定向方式。这类定向问题包括从用户网上浏览记录加工得到的兴趣定向，以及根据用户历史所在的地域得到的用户主要居住地的"where on earth"

定向等。由于这些都是根据用户的历史行为进行挖掘的问题，因此把它们统称为行为定向（Behaviorial Targeting，BT）。

行为定向需要进行大规模的数据挖掘，是在线广告中数据利用和变现最重要的计算问题之一。这一问题可以描述为，根据某用户一段时期内的各种网络行为，将该用户映射到某个定向标签上。关于行为定向可能用到的有价值的数据来源参见 7.1 节。而行为定向用到的标签体系、建模方法、特征生成和评测指标等问题将在下面分别讨论。

12.4.1　行为定向建模问题

行为定向问题的目标是找出在某个类型的广告上 eCPM 相对较高的人群。如果假设在该类型的广告上点击价值近似一致，那么问题就转化为找出在该类型广告上点击率较高的人群。虽然对品牌广告而言，点击率未必总是合理的评价指标，然而当我们认为在该类型上的各种目的的广告均衡存在时，点击率仍然具有相对的衡量意义。因此，我们可以把某个用户在某类广告上的点击量作为建模的对象。

由于点击行为是离散到达的随机变量，对其数量最自然的概率描述是泊松分布。泊松分布的形式如下：

$$p_t(h) = \frac{\lambda_t^h \exp(-\lambda_t)}{h!} \tag{12.6}$$

其中h为某个用户在某个定向类别广告上的点击量[①]，t代表某个受众标签，而λ_t为相应的控制点击行为到达频繁性的参数。当然，直接比较单位时间内的点击量并没有太大的意义，这里的点击量是单位有效展示对应的点击数，关于如何计算单位有效展示，可以参考 14.1.4 节。行为定向模型要做的就是把用户的行为与频繁性参数λ_t联系起来。如果我们利用线性模型联系用户行为和λ_t，则有：

$$\lambda_t = \sum_{n=1}^{N} w_{tn} x_{tn}(\boldsymbol{b}) \tag{12.7}$$

这里的$w_t = (w_{t1}, \cdots, w_{tN})^{\mathrm{T}}$即为标签$t$对应的行为定向模型需要优化的参数，$n$表示不同的行为类型，如搜索、网页浏览、购买等。这里我们将原始行为$\boldsymbol{b}$先经过特征选择函数$x_{tn}(\boldsymbol{b})$，再将结果作为特征用在模型中。将式（12.7）代入式（12.6），就得到行为定向的整体模型。

这是工程上一种非常典型的建模思路：当面对一个多自变量的回归问题时，可以先根据目标值的特性选择合适的指数族分布来描述，并用线性模型将多个自变量和指数族分布的参数联系起来。这样做，可以利用线性模型更新简单和可解释性强的特点，同时又对目标变量的类型有较强的适应性。这种建模方法称为广义线性模型（Generalized Linear

---

① 在参考文献[25]中，展示数目也被用一个用历史行为决定参数的泊松分布来建模，我们认为，广告并非用户主动行为，因此不宜用历史行为来预测。

Model，GLM）。有关广义线性模型的一般性讨论，参见参考文献 [45]。

式（12.6）的行为定向模型有两点需要特别说明。

（1）w 可以是与标签 t 相关的，即对不同的定向标签训练不同的线性函数。这样做的优点是可以更准确地对每个类别进行建模，但缺点是当有些类别数据不足时估计偏差较大。一般来说，当 w 与标签相关时，原始行为也可以考虑经过一个与标签无关的选择函数，因为类的本质特征已经反映在了模型参数向量上。

（2）这种建模方法主要适用于有明确需求方意义的标签体系：只有广告 a 上也有这些标签，才能根据其点击行为来建模。

有关式（12.7）中的模型参数 w_t 的最大似然解，需要多次访问数据迭代求解。具体的求解方法并不复杂，读者可以自行推导，也可以进一步参考参考文献 [25]。下面重点讨论的内容是如何选择合适的行为定向特征以及优化相关的计算过程。

12.4.2　行为定向特征生成

行为定向特征的生成过程有两点需要讨论：一是特征选择函数 x_{tn} 的确定；二是式（12.6）对应模型的训练集的组织和生成方式。行为定向的特征生成过程，由于样本量比较大，处理的高效性是我们在工程中主要考虑的问题。

最常用的特征选择函数 $x_{tn}(b)$ 是将一段时间内的原始用户行为映射到确定的标签体系上，同时计算出各行为在对应标签上的累积强度作为模型的特征输入。例如，对于页面浏览行为，我们用上下文定向的方法将 URL 转换为标签，作为此次行为的标签，而一次浏览的强度置为 1；对于搜索行为，可以根据查询词将其映射为标签，而一次搜索的强度置为 1。关于搜索、广告点击、网页浏览等各类行为的标签化方法，在后面还会专门讨论。模型中的 w_{tn} 的作用实际上就是在调整搜索、浏览等不同行为类型的重要程度。这一特征生成过程如图 12-7 所示。

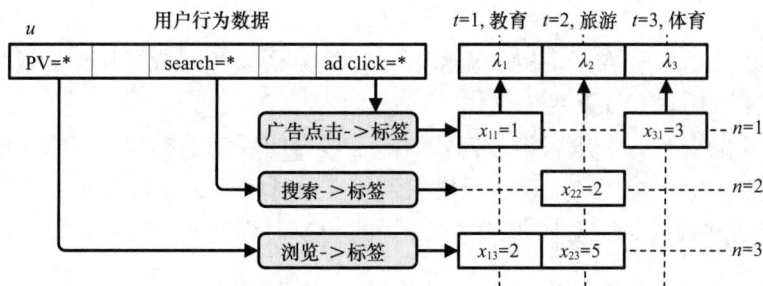

图 12-7　行为定向特征生成过程示意

这里要注意，我们考虑的是"一段时间内的行为"，因为过于久远的行为对用户兴趣的贡献是很小的。如何将行为累积控制在一段时间以内，工程上有两种常用的方法，分别是滑动窗法和时间衰减法，示例如图 12-8 所示。

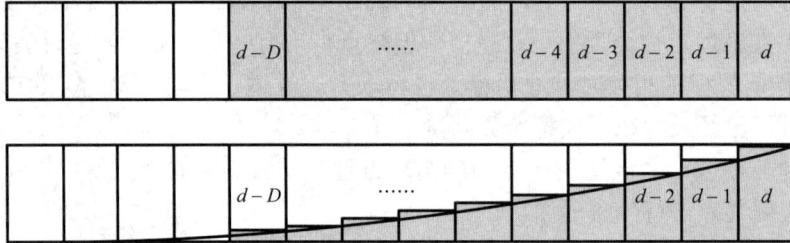

图12-8   用户行为累积方法示意：上、滑动窗法；下、时间衰减法

在滑动窗法中，我们设定一个窗长 D，然后将从当前时间倒推在此窗长内所有属于 t 的行为强度累加起来。这里用 $\tilde{x}$ 代表累积特征以区别于单时间片特征 x，实际上在式（12.7）中，应该使用 $\tilde{x}$ 而不是 x。在滑动窗法中，$\tilde{x}$ 的计算公式为：

$$\tilde{x}(d) = \sum_{\delta=0}^{D} x(d-\delta) \tag{12.8}$$

而在时间衰减法中，我们并不明确设定窗长，而是设定一个衰减因子 α，用上一个时间片的累积特征 $\tilde{x}(d-1)$ 与本时间片的行为强度 $x(d)$ 递归地得到今天的累积特征 $\tilde{x}(d)$，其更新公式为：

$$\tilde{x}(d) = \alpha\tilde{x}(d-1) + x(d) \tag{12.9}$$

在实际的行为定向建模中，我们会用累积特征 $\tilde{x}$ 替代单时间片特征 x。上面的两种累积特征计算方法并无本质区别，它们对原始行为过滤的窗型，前者为矩形，后者为指数形，并且形状都由唯一的参数来控制。但是从工程角度看，我们更推荐使用第二种方案，因为在这种方法中，只需要保存累积到前一个时间片的特征和当前时间片的行为强度，空间和时间复杂度都较低。

行为定向的训练过程实际上就是调整各个标签类别上各种特征权重的过程。影响训练结果和效率的主要因素有以下两个。

（1）训练集的长度。一般来说，为了消除工作日的周期性影响，训练集的天数一般选择为 7 的整数倍。对一个用户来说，他累积到前一个时间片的行为特征 $\tilde{x}_t(d)$ 和本时间片的该标签广告点击次数 $h_t(d)$，对应于式（12.6）的一个训练样本。因此，每个用户会对应多个训练样本。

（2）时间片的大小。这反映了对定向的时效性的要求：如果希望更快地利用行为数据对标签做出调整，必然要缩小这一时间片大小[①]。

①   更快地利用用户行为反馈还有其他系统方面的需求，参见13.3.1节。

可以想见，训练集的样本数目正比于训练集长度，且反比于时间片长度。当用户数目较多、训练集长度较长而时间片又较短时，总的训练样本数目是非常大的。为了避免计算冗余，使训练时的空间代价尽可能地小，在参考文献 [25] 中，作者给出了一个复杂度为 $O(1n)$ 的训练样本生成算法，该算法的关键点是在预处理过程中生成每个用户 u 各个时间片的 x_{nt} 和 h_t，将它们按时间顺序排列成一个事件流。通过在此事件流上向前滑动，依次在训练过程中得到各个时间片的累积特征 x_{nt}，并得到相应的训练样本。

这一方法看起来普通，但是在大规模用户行为分析时必须要注意的，也是我们在计算广告架构（参见图 9-2）中提到要将用户行为与用户标识为键组织在一起的原因。以时间衰减法为例，我们将累积行为定向特征生成的过程用下面的代码示意。

```
 1  // In:
 2  //    events : 各时间片的原始特征
 3  //    alpha  : 衰减因子
 4  // Out:
 5  //    features : 各时间片的累积特征
 6  int btSampleGen(vector <Vec> &events, int T, vector <Vec> & features) {
 7    int numSlice = events.size();
 8    int dim = events[0].size();
 9
10    features.resize(numSlice);
11    features[0] = events[0];
12    for (int s = 1; s < numSlice; s ++) {
13      features[s] = features[s - 1];
14      for (int d = 0; d < dim; d ++) {
15        features[s][d] *= alpha ;
16        features[s][d] += events[s][d];
17      }
18    }
19  }
```

各类行为的标签化方法

上面关于行为定向特征生成的讨论还缺少一个环节：特征选择函数 $x_{tn}(b)$ 的计算方法，即搜索、广告点击、网页浏览等行为映射到一个或多个定向标签上。这是行为定向计算过程中最关键的环节，下面介绍工程中的实用方案。

（1）网页浏览、分享等与内容相关的行为，可以通过 12.3 节中提到的有监督文本主题模型的方法，将其映射到预先定义好的标签体系上，也可以直接提取内容中的关键词作为标签。

（2）广告点击等与广告活动相关的行为，可以转化为对广告落地页内容的分析，因此可以使用与网页浏览相同的方法。不过，实践中经常会碰到广告落地页内容为图片、Flash或者内容很少的情形。因此，根据创意形式的不同，还有其他两种方法：当创意为文字链时，可以将其题目或描述作为内容；当创意为图片时，往往需要人工标注其标签，但由于工作量较大且正确性不宜评估，建议只在必要时进行。

（3）最值得重视的是搜索、搜索点击等与查询相关的行为。由于查询的信息量较少，很难直接提取标签。可行的方案有两种，都要用到搜索引擎：第一种方案是利用搜索引擎做内容扩展，即将查询送入搜索引擎，用返回的若干结果描述或者链接页的内容作为该查询对应的内容，这种方案借助通用搜索引擎即可；第二种方案是对查询进行某垂直领域分类时，直接利用相应垂直媒体的标签体系和搜索引擎。下面以电商行业为例来说明此方案。

如果要给查询标注电商行业标签，可以采用与某综合电商，如淘宝，相一致的分类标签体系。在此基础上，任给一个查询，将其送入淘宝的搜索引擎，然后查看返回商品结果对应的分类，将此分类作为标签即可。如果返回结果很少或结果中的分类很分散，可以认为此查询没有合适的电商行业标签。这实际上是借鉴了电商搜索引擎成熟的分类能力，往往可以较快地做到比较准确的查询分类。这一方法的限制是必须采用与某电商一致的标签体系，不过一般来说这不是个大问题。这个例子虽然针对电商行业，但对于其他垂直行业，如汽车、房产等，也完全适用，只要借助于该行业网站比较成熟的垂直搜索引擎即可。

（4）转化、预转化等需求方行为，往往可以对应到一个单品。同样，利用该单品的分类信息，可以将其映射到某个标签上，而对于预转化中的站内搜索行为，可以按照上面的一般搜索行为来处理。

这几类典型行为的标签化过程如图 12-9 所示。对于其他行为，往往也可以归到这几种类型之一，或者根据其行为数据的特点做具体讨论。

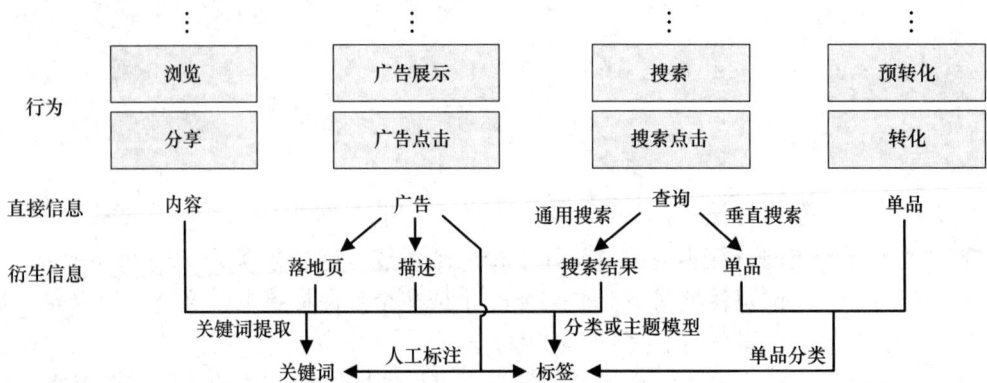

图 12-9　各类行为标签化方法示意

12.4.3　行为定向决策过程

虽然式（12.6）的行为定向模型看起来比较复杂，不过其核心目的无非是为了通过数据得到式（12.7）中的行为系数 w_{tn}。在行为定向的决策过程中，不需要 λ 到 h 的泊松分布，只需要计算线性函数 λ 的值，然后根据预先确定的阈值来确定某个用户是否应该被打上某个定向标签。

行为定向计算过程比训练过程的数据准备要简单，因为不再需要准备目标值，只需要按照滑动窗法或者时间衰减法得到累积特征 $\tilde{x}_{tn}$，再根据 w_n 加权求和得到得分 λ。由于这一计算过程也是线性的，当特征累积采用时间衰减法时，得分 λ 也可以通过昨天的得分衰减后累积上今天得分的方式得到，即：

$$\lambda_t(d) = \sum_n w_n \alpha \tilde{x}_{tn}(d-1) + \sum_n w_n x_{tn}(d)$$
$$= \alpha \lambda_t(d-1) + \sum_n w_n x_{tn}(d)$$

（12.10）

这一公式揭示了受众定向系统工程实现的一个关键点：在线上存储各用户的定向标签得分 λ 的缓存中，在每个新的时间周期，在缓存中得分乘以 α 进行衰减，再将上一个时间周期收集到的原始行为 x_{tn} 加权求和后累加上去即可。这比起在每个时间周期重新计算所有 λ 并更新整个线上缓存，显然要轻量级许多。这一线上计算过程更加体现了时间衰减法的优势，特别是当需要对用户的短时行为进行快速反馈时，这样简便的递归式计算方法非常有效。

12.4.4　行为定向的评测

对于上面讨论的行为定向模型，因为可以通过调整线性函数输出 λ 的阈值来控制某个标签人群的量，相应的标签人群在广告投放中的效果也会相应变化。当然，在量扩大的情况下一般来说精准性也会降低。其他形式的行为定向模型也都具有类似的特点。因此，行为定向模型的评测需要考虑到量的影响。

一般来说，行为定向可以通过 reach/CTR 曲线来进行半定量的评测。在正常情况下，较小的人群规模应该较为精准，也即对该类型广告的 CTR 较高；而随着人群规模的扩大，该 CTR 也会逐渐走低。我们把标签接触到的人群规模称为 reach，而这一 reach 和 CTR 构成的曲线是评价该标签上的定向是否合理，以及效果如何的重要依据。

图 12-10 中给出了一个实际的 reach/CTR 曲线示例，我们来了解一下读此曲线的几个关键之处：首先，该曲线应该大体上呈下降的趋势，如果数据质量或定向建模有一些问题，有时会出现非下降的趋势或者头部较低的情况，这意味着调低用户规模反而使得点击率下降，显然是不正常的。如果出现这种情形，需要认真检查定向流程或者判断是否已有的数据无法支持该定向标签；其次，reach/CTR 曲线最右端一个点的 CTR 水平是固定的，即无法通过改善数据和模型来提高，因此这是 reach 达到 100%，也即全部用户的情形下的 CTR 水平。而该曲线的斜率越大，往往表示定向模型的鉴别力越强。由于实际中一般会将阈值设定得较高，从而达到较好的定向效果，因此我们往往只需要关注该曲

线头部的部分即可。

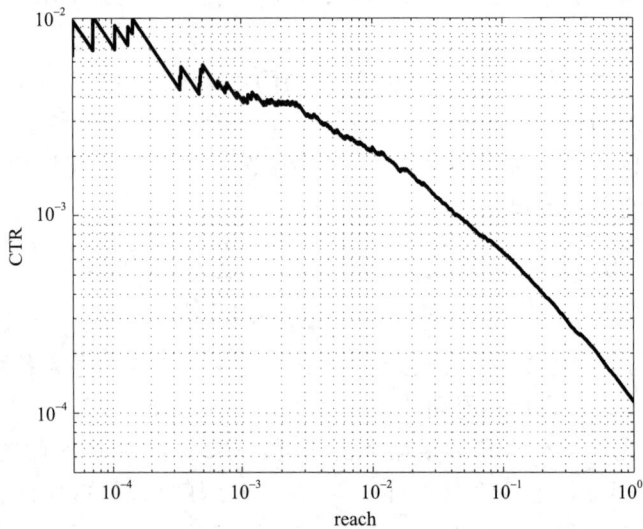

图 12-10   reach/CTR 曲线示意

工程中需要注意的是，生成 reach/CTR 曲线的过程需要仅仅访问一遍数据就能够完成。因此，我们在前面受众定向的过程中，需要保留的是每个用户在各个标签上的得分值，而不是最后二元的判断结果。给定一批测试用户在所有标签上的定向得分值，生成 reach/CTR 曲线的过程如下面的代码所示：

```
1 struct Imp {int click ; int userId ; double score ;};
2
3 // In:
4 //    imps    : 各次展示的数据集
5 //    binNum  : reach/CTR 曲线的点数
6 // Out:
7 //    reachs  : 各点的 reach
8 //    ctrs    : 各点的 CTR
9 void reach_ctr(vector<Imp>& imps, int binNum, Vec & reachs, Vec & ctrs) {
10   int sampleNum = (int)imps.size();
11
12   // 遍历所有的样本以得到 score 的最小最大值
13   double minScore = INF, maxScore = -INF;
14   for (int s = 0; s < sampleNum; s ++) {
15     if (imps [s].score < minScore) minScore = imps[s].score;
16     if (imps [s].score > maxScore) maxScore = imps[s].score;
17   }
18
```

```
19    // 得到各个 bin 的阈值
20    Vec    bins;
21    double step = (maxScore - minScore) / binNum;
22    bins.assign (binNum + 1, minScore);
23    for (int b = 0; b < binNum; b ++)
24      bins[b + 1] = bins[b] + step;
25
26    // 再次遍历样本以得到各个 bin 上的 reach 和 click 数目
27    Vec reachClicks ;
28    reachClicks.assign(binNum, 0);
29    reachs.assign(binNum, 0);
30    ctrs.assign(binNum, 0);
31    for (int s = 0; s < sampleNum;s++) {
32      for (int b = 0; b < binNum;b++) {
33        if (imps[s].score < bins[b]) break;
34        if (imps[s].click ) reachClicks[b]++;
35        reachs[b]++;
36      }
37    }
38
39    // 计算 reach 和 CTR
40    for (int b = 0; b < binNum; b ++) {
41      ctrs[b] = reachClicks[b] / reachs[b];
42      reachs[b] /= sampleNum;
43    }
44  }
```

12.5 人口属性预测

严格来说年龄、性别、教育程度、收入水平等人口属性并不属于用户的兴趣，而是用户确定的特点描述。不过在实际定向广告系统中，除了一些实名的社交网络以外，规模化地获得人口属性比较困难，因此我们往往还是需要数据驱动的模型，以用户的行为为基础自动预测其人口属性。

这种基于预测的方法直觉上很容易理解，以性别属性为例：经常访问军事网站或汽车网站的用户绝大部分都是男性，经常浏览娱乐八卦的用户则以女性居多。性别属性预测的问题可以描述成一个典型的二分类问题，其输入特征就是用户的原始行为 b（或者提取后的行为特征 x'），而输出就是 $\{M(\,男\,)，F(\,女\,)\}$ 两个分类。有很多机器学习模型都可以用于性别预测问题，比如采用最大后验概率的框架，则预测问题可以表示成：

$$\hat{g} = \arg\max_{g \in \{M,F\}} p(g|\boldsymbol{b}) \tag{12.11}$$

其他的模型，如支持向量机（Support Vector Machine，SVM）[18]、AdaBoost[39]等，都可以考虑，我们需要根据自己的数据特点具体判断哪种模型更合理，这里就不展开讨论了。

建模中有两个问题需要注意：首先，不论用什么样的模型来预测人口属性，必须要有一定的拒识门槛，也就是说对那些行为不够丰富或不够有代表性的用户，应该输出"未知"的判断，而不是简单地用模型算出一个结果；其次，模型训练集的获得非常重要，往往算法的有效性不如更准确、规模更大的训练集对结果的提升明显。而较大训练集的获得往往是要依赖社交网络，例如，可以将广告系统的用户身份与微博用户对应，再从微博公开的用户属性获得标注。

除了性别以外的其他人口属性，用简单的分类模型并不太准确。以年龄为例，假设我们把标签设定成5个年龄段，那么将第一个年龄段的人错分到第二个年龄段，与错分到第三个年龄段的代价应该是不同的，而如果采用简单的5个类的分类模型，这一差别就被忽略了。因此，需要在分类模型中明确考虑不同类之间的错分代价，而其他的属性如教育程度、收入水平也类似。不过总体上说，从用户行为上预测非性别的人口属性是比较困难的任务，除非有非常相关的数据来源以及充分多的准确的训练样本，否则不太建议用这种方法获得这些标签。

12.6　数据管理平台

第6章中介绍了数据交易平台和数据管理平台这两种与广告相关的数据产品。虽然这些数据产品主要是在程序化交易市场中发挥作用，但是就其技术架构来说，不过是将本章介绍的数据收集和受众定向功能独立出来，形成专门的产品，因此，我们在本章中一起介绍。另外，数据管理平台和数据交易平台虽然分别从第一方和第三方的视角来收集和加工数据，但是其技术架构却很类似，而且在实际产品中分界也没有那么鲜明，因此我们这里统一以数据管理平台来代表。

数据管理平台的系统架构如图12-11所示。通过部署在媒体上的代码或SDK收集第一方访问日志，送入数据高速公路。同时通过数据高速公路收集自有的第二方数据，然后把这些日志原始行为映射到结构化或非结构化的受众标签体系上。另外，还会有一些第三方提供的加工好的标签数据直接进入用户标签集，再通过统一的接口对外提供。在这一架构中，DMP同时对接了第一方、第二方和第三方的数据，并根据这些数据对受众群体做灵活的、自定义的划分。虽然这些功能并不直接体现在广告交易环节中，却是数据驱动的在线广告中越来越重要的一环。

除了需要用到上面讨论的受众定向技术，DMP还有一个技术问题，就是如何将用户标签传送给购买方，如某DSP。这包括两个环节：一是用户身份对应，如第15章中将介绍的cookie映射；二是数据的传递方式，图12-11中展示的是直接通过在线缓存的形式访问，实际上更常见的方式是在广告交易的过程中，附着在询价请求上直接提供。

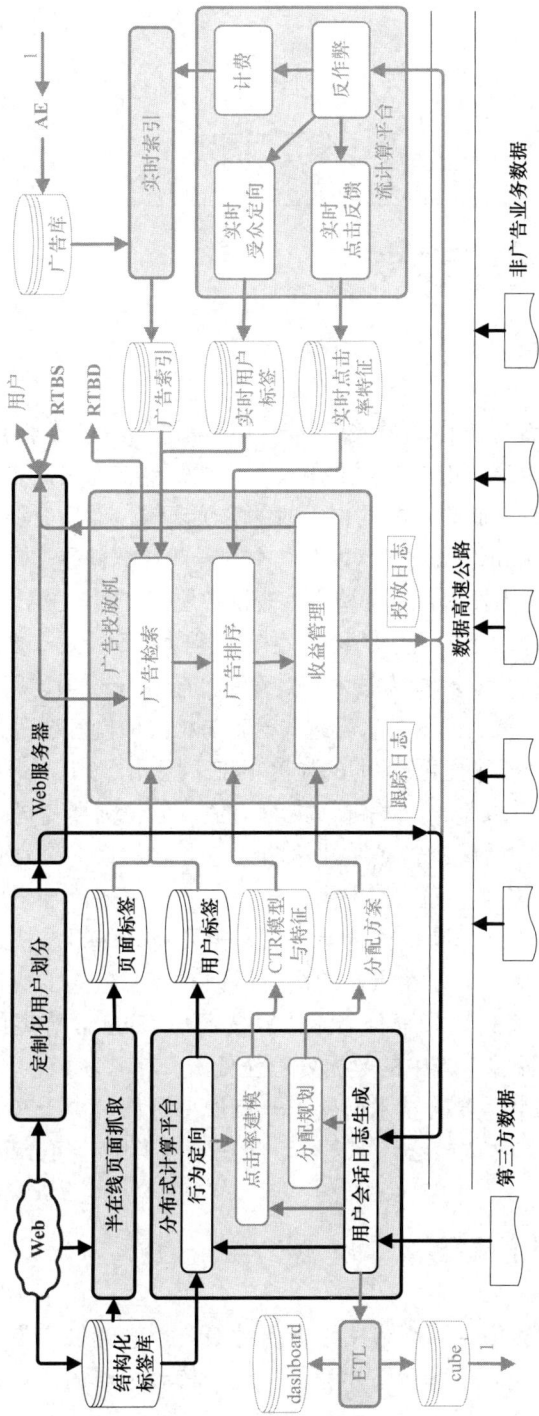

图 12-11 数据管理平台（DMP）系统架构示意

第13章

竞价广告核心技术

竞价交易是整个在线广告市场最关键的一次产品进化，它带来了广告技术的迅速发展。应该说，当今计算广告中最关键的几项通用技术挑战都是在竞价广告中发展起来的。本章将首先给出实际系统中各种机制设计共同作用时的竞价逻辑，然后介绍搜索广告和广告网络这两种典型产品的技术架构和优化目标，以及其中的一些计算问题。在此基础上，将重点介绍竞价广告最关键的几项通用技术：广告检索、查询扩展、在线数据处理等。

在竞价广告中，大量中小广告主的检索规模使得对计算的效率要求很高，如何根据广告的业务要求设计更高效的索引和检索技术，是竞价广告系统一项通用的关键技术。我们将结合广告检索的具体需求，重点讨论布尔表达式检索与相关性检索这两个场景下的算法思路。

在搜索广告中，竞价标的即关键词的粒度很细。因此，5.1 节中介绍的查询扩展问题至关重要。查询扩展可以看成是一个关键词推荐问题，但也需要考虑一些与广告领域相关的特点。另外，搜索广告的北区广告条数，策略上存在非常大的个性化调整空间，这可以描述成一个用户体验约束下的收入优化问题。

另外，广告网络中的反作弊、计价等模块，需要将系统日志快速加工处理并反馈给线上决策系统。另外，对用户行为和点击的快速反馈对广告效果的提高帮助很大。这些准实时数据处理需求催生了流式计算平台。流计算技术与 Hadoop 等离线分布式计算技术相配合，可以更有效地完成计算广告中的数据处理任务。

竞价广告中另外一个重要的技术问题——点击率预估，由于在计算广告中的地位比较重要，也是利用数据和算法的核心环节之一，将在下一章中专门介绍。

13.1 竞价广告计价算法

第 5 章中介绍了搜索广告和广告网络这两种最典型的竞价广告产品。在进入这些具体产品的技术之前，我们先来了解一下"竞价"这一核心逻辑的具体实现，顺便引出此核心逻辑的几项主要支持技术。

5.2 节中介绍了位置拍卖市场中一些常用的定价策略，包括 GSP、MRP、价格挤压等，单独理解这些策略都不困难。在实际的系统中，我们需要将这几种策略综合起来执行。以按 CPC 计价的竞价广告产品中一次广告展示为例，我们将实际的计价算法用下面的代码描述，可以对照表 5.2 来进一步直观地理解这一完整的定价过程。

```
1  // In:
2  //    cands   : 候选广告 ID
3  //    ctrs    : 候选广告预估的点击率
4  //    bids    : 候选广告的出价
5  //    MRP     : 市场保留价
6  //    squash  : 价格挤压因子
7  //    slotNum : 要求的广告条目数
8  // Out:
9  //    results : 排序结果
10 //    prices  : 计价结果
11 void auction(vector<int > & cands, Vec & ctrs, Vec & bids, float MRP,
12   float squash, int slotNum, vector<int> & results, Vec & prices) {
13   int candNum = cands.size();
14
15   // 按照给定的 squashing 因子调整预估 CTR
16   for (int c = 0; c < candNum ;c ++)
17     ctrs[c] = ctrs[c] ^ squash ;
18
19   // 计算调整后的 eCPM
20   Vec eCPMs ;
21   eCPMs.resize(candNum, 1e -10f);
22   for (int c = 0; c < candNum; c ++)
23     if (bids[c] >= MRP) // 跳过那些出价小于市场保留价的候选
24       eCPMs[c] = ctrs[c] * bids[c];
25
26   // 将所有候选按照 eCPM 排序
27   for (int c1 = 0; c1 < candNum; c1 ++)
28     for(int c2 = c1 + 1; c2 < candNum; c2 ++)
29       if (eCPMs[c1] < eCPMs[c2]) {
30         SWAP(cands[c1], cands[c2]);
31         SWAP(eCPMs[c1], eCPMs[c2]);
32         SWAP(ctrs[c1], ctrs[c2]);
33       }
34
35   // 得到各竞价结果并计算定价
36   results.clear(); prices.clear();
37   for (int c = 0; c < candNum - 1; r ++) {
38     if (eCPMs[c] <= 1e-10f)
39       break;
40
```

```
41        // 按照 GSP 计算定价
42        float price = eCPMs[c + 1] / ctrs[c];
43        if (price < MRP)price = MRP;
44
45        results.push_back(cands[c]);
46        prices.push_back(price);
47    }
48 }
```

在实际的广告产品中，还有可能同时存在若干种计费方式，其 eCPM 估算过程也不同，我们用下面的一小段代码来说明在各种计费方式并存的情况下完整的 eCPM 计算逻辑。当然，这里的逻辑比较简单直觉，有关 CPM 和 CPC 混合竞价的拍卖过程与定价机制的探讨，可以进一步查阅参考文献 [104]。

```
1 enum BidMode {CPM,CPC, CPS};
2
3 float calcuECPM( float bid, BidMode mode ) {
4   switch ( mode ) {
5     case CPM:
6       return bid;
7     case CPC:
8       return predictCtr() * bid;
9     case CPC:
10       return predictCtr() * predictClickValue();
11   }
12 }
```

从定价过程的输入可以看出，对于一个 CPC 结算的竞价广告系统，需要先得到广告候选集合，并计算每个候选的点击率，这对应竞价广告两个最关键的计算问题，即广告检索和广告排序，这也是本章要讨论的重点技术问题。

竞价广告中根据 eCPM 对广告进行排序，而根据 2.3.1 节的介绍，按照点击和转化两个发生在不同阶段的行为，eCPM 可以分解成点击率和点击价值的乘积，eCPM 的估计主要就是点击率预测和点击价值估计两个任务：

$$r(a, u, c) = \mu(a, u, c) \cdot v(a, u) \tag{13.1}$$

我们认为点击率 μ 是广告 3 个行为主体的函数，而点击价值则是用户 u 和广告商 a 的函数，而在 CPC 计算的竞价广告中，点击价值是广告主的出价，不需要估计。在分别介绍搜索广告和广告网络的架构和技术点之后，我们将把主要篇幅放在广告检索和点击率预测这两项核心技术上。

13.2   搜索广告系统

搜索广告是最早产生的，也是最为重要的竞价广告系统。搜索广告的优化目标在式

（2.2）的基础上加以调整，可以用下式来表达：

$$\max_{a_1,\cdots,T} \sum_{i=1}^{T} \{\mu(a_i, c_i) \cdot \text{bid}_{\text{CPC}}(a_i)\} \tag{13.2}$$

这个目标相对简单清晰：对每次展示的各个候选，根据查询估计其点击率 μ，并乘以广告主出的点击单价得到 eCPM，再按此排序即可。而在 eCPM 的估计过程中，根据上下文即用户输入的查询来决策。

搜索广告是竞价广告中最典型的系统之一，它与一般广告网络最主要的区别是上下文信息非常强，用户标签的作用受到很大的限制。因此，搜索广告的检索过程，一般都不考虑用户 u 的影响，而上下文信息 c，即查询，又是实时通过用户输入获得，因而离线受众定向的过程基本可以被省略。在这样的应用场景下，搜索广告的系统架构如图 13-1 所示，它与一般的竞价广告系统架构上的主要区别是没有上下文和用户标签的缓存，但是其检索模块由于查询扩展的需求，会比一般的竞价广告系统要复杂，并且在排序后的收益优化阶段还需要进行北区和东区的广告放置决策。

搜索广告算法上最关键的技术是点击率预测，这一点会在后面专门讨论。除此之外，搜索广告还有一个技术上的重点，那就是查询词的扩展，即如何对简短的上下文信息做有效的拓展，由于搜索广告的变现水平高，这样的精细加工是值得而且有效的。

13.2.1 查询扩展

搜索广告中查询的重要性极高，粒度又非常细，如何根据广告主需求对关键词进行合理的拓展对于需求方和供给方来说都有很大意义：需求方需要通过扩展关键词获得更多流量；供给方则需要借此来变现更多流量和提高竞价的激烈程度。因此，查询扩展（query expansion）是搜索广告的重要技术，它主要用于 5.1.3 节中介绍的广泛匹配情形下。搜索广告的查询扩展与搜索中的查询扩展既有相通之处，又有一些显著的区别。相关的方法很多，但这里只介绍 3 种主要的思路。

1．基于推荐的方法

如果把用户一个会话（session）内的查询视为目的相同的一组活动，可以在 {session, query} 矩阵上通过推荐技术来产生相关的关键词。这种方法利用的是搜索的日志数据，而基本上个性化推荐领域的各种思路和方法都可以适用。下面以查询扩展的问题为例介绍一下推荐技术的基本问题。

给定一组用户会话 $s = \{1, \cdots, M\}$ 和一组关键词 $w = \{1, \cdots, N\}$，可以产生一个对应的交互强度矩阵 $\{x_{mn}\}_{M \times N}$。如果其中某个用户搜索过某个关键词，则矩阵相应的元素就置为一个相应的交互值，如该用户在一段时间内搜索过该词的次数。

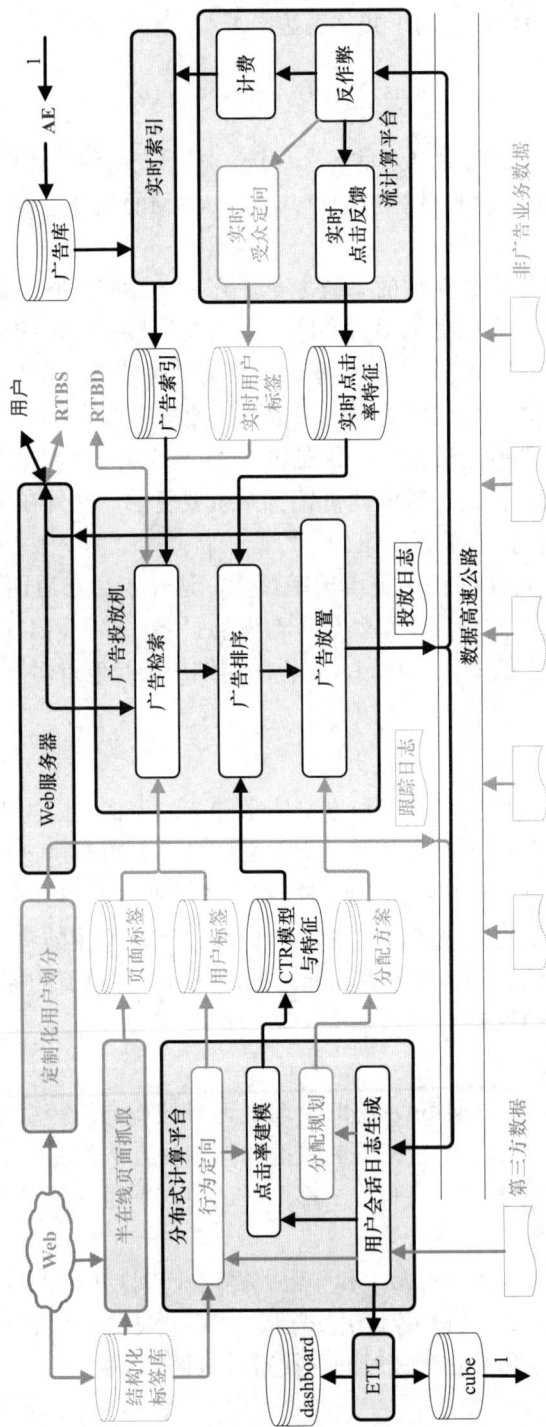

图 13-1　搜索广告系统架构示意

显然，这个矩阵中大多数单元都是空白，但这并不意味着用户搜索该词的可能性为零。而推荐的基本任务就是根据这个矩阵中已知的元素值，去尽可能预测性地填充那些历史上没有观测到的单元。类似的场景除了搜索，还广泛出现在各种互联网应用当中，如商品的浏览或购买记录以及在线电影的打分记录，都可以抽象出类似的交互强度矩阵以及相应的推荐问题。这样根据群体用户的选择关联性进行推荐的问题也被称为协同过滤（Collaborative Filtering，CF）问题。

基于协同过滤的推荐问题有非常多的算法，它们可以分为基于内存的非参数化的方法和基于模型的参数化方法。后者是用维数较低的空间概要性地刻画交互矩阵，然后根据该空间的生成参数恢复矩阵里未知的值。这种将空间降维的思路与文档主题模型乍看起来很相似，不过问题本身还是有明确的区别：在推荐问题中，应该把那些未观测到的交互单元视为未知，而在文档主题模型中，合理的方法是认为未在某文档中出现的词交互强度为 0。关于推荐算法的综述，可以查阅参考文献 [75, 90] 等，这里不再详述。

各种推荐方法的本质都是对 $\{x_{mn}\}_{M \times N}$ 矩阵进行平滑，从而将 x_{mn} 变成平滑后的值 x'_{mn}。为什么可以利用推荐的方法进行关键词扩展呢？对某一个关键词 w_n 来说，其原始的交互强度向量 $(x_{1n}, \cdots, x_{Mn})^{\mathrm{T}}$，虽然我们也可以根据两个关键词对应向量的相似度来找到近似的关键词，但是由于其元素过于稀疏，这一方法在使用中往往并不可行。在经过了推荐算法的平滑以后，这一向量变成 $(x'_{1n}, \cdots, x'_{Mn})^{\mathrm{T}}$，向量中的未知元素也都被填充上相对合理的值，于是就可以稳健地比较关键词的相似度。

2．基于主题模型的方法

除了利用搜索的日志数据，也可以利用一般的文档数据进行查询扩展。这类方法实质上就是利用文档主题模型，对某个查询拓展出与主题相似的其他查询。关于文档主题模型的介绍，参见 12.3 节。

在主题模型的描述下，每个词 w_n 都可以对应于一个文本主题组成的向量 $\{z_{n1}, z_{n2}, \cdots, z_{nK}\}$。于是，也可以用两个词对应的主题向量来计算它们的相似度。这种方法与上一种方法相比，主要考虑的是语意上的相关性，而非用户意图上的相关性，因此效果会差一些，只能作为用户搜索行为数据不足时的补充方法。

3．基于历史效果的方法

对搜索广告而言，还有一类查询扩展方法很重要，那就是利用广告本身的历史 eCPM 数据来挖掘变现效果较好的相关查询。由于在广告主选择竞价的关键词时，一般来说都会选择多组，如果从历史数据中发现，某些关键词对某些特定广告主的 eCPM 较高，那么应该将这些效果较好的查询组记录下来，以后当另一个广告主也选择了其中的某个关键词时，可以根据这些历史记录，自动地扩展出其他效果较好的查询。

虽然这种方法得到的扩展结果经常会与前两种方法得到的结果相重合，但是由于这种方法直接使用广告的优化目标，即 eCPM 来指导查询扩展，往往能够成为前两种方法非常重要的补充手段，而且对营收产生的效果往往还要好于前面的两种方法。

13.2.2　广告放置

如 5.1.3 节中讨论的，广告放置指的是搜索引擎广告中确定北区和东区广告条数的问题。考虑到用户体验，需要对北区广告的数量进行限制，因此，这是一个典型的带约束优化的问题。其中的约束是系统在一段时间内整体的北区广告条数，而优化的目标则是搜索广告系统的整体营收。在进行广告放置之前的排序过程中，比较的都是单条广告的 eCPM，不过此处的优化需要处理一组广告，并且需要考虑位置因素，此问题可以表达如下：

$$\max \sum_{i=1}^{T} \left\{ \sum_{s=1}^{n_i} r(a_{is}, c_i, N_s) + \sum_{s=n_i+1}^{n_i+e_i} r(a_{is}, c_i, E_{s-n_i}) \right\}$$

$$\sum_{i=1}^{T} n_i \leqslant TC$$ （13.3）

其中 n_i 和 e_i 分别表示第 i 次展示的北区和东区广告条数，而在 eCPM 的表达 r 中，多了一个表示位置的参数[①]，例如，N_s 表示北区的第 s 个位置，E_s 表示东区的第 s 个位置。C 为北区的平均广告条数上限。显然，调整北区广告准入的一些指标，如 MRP、相关性、质量度等，都会影响此问题的解。为了不使表达过于复杂，这些参数在式（13.3）中没有显式出现，但读者可以很容易地在实际系统中找到它们的作用并模拟其影响。显然，这个问题形式上不是可导的，而且要调整的参数也不太多，可以采用 10.2.2 节中介绍的下降单纯型法来求解。

搜索广告虽然不宜进行深入的个性化，但在广告放置问题上存在着很大的个性化空间。不同用户对于广告接受和容忍的程度有着很大的不同，实际上，即使在北美市场这样的用户受教育水平较高的市场上，也至少有三四成的用户不能完全分辨搜索结果和广告。因此，对不同的用户动态调整北区的条目数，可以使得在北区平均广告数目相同的约束下，整体系统的营收有显著的提高。在考虑单个用户的广告接受程度后，我们可以对式（13.3）中的收入作个性化的调整。例如，对于北区的一个广告展示，改成下面的形式：

$$r'(a_{is}, u_i, c_i, N_s) = r(a_{is}, c_i, N_s) \cdot \overline{\mu(u_i)} / \overline{\mu}$$ （13.4）

这里的 $\mu(u_i)$ 和 μ 分别表示用户 u_i 对北区广告的平均点击率和所有用户对北区广告的平均点击率。在计算点击率的过程中需要对北区不同位置的点击做归一化，并且需要做平滑处理，参见 14.1.4 节。用 r' 替换式（13.3）中的 r 后，可以用同样的框架求解。

---

① 实际上在排序阶段，都是按照这个参数等于 N_1 来处理的。

13.3 广告网络

广告网络是除了搜索广告以外最重要的非实时竞价类广告产品。由于没有了明确的用户意图以及展示位置的固定性，像查询扩展、广告放置等问题在广告网络中并不存在。下面来看一下广告网络的优化目标、系统架构以及短时行为反馈等问题。

广告网络的优化目标在式（2.2）的基础上有所调整，可以用下式来表达：

$$\max_{a_1,\cdots,T} \sum_{i=1}^{T} \{\mu(a_i, u_i, c_i) \cdot \text{bid}_{\text{CPC}}(a_i)\} \tag{13.5}$$

由于广告网络的成本是分成或包断媒体资源，因此式（2.2）中的成本项被去掉了；而收入部分是比较典型的根据"给定上下文中的给定用户"求"适合的广告"的过程，也反映了计算广告决策的核心逻辑。

广告网络的典型系统架构如图 13-2 所示，其中广告投放的决策流程为：服务器接收前端用户访问触发的广告请求，首先根据上下文信息和用户身份标识从页面标签库和用户标签库中查出相应的上下文标签和用户标签；然后用这些标签以及其他一些广告请求条件从广告索引中找到符合要求的广告候选集合；最后，利用 CTR 预估模型计算所有的广告候选的 eCPM，再根据 eCPM 排序选出赢得竞价的广告，并返回给前端完成投放。

从离线计算的流程来看，广告网络需要根据广告投放的历史展示和点击数据，对点击率预测进行建模。当然，实际的广告网络也往往需要同时提供受众定向的功能，因此这部分离线计算也需要进行。不过由于我们只给出最核心的功能块，因此没有强调这一部分。

由于广告网络广泛采用 CPC 计费，准实时的计费和点击反作弊功能是必不可少的；另外，将用户行为尽快反馈到广告决策中对于点击率预估和受众定向的效果提升也非常关键。这些需求共同催生了流计算技术，这一技术被广泛应用于短时受众定向和短时用户行为反馈。

短时行为反馈与流计算

虽然用户行为定向不适用于搜索广告，但是用户在一个会话内的一系列查询如果能够快速处理，还是会对准确理解用户意图大有帮助。除了这样的短时用户行为反馈，在广告业务中还有一些需要快速对在线日志进行处理的场景，这些场景主要有以下几个。

（1）实时反作弊。反作弊是所有广告系统都需要的模块，关于反作弊具体的技术将在第 16 章中介绍。在 ADN、DSP 这类依赖于站外流量的广告产品中，爬虫流量、突发的作弊流量都会对广告主预算产生巨大的影响。因此，在所有需要实时数据处理的模块之前，需要一个实时反作弊的模块，对系统产生的日志进行过滤。

（2）实时计费。广告产品需要一个实时计费的模块，以便将那些预算消耗完的广告及时下线，避免系统损失。

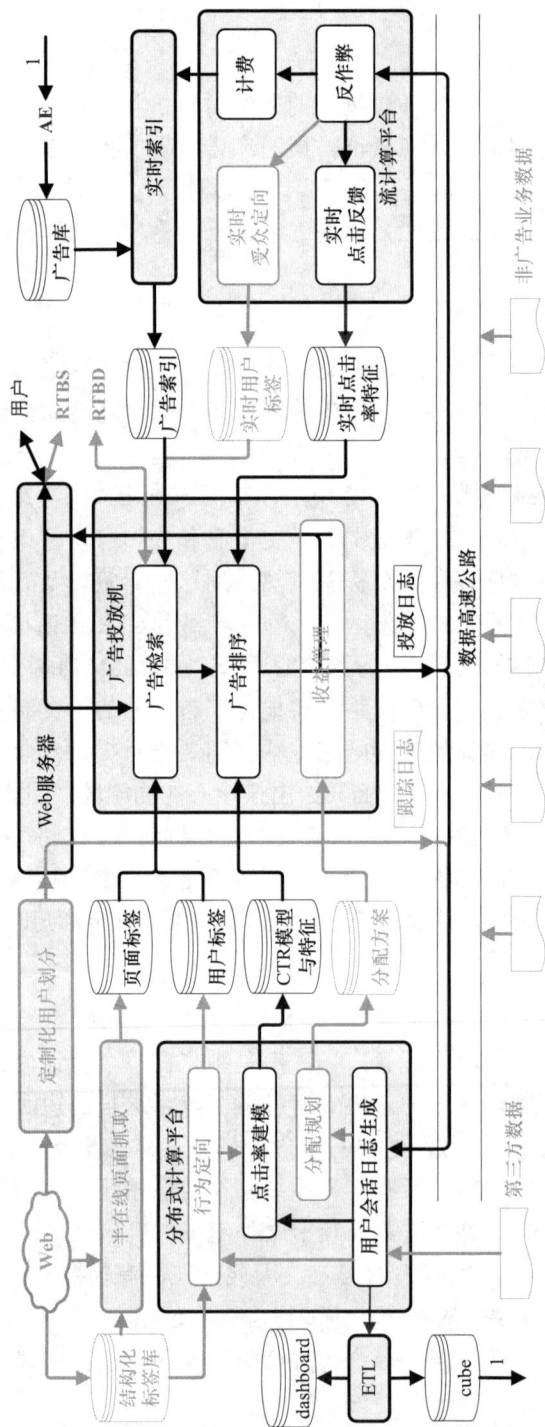

图 13-2 广告网络系统架构示意

（3）短时用户标签。Hadoop 上计算用户标签 $t(u)$ 往往需要比较长的更新周期，如每天。而及时利用用户分钟级别的行为数据加工用户短时兴趣的标签，被证明对广告效果帮助很大[①]。这种短时用户标签也需要一种数据准实时处理的工具。

（4）短时动态特征。CTR 预测中的动态特征（参见 14.1.4 节）也可以根据分钟级的数据补充调整。

这些场景对数据处理系统提出了新的挑战：简单的基于 Hadoop 的离线挖掘模式不再适用了，需要一个灵活的计算框架，能够实时流式地接受线上日志，并用预先组织好的一组处理过程来加工这些数据，得到随时可以被使用的结果。这样的需求催生了流计算平台。以上面的几个广告系统中实时处理的任务为例，它们组成的处理流程如图 13-3 所示。

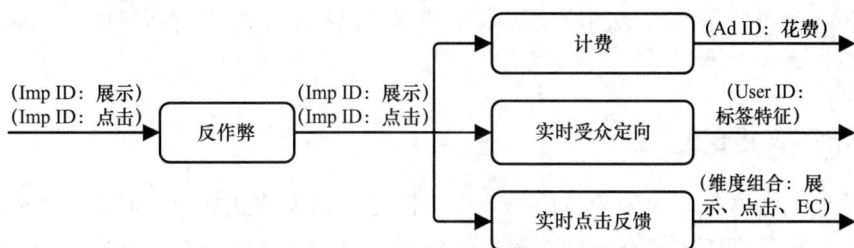

图 13-3　广告系统中的流计算任务流程示意

图 13-3 中的流程非常类似于一组有依赖关系的 MapReduce 任务，但是由于数据实时处理的需求，它需要的计算架构与 MapReduce 是不同的。一个流计算的基础平台应该能够自动完成数据在不同任务间的调度以及任务内部的分布计算。流计算平台有若干开源工具可供选择，其中 Storm 的编程接口与 Hadoop 很相似，使用起来相当方便，参见 9.5.8 节中的介绍。

虽然计算逻辑上接近，但是流计算与 MapReduce 有着本质的不同：MapReduce 是通过分布式文件系统尽可能对计算进行调度，而流计算则是在各台服务器之间调度数据来完成计算。这使得它们的适用场景也有着很大的区别：流式计算适用于准实时、快速的数据统计和反馈，但是因为是在调度数据，所以并不适合海量数据的批量计算；而 MapReduce 更适用于数据量非常大，但是计算实时性要求并不太高的情形。实践中，往往需要两者结合来达到数据量和实时性两方面的要求。

13.4　广告检索

大量中小广告主参与的竞价广告市场中，复杂的定向条件对检索技术提出了新的要求。

[①]　搜索广告中查询的过分泛化会对相关性有较大负面影响。因此，我们不提倡在搜索广告检索阶段利用短时用户标签；不过在排序阶段，可以利用短时动态特征来加权那些用户更倾向于选择的结果。

倒排索引是搜索引擎的关键技术，而广告的检索上也采用这样的框架。但是广告的检索问题也有一些自身的特点和需求，基本的倒排索引技术在广告检索中遇到了两个新问题。

（1）广告的定向条件组合，可以看成是一个由与或关系连接的布尔表达式，这样的文档显然与搜索引擎面对的 BoW 文档不太一样，这里存在着有针对性的检索性能优化空间。

（2）在上下文关键词或用户标签比较丰富时，广告检索中的查询可能相当长，甚至会由上百个关键词组成，这种情况下的检索也与搜索引擎中主要由 1 ～ 4 个关键词组成的查询有很大区别。试想，如果将 100 个关键词同时输入到搜索框中，返回的结果会是你想要的吗？

这些差异使得广告中使用的检索技术在基本的倒排索引之上有所发展，下面将具体讨论上面两个问题。

13.4.1 布尔表达式的检索

广告检索与普通搜索引擎检索的第一个不同是布尔表达式的检索问题。在受众定向的售卖方式下，一条广告文档不能再被看成是 BoW，而是应该被看成一些定向条件组合成的布尔表达式，例如下面的几个例子：

$a_1 =$ (age $\in$ {3} $\cap$ geo $\in$ {北京}) $\cup$ (geo $\in$ {广东} $\cap$ gender $\in$ {男})

$a_2 =$ (age $\in$ {3} $\cap$ gender $\in$ {女}) $\cup$ (geo $\notin$ {北京，广东})

$a_3 =$ (age $\in$ {3} $\cap$ gender $\in$ {男} $\cap$ geo $\notin$ {广东}) $\cup$ (state $\in$ {广东} $\cap$ gender $\in$ {女})

$a_4 =$ (age $\in$ {3, 4}) $\cup$ (geo $\in$ {广东} $\cap$ gender $\in$ {男})

$a_5 =$ (state $\notin$ {北京，广东}) $\cup$ (age $\in$ {3, 4})

$a_6 =$ (state $\notin$ {北京，广东}) $\cup$ (age $\in$ {3} $\cap$ state $\in$ {北京}) $\cup$ (state $\in$ {广东} $\cap$ gender $\in$ {男})

$a_7 =$ (age $\in$ {3} $\cap$ state $\in$ {北京}) $\cup$ (state $\in$ {广东} $\cap$ gender $\in$ {女})

在这些例子中，我们用布尔表达式来表示广告的定向人群，并且写成析取范式（Disjunctive Normal Form，DNF）的形式。在这样的表达形式中，先要解释以下两个概念。

（1）每个 DNF 都可以分解成一个或多个交集（conjunction）的并，如 a_1 可以分解成 $j_1 =$ (age $\in$ {3} $\cap$ geo $\in$ {北京}) 和 $k_2 =$ (geo $\in$ {广东} $\cap$ gender $\in$ {男}) 这两个交集。

（2）每个交集又可以进一步分解为一个或多个赋值集（assignment）的交，以 c_1 为例，可以分解为 age $\in$ {3} 和 geo $\in$ {北京} 这样两个赋值集。为后面算法描述方便，我们定义 Assignment、Conjunction 和 DNF 的数据结构如下：

```
1 class Assignment {
2  public:
3   int attribute; // 该 assignment 指定的标签类型
```

```
4     bool belong; // 表示该 assignment 是属于还是不属于
5     int value; // 该 assignment 指定的标签取值
6  };
7
8  typedef vector<Assignment> Conjunction ;
9
10 typedef vector<Conjunction> DNF ;
```

布尔表达式检索的问题有两个特点，这两个特点是我们设计算法的重要依据。首先，当某次广告请求的定向标签满足某个 Conjunction 时，一定满足包含该 Conjunction 的所有广告，这说明只要对 Conjunction 建立倒排索引，并加上一层 Conjunction → AD 的辅助索引即可。其次，在 Conjunction 的倒排索引中，有一项直接可以帮助我们减少计算：令 sizeof(query) 表示广告请求中的定向标签个数，而 sizeof(Conjunction) 表示某 Conjunction 中的含有 "∈" 的赋值集数目，当 sizeof(query) <sizeof(Conjunction) 时，该 Conjunction 一定不满足该次请求。

根据上述两个重要特点，可以设计出为布尔表达式检索定制的算法，我们以参考文献 [99] 中的算法为例介绍一下这种思路。该算法维护一个两层的倒排索引，即上面所说的 Conjunction 和 AD 两层索引，后一个索引按照 "或" 的关系进行检索，而前一个索引有不太一样的结构：在 Conjunction 的索引中，我们把每个 Conjunction 分解成一组（键，值）对，例如，将 age ∈ {3, 4} 分解成 age ∈ {3} 和 age ∈ {4} 两个 term，这些 term 即是倒排索引的键，而 "∈" 和 "∉" 操作符则放在倒排链表的具体元素上。利用上文所说的赋值集个数的约束，我们可以做的优化是将这一倒排索引按照 sizeof(Conjunction) 分成若干部分，以提高检索效率。仍然以上文的一组广告为例，这组广告的 DNF 可以按如下的方式分解成一些 Conjunction ：

$a_1 = j_1 \cup j_4$, $a_2 = j_2 \cup j_6$, $a_3 = j_3 \cup j_7$, $a_4 = j_5 \cup j_4$, $a_5 = j_6 \cup j_5$, $a_6 = j_6 \cup j_1 \cup j_7$, $a_7 = j_1 \cup j_7$

其对应的倒排索引也可以很容易地写成下面的形式：

$j_1 \to \{a_1, a_6, a_7\}$, $j_2 \to \{a_2\}$, $j_3 \to \{a_3\}$, $j_4 \to \{a_1, a_4, a_7\}$, $j_5 \to \{a_4, a_5\}$, $j_6 \to \{a_2, a_5, a_7\}$, $j_7 \to \{a_3, a_6\}$

可以注意，所有 Conjunction 中最大的 size 为 2，可以将倒排索引分成 3 部分，每部分中所有 Conjunction 的 size 都一样，按照这样的准则，最终形成的 Conjunction 倒排索引应为下面的形式：

size = 0: (geo, 北京) → {(j_6, ∉)}, (geo, 广东) → {(j_6, ∉)}, Z → {(j_6, ∈)}

size = 1: (age, 3) → {(j_5, ∈)}, (age, 4) → {(j_5, ∈)}

size = 2: (age, 3) → {(j_1, ∈), (j_2, ∈), (j_3, ∈)}, (geo, 北京) → {(j_1, ∈)}, (gender, 女) → {(j_2, ∈), (j_7, ∈)}, (gender, 男) → {(j_3, ∈), (j_4, ∈)}, (geo, 广东) → {(j_3, ∉), (j_4, ∈), (j_7, ∈)}

其中 size 为 0 的部分，包含那些所有只有 "∉" 操作符的 Conjunction。为了保证给定一个

Assignment，size为0的Conjunction至少出现在一个倒排表中，算法引入Z为一个特殊的term，并且将所有size为0的Conjunction都放在其倒排表中，并赋以一个"∈"操作符。

我们在第 10 章的标准倒排索引类基础上加以改进，将 DNF 索引类的代码列在下面，方便大家参考。在这段代码中，IndexDNF 对应上面提到的 DNF 的倒排索引，而 IndexConj 对应 Conjunction 的一组倒排索引，其中每一个倒排索引中所有的 Conjunction 都具有相同的 size。需要注意的是，在查询函数中，实际的输入应该是一个标签列表，而不是 Conjunction，不过由于 Conjunction 也可以用来表示一个标签列表，为了接口的一致性，我们还是用 Conjunction 来作为输入参数。

```
1  //Conjunction 倒排索引的数据结构
2  typedef map<int, map<pair<int, int>, vector<pair<Conjunction, bool> > > >
       ConjIndex ;
3
4  class ConjunctionInvIndex {
5   public:
6    ConjIndex index;
7    vector<pair<Conjunction, bool> > zeroConjList;
8
9    void add(Conjunction & conj) {
10     // 含有 ∈ 的 Assignment 数目
11     int K = conj.getSize();
12     if (K == 0) zeroConjList.push_back(make_pair(conj, true));
13     for( int i = 0; i != conj.size(); ++i) {
14       // 建立 Conjunction 的 size 为 K 的倒排索引
15       index[K][make_pair(conj[i].attribute, conj[i].value)].push_back(
               make_pair(conj, conj[i].belong));
16     }
17   }
18
19   // 给定多个 Assignment 的交，返回符合条件的 Conjunction 集合
20   void retrieve(vector<Assignment> & assigns, set<Conjunction> & conjs) {
21     ConjIndex::iterator it = index.begin();
22     for (; it != index.end(); ++it) {
23       vector<vector<pair<Conjunction, bool > > > lists;
24       vector<int> positions;
25
26       // 根据 Assignments 的条件数目对查询剪枝
27       int K = it -> first;
28       if (K > assigns.size()) break;
29
30       // 初始化匹配该 assigns 的倒排链列表 lists 和各列表的当前游标 positions
31       initPostingLists(lists, positions, assigns, it -> second);
32
```

```
33      if (K == 0)
34        { lists.push_back(zeroConjList); positions.push_back(0);}
35
36      while (positions[K - 1] < conjs_num) {
37        // 按照首个 conjID 的升序对 lists 进行排序，∈ 的 Conjunction 在前
38        SortByCurrentEntries(lists, positions );
39        if ((*lists)[positions[0]].first = (*lists)[positions[K - 1]].first ) {
40          // 跳过不符合条件的 Conjunction
41          if ((*lists)[positions[0]].second == false) {
42            for (int L = K; L < assigns.size(); L ++) {
43              if (positions[L] != positions [0]) break;
44                (*lists)[i].skipto(positions[0] + 1);
45            }
46          }
47          else {
48            conjs.insert((*lists)[positions[K - 1]].first);
49            // 跳过已经找到的 Conjunction
50            for (int i = 0; i < K; i ++)
51              (*lists)[i].skipto(positions[K - 1] + 1);
52          }
53        }
54        else { // 寻找候选 Conjunction
55          for (int i = 0; i < K; i ++)
56            (*lists)[i].skipto(positions[K - 1]);
57        }
58      }
59    }
60  }
61 };
62
63 class DNFInvIndex : public InvIndex<Conjunction> {
64  public:
65   ConjunctionInvIndex conjIndex;
66
67   void add(vector<Conjunction> & conjs) {
68     map<Conjunction, list<int> >::iterator it;
69     for (int i = 0; i < conjs.size(); i ++) {
70       it = this -> find (conjs[i]);
71       // 对新加入的 Conjunction 建立二级索引
72       if (it == this -> end()) {
73         conjIndex.add(conjs[i]);
74       }
75     }
76     InvIndex<Conjunction >::add(conjunctions);
77   }
```

```
78
79    // 查询 DNF 表达式，返回对应的广告 ID
80    void retrieve(const vector<vector<Assignment>> & query, set<int> & dnfIDs) {
81      set<Conjunction> conj_set ;
82      set<Conjunction>::iterator it;
83      // 对每个 Assignment 的交，返回符合条件的 Conjunction 集合
84      for (int i = 0; i < query.size(); i ++)
85        conjIndex.retrieve(query[i], conj_set);
86      // 求 conjunction 对应的广告 ID 的并集
87      for (it= conj_set.begin(); it != conj_set.end(); it ++)
88        InvIndex<Conjunction>::retrieve(*it, dnfIDs );
89    }
90  };
```

13.4.2　相关性检索

竞价广告与搜索的检索问题还有一点不同，有时，竞价广告系统需要处理很多个标签组成的查询。让我们考虑上下文定向的情形：当通过网页内容的关键词来匹配广告候选时，往往需要用十多个甚至几十个关键词去查询广告，再进行 eCPM 排序。在这一情形下，如果仍然采用一般搜索引擎对查询的处理办法，则会陷入两难的境地：如果各个关键词之间是"与"（and）的关系，基本上不可能得到任何匹配的结果；如果各个关键词之间是"或"（or）的关系，那么在检索阶段就会返回大量相关性很差的候选，给后续排序的效率带来很大的挑战。

同样地，当用户的兴趣标签较丰富时，也存在类似的挑战。简单地比较一下搜索与搜索重定向广告，就可以理解为什么展示广告的查询信号会丰富很多：在搜索中，只需要根据用户当前输入的关键词进行检索；而在搜索重定向广告中，虽然用的也是搜索信号，但是需要将用户一段时间内的搜索关键词全部考虑，显然这样的查询要长了很多。这里也可以看出，搜索广告完全可以采用一般的检索技术，但是展示广告需要有新的方案。

考察上面问题产生的原因会发现，在长查询的检索情形下，我们实际上希望的是查询与广告候选间的相似程度尽可能高，但任何一个关键词是否出现在文档中其实都不关键。这样以查询和文档间的相似程度为目标的检索问题称为相关性检索。

解决相关性检索的基本思路是，在检索阶段就引入某种评价函数，并以此函数的评价结果来决定返回哪些候选。评价函数的设计有两个要求：一是合理性，即与最终排序时使用的评价函数近似；二是高效性，即需要在检索阶段实现快速评价算法，否则就与在排序阶段对每个候选分别计算没有差别了。研究表明，当选用线性评价函数（变量为各标签或关键词）且各权重为正时，是可以构造出这样的快速检索算法的。假设线性评价函数的形

式如下式所示：

$$score(a,c) = \sum_{t \in F(a) \cap F(c)} \alpha_t v_t(a) \qquad (13.6)$$

其中 $F(a)$ 和 $F(c)$ 分别表示广告文档 a 和上下文特征 c 上不为零的特征集合，如查询中的关键词，而 $v_t(a)$ 表示 t 这一特征在 a 广告上的贡献值。常用的 VSM 模型不符合这一要求，但是如果不考虑余弦距离中的归一化分母，那么可以用这一线性函数在检索阶段做近似的预评估。在这种情况下，α_t 即为关键词 t 在上下文中的 TF-IDF，而 $v_t(a)$ 即为 t 在某广告 a 中的 TF-IDF。虽然 α_t 在不同的查询中取值不同，但在同一次查询中是一组常数。

将线性函数评价过程加速的关键在于使用两个上界：一是某个关键词 t 在所有文档上贡献值的上界，记为 u_t；二是某个文档中所有关键词的上界的和，这实际上是该文档对当前查询评价函数的上界，记为 U_a。巧妙地利用这两个上界可以在检索过程中排除掉大量不可能胜出的候选，从而达到快速评价的目的。这一方法即为 Andrei Broder 等人提出的 WAND（Weight AND）算法[17]，是上下文定向广告和内容推荐产品中非常实用的快速检索算法，我们以此算法为例，介绍一下相关性检索的算法过程。

我们用图 13-4 来示意 WAND 的检索过程，图中每个关键词（term）带有一条倒排链表，链表中的每一项是包含此关键词的文档 ID（用阴影表示）。WAND 算法用到一个小顶的排序堆结构：该堆维护着到目前为止的 top K 结果，当新的候选产生时，如果堆尚未装满或相关度大于堆顶文档的相关度，则采用堆排序的方法将其插入堆，否则就可以直接抛弃此候选。检索过程迭代地执行下面两个步骤。

（1）将各关键词对应的倒排链按照其最小的文档 ID 做升序排列。

（2）按前面的升序依次访问各关键词 t，并累加其对应的 u_t 至 U，直至 U 大于堆顶。设此时到达第 $n-1$ 个关键词（图中 $n=3$），如果此时第 0 个关键词倒排链和第 $n-1$ 个关键词倒排链的最小文档 ID 一致，则计算该文档准确的相关性，如果仍然大于堆顶，则该文档推入堆；如果最小文档 ID 不一致，说明该候选无胜出的可能，于是在前 n 个关键词倒排链中挑选一个，将链表头跳到第 $n-1$ 个关键词倒排链的最小文档 ID，然后流程跳转至第 1 步。

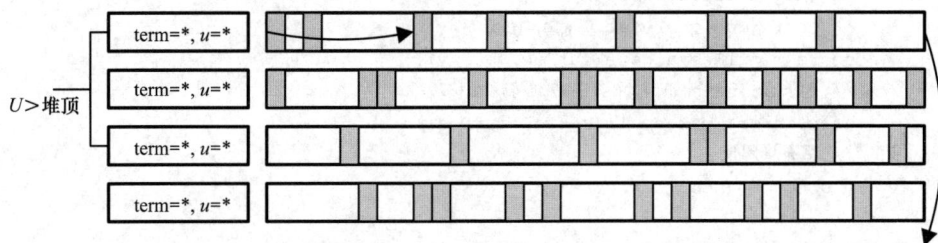

图 13-4　WAND 相关性检索过程示意

读者可以自行验证，WAND 算法的执行过程能够利用两个上界在检索过程中快速地排除大部分候选。此算法的执行过程用下面的伪代码描述。

```
1 class WANDIndex : public InvIndex<string> {
2 public:
3   vector<list<int>> posting;
4   map<string, double> term_ub;
5   vector<string> terms;
6   int doc_num = 0;
7
8   void add(vector<string> & doc) {
9     // 构造传统倒排
10    InvIndex<string>::add(doc);
11    doc_num ++;
12    for (int t = 0; t < doc.size(); t ++)
13      update_term_ub(term_ub, doc[t]); // 更新 UBₜ ≥ αₜ max(w(t,d1),w(t,d2),···)
14  }
15
16  void retrieve(vector<string> & query, set<int> & docIDs) {
17    terms = query;
18    int curDoc = 0;
19    double minScore = 0; // 初始化剪枝阈值 θ
20    MinHeap<pair<double, int>> heap; // 维护和 query 相关性得分最高的 top-K 文档
21
22    // 初始化 posting 列表，每个元素指向对应 term 的倒排链的第一篇文档
23    map<TKey, list<int>>::iterator it;
24    for (int t = 0; t < terms.size(); t ++) {
25      it = this -> find(terms[t]);
26      // skipto(id)：跳跃倒排链至第一个使 docID >= id 的元素
27      posting[t] = it->second->skipto(0);
28    }
29
30    while (curDoc < doc_num) {
31      bool flag = do_next(curDoc, minScore);
32      if (flag == false) break;
33      // score(doc,query) =Σₜ∈q∩d αₜw(t,d)
34      score = full_evaluate(curDoc, query);
35      // 如果 score>topn 堆中最小值则将该文档入堆
36      heap.insert(make_pair(score, curDoc));
37      // 更新堆阈值
38      minScore = heap.topScore();
39    }
40
41    // 将 top-K 文档填充到结果集合中
42    docIDs.insert(heap);
```

```
43   }
44
45 private:
46   bool do_next(int & curDoc, float minScore) {
47     int numTerm = terms.size();
48
49     // 按照首个 docID 的升序对 terms 进行排序
50     for (int t1 = 0; t1 < numTerm - 1; t1 ++)
51       for (int t2 = t1 + 1; t1 < numTerm; t2 ++)
52         if (posting[t1] > posting[t2]) {
53           SWAP(terms[t1], terms[t2]);
54           SWAP(posting[t1]; posting[t2]);
55         }
56
57     // 找到使得累计的 UB 大于阈值的首个关键词
58     float accUB = 0.0f;
59     int pivot = 0;
60     for (pivot = 0; pivot < numTerm; pivot ++) {
61       accUB += term_ub[terms[t]];
62       if (accUB > minScore) break;
63     }
64
65     // 已经没有可以胜出的候选
66     if ((accUB < minScore) || (posting[t] == end()))
67       return false ;
68
69     // 该 pivot 已经被处理过，选择一个倒排链向后滑动
70     if (pivot <= curDoc) {
71         int pos = pickTerm(terms, pivot);
72         posting[pos] = (*this)[terms[pos]].skipto(curDoc + 1);
73     }
74     else {
75       // 成功找到一个候选，倒排链向后滑动跳过候选
76       if (posting[0] -> second == posting[ pivot] -> second) {
77         curDoc = pivot;
78         while ((pivot +1 < doc_num) && (posting[pivot ] == posting[curDoc]))
79           pivot ++;
80         for (int i = 0; i <= pivot ; i++)
81           (*this)[terms[i]].skipTo(curDoc + 1);
82         return true;
83       }
84       else { // 不满足，从前面选一个倒排链向后滑动
85         int pos = pickTerm(terms, pivot);
86         posting[pos] = (*this)[terms[pos]].skipto(pivot);
```

```
87          }
88      }
89    }
90 }
```

这里讨论的相关性检索技术只考虑了相关性评价函数为线性的情况。虽然这一条件严格限制了评价函数的适用范围，但是，如果考虑到广告的排序模型经常采用广义线性模型的建模方法的话，线性评价函数的适用范围就会大大扩展。我们采用后面提到的基于广义线性模型的 CTR 预测模型，也可以套用此框架。

13.4.3   基于DNN的语义建模

当一个概念由于用词和风格不同，在文档和查询中不是用同一关键词来表达时，基于关键词匹配的向量空间模型的泛化能力不足。后来流行起来的主题模型（如 LDA）有一定的泛化性能，但无监督 LDA 不能够有针对性地解决具体问题。随着词嵌入方法在 NLP 领域的广泛应用，端到端地从原始文本中监督学习任务相关的语义表达，使语义的表达能力和准确程度都大幅提升，这也成为广告检索技术发展的前沿方法。

下面以搜索场景和视频个性化推荐的场景为例，介绍这类端到端的模型思路和具体的深度学习方法，并作为后面广告语义检索的基础。

1. DSSM 模型

在广告、搜索、推荐这些领域，经常用点击率作为弱监督标签来衡量给定用户（u）或上下文（c）与候选（a）的语义相关性。只不过在不同场景下 c 的含义略有不同：搜索场景下 c 是关键词，上下文广告场景下 c 以内容为主，而推荐场景则更多考虑 u。当有这样的弱监督数据时，可以形式化地定义 c（u 的情形类似）和 a 之间的语义相关性为：

$$p(h = 1|a_1, c) > p(h = 1|a_2, c) \Rightarrow \mathrm{sim}(a_1, c) > \mathrm{sim}(a_2, c) \tag{13.7}$$

下面以 DSSM（Deep Semantic Similarity Model）[52] 模型为例说明这类监督语义模型。这里的语义（semantic）是指将 c 和 a 从文本空间映射到一个隐藏层语义空间来建模语义相关性，深度（deep）是指这个映射是通过深度神经网络学习得到的。DSSM 存在很多变种，下面我们说明其基本方法。

我们知道，令 y_c 和 y_a 分别表示查询 c 和文档 a 对应的语义向量，它们之间的语义相关性可以采用式（10.3）中的余弦距离来表达：

$$\sigma(c,a) = \frac{\boldsymbol{y}_c^{\mathrm{T}} \boldsymbol{y}_a}{\| \boldsymbol{y}_c \| \, \| \boldsymbol{y}_a \|} \tag{13.8}$$

在此基础上，参考文献[52]中把信息检索问题建模成一个多分类问题，假设共有 A 篇文档，我们用给定查询 c 下点击某篇文档 a 的概率，建模成上面语义向给定查询 c 下在 A 个类

目上分类为a的后验概率，考虑到与查询相关度更高的文档的点击概率更高，对$p(a^+|c)$做如下建模：

$$p(a^+|c) = \frac{\exp(\gamma\sigma(c,a^+))}{\sum_{a \neq a^+}\exp(\gamma\sigma(c,a))} \qquad (13.9)$$

实际上，这里的后验概率形式上等价于softmax函数。考虑到余弦距离的得分在[-1, 1]区间，式（13.9）中加入了γ来调节其动态范围。在训练过程中，正例a^+是被点击的文档，负例是随机采样的若干个未点击的文档。而我们训练的整体目标就是要得到每个c或a对应的语义向量。在参考文献[41]中，这一问题被进一步简化成一个pairwise的排序问题：对于某个c，只取一对正负样例a^+和a^-，最大化其对应的语义相关性得分差值，在此情形下，目标函数变成了：

$$p(a^+|c) = \frac{\exp(\gamma\sigma(c,a^+))}{\exp(\gamma\sigma(c,a^+)) + \exp(\gamma\sigma(c,a^-))} \qquad (13.10)$$

之所以将 DSSM 称为深度学习模型，是因为我们在上面的目标函数中用到的y_c和y_a都是由一个多层神经网络从原始特征逐级计算得到的。DSSM 的模型结构如图 13-5 所示，其模型层次可以描述如下。

（1）在输入层将 c 和 a 中的词嵌入，并利用 BoW、CNN 等方法将其加工成一个定长的特征向量 $\boldsymbol{x}$。

（2）经过多层非线性映射将 $\boldsymbol{x}$ 投影到语义空间 $\boldsymbol{y}$，并在该空间中计算语义相关度。

（3）最终优化目标为使正例 a^+ 对应的后验概率最大。

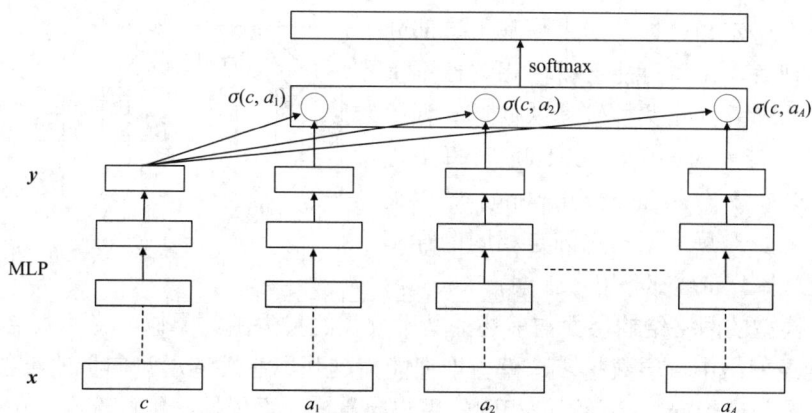

图 13-5　DSSM 模型结构

在对查询和文档建模时最为常见的模型是 BoW（词袋）模型，对词嵌入向量直接相加，不考虑词序，这种方法复杂度较低。而在 c 和 a 的特征表达有较强时序关系时（如推荐场景下用户的访问序列等），可以考虑基于 CNN 的卷积结构去刻画文本，使用池化层去提取文本最显著的局部特征，或采用 RNN 等更为复杂的时序模型提取长距离的词序特征。

2．YouTube 个性化推荐模型

在个性化推荐场景下，对查询用户 u 文档 d 既可以进行语义向量化，也可以采用词嵌入的思路，利用深度神经网络来解决。参考文献 [28] 中给出了一种比较有代表性的方法，虽然这一方法在文中应用于推荐领域，实际上对于受众定向广告同样适用。

如图 13-6 所示，YouTube 的文章和 DSSM 的区别主要在网络结构的输入层，DSSM 由于是解决信息检索领域中的文本语义相关性问题，特征的输入层主要由 c 和 a 文本做切词等处理构成，而受众定向广告中输入层是用户的历史行为，较为复杂，因此该文章中对样本和特征做了一些细致的工作。

首先，在特征层面，该模型将用户如搜索、广告点击的每次行为的稀疏特征都表示成稠密语义向量，将用户在过去一段时间内的不定长的行为序列对应的向量平均后得到深度神经网络输入层的嵌入部分，同时也加入如用户性别、年龄、地理位置、样本年龄（模型训练时间 – 减样本生成时间）等其他领域知识，最后将这些显示建模的特征和泛化的嵌入特征拼接成一个维度较高（wide）的定长向量，尽量把所有数据用好，避免信息在输入层的丢失。注意，这里只举了用户 u 上的信息嵌入的例子，而环境变量 c 也可以和 u 一起拼接在输入层中，嵌入原理相同。

其次，在样本层面，如果只用线上系统的展示未点击数据作为负样本，模型训练会有较大的偏差。举个例子，线上真实未点击数据往往和查询具有一定相关性，如果只基于这部分数据做样本训练，模型可能会得出相关性不重要的结论，从而召回相关性较差的候选。为了减少训练样本带来的偏差，YouTube 对每条正样本基于候选采样（candidate sampling）技术采样负样本，并且对每个用户也固定相同的样本个数，防止总体分布被部分用户带偏。

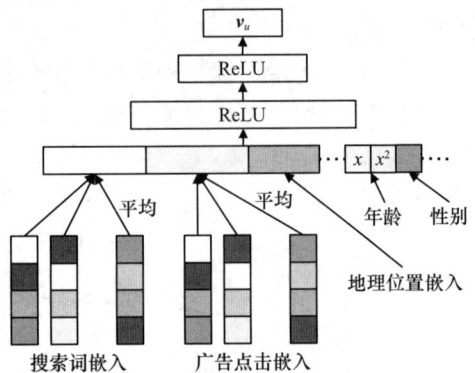

图 13-6　语义检索的用户向量化过程示意

最后，模型的网络结构层面与前述的基于分类的损失函数类似，将输入层向量送到一个深度的神经网络中，层数越多，模型推理能力越强，通过逐层对向量的维数进行约减，最后得到一个与广告嵌入向量维度相同的用户向量 v_u，再依据一组候选广告中实际被用户点击的结果，如下定义基于多分类问题的 softmax 损失函数：

$$\ln p(a\,|\,u,c) = \ln\left(\frac{e^{v_u^{\mathrm{T}}v_a}}{\sum_{a'\in A}e^{v_u^{\mathrm{T}}v_{a'}}}\right) \tag{13.11}$$

确定了上面的网络结构和最终的损失函数，就可以用反向传播算法求解出每个广告和用户的嵌入向量。在线进行检索时，则采用 13.4.4 节中的最近邻检索方法找到候选集。

13.4.4 最近邻语义检索

当把查询与文档都用 13.4.3 节中基于 DNN 的相关性建模进行词嵌入方式的表征后，可以把检索最相关的 K 个文档的问题，转变为在向量空间里计算查询 c 与候选文档 a 之间的向量距离并取若干最近邻的问题。相对于传统的 BoW 模型加倒排索引的思路，词嵌入向量的语义泛化能力更强，而且在相关性建模时和后续的排序环节采用了同一优化目标，大幅提升了检索阶段的相关性效果。

最近邻检索的工程效率是一个核心问题：由于每个文档和查询都能够计算出一个距离得分，如果对所有文档完全遍历该得分，以语义向量 200 维、候选文档 100 万篇规模的数据集为例，检索过程可能要耗时数十毫秒，而这在高并发的在线广告场景下是不可接受的。因此，为了降低性能消耗，需要对候选文档数进行剪枝，同时又能保证较高的召回率，这类加速最近邻检索算法称为近似最近邻（Approximate Nearest Neighbor，ANN）查找。

ANN 算法有很多变种，以下 3 类较为典型，即哈希算法、向量量化算法及基于图的算法。

1．哈希算法

哈希算法大致可以分为两类：一类是数据无关的轻量级设计，另一类是数据相关的方法，又称为学习哈希（learning to hash），包括语义哈希（semantic hash）、深度学习哈希等。我们先来介绍数据无关的局部敏感哈希（Local Sensitive Hashing，LSH）方法。

当一个函数满足如下约束时，就说该哈希函数是局部敏感的：

$$p(h(\boldsymbol{x}_1) = h(\boldsymbol{x}_2)) \geqslant p_1, \forall \boldsymbol{x}_1, \boldsymbol{x}_2, d(\boldsymbol{x}_1, \boldsymbol{x}_2) \leqslant d_1$$

$$p(h(\boldsymbol{x}_1) = h(\boldsymbol{x}_2)) \leqslant p_2, \forall \boldsymbol{x}_1, \boldsymbol{x}_2, d(\boldsymbol{x}_1, \boldsymbol{x}_2) \geqslant d_2 \tag{13.12}$$

从这一定义可以直观地看出 LSH 的基本思想：原始数据空间中较近的样本点比较远的样本点在哈希后更容易碰撞，落在同一个桶中。因此，可以将在一个超大集合内查找相邻元素的问题，转化为在一个很小的桶内进行近邻查找的问题。

事实上，针对不同的距离度量方式，存在不同的散列函数家族，例如，Jaccard 距离下为 min-hash 函数，余弦距离下为随机投影，等等。下面以余弦距离对应的 LSH 函数随机投影（random projection）来做说明。

所谓随机投影，指的是随机生成一个超平面 $\boldsymbol{p}$，并将数据 $\boldsymbol{x}$ 投影在这个超平面上，取投影值的符号 $h(\boldsymbol{x}) = \text{sign}(x \cdot \boldsymbol{p})$ 为随机投影的哈希值。假设两个向量 $\boldsymbol{x}_1$ 和 $\boldsymbol{x}_2$ 的夹角是 θ，那么这两个向量经过映射后落在同一个桶中，即投影在超平面的同一方向上的概率为：

$$p(h(\boldsymbol{x}_1) = h(\boldsymbol{x}_2)) = 1 - \theta/\pi \tag{13.13}$$

很容易验证，这一距离符合式（13.11）中的要求。随机投影是数据无关的一种分治方式，有时会带来数据分布不均匀的问题，考虑图13-7所示的一个二维数据分布。

图 13-7 中随机生成的 2 次超平面仍然把所有数据切分到了一个桶中。为了保证分治的准确率，会做 m 次独立随机投影的与操作，并把这些投影值的符号拼接成一个 m 比特的签名作为最终哈希产出的桶号。当然，也有可能即使两个点足够近但仍划分到不同桶内，这时只搜索一个桶并不能保证召回率，对此有两种常见的扩充召回的方案。

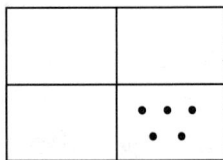

图 13-7 随机投影极端情况示例

（1）用空间换召回率，又称为 LSH forest：我们可以生成 n 组不同的签名取并集，只要有一次落在同一桶中就认为这两个点相近，通过这种多次碰撞的方式来提升召回率。注意，这种方案会直接带来内存的 n 倍增长，因此 n 的选择最终取决于召回率的要求以及内存的占用。

（2）用时间换召回率，又称为 multi-probe LSH：在内存受限的场景下往往会采用这一方案。前面已经提到，LSH 是基于 m 个超平面去做"与"操作生成的签名，那么这 m 位中如果有 d 位不一致，即汉明距离为 d，仍然可以认为其是相似的。因此，对原签名修改 d 位后，生成新的 C_m^d 个签名去进行二次查询，也可以扩大召回率。不过，这种方法当 $d \geqslant 2$ 时，复杂度会显著提升，扩大召回的效果不够平滑，也很难控制准确率和召回率的平衡。

2．向量量化算法

向量量化（Vector Quantization, VQ）是一种对向量 x 做整体量化，将其映射为 K 个离散向量中的一个，从而压缩数据的算法。向量量化可以充分利用各分量间的统计依赖性，在维度高时要显著优于标量量化。在 ANN 场景中，即是通过压缩的方式来分治数据后加速查询。向量量化由码本生成阶段（即建立索引阶段）和码字搜索阶段（即查询索引阶段）构成：在码本生成阶段对空间中每一向量都得到一个特定的地址 $h(x)$；在码字搜索阶段将地址 $h(x)$ 转换成码向量 $f(h(x))$。经典的 K 均值聚类算法也可以看作是一种向量量化：在码本生成阶段，通过聚类产出 K 个质心的向量，将数据集中的所有数据映射为一个 K 维的稀疏编码的码向量。这样就达到压缩的目的了，因为只需要编码 K 个质心的向量就可以表示整个数据集了。而在码字搜索阶段，K 均值寻找与 x 距离最近的一个类别的质心来表达它。

在 ANN 场景下，乘积量化（Product Quantization, PQ）是一种常见的 K 均值改进算法，Facebook 的开源工具 faiss[57] 中有其高效的 CPU 版本和 GPU 版本的实现，它的两个阶段方法如下。

（1）码本生成阶段。对特征做分组量化，将每个样本对应的向量分成 m 等份，分别进行 K 均值聚类，这样每个量化函数都相对简单，因为它只需要处理维数比较少的子向量即可。

（2）码字搜索阶段。对于待编码的样本，将它进行相同的切分，然后在这 m 个子空间里逐一量化子类下类中心，再按笛卡儿积进行拼接。编码后再在低维空间下计算最近邻。

当 $m = 1$ 时，此算法等价于传统的 K 均值，因此 PQ 的目的是在高维向量空间的场景下，在内存和效率之间求得一个平衡，既保证索引结构需要的内存足够，又使检索质量和速度比较好。

层次 K 均值树（Hierarchial K-Means tree，HKM 树）也是在 K 均值基础上，针对 ANN 场景改进的常用算法，最早见于音乐推荐公司 Spotify 中给用户推荐个性化音乐，其方法概要如下。

（1）码本生成阶段。借鉴 KD 树的思想，以递归的方式去划分子空间。但 KD 树每次基于单维度划分导致维度高时不可用，于是 HKM 借助向量量化在高维数据上的优势，在每个树节点做 $K = 2$ 的场景下的 K 均值，最终把数据均匀地分散在各个叶子节点中，相比 LSH 和原始 K 均值带来更高的压缩比。

（2）码字搜索阶段。由于 HKM 的索引基于层次平衡二叉树，查询数据即是从根节点往叶子节点遍历的过程。基于 K 均值的搜索时间复杂度为 $O(n)$，而 HKM 的搜索时间复杂度降低到了 $O(\log(n))$。另外，HKM 扩大召回的方式较为平滑，只需从查询一个叶子节点的数据转变为查询该叶子节点相邻的兄弟叶子节点，从而带来平稳可控的在线查找时间。

为了方便读者了解 HKM 的实现过程，下面给出 HKM 的代码示意。

```
 1  Node* make_tree(const vector<Node* > & children) {
 2      // 该节点下数据个数小于阈值，则建立叶子节点
 3      if (children.size() <=( int)_K) {
 4        Node* leaf = make_node(children);
 5        return leaf;
 6      }
 7      vector<Node*> children_indices[2];
 8      Node* parent = new Node;
 9
10      // 基于K=2的kmeans，建立分割数据的超平面
11      create_split(children, dim, parent);
12      for (int i = 0; i < children.size(); i ++) {
13        Node* child = children[i];
14
15        // 基于超平面，将数据分割到左右叶子节点中
16        bool bside = side(parent, child, dim);
17        children_indices[bside].push_back(child);
18      }
19
20      // 递归生成子树
21      for (int side = 0; side < 2; side ++)
22        parent->children[side] = make_tree(children_indices[side]);
23      return parent;
```

```
24  }
25
26  // topk：最终产出的近邻数据个数，searchk：粗筛的候选集个数
27  void search(const float* query, int topk, int searchk, vector<Node*>*result) {
28      std:priority_queue<pair<float, Node*> > q;
29
30      // 从多棵树并发检索
31      for (size_t i = 0; i < roots.size(); i ++)
32        q.push(make_pair(numeric_limits<T>::infinity(), roots[i]));
33
34      vector<Node*> nns;
35      while (nns.size() <searchk && !q.empty()) {
36        const pair<float, Node*>& top = q.top();
37        float d = top.first;
38        Node * nd = top.second;
39        q.pop();
40
41        // 将叶子节点中数据加入候选集
42        if (nd.n_descendants <= _K) {
43          insert(nns, nd.children);
44        }
45        else {
46          // margin 表达查询和分类面的距离，距离越远，该分类面越容易将近邻分在同一边
47          float margin = margin(nd, query, dim);
48
49          // 按最大 margin 排序筛选左右叶子节点
50          q. push(make_pair(std::min(d, +margin ), nd.children[1]));
51          q. push(make_pair(std::min(d, -margin), nd.children[0]));
52        }
53      }
54      vector<pair<float, Node*>> nns_dist;
55      for (int i = 0; i < nns.size(); i ++) {
56        nns_dist.push_back(make_pair(distance(query, nns[i]->v, dim), nns[i]));
57      }
58
59      // 在粗筛候选集中计算 topk 近邻并返回
60      topk( nns_dist, topk, result);
61    }
62  };
```

3．基于图的算法

HKM 方法将数据存放在树的叶子节点中，因此 ANN 检索时只能从根节点出发，自上而下逐层遍历才能访问到对应的数据，在 ANN 检索时搜索路径较为固定。相对树状结构，在 ANN 检索的场景中，基于复杂网络中的小世界网络这一图状结构相对于 HKM 有

如下优势。

（1）检索时可以从任意节点开始访问，因此可以做高并发的并行检索。

（2）小世界网络可以通过相对较少的长程连接使大多数节点之间的联通路径有较短的长度。这意味着，能更快地找到与查询距离更近的相似数据。

参考文献 [77] 中首先提出的 NSW（Navigable Small World）算法是目前 ANN 算法中效率较高的一类图结构算法。NSW 采用启发式的方法构建小世界网络，其核心思想非常简单。

（1）构建索引时，通过逐步插入节点去构造小世界网络，在构造网络的初始阶段建立的连接即成为最后相对较少的长程连接。

（2）查询索引时，从多个节点并发检索，直到检索出的 top 节点收敛，则结束检索。下面给出 NSW 构建和查询索引的简要伪代码。

```
1  vector<Node> ann_search(Node query, int parallel, int topk){
2      Set<Node> temp_res, candidates, result;
3
4      // 多次检索
5      for (int i = 0; i < parallel; i ++) {
6          // 插入随机节点作为候选节点开始探索
7          candidates.insert(get_random_node());
8          temp_res.clear();
9          while (true) {
10             Node candidate = get_closest(candidates, query);
11             candidates.erase(candidate );
12             bool closer = far_from_topk(result, candidate, topk);
13
14             //topk 节点已经收敛不再变化，退出该次查询
15             if(closer == false)
16                 break;
17
18             for(Node e: candidate.friends()){
19                 if (!e.visited()){
20                     // 将从最近节点的相邻节点加入候选
21                     e.set_visited();
22                     candidates.insert(e);
23                     temp_res.insert(e);
24                 }
25             }
26         }
27
28         // 将本次查询新增候选归并到最终候选集
29         result = merge(tempRes, result);
30     }
```

```
31        // 从候选集中暴力计算 topk 并返回
32        return topk(result);
33  }
34
35  void insert(Node query, int parallel, int topk)
36  {
37        // 新增节点和查询复用 ann 逻辑，查询新增节点和图中已存在节点的 k 近邻
38        for (Node neighbor : ann_search(query, parallel, topk))
39        {
40              // 将新增节点和其近邻建立连接
41              neighbor.connect(query);
42              query.connect(neighbor);
43        }
44  }
```

第 14 章

点击率预测模型

在计算广告中，点击率预测是大家最为熟知也最为重要的问题之一。广告点击率预测的目的是对检索后的广告候选进行排序。但是，我们不能简单套用搜索里的排序问题：点击率预测不能像搜索那样只要求结果排序的正确性，因为点击率需要乘以点击单价才能得到最后的排序。另外，在 DSP 这种产品中，需要尽可能准确地预测 eCPM，用于出价。因此，作为各种广告系统中通用的一项技术，点击率预测更适合建模成回归（regression）问题而不是排序（ranking）问题。

点击率预估的主要场景是在各种细分流量上，对一个给定的 (a, u, c) 三元组做出估计，推荐出与上下文和用户相关的广告。在这种场景下，用户对广告的偏好以及上下文上对广告的偏好，基本都是一些相对的弱信号，我们需要结合业务把这些弱信号结合在一起，并去除相关的噪声，才能更好地发现当前场景下用户感兴趣的广告。

经典的点击率预估模型以前以逻辑回归为主，本章中将先介绍逻辑回归模型的原理和多种优化方法，然后结合近年来的点击率模型的演变历程，给出一些其他模型的介绍，便于读者根据自己的场景选择合适的模型方案。

逻辑回归的求解以前以批处理更新方式为主，主要是在 MPI 或 Hadoop 上采用 LBFGS、置信域等优化算法求解。这一方式的优点是，因为其对历史样本做全局优化，所以对于长尾流量较多的场景（如展示广告）往往预估得比较精细。但这种方式的缺点也较为明显，模型不能够快速更新，在实时性较高的场景难以快速捕捉信号变化。于是，在此类场景中，往往采用在线的方式（如 FTRL 等）去更新模型，对头部数据和新数据的学习会更快。

除了让模型快速更新，让特征代替模型动起来去捕捉信号的变化也是一种较为常见的方案。需要注意的一点是，基于动态特征建模，知识分散存放在模型和动态特征两处，需要对特征去除偏差并做平滑处理来提升健壮性。事实上，一个成熟的工业级系统往往会综合多种更新方案，例如，每天做基于历史数据的全量更新，每小时在此基础上做在线的增量更新，再通过模型中设计的一些秒级更新的动态反馈特征来捕捉快速的信号变化。

LR 这样的线性模型表达能力有限，需要手动构造大量的特征变换，特别是特征组合，才能使正负样本可以在高维空间下线性可分。而非线性模型可以自动挖掘特征之间的交互关系，有更强的表达和拟合能力。近年来，在 Kaggle 等平台的点击率预估比赛中，与 FM、GBDT、DNN 这些非线性模型相比，通过人工大量的特征工程加上逻辑回归的方案，已经很难排在比赛前列。如果特征工程自动由模型来完成，工程师们只要更好地关注业务层面的问题，提取原始业务特征加入模型中即可。早年由于非线性模型对应的最优化算法求解效率较低，在很多场合下无法大规模应用，但伴随着深度学习的热潮，基于参数服务器架构的异步 SGD 方式使 DNN 等复杂模型的求解过程能够快速收敛，这就使 DNN 能够取代 LR 在实际工业界海量数据场景下得到应用，同时模型的更新时效性也得到大幅提升。

14.1   点击率预测

14.1.1   点击率基本模型

关于点击率预测的方法，很自然地可以想到基于统计的估计：

$$p = \sum_{i=1}^{N} h_i / N \tag{14.1}$$

其中h_i是表示第i次展示被点击的次数，一般情形下为0或者1。但是，如果某种(u, c)组合的情形下，广告a没有被展示过或点击量很稀疏，就无法通过历史数据来统计点击率了。容易想到的解决方案，是将要展示的广告a和一个展示过的广告a'类似，则可以预估a的点击率与a'接近。如果将(a, u, c)投影到特征空间做比较，则演化为即将介绍的点击率模型。

我们把点击事件h看成一个二元取值的随机变量，那么其取值为真（$h=1$）的概率就是点击率。因此，点击事件的分布可以写成以点击率μ为参数的二项式分布（binomial distribution）：

$$p(h) = \mu^h (1 - \mu)^{1-h} \tag{14.2}$$

而点击率预测模型的作用，是在(a, u, c)组合与点击的概率μ之间建立函数关系，这可以表示成对$\mu(a, u, c) = p(h=1|a, u, c)$的概率建模问题，我们很自然可以想到的基础模型是逻辑回归（logistic regression, LR）：

$$p(h | a, u, c) = \sigma((2h-1)\boldsymbol{w}^{\mathrm{T}}\boldsymbol{x}(a,u,c)) = \left\{1 + e^{-(2h-1)\boldsymbol{w}^{\mathrm{T}}x(a,u,c)}\right\}^{-1} \tag{14.3}$$

其中x表示(a, u, c)组合上的特征向量，即前面介绍过的受众定向的输出及其派生的其他特征；w为各特征的加权系数，也就是此模型需要优化的参数；$(2h-1)\boldsymbol{w}^{\mathrm{T}}\boldsymbol{x}$这一线性函数的输出经过回归sigmoid函数$\sigma(z) = \{1 + e^{-z}\}^{-1}$映射到$(0, 1)$区间内，其中$(2h-1)$是为了将$\{0, 1\}$的点击变量变换到集合$\{-1, 1\}$上。从方法上看，LR是利用线性函数来解决非线性目标，也属于广义线性模型[45]。可以推导得到，逻辑回归正是当目标值的分布服从贝努利分布时广义线性模型的一个特例，映射函数为$\mathrm{logit}(p) = \log\left(\dfrac{p}{1-p}\right)$函数。因此，有关广义线性模型的性质和结论，也适用于LR模型。

实践中，由于LR模型使用的特征较多，并且有相当多的特征在训练集中出现的次数并不多，为了避免过拟合，还需要在最大似然估计时加入正则化项。如果采用L2-norm[70]，则此优化问题可以表达成：

$$\min\left\{ C\sum_{i=1}^{T} \ln(1 + e^{-(2h_i-1)w^{\mathrm{T}}x(a_i,u_i,c_i)}) + \frac{1}{2}w^{\mathrm{T}}w \right\} \tag{14.4}$$

14.1.2 LR模型优化算法

对于LR模型，我们通常采用最大似然估计来求解加权系数w。LR模型的最大似然解有很多计算方法，而我们在实践中重点关注的是其收敛速度，以及在面对海量数据时分布式计算的便捷性。比如，如将其视为最大熵模型的特例，那么最大熵模型的典型优化方法——改进的迭代尺度（Improved Iterative Scaling，IIS）算法[8]也可以用于LR的更新。这种方法虽然物理意义明确、计算简单，却有着收敛速度慢的致命弱点，因此并不适用。

由于LR模型不存在闭式解，其优化方法必然需要迭代进行。典型的MapReduce分布式计算框架下，由于磁盘被用作迭代之间的数据交换手段，迭代的次数直接决定着训练算法的效率。因此，在每个迭代中尽可能完成更复杂深入的运算，减少迭代次数，是此处的关键。这样的思路适用于LR模型训练，也适用于许多MapReduce下的需要迭代求解的机器学习算法。

1. L-BFGS

在目标函数可导的一般优化问题中，拟牛顿法是一族最常用的方法，因此也可以直接应用于LR问题的求解。不过，从10.2.4节中的BFGS的代码可以看出，它需要存储黑森矩阵的逆矩阵的近似B_k，因此空间复杂度为$O(D^2)$。在点击率预测这样的变量维数很高的优化问题中，黑森矩阵的尺寸过大，根本无法在内存中存放。

解决这一问题的思路，是仅仅保留最近几次更新的一些状态向量，然后利用这些状态向量和当前的梯度，直接计算出更新方向，我们称这种方法为有限内存的BFGS（Limited-memory BFGS，L-BFGS）。L-BFGS的核心思想，是根据前几次的函数值变化和梯度变化来近似地拟合黑森矩阵的逆。我们先来回顾一下，在BFGS的迭代过程中，黑森矩阵逆的更新公式可以表示为：

$$B_{k+1} = \left(I - \frac{s_k y_k^{\mathrm{T}}}{y_k^{\mathrm{T}} s_k}\right) B_k \left(I - \frac{y_k s_k^{\mathrm{T}}}{y_k^{\mathrm{T}} s_k}\right) + \frac{s_k s_k^{\mathrm{T}}}{y_k^{\mathrm{T}} s_k} = V_k^{\mathrm{T}} B_k V_k + \rho_k s_k s_k^{\mathrm{T}} \tag{14.5}$$

其中$\rho_k = 1/y_k^T s_k$，$V_k = (I - \rho s_k y_k^T)$，$y_k$和$s_k$的定义参见10.2.4节。如果对此迭代公式展开并做截断，只保留前m次的状态量，则B_{k+1}可近似地表示为：

$$
\begin{aligned}
B_{k+1} &= \left(V_k^T \cdots V_{k-m+1}^T\right) B_k^0 \left(V_{k-m+1} \cdots V_k\right) \\
&+ \rho_{k-m+1}\left(V_k^T \cdots V_{k-m+2}^T\right) s_{k-m+1} s_{k-m+1}^T \left(V_{k-m+2} \cdots V_k\right) \\
&+ \rho_{k-m+2}\left(V_k^T \cdots V_{k-m+3}^T\right) s_{k-m+1} s_{k-m+1}^T \left(V_{k-m+3} \cdots V_{k-1}\right) + \cdots + \rho_k s_k s_k^T
\end{aligned}
\tag{14.6}
$$

其中$V_k = I - \rho_k y_k s_k^T$，而$B_k^0$是设定的黑森矩阵逆的初值。为降低计算复杂度，实际中比较有效的选择是令其为一个对角阵：$B_k^0 = \gamma_k I = (s_{k-1}^T y_{k-1} / \| y_{k-1} \|^2) I$。在这样的表示下，$B_k$可以在每次迭代中高效地计算出来的。参考文献[71]中进行的实验研究表明，这类有限内存的二阶方法是可行而且有效的。下面是L-BFGS迭代求解的代码片段。

```
 1 // In:
 2 //    q     : 当前梯度
 3 //    s     : 最近 M 轮迭代的前后自变量差
 4 //    y     : 最近 M 轮迭代的前后梯度差
 5 //    rho   : ρ, 最近 M 轮迭代的 1/yᵀs
 6 // Return : 本次迭代的线搜索方向
 7 Vec LBFGSStep(Vec & q, list<Vec> & s, list<Vec> & y, list<double> & rho) {
 8   if(s.empty()) return q;
 9
10   list<Vec>::reverse_iterator iter1 = s.rbegin();
11   list<Vec>::reverse_iterator iter2 = y.rbegin();
12   list<double>::reverse_iterator iter3 = rho.rbegin();
13   list<Vec>::iterator it1 = s.begin();
14   list<Vec>::iterator it2 = y.begin();
15   list<double>::iterator it3 = rho.begin();
16   list<double> alphas;
17
18   // 逆序遍历，第一个循环
19   while (iter1 != s.rend()) {
20     // αᵢ ← ρᵢsᵢᵀq
21     double alpha = (*iter3 ) * dot(q, *iter1 );
22     // q ← q - αᵢyᵢ
23     plusAssign(q, -alpha , *iter2 );
24     alphas.push_front(alpha);
25     iter1 ++; iter2 ++; iter3 ++;
26   }
27
28   // r ← B⁰ₖq
29   list<Vec >::reverse_iterator s_tail = s.rbegin();
30   list<Vec >::reverse_iterator y_tail = y.rbegin();
31   double gamma = dot(*s_tail , *y_tail ) / dot(*y_tail , *y_tail );
```

```
32    Vec r = scale(q, gamma);
33
34    // 顺序遍历，第二个循环
35    while (it1 != s.end()) {
36      // β ← ρ_i y_i^T r
37      double beta = (*it3) * dot(r, *it2);
38      // r ← r + s_i(α_i - β)
39      plusAssign(r, alphas.front() - beta, *it1);
40      alphas.pop_front();
41      it1 ++; it2 ++; it3 ++;
42    }
43    return r;
44  }
45
46  // 用 LBFGS 方法求目标函数 f 的局部极小值，迭代初始点 x_0
47  double LBFGS(FP_EVAL f, Vec & x0) {
48    list<Vec> s, y;
49    list<double> rho;
50    double f_x0, f_xt;
51    Vec df_x0, df_xt, xt, q, d;
52    int iter = 0;
53    int M = 10;
54
55    f(x0, f_x0, df_x0);
56
57    while (iter < MAX_ITER_NUM && dot(df_x0 , df_x0) > TOL) {
58      q = df_x0;
59      d = scale(LBFGSStep(df_x0, s, y, rho), -1.0); // LBFGS 计算搜索方向
60      WolfeSearch(f, x0, d, xt); // 线搜索
61      f(xt, f_xt, df_xt);
62
63      // 利用最近 M 轮的曲率信息校正 Hessian 矩阵
64      if (m >= M)
65        {s.pop_front(); y.pop_front(); rho.pop_front();}
66      m ++;
67      s.push_back( minus(xt, x0));
68      y.push_back( minus(df_xt, df_x0));
69      rho.push_back(1.0 / dot(*y.rbegin(), *s.rbegin()));
70
71      // 进入下一轮迭代
72      x0 = xt; df_x0 = df_xt; f_x0 = f_xt;
73
74      iter ++;
75    }
```

```
76    return f_x0;
77 }
```

容易验证，上面每一步迭代的空间和时间复杂度都降到了 $m \times N$，如果我们选择一个较小的 m，就可以认为其复杂度接近线性，这在大多数较高维度特征空间上建模的应用中就可以达到实用水平了。注意，在迭代的前 $m-1$ 步，L-BFGS 和 BFGS 是没有区别的。

2.　置信域法

除了 L-BFGS，置信域法也被证明对求解 LR 问题很有效，而且往往可以更快地收敛[70]。不过，在点击率预测的问题中，同样因为模型的维数可能很高，直接用式（10.17）来解置信域的子问题仍然是不现实的。

对于这样高维的问题，可以采用共轭梯度法（conjugate gradient method）[82] 来求解置信域的子问题。当目标函数为二次正定函数 $f(x) + \nabla f(x)^{\mathrm{T}} s + \frac{1}{2} s^{\mathrm{T}} H s$ 时，共轭梯度法可以在 n（特征维数）次迭代后达到收敛，避免了存储和计算 Hessian 矩阵。与无约束优化中的共轭梯度法略有不同的是，这里需要满足 $\|s\| \leqslant \delta_k$ 的约束条件，考虑到子算法中位移量是递增的[70]，当发现某次的位移跳出置信域时，将其沿着原来的搜索方向退回到置信域边界即可。

具体来说，在共轭梯度法的每次迭代中的，主要的操作是 H 矩阵与向量 s 的乘积，由于 $X = (x_1, \cdots, x_N)^{\mathrm{T}}$ 是稀疏的，不需要直接求 Hessian 矩阵也可以得到该乘积，对于式（14.4），的目标函数，计算公式如下：

$$H \cdot s = (I + CX^{\mathrm{T}} DX)s = s + CX^{\mathrm{T}}(D(Xs)) \tag{14.7}$$

其中 $D = \mathrm{diag}\{D_{ii}\}$，$D_{ii} = \sigma((2h_i - 1)w^{\mathrm{T}}x_i)\{1 - \sigma((2h_i - 1)w^{\mathrm{T}}x_i)\}$。

采用上述的共轭梯度法来求解置信域的子问题的代码片段如下。

```
1 // In:
2 //    delta : 当前迭代置信域半径 δ_k > 0
3 //    g     : 当前的导数
4 // Out:
5 //    s     : 求得的位移向量，初始位移 s_k = 0
6 //    r     : 共轭梯度法的中间变量，外迭代中会引用其计算模型函数的下降量
7 void tr_cg(double delta, const Vec & g, Vec & s, Vec & r) {
8     Vec d, Hd;
9     double r2, rnew2;
10
11    // r = -∇f(x)
12    r = scale(g, -1.0);
13    r2 = dot(r, r);
14
15    // 初始化搜索方向
```

```
16    d = r;
17
18    while (true) {
19      // 当 ||r'|| < ε ||∇f(x)|| 时，跳出内层迭代
20      if (dot(r, r)) <= 0.1 * dot(g, g))
21        break;
22
23      // 位移 s_{i+1} = s_i + α_i d_i 步长 α_i = ||r_i||^2 / d^T_i ∇2f(x)d_i
24      Hd = HvProduct(d); // 计算 Hessian 向量的乘积
25      double alpha = r2 / dot(d, Hd);
26      plusAssign(s, alpha, d);
27
28      // 如果 cg 到达置信域外，重新计算步长使得 ||s+αd_i||^2 = δ_k 跳出内层迭代
29      if (dot(s, s) > dot(delta, delta))
30        { reCalS(alpha, d, s, r); break;}
31
32      // r_{i+1} = r_i - α_i ∇^2 f(x)d_i
33      alpha = -alpha;
34      plusAssign(r, alpha, Hd);
35      rnew2 = dot(r, r);
36
37      // 更新下轮迭代方向 d_{i+1} = r_{i+1} + β_i d_i，d_{i+1} 和 d_i 是共轭方向
38      double beta = rnew2 / r2; // β_i = ||r_{i+1}||^2 / ||r_i||^2
39      scale(d, beta );
40      plusAssign(d, 1, r);
41      r2 = rnew2;
42    }
43  }
```

3. Spark 上的模型优化

大多数机器学习问题往往需要进行迭代求解，而 Hadoop 上 MapReduce 的编程范式约束了每次迭代，需要由一个 MapReduce 的 Hadoop 作业来完成。如图 10-4 所示，map 读入训练数据和模型，并在分块数据集上计算统计量；reduce 聚合统计量并更新模型。由于 map 将训练数据从磁盘读入时产生大量 I/O，所以在 Hadoop 平台上进行一次迭代的代价非常高。单轮迭代时间无法优化，想降低模型训练的时间只能减少模型训练的迭代数，这就产生了以上所说的工业界常用的模型训练思路。

（1）降低模型训练次数，通过特征侧的方法来捕捉信号的快速变化。

（2）增量求解，降低模型收敛所需的迭代轮数。

（3）精心设计最优化算法如 ADMM[16]，降低模型收敛所需的迭代轮数等。

如果能降低每轮迭代的开销，模型训练的总时间也能得到大幅的优化，于是便出现了 Spark 这样的平台。Spark 是将数据集缓存在分布式内存中的计算平台，如果数据集的

规模能够控制在内存中，那么即使仍然采用 MapReduce 范式求解，由于每轮迭代不需要通过磁盘 I/O 读取数据，也能大幅降低单轮迭代时间。应该说，Spark 的出现使像点击率预测这种迭代求解的模型有了更好的计算平台，也逐渐在这些中等数据规模的应用上有替代 MapReduce 的趋势。

Spark 最方便的编程语言是 Scala，下面给出 LR 模型在 Spark 平台下的参考 Scala 代码。

```scala
 1 import breeze . linalg .{ norm => brzNorm }
 2 import breeze . linalg .{ DenseVector => BDV , SparseVector => BSV}
 3 import breeze . optimize .{ CachedDiffFunction , DiffFunction , LBFGS }
 4 import org . apache . spark . storage . StorageLevel
 5
 6 // In:
 7 //    l2RegParam          : 惩罚项的参数
 8 //    memParam            : 内存配置
 9 //    maxNumIterations    : 迭代次数
10 //    tolerance           : 停止迭代阈值
11
12 // 定义一个用 L-BFGS 求解 LR 优化问题的类
13 class LRWithLBFGS (val l2RegParam : Double ,
14                    val memParam : Int ,
15                    val maxNumIterations : Int ,
16                    val tolerance : Double ) extends Serializable {
17
18    // In:
19    //    trainSet          : 训练数据集
20    //    initialWeights    : 初始权重
21    // Out:
22    // 返回最优解
23    def train(trainSet: RDD[ClkImpInstance], initialWeights: BDV[Double]) = {
24      // 将训练数据缓存在内存中
25      if (trainSet.getStorageLevel == StorageLevel.NONE) {
26        trainSet.cache
27      }
28      // 定义优化目标，传入数据集
29      val costFun = new CostFun(trainSet, l2RegParam)
30      // 定义最优化方法，采用 lbfgs 求解
31      val lbfgs = new LBFGS[BDV[Double]]( maxNumIterations, memParam, tolerance)
32      // CachedDiffFunction 是计算梯度的抽象接口，迭代求解
33      val states = lbfgs.iterations(new CachedDiffFunction(costFun), initialWeights )
34      var state = states.next()
35      while (states.hasNext) {
36        state = states.next()
37      }
38      // 返回最优解
```

```
39      state.x
40    }
41
42    // 定义优化目标的类
43    // In:
44    //    data            : 数据集
45    //    l2RegParam      : 惩罚项的参数
46    private class CostFun(data: RDD[ClkImpInstance], l2RegParam: Double)
47      extends DiffFunction[BDV[Double]] with Serializable {
48
49      // 计算梯度和损失的函数
50      // In:
51      //    labeledInstance : 单条训练样本
52      //    weightsBC       : 模型的权重向量，广播变量
53      // Out:
54      // 返回单个样本的梯度和损失值，类型为稀疏向量 BSV[Double] 和 Double 类型
55      def calGradientLossInstance(labeledInstance: ClkImpInstance,
56        weightsBC: Broadcast[BDV[ Double]]): (BSV[Double], Double) = {
56      // 计算 prob，并对可能溢出的情况进行了处理
57      def score2LossProb(score: Double) = {
58        if (score < -30) {
59          (-score, 0.0)
60        } else if (score > 30) {
61          (0.0, 1.0)
62        } else {
63          val tmp = 1 + math.exp(-score)
64          (math.log(tmp), 1.0 / tmp)
65        }
66      }
67      val weights = weightsBC.value
68      // 对相同特征的样本做了聚合，获取该样本的点击和展示数
69      val (clicks, imps ) = (labeledInstance.click, labeledInstance.impression)
70      val nonclicks = imps - clicks
71      // 稀疏存储的样本特征
72      val x = labeledInstance.features
73      val score = x dot weights
74      var totalMult = 0.0
75      var totalLoss = 0.0
76      if (clicks > 0) {
77        val (loss, prob) = score2LossProb(score)
78        val mult = (prob - 1.0) * clicks
79        totalMult = mult
80        totalLoss = loss * clicks
81      }
```

```
82        if (nonclicks > 0) {
83          val (loss, prob) = score2LossProb(-1*score)
84          val mult = (1.0 - prob) * nonclicks
85          totalMult += mult
86          totalLoss += loss * nonclicks
87        }
88        val gradient = x * totalMult
89        (gradient, totalLoss)
90      }
91
92      // 更新权重的接口
93      // In:
94      //    x    : 初始权重向量
95      // Out:
96      //    返回损失和更新后权重
97      override def calculate(x: BDV[Double]): (Double, BDV[Double]) = {
98        // 利用 Spark 的 broadcast 特性，广播权重到每个节点，以便权重更新计算
99        val wb = data.sparkContext.broadcast(x)
100       // reduce 聚合每条样本的梯度和损失
101       val kvs = data.flatMap(inst => {
102         val (grad, loss) = calGradientLossInstance(inst, wb)
103         grad.activeIterator.toSeq :+(-1, loss)
104       }).reduceByKeyLocally (_ + _)
105
106       val gradient = new Array[Double](x.length)
107       // L2 正则
108       for (index <- kvs.filterKeys(_ >= 0).keys){
109         gradient(index) = kvs.getOrElse(index, 0.0) + l2RegParam * x(index)
110       }
111       val norm = brzNorm(x, 2)
112       val loss = kvs(-1) + 0.5 * l2RegParam * norm * norm
113       (loss, new BDV(gradient))
114     }
115   }
116 }
```

14.1.3   点击率模型的校正

　　点击率预测问题有一个数据上的挑战，就是正例和负例样本严重不均衡，特别是在展示广告点击率只有千分之几的情况下。在很多建模方法中，这样严重的不均衡会带来模型估计上的问题，我们仍然以 LR 模型为例，讨论一下模型存在偏差的原因以及相应的校正方法。

　　点击率模型可能存在偏差的原因如图 14-1 所示。假设我们分别用两个高斯分布来描述

$h=0$ 和 $h=1$ 情形下的特征分布。熟悉统计的读者都知道,高斯分布方差的最大似然估计是有偏的(为了得到方差的无偏估计,需要将样本数目减去 1 来计算方差),而这一偏差的方向是对方差有所低估,并且样本数目越少,低估越严重。由于 $h=1$ 时的数据量远远小于 $h=0$ 时的数据量,对前者的方差低估就会更严重,对应图 14-1,前者的分布(右侧的高斯分布)会变得更窄一些。加入用这两个最大似然估计的高斯分布来决定 $h=0$ 和 $h=1$ 两个类的边界点,就会出现比实际边界点向右偏移的情况。这也就意味着更多的样本被分到了 $h=0$ 这个类中,或者说意味着点击率将会被系统性地低估一些。这里的解释虽然只是示意性的,却与 LR 模型里点击率估计有偏的原因基本一致。

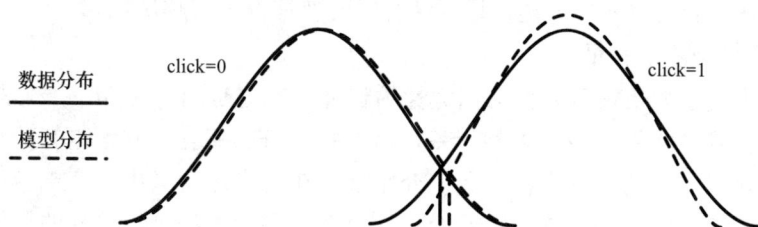

图 14-1   正负例样本不均衡时点击率模型存在偏差的原因示意

所幸消除这一点击率估计的偏差并不十分困难,实际上对此偏差的系统性分析可以上升到广义线性模型的层次来研究。在 LR 模型情况下,有关这一系统偏差的量化计算和校正方法的详细介绍,可查阅参考文献 [62]。

14.1.4   点击率模型的特征

上一节主要讨论的是点击率预测模型侧的问题,这一节我们来看一下特征侧的问题。从受众定向得到的所有 $t(a, u, c)$ 以及这些特征的运算,可以组合出大量的特征供模型选择,这是大多数机器学习问题共同的方法。这样的特征生成方法是点击率特征的基础方法,不过在广告这样的问题里也遇到一些挑战:一是组合特征数量可能巨大,使得模型的参数数目也非常大,工程上参数更新和在线计算都需要比较高效的设计;二是模型动态性的本质要求参数快速更新,而在多台广告投放机之间协同进行在线学习并非易事。

点击率预测问题的主要挑战在于,如何使模型能捕捉高度动态的市场信号,以达到更准确预测的目的。这一挑战可以用在线的模型学习算法,或者用快速更新的动态特征来解决,从方法论上说,这两种思路是对偶的,但我们将重点放在第二种思路,因为其工程扩展上更方便一些。

1. 特征的非线性化

LR 模型本质上是一个线性模型,因为无法直接对信号与特征的非线性关联进行建模,所以只有在特征工程里进行考虑。表达非线性最常见的方法是将连续特征都切分成一组区间，当特征的值落在某一个区间里时，该区间对应的离散特征就被置为 1，否则置为 0。经过这样的特征离散化，特征数量可能迅速膨胀，对应的参数数量也大为增加，这带来了潜在的过拟合风险。

另外一种表达非线性的方法是直接引入特征的非线性变换。例如，对某一维特征 x，可以将 x^2、$\sqrt{(x)}$、$\log(x)$ 等也加入到特征当中，通过学习得到这些变换特征的权重以后，就可以相对灵活地表达各种非线性关系。

将特征离散化或者进行非线性变换，基本已成为点击率建模中的标准步骤，下文中我们都假设特征做了这样的预处理。当然，这些处理只解决了单维特征非线性的问题，对于多维特征复合在一起的非线性表达，还要结合组合特征方法来解决。

2．组合特征与静态特征

为什么广告展示的决策可以提取出大量的特征呢？这是因为在 (a, u, c) 这 3 个维度上，都存在着人为指定或机器生成的多种标签，这些标签有的相互独立，也有的存在一定的层级关系。例如，以 a 上的标签为例，我们介绍过，在广告运营当中，广告会被组织成广告主、广告计划、广告组、广告创意这几个层次。在预测的过程中，这样的层级结构对于我们更稳健地估计某个广告，特别是新广告的点击率有非常大的帮助。如图 12-2 所示，将 $t(a)$、$t(u)$、$t(c)$ 以及 $t(a, u)$ 等各种标签任取一个或两个，都可以构造出一个点击率模型的特征，例如下面的一些例子：

{cookie(u) = *}; {creative(a) = *}; {gender(u) = *};

{gender(u) = * && topic(a) = *}; {location(c) = * && advertiser(a) = *};

{category(a) = category(a) = *}

这些例子中的前三个是某个单个标签的取值生成的，其对应的特征总量等于这些标签的取值实例总量；中间的两个是将上下文或用户的某标签与广告的某标签组合生成的，其对应的特征总量等于这两侧标签的取值可能性总量的乘积；最后一个是常用的特征，表示的是广告和用户的某个标签相匹配。显然，由于组合特征的存在，可选的特征总量巨大，对应的模型维度也非常高。直接生成所有可能的单维度特征和组合特征，选取出现频次在一定阈值以上的，将其作为 LR 模型的特征集合。这样的特征称为静态特征，这是广告点击率模型特征生成的基本方法。显然，静态特征都是取值为 0 或 1 的特征。

3．动态特征

在机器学习问题中，有一项很重要的方法论，即某项模型侧的技术，一般都可以找到特征侧的对偶方案。那么如何设计特征方案达到与模型快速演进类似的效果呢？当然就是让特征变成快速演进的。如何才能让特征"动"起来呢？办法也很简单：当某个组合特征被触发时，我们不再用 1，而是采用这个组合历史上一段时期的点击率作为其特征取值。这样一来，即使是同一个 $t(a, u, c)$，在不同的时间点，其所对应的特征取值也是不同的，这样的特征就是动态特征。

　　采用历史点击率作为动态特征，可以这样来理解：最终预测的是某个特定 (a, u, c) 上的点击率，而某个组合特征 $t(a, u, c)$ 上的点击率可以认为是关于最终目标的一个弱决策器。通过对这些对应特征组合的弱决策器的融合，我们可以更容易地预测该 (a, u, c) 上的点击率。这样的方案有一个最大的好处，那就是这些弱决策本身只需要简单的数据统计就可以得到，而不需要复杂的训练过程。因此，通过这些简单的弱决策器来捕捉模型的动态部分，整体的融合模型就可以不必那么快速地更新了。

　　使用动态特征的另一个好处是可以大大减少模型的参数数目：对于 {geo(c)= 北京 && category(a)= 电商 } 和 {geo(c)= 北京 && category(a)= 日化 } 这两个特征组合的具体实例而言，如果采用静态特征方案，需要对这两个实例分配不同的特征号；而采用动态特征方案时，由于它们等号前的部分都相同，因此可以在模型中共享同一个特征参数，而通过不同实例的不同特征取值来分辨它们。这样一来，整体模型的参数个数就由各种维度组合总的实例数目降到了维度组合的种类数目，其离线估计和在线计算都会大为简化。

4．位置偏差与 CoEC

　　使用动态特征在实际操作中还会碰到一些困难，特别是当广告主数量不充分的时候。假设某广告网络有两个广告位，一个是某网站首页首屏，另一个是某网站内容页最下端。很显然，如果用点击率作为直接的反馈，前几天更多地投在第一个广告位的广告会表现出更好的效果，而这主要是由于位置带来的偏差。

　　除了广告位位置，还会有其他一些非定向因素对点击率有比较大的影响，主要有广告位尺寸、广告位类型（如门户首页、频道首页、内容页、客户端）、创意类型（如图片、Flash、富媒体）、操作系统、浏览器、日期和时间等。所有这些因素，都与广告决策没有关系，但是对点击率的影响要远远超过定向技术带来的影响。因此，在这些因素上占据优势的广告，其点击率会被严重高估，如果直接用点击率作为反馈，也会造成强者愈强的马太效应。

　　如何去除位置等因素的影响呢？如果我们有财力和人力，可以采用眼球跟踪（eye tracking）的设备来评估用户对页面上广告位的关注程度，在后续的统计中据此做归一化。对于一些极关键的页面，如搜索广告结果页，这样做是值得和可行的。但对大量展示广告的广告位来说，这样做显然不切实际。工程上一种合理的办法是将某广告位相当长一段时期内的平均点击数作为其关注程度的近似评估，我们把这一指标称为期望点击（expected click）。

　　期望点击要求评估的是在广告质量完全随机的情况下，广告位或其他属性对应的平均点击率。要严格达到此目的，需要采用随机出广告的策略做小流量测试，而这也只能用于搜索广告等因素简单且非常重要的页面。在考虑多个因素共同作用或广告环境比较复杂的情况下，可以采用从数据中近似地学习出期望点击的方法。该方法概念上很简单，只用那些偏差因素作为特征，训练一个点击率模型，这个模型称为偏差模型（bias model）。这里

的偏差因素指的是那些与广告决策无关的特征，这些特征一般来说与广告 a 无关。偏差模型可以概念性地表示为

$$\mu_{\text{bias}}(u, c) = p_{\text{bias}}(h = 1 | u, c) \tag{14.8}$$

偏差模型的形式和训练方法都可以与前面介绍的整体点击率模型一致。需要注意的是，偏差模型需要用比一般点击率模型更长时间的数据来训练，这样做的目的是希望消除某段时期广告质量带来的影响。

得到了偏差模型以后，我们可以定义下面的归一化的点击率指标：

$$\text{CoEC} = \frac{\sum_i h_i}{\sum_i \mu_{\text{bias}}(u_i, c_i)} \tag{14.9}$$

这一指标是点击与期望点击的比值，因此称为 CoEC（click on expected click）。由于在分母上考虑了位置以及其他因素的偏差对点击率的影响，这一指标可以更准确地表征某部分流量上广告投放的实际点击率水平，也比较适用于点击反馈这样的动态特征。

采用动态特征和偏差模型的工程方案，点击率预测模型训练的流程分 3 步完成：首先，用较长一段时间的训练数据，只提取偏差特征并训练偏差模型；然后，利用得到的偏差模型计算所需维度组合上的 CoEC 作为动态特征；最后，用所有非偏差的动态特征训练整体点击率模型，其中用偏差模型的输出作为点击率的先验。这一流程如图 14-2 所示。

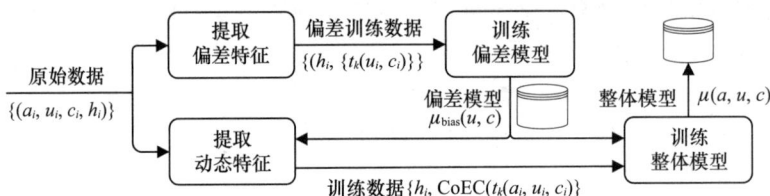

图 14-2　利用 CoEC 特征的点击率模型训练流程

5. 常见的偏差特征

前面说过，除了位置，在线广告中还有一些重要的偏差特征是建模时应该考虑的。

（1）广告位位置。位置的影响在搜索广告和展示广告环境下有一定的区别。对于搜索而言，页面布局简单，位置相对稳定，相应的统计也比较充分，因此可以将位置视为离散的变量，分别计算各个位置的 EC。而对于展示广告，特别是在广告网络环境下的展示广告，位置的可能性非常多，因此不可能将每种不同的位置都作为独立的变量来考虑。比较合理的方法是找出重要影响因素，如广告位中心相对于页面左上角的坐标，用这样的连续变量作为特征来训练偏差模型。

（2）广告位尺寸。尺寸的情形与上面说的位置因素很类似：在创意尺寸选择比较少的情况下，可以作为离散变量来处理；而在尺寸选择很多的情况下，也可以用长宽等连续变

量来代替。对于搜索广告，由于各创意尺寸一致，这一因素的影响不存在。

（3）广告投放延迟。广告完成决策逻辑并将最终结果返回给用户的整体时间长短，对点击率有着非常大的影响。如果在前端将广告请求发生的时间和最终展示时间都记录下来，可以为点击率预测模型提供一个重要的偏差特征。

（4）日期和时间。工作日还是周末，对不同类型的广告（如游戏）点击率有着明确的影响，这主要是由于在不同时间用户任务的集中程度不同，对广告的关注也有所区别。时间的因素，即是工作时间还是休闲时间，也有着类似的特性。因此，日期和时间一般来说也是必须要考虑的偏差特征。除了在模型中显式利用，往往还要求所有的训练过程都覆盖7天的整数倍的数据，其目的也是为了避免日期带来的偏差。

（5）浏览器。浏览器本身并不对广告效果有明确的影响，不过由于各个浏览器上 AD Blocker 的覆盖程度有较大区别，因此在实际建模中其影响也相当大。

上面列举的几项都是在通用的广告系统中最常见的偏差特征，也是建模时需要首先考虑的，读者需要结合具体的广告产品，按照"去除与广告决策无关的影响因素"这一原则来确定和使用偏差特征。

6．点击反馈的平滑

用 CTR 或 CoEC 这样的点击反馈作为动态特征，大量的长尾组合特征对于准确地预测点击率有很大帮助。但是要利用好这些长尾组合特征，还需要解决一个问题，就是在统计不足的维度组合上如何稳健地统计 CTR 或 CoEC。

以 CTR 为例，式（14.2）给出了点击的生成模型，点击率就是这一模型的参数。在知道每次展示点击与否的情况下，可以得到参数 μ 的最大似然估计为：

$$\hat{\mu} = \sum_i h_i / N \tag{14.10}$$

其中 N 为总的展示数。当估计某些数据不足的维度组合上的点击率时，一般的思路是在分子分母上各加一个常量，以起到平滑处理的作用：

$$\hat{\mu}' = \left(\alpha + \sum_i h_i\right)/(\gamma + N) \tag{14.11}$$

很显然，α/γ 应该等于某更大流量范围内的平均点击率。可是 α 和 γ 的绝对数值就没有太直观的方法可以设置。根据 10.3.3 节中的介绍，我们也可以采用经验贝叶斯的方法来解决这个问题。

在贝叶斯的框架下，我们可以把 μ 看成随机变量，由于式（14.2）是一个二项分布，其参数 μ 对应的共轭先验是 β 分布，即：

$$p(\mu \mid \alpha, \beta) = \mathrm{Beta}(\mu \mid \alpha, \beta) = \frac{\Gamma(\alpha + \beta)}{\Gamma(\alpha)\Gamma(\beta)} \mu^{\alpha-1} (1 - \mu)^{\beta-1} \tag{14.12}$$

超参数 α 和 β 其实就对应于式（14.11）中的 α 和 $\gamma - \alpha$。我们可以采用经验贝叶斯的方法来估计

α 和 β。将式（14.2）和式（14.12）代入式（10.31）给出的一般指数族分布经验贝叶斯解，可以得到解 α 和 β 的具体 EM 算法：

E-step:

$$\tilde{\alpha}_k^{\text{old}} = \alpha^{\text{old}} + \sum_{i=1}^{N_k} h_{k,i}, \tilde{\beta}_k^{\text{old}} = \beta^{\text{old}} + \left(N_k - \sum_{i=1}^{N_k} h_{k,i} \right) \tag{14.13}$$

M-step:

$$\psi(\alpha^{\text{new}}) - \psi(\alpha^{\text{new}} + \beta^{\text{new}}) = \frac{1}{K} \sum_{k=1}^{K} \psi\left(\tilde{\alpha}_k^{\text{old}} \right) - \psi\left(\tilde{\alpha}_k^{\text{old}} + \tilde{\beta}_k^{\text{old}} \right) \tag{14.14}$$

$$\psi(\beta^{\text{new}}) - \psi(\alpha^{\text{new}} + \beta^{\text{new}}) = \frac{1}{K} \sum_{k=1}^{K} \psi\left(\tilde{\beta}_k^{\text{old}} \right) - \psi\left(\tilde{\alpha}_k^{\text{old}} + \tilde{\beta}_k^{\text{old}} \right) \tag{14.15}$$

其中 M-step 需要解关于 α^{new} 和 β^{new} 的方程组，因而并不是闭式解，不过这一方程组并不难用数值方法求解。

14.1.5　点击率模型评测

点击率模型预测的是点击事件出现的概率，因此可以采用准确率 / 召回率（Precision/Recall，PR）曲线或接收机操作特性（Receive Operating Characteristic，ROC）曲线来评测。这两个曲线实际上是对同样一组统计数据不同侧面的表现：点击率模型是一个对点击事件进行预测的模型，因此，对任何一个样本实例，存在下面 4 种情况。

（1）点击行为被预测为点击行为，其数目计为 n_1。

（2）点击行为被预测为非点击行为，其数目计为 n_2。

（3）非点击行为被预测为点击行为，其数目计为 n_3。

（4）非点击行为被预测为非点击行为，其数目计为 n_4。

对于这 4 个数值，有两种常见的视角：一是观察 Recall = $n_1/(n_1 + n_2)$ 和 Precision = $n_1/(n_1 + n_3)$ 的关系，二是观察 True Positive Rate = $n_1/(n_1 + n_2)$（实际上 True Positive Rate 和 Recall 是一样的）和 False Positive Rate = $n_3/(n_3 + n_4)$ 的关系。当然，是否被预测为点击，是针对某个点击概率的阈值而言的，因此，通过取不同的阈值，我们就可以得到一条 PR 曲线或者 True Positive Rate/False Positive Rate 的曲线，前者即为 PR 曲线，而后者就是 ROC 曲线。为了方便理解，上述的几个基本量直观地表示在图 14-3 中。

实际的 PR 曲线可以参见图 14-4a 的示意。一般来说，PR 曲线呈下降的趋势，不过这并没有理论上的保证，实际数据上局部呈上升趋势的 PR 曲线也很常见。对广告而言，我们应该更加关注 PR 曲线的头部，因为尾部是 Recall 比较高，也就是很多广告候选都被考虑的情形，而实际的投放环境中，我们只选择排名最好的一个或几个候选。另外一点需要注意的是，PR 曲线下面的面积是没有明确的物理意义的，因此不能作为有价值的指标来衡量。

<table>
<tr><td></td><td colspan="2" align="center">标注</td></tr>
<tr><td></td><td align="center">P</td><td align="center">N</td></tr>
<tr><td rowspan="2">决策 P</td><td>True Positives(n_1)</td><td>False Positives(n_3)</td></tr>
</table>

图 14-3 点击率模型评测若干统计量

实际的 ROC 曲线可以参见图 14-4b。一般来说，ROC 曲线呈上升的趋势，不过这一点同样没有理论上的保证。与 PR 曲线不同，ROC 曲线下的面积是有明确的物理意义的，它在一定程度上表征了对 $h = 0$ 和 $h = 1$ 事件估计值排序的正确性。我们把 ROC 曲线下的面积称为曲线下面积（Area Under Curve，AUC），这是评价点击率模型时常用的量化指标。AUC 虽然经常被用作点击率模型的质量代表，却有一个问题需要引起注意，那就是即使我们只用偏差模型，即对广告排序无直接贡献的模型来预测点击率，AUC 往往也处于比随机猜测高得多的水平上，如图 14-4 所示。因此，模型对广告排序的作用，需要对这两个 AUC 的差值做评估才能比较公允地加以衡量。

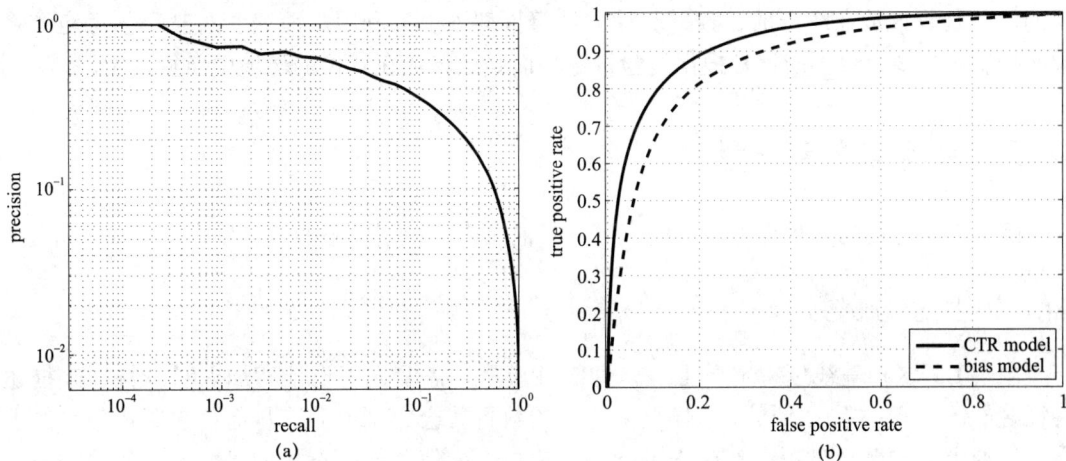

图 14-4 PR 曲线（a）与 ROC 曲线（b）示例

无论是计算 ROC 曲线还是 PR 曲线，都是要统计上述的 n_1 到 n_4 这组值。严格的统计方法需要对整个测试集按照模型估算的点击率进行排序，不过这样的计算复杂度为 $O(n \log n)$（n 为测试集的样本数目），显然在测试样本量较大时无法实用。因此，我们可以采用近

似但对实用来说足够精确的方法，即将整个点击率的取值范围划分成一组区间，并在每个
区间上得到一个曲线点。此方法的原理与 12.4.4 节中 reach/CTR 曲线的生成方法是一致的，
读者可以参考 12.4.4 节中的介绍。

14.1.6　智能频次控制

第 4 章中介绍过频次控制的问题。在竞价广告环境下，这一问题有些变化。合约式广告
中，由于广告主对于位置可以由合约控制，因而可以在某个特定的位置上设定展示频次，
这一点在按 GD 方式售卖的视频前贴片广告中应用最为广泛。但是在广告网络情形下，由
于广告主的创意可能出现在各种媒体的各种位置上，不同位置的有效展示有相当大的差别。
因此，简单设定一个展示数目上的频次来控制用户的接触次数是不太合理的。

在这种情况下，我们需要一个更智能的频次控制方案。最直接的思路是利用 14.1.4 节
中介绍的 EC 概念。由于 EC 从某种程度上更接近于有效展示数目，我们可以采用 EC 上的
累积计数代替频次来控制用户接触次数。我们把这种方案叫作智能频次控制。

在品牌广告和效果广告两种情况下，智能频次控制的做法也有所不同：在效果广告中，
可以将 EC 的计数或者频次的计数作为点击率预测模型的特征直接加入训练，靠点击率模
型的作用降低出现频次过高的创意的竞争力；在品牌广告中，可以通过 EC 计数上的直接
控制来达到一定用户接触程度的目的，由广告主来直接设定[①]。

竞价广告精细的效果要求让我们认清了频次的本质：它与其他影响点击率的特征是平
等的，并且应该放在统一的、数据驱动的计算框架下加以利用。而究竟对某个创意应该将
频次控制在多少，也不应该是根据经验设定，而是应该放在竞价的环境中自行决定。

14.2　其他点击率模型

除了上面介绍的几种点击率模型，还有其他点击率模型，下面就分别做一下简单介绍。

14.2.1　因子分解机

由于 LR 这种基线模型本质上是一种线性模型，需要人工设计和加入组合特征来描述
特征之间的共现关系。不过，这样一来特征的数目就会急剧上升，从而带来参数数目的上
升，这给求解和防止过拟合都带来了不小的挑战。如何才能既充分描述特征之间的共现关
系，又避免维度灾难的发生呢？因子分解机（Factorization Machine，FM）[87] 这种模型就是
实践中有效的方法之一。

假设点击率模型用到的特征为 $x(a, u, c) = (x_1, \cdots, x_D)^{\mathrm{T}}$（注意此处的 x 只包括原始特征

---

① 不过，由于EC计算的不确定性和难于解释，这样的方案在实际品牌广告中可操作性并不高。

而并不包括组合特征），那么在一个二阶的 FM 模型中，我们用下面的式子对原始特征及其组合进行建模：

$$p(h) = \sigma \left\{ (2h-1) \left(w_0 + \sum_{d=1}^{D} w_d x_d + \sum_{i=1}^{D} \sum_{j=i+1}^{D} \langle v_i, v_j \rangle \, x_i x_j \right) \right\} \qquad (14.16)$$

其中 $V_{D \times K} = (v_1, \cdots, v_D)$，而 $\langle \cdot \rangle$ 表示两个向量的点积。如果把 $\langle v_i, v_j \rangle$ 写成 w_{ij}，就可以看出，这个模型与 LR 本质上是一样的，只不过是采用向量化分解的方式来描述特征 i 与特征 j 的共现信息：

$$W = \begin{bmatrix} w_{11} & \cdots & w_{11} \\ \vdots & \ddots & \vdots \\ w_{n1} & \cdots & w_{nn} \end{bmatrix} = VV^{\mathrm{T}} = \begin{bmatrix} v_1^{\mathrm{T}} v_1 & \cdots & v_1^{\mathrm{T}} v_n \\ \vdots & \ddots & \vdots \\ v_n^{\mathrm{T}} v_1 & \cdots & v_n^{\mathrm{T}} v_n \end{bmatrix} \qquad (14.17)$$

在实践中一般将 K 设成一个比较小的数，这样就避免了过拟合以及相应的正则化问题。但我们知道，随着 K 的增加，用 VV^T 来拟合一个 $D \times D$ 矩阵的能力会迅速提高，这样就解决了用较少的参数对特征共现建模的问题。值得注意的是 FM 模型计算时的时间复杂度问题，实际上，由于下面的等式成立：

$$\sum_{i=1}^{D} \sum_{j=i+1}^{D} \langle v_i, v_j \rangle x_i x_j = \frac{1}{2} \sum_{k=1}^{K} \left(\left(\sum_{d=1}^{D} v_{dk} x_d \right)^2 - \sum_{d=1}^{D} v_{dk}^2 x_d^2 \right) \qquad (14.18)$$

因此，整个计算的时间复杂度为 $O(NK)$。

FM 模型与 LR 模型一样，也可以用各种基于梯度的方法来优化，在此不再赘述。

14.2.2 GBDT

GBDT 的全称为 Gradient Boosted Decision Trees，是一种以决策树为基本学习器的 Boosting 算法，它是 1999 由 Jerome Friedman 提出的[40]。将 GBDT 应用于点击率建模最早见于 Yahoo! 基于 MapReduce 和 MPI 的分布式 GBDT 方案[101]，另外也有 Facebook 以 GBDT 的输出作为 LR 模型的输入的方案[14]。相对于 LR 模型，GBDT 能更好地处理连续值特征，可以自动进行特征选择，最终产出的树模型的可解释性也较好。近年来，xgboost 又对 GBDT 的理论和工程效率做了一定改进，在 Kaggle 上，针对中小规模数据集的监督学习问题几乎成了必备。不过，GBDT 的缺点也较为明显：建树过程不能并行化，建树过程中枚举特征分割点的过程也不太适合高维稀疏特征，需要将特征降维成稠密的数值特征（如 COEC 等）。

下面先介绍几个概念，Boosting 属于集成学习（ensemble learning）的范畴，其通过迭代地学习一组方差（variance）较小的弱学习器的加性组合，逐步降低整体预估模型的偏差，使得对给定的训练数据经验风险极小化，其目标函数可以表示为：

$$\min \sum_{i=1}^{N} L\left(h_i, \sum_{m=1}^{M} \beta_m g(x_i; \alpha_m) \right) \tag{14.19}$$

其中，$g(x; \alpha_m)$表示参数为α_m的基学习器，β_m为基学习器的步长，x为输入样本，h为输出标签。

考虑到同时优化多组基学习器的参数较为复杂，往往采用前向分步（forward-stagewise）的贪心方法逐次求解上面的问题。在每次迭代时，只学习一个新模型$g_m(x)$，令$F_m(x) = \sum_{n=1}^{m} \beta_n g(x; \alpha_n)$表达为之前$m$步学习得到的模型加性组合，则有：

$$(\alpha_m, \beta_m) = \arg\min_{(\alpha,\beta)} \sum_{i=1}^{N} L(h_i, F_{m-1}(x_i) + \beta g_m(x_i; \alpha)) \tag{14.20}$$

由于$g(x)$是一个函数，上式是在泛函空间中的优化问题，处理起来较为困难。可将损失函数L看作是输入为$[F(x_1), \cdots, F(x_N)]^{\mathrm{T}}$的$N$元函数，在$m-1$步后，输入位于$[F_{m-1}(x_1), \cdots, F_{m-1}(x_N)]^{\mathrm{T}}$。于是，$L$的梯度可以表达为如下的$N$维向量：

$$-\left[\frac{\partial L(h_1, F_{m-1}(x_1))}{\partial F_{m-1}(x_1)}, \cdots, \frac{\partial L(h_n, F_{m-1}(x_n))}{\partial F_{m-1}(x_n)} \right]^{\mathrm{T}} \tag{14.21}$$

根据梯度下降法，$g_m(x)$应该去拟合这一梯度的负方向。于是，完整的Gradient Boosting过程可以表述如下。

（1）初始化F_0：

$$F_0(x) = \arg\min_{F(x)} E_h[L(h, F(x)) \mid x] \tag{14.22}$$

（2）对$m = 1, \cdots, M$，依次进行如下操作：

$$g_m(x) = -\frac{\partial E_h[L(h, F(x)) \mid x]}{\partial F(x)}\bigg|_{F(x)=F_{m-1}(x)}$$
$$\beta_m = \arg\min_{\beta} E_h[L(h, F_{m-1}(x) + \beta g_m(x) \mid x)] \tag{14.23}$$
$$F_m(x) = F_{m-1}(x) + \beta_m g_m(x)$$

（3）输出最终生成的函数：

$$F^*(x) \approx F_M(x) = F_0(x) + \sum_{m=1}^{M} \beta_m g_m(x) \tag{14.24}$$

在 GBDT 中，采用决策树的实现去逼近弱学习器$g_m(x)$，使两者之间的距离尽可能地近。在常用的损失函数$L(h, F) = \log(1 + \exp(-2hF))$下，$g_m$的形式可以表示为：

$$g_m(x_i) = -\frac{\partial L(h_i, F)}{\partial F}\bigg|_{F=F_{m-1}} = 2h_i /(1 + \exp\{2h_i F_{m-1}(x_i)\}) \tag{14.25}$$

14.2.3 深度学习点击率模型

因为利用深度学习方法来解决点击率建模问题能够在复杂的特征组合中自动挖掘其间的非线性关系，所以它也是今天广受瞩目的方法。实际上，基线的 LR 方法可以认为是只有一个神经元的退化的神经网络，并且其训练的输出也可以作为深度神经网络的输入特征，以得到一个比较合理的初始值。

图 14-5 中给出了用 DNN 进行点击率建模的基本思路，与 13.4.3 节中的做法类似，也可以将整个网络分成特征装配和前向神经网络两个部分。

（1）在特征装配阶段，仍然用向量嵌入的方法将用户、广告、上下文等稀疏特征通过嵌入的方式向量化，并按特征类的顺序依次将它们拼接在一起，对同一特征类的向量化特征可以采用求和或平均的方式进行归并。同时也可以采用 14.1.4 节中动态特征的方案，将基线 LR 模型的系数、动态特征（#click、#EC）等统计量也拼接在向量中。最终拼接后的输入层的定长向量的长度将表达为"特征类的个数 ×(特征嵌入长度 + LR 模型系数 + 动态特征长度)"，这样的规模是完全可控的。

（2）在前向神经网络部分，输入层经过逐层的神经元数目递减，在最后一层按照 softmax 方法输出对点击事件 h 的预测。

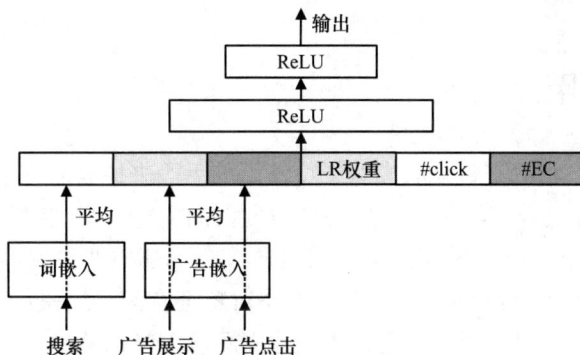

图 14-5　利用深度学习的点击率模型

对于如此大规模的深度学习模型，GPU 的训练方案会变得性能不佳：当内存容不下整个模型时，CPU 和 GPU 之间的数据传输成了算法的瓶颈，此时训练的加速情况会变得很差。在大规模模型的情形下，参数服务器 [31] 是一个可行的选择。

参数服务器的计算框架如图 14-6 所示：将训练数据划分为若干分片，在每个分片上运行一个相应的模型副本，各模型副本通过参数服务器来获取参数值和返回梯度信息，而参数服务器则在收到梯度后对相应的参数进行更新。其中，参数服务器本身是分布式地架设在多台机器上的，每台机器独立地维护部分参数。

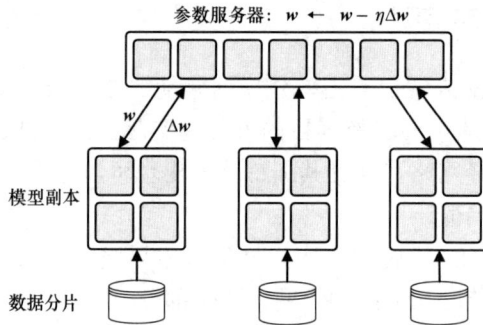

图 14-6　参数服务器结构示例

　　这是一个异步的计算架构，不仅各个模型副本之间相互独立，参数服务器的各台机器之间也相互独立。在这样的计算架构中，采用了完全异步的 SGD 更新流程，令人意外的是，实践当中模型训练的收敛速度和质量不但没有下降，反而变得更加稳定。这实际上说明了我们对神经网络这种高度非线性的模型优化的本质规律的了解还很有限，在凸优化假设下得到的算法，实践中未必是最优的。值得一提的是，为了达到更快的收敛效率，工业界往往采用前述的 AdaGrad[34] 或者 Adam[61] 等 SGD 的变种，这样能够在大幅提升收敛速率的同时降低调参工作的复杂度。

14.3　探索与利用

　　在点击率预测中，我们需要采取模型或特征上的手段来捕获动态信息。这也就意味着，对某种类型的 (a, u, c) 组合，如果没有相关历史数据的支持，很难对其合理地估计点击率。由于线上我们总是使用统计上最优的策略来投放广告，那些非最优的组合出现机会很少，因而对这部分的估计也就不准确。实际上，无法对特征空间均匀采样构造训练集，是互联网问题区别于其他机器学习问题的重要特点。此问题属于强化学习（reinforcement learning）的范畴。

14.3.1　强化学习与E&E

　　在实际的广告场景下，决策行为更像是一个多状态的行为序列。举个例子，一个汽车广告的优化目标是促成该车型的最终交易，那么在用户单状态即决策独立的假设下，为了最大化交易率，很可能给用户的若干次访问都反复推荐该款车的降价广告，导致用户或是直接购买或是直接离开。如果考虑到用户的购车决策路径上其实有多个状态，把用户的行为建模成一个多状态马尔科夫链，则可以学习出在用户第一次访问时推荐该车型的品牌广告，点击品牌广告后进而推荐针对该车型的信贷业务，最终再推荐该车型的降价广告这样的决策序列，这最终有可能带来更高的转化率。

在多个决策行为不独立且需要优化决策序列的整体收益的场景下，贪婪地每次选择短期收益最大的决策往往并不是最优解。在强化学习领域，会把问题建模成一个智能体（agent）和环境（environment）多轮交互的模型，该模型主要包含如下几个重要元素。

（1）收益（reward）：智能体执行完某个动作（action）后，环境反馈的短时回报。

（2）价值（value）：在给定当前的状态和动作前提下，智能体可以得到的各状态收益的期望累计，即长期收益。

（3）策略（policy）：智能体在给定的系统状态下执行动作的概率分布 $p(action|state)$，强化学习的目标即是学习出来的策略使智能体最终获得的长期价值回报最大。

强化学习大致分为两种模型：一种是基于策略的模型，直接搜索能够最大化未来奖励的策略；另一种是基于价值的模型，直接对值函数 Q 建模，然后遍历出预估 Q 值最高的动作。伴随着强化学习和深度学习的融合，在围棋对弈、无人驾驶等领域都取得了不错的表现。在个性化推荐领域，参考文献 [36] 中也给出了其应用，当然这样的方法也可以应用于计算广告中。

强化学习主要的挑战，正是如何在探索（exploration）与利用（exploitation）之间获得最优的平衡。在广告中，需要牺牲一部分流量上 eCPM 最优的策略，采用相对随机的策略来采样那些效果未知的特征空间，这就是探索过程；再根据探索和正常决策的总体流量更有效地预测点击率，这就是利用过程。这样的整体策略称为探索与利用，即 E&E。E&E 可以形象地类比成玩老虎机时的决策问题：玩家面对老虎机上 A 个有不同期望收益的手柄，需要用尽可能少的筹码探索出收益最高的那个手柄，然后利用这个结果去获取回报。这种简单的 A 中选 1 的研究问题也称为多臂老虎机（Multi-Arm Bandit，MAB）[46] 问题。下面我们来看一下 MAB 问题的数学描述。

假设有 A 个手柄 $a \in \{1, 2, \cdots, A\}$（这里的手柄是广告），在每个决策时刻 i（对应于广告展示），我们必须从 A 个手柄中选择一个，而目标是优化许多次决策后的整体收益。每个广告 a 在第 i 次展示的收益计为 $r_i(a)$，对于不同的 i，这些收益是独立同分布的。在 i 时刻，我们用下面的两个量来分别表示该分布的均值 $\langle r(a) \rangle$ 与方差的经验估计（此处先不考虑 u, c 的影响）：

$$\overline{r_i(a)} \triangleq \frac{1}{i}\sum_{j=1}^{i} r_j(a), \ V_i(a) \triangleq \frac{1}{i}\sum_{j=1}^{i} [r_j(a) - \overline{r_i(a)}]^2 \tag{14.26}$$

最优的手柄或广告定义为期望收益最高的那个：

$$a^* = \arg\max_a \langle r(a) \rangle \tag{14.27}$$

MAB 问题有一个简单的基础方法，即总是用比例为 ϵ 的一小部分流量来做探索，在探索流量上随机选择 A 个广告中的一个；在剩余的 $1-\epsilon$ 比例的流量上，总是选择经验收益最高的那个广告。这样的基础方法称为 ϵ 贪婪法。很显然，只要经过足够多次的尝试，ϵ 贪婪法是一定可以找到最优的那个手柄的。既然如此，还有什么深入研究的必要呢？我们当然是希望能够以更小的代价找到最优手柄。这里的代价定义为整个过程的回报与一开始就总是选择最优手柄这一策略的回报差值，即探索所付出的代价。对于一次选择广告 a 的展示，这一代价数学上的表达为：

$$\Delta_a \triangleq \langle r(a^*) \rangle - \langle r(a) \rangle \tag{14.28}$$

而 E&E 过程的目标就是使整体的代价（regret）最低。以 $n_i(a)$ 表示到 i 时刻为止分配给 a 的展示数，则整体代价可以写成：

$$R_i = \sum_{a=1}^{A} n_i(a)\Delta_a \tag{14.29}$$

假设总共需要进行 T 次展示决策，探索一些系统性的方法，使得我们在对最优广告 a^* 没有先验了解的情形下，以比较低的代价完成这一过程，是这个问题研究的目标。这需要借鉴类似于贝叶斯学习的思想，即将估计的不确定性引入解决方案中，我们来看一下一些典型的方法。

下面的 UCB 方法和考虑上下文的 bandit 方法，本质上属于强化学习中最简化的单状态的 bandit 问题。这里单状态的含义是每次做的决策不会影响用户后续的状态。

14.3.2　UCB方法

MAB 问题经典的思路是置信上界（Upper Confidence Bound，UCB）方法。此方法的原理是，在每次投放时，不但简单地选择经验上最优的广告，而且考虑到经验估计的不确定性，进而选择估计值有可能达到的上界最大的那个广告。

根据这一思路，在每个决策点，UCB 的过程主要分成两个步骤：首先，根据过去的观测值，利用某种概率模型计算出每个 a 的期望回报的 UCB；然后，选择 UCB 最大的 a。可以看出，这一算法的关键在于如何计算 UCB。参考文献 [5] 中给出了一种称为 β-UCB 的策略，是按照下式计算上界：

$$B_{k,s} = \left(\overline{r}_s(a) + \sqrt{\frac{2V_s(a)\log(\beta_s^{-1})}{s}} + \frac{16\log(\beta_s^{-1})}{3s} \right) \wedge 1 \tag{14.30}$$

其中 $\beta_s \triangleq \dfrac{\beta}{4Ks(s+1)}$。相应地，在任意一个时刻 i，只需要选择令 $B_{k,nk(i-1)}$ 最大的 a 即可。

β-UCB 的策略并不对回报的具体参数化模型表达有所假设，而是仅通过一阶和二阶的一些统计量来完成策略，因而具有比较好的普适性。这一策略直接的好处是我们不可能长时间地选择错误的 a，参考文献 [5] 中对这一点做了理论上的探讨。遗憾的是，由于 E&E

问题的复杂性，实践中这些比较复杂的策略并未体现出比ϵ贪婪法明显的优势，不过这样的思路和方法还是值得学习。

14.3.3 考虑上下文的 bandit

MAB 问题和 UCB 实际的广告问题还有一定差距。实际广告系统中的主要挑战有两点。首先，需要探索的是 (a, u, c) 这一组合空间，而不是简单的一组广告，这使得探索的复杂程度大大上升。以展示广告为例，我们要面临的实际情况是数十万的广告主、数百万的上下文页面以及数以亿计的用户，即使将这些信息按某种层级结构聚合起来，其组合可能性也相当庞大，对探索是一个挑战。其次，对 (a, u, c) 的某一具体组合，并不像前文假设的那样有一个确定的期望收益，这是由广告问题的高度动态性决定的。

对于需要探索的空间过大的问题，工程上比较常用的思路是将此空间参数化，在一个维数较低的连续空间中进行探索。这样的 E&E 问题，可以称为考虑上下文的 bandit（contextual bandit）问题。注意这里说的"上下文"，不同于上下文定向中提到的上下文，是指根据 (a, u, c) 组合参数化后的上下文空间位置。虽然术语上有所混淆，我们还是遵循原作者这样表述。

考虑上下文的 bandit 的问题，代表性的思路有 LinUCB 方法[68]。从名字就可以了解到，这一方法是将式（14.26）中表达的回报分布由 a 决定，变成由一些环境特征的线性组合决定，也就是说，在某个时刻 t，我们将某个 a 的期望回报表达成：

$$E(r_{t,a} \mid \boldsymbol{x}_{t,a}) = \boldsymbol{f}^{\mathsf{T}}(a, u_t, c_t)\boldsymbol{\theta}_a^* \tag{14.31}$$

可以看出，这样的表达达到了两个目的：首先，将(a, u, c)的组合空间，而不仅仅是a都纳入了探索的范围；其次，用线性组合的连续输出代替了离散的ID值，使得E&E过程可以在如此巨大的空间上实施。在参考文献[68]中，这一变换模型被称为不相交线性模型（disjoint linear model），这里"不相交"指的是对每一个广告a使用独立的线性变换参数$\boldsymbol{\theta}_a^*$。细心的读者一定会发现，这样的假设在a数量巨大时也会成为障碍，因此，在实际使用中，也可以在广告主类型或其他聚合粒度上使用不同的变换参数。

第 15 章

程序化交易核心技术

程序化交易的发展使得广告市场发生了深刻的变化：供给方的功能简化成了简单的比价平台，而需求方开始承担广告决策的主要职责。在这样的变化下，第一方数据、第二方数据和第三方数据可以同时为广告优化服务，于是广告精准化、实效化的趋势越来越显著。在技术层面，这样的变化也带来了一些新的技术挑战。

广告交易平台是技术挑战相对较少的产品，其架构也相对简单。其主要技术难点在于如何用可行的成本处理大流量的广告请求，不过这并不是一个独特的技术问题，因此在此不做过多讨论。本章主要介绍两点相关技术：一是各广告或数据产品在进行用户身份对应时的 cookie 映射方法；二是如何优化询价的服务成本，即尽可能只向那些可能赢得拍卖的 DSP 询价，这也是第 11 章中介绍的在线分配框架下的具体问题。

在所有在线广告产品中，需求方平台（DSP）是算法挑战相对较大的。首先，在实时竞价环境下，DSP 需要提供重定向、新客推荐等定制化用户标签，而这既需要与第一方数据和商品库打通等繁杂的工程接口，又产生了一些新的建模问题，特别是像新客推荐这种第一方数据和第三方数据兼用的受众定向问题。其次，需求方平台需要像广告网络那样估计点击率，并且会遇到比广告网络更高的准确性要求，另外还需要在面向效果类广告主时同时估计点击价值。另外，实时竞价中的出价是存在优化空间的，这是 DSP 特有的出价策略问题，也对 DSP 的收益影响很大。总之，实时竞价的开放市场环境，为定向技术和效果优化拓展了巨大的空间，未来需求方的技术也还有很大的提高余地。本章重点介绍这些在实时竞价环境下产生的需求方技术问题。

程序化交易市场还有供给方平台（SSP）这一产品，其核心优化问题，即面向多个广告网络时的收入优化问题，可以看成是与广告交易市场中的询价优化相类似的问题，本章也会分析这两项技术之间的关系。不过，在实时竞价、Header Bidding 这些程序化交易方式越来越盛行之后，由于需求方会直接给出竞价，这一问题的重要程度也在下降。

15.1　广告交易平台

我们先来看一下广告交易平台的优化目标。在式（2.2）的基础上，这一目标可以调整为：

$$\max_{a_1,\cdots,T} \sum_{i=1}^{T} \text{bid}_{\text{CPM}}(a_i) \tag{15.1}$$

这里的 a 代表的是某 DSP 而非具体广告。与式（2.2）相比，这一优化目标显然大大简化了：首先是成本项没有了，这是由在广告交易平台中分成或包断媒体资源的方式决定的；其次，收入项不再与用户或上下文相关，因为这部分因素都由 DSP 来考虑，并体现在最终的报价中。显然，此优化简单地通过比较 DSP 报价，取价高者即可。因此，广告交易平台在各种广告产品中是算法方面的挑战最小的。

虽然广告交易平台中的技术问题不多，但我们还是要介绍以下两点。

（1）由于实时竞价的功能需求，广告交易市场解决供给方和需求方用户身份对应的问题，在 Web 广告环境下，这需要用到 cookie 映射技术。

（2）实践中当考虑到带宽和服务成本带来的约束时，希望用更少的询价请求完成尽可能高效的变现，在这种情况下，式（15.1）的优化问题会有所变化，这一问题称为询价优化。

由于主要功能是提供公开或私有的实时竞价市场，广告交易平台是架构上相对简单的广告产品，其架构如图 15-1 所示。

这一架构主要涉及的是在线广告请求时的系统过程，而离线的 cookie 映射过程将在下面专门介绍。当用户访问媒体页面，广告请求发至 ADX 后，ADX 向各个接入的 DSP 发起询价并完成比价决策，然后将胜出的 DSP 返回给媒体页面进行广告投放。从核心概念上看，ADX 既不需要自己的广告索引，也不需要 eCPM 估计，因而可以用非常简单的架构实现。但是这仅仅是理论上的概念，实际产品中，ADX 与 ADN 的界限并不是泾渭分明，往往为了支持小规模广告主在更方便的图形界面采买，也需要广告检索和排序；而为了实现询价优化，简单的 eCPM 估计也是不可少的。

15.1.1　cookie 映射

我们先来看一下在线广告中是如何对用户身份进行跟踪的。在不同的广告形式中，采用的用户身份标识也不尽相同。

在 Web 环境下投送的广告，用户身份标识可以用 HTTP 协议提供的 cookie 机制来完成。cookie 机制在安全性方面有很多好处，比如每个域名下的服务只能访问本域名下的 cookie，这实际上是由浏览器保证了不同 Web 应用之间用户数据的隔离。不过 cookie 在用户跟踪的有效性方面受到一些限制：首先，用户可以主动清除 cookie，于是广告系统对该用户的跟踪就中断了；其次，由于广告网络往往是在其他域名的网站上跟踪用户和投放广告，其种

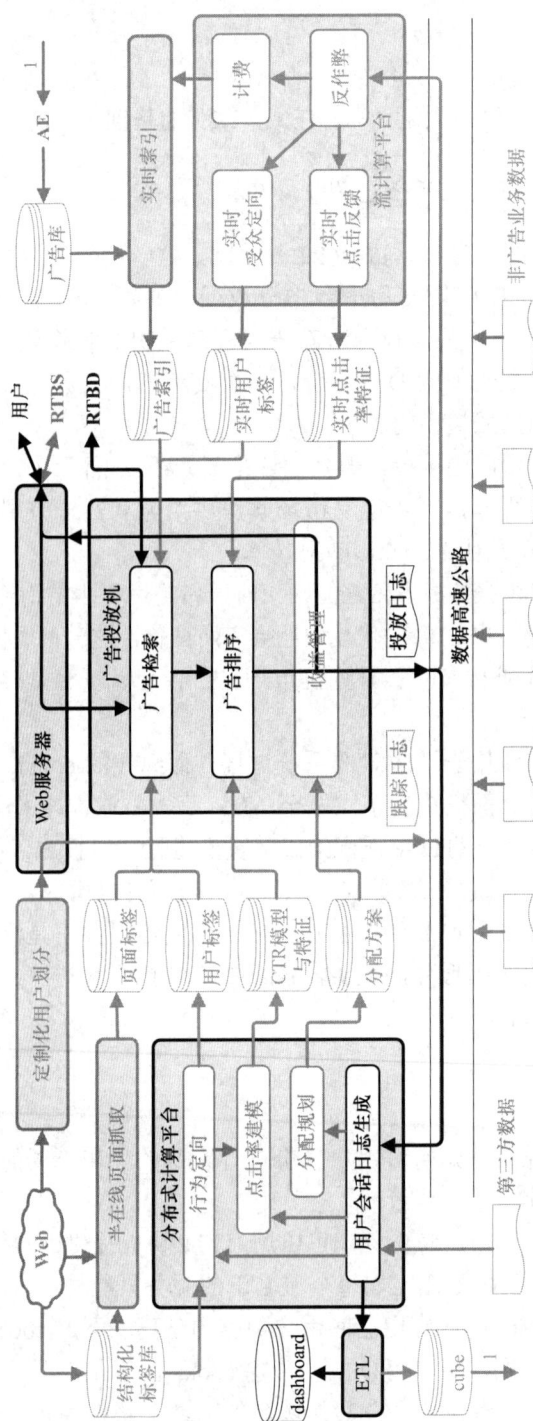

图 15-1 广告交易平台系统架构

植的cookie是第三方cookie。而对于第三方cookie，浏览器一般有更为严格的限制，有的浏览器甚至会在默认情况下禁止第三方cookie，这也成为行为定向的障碍。随着市场对用户隐私问题越来越关注，W3C还进一步制定了"do not track"（DNT）的标准，用于用户主动向网站要求不要被跟踪，或者不要被网站上的第三方应用所跟踪。cookie的跟踪方式还有一个问题，那就是当某台计算机的用户使用多个浏览器时，其cookie无法直接统一起来。

在有用户登录信息的广告产品中，用户登录的身份往往是比浏览器 cookie 更强的身份标识，而最典型的情形出现在社交广告中。用户登录信息不仅在接续性上远远好于普通的浏览器 cookie，还具有能够打通不同的桌面和移动设备的功能。因此，创造网站功能以鼓励用户登录，是很多从事广告业务的互联网公司都在努力的方向。当然，也不能认为用户登录身份的准确性一定好于浏览器 cookie。例如，在某些游戏性质较强的产品中，由于一个用户可能创建多个"马甲"参与，会导致其用户标识相当不准确。

与其他身份标识不同，cookie 由于具有域名之间的隔离性，在 RTB 这种服务器间的广告请求中，DSP 无法直接得到自己域名下的 cookie。因此，必须要通过某种技术手段来完成身份对应，这称为 cookie 映射。cookie 映射应用的范围很广，除了上面提到的 ADX 与 DSP 之间的身份对应，典型的应用还有媒体与 DMP 之间的身份对应，以及某具有永久用户标识的服务向其他域名提供 cookie 找回的服务等。

cookie 映射的场景比较多样，我们可以重点关注 3 个问题：由谁发起？在哪里发起？谁保存映射表？最典型的场景有两种：一是涉及两个域名，即在一个域名的服务上向另一个域名发动的 cookie 映射；二是涉及三个域名，即在一个第三方域名页面上发动的其他两个域名间的 cookie 映射。我们分别来讨论这两种情况。

涉及两个域名的 cookie 映射，典型的例子是媒体与 DMP 之间的身份对应问题。如图 15-2 所示，这一过程有 5 个步骤。

（1）用户到达媒体页面。

（2）向媒体的 cookie 映射服务请求一段负责此功能的 JavaScript 代码。

（3）媒体的 cookie 映射服务返回该段 JavaScript 代码。

（4）该 JavaScript 代码判断需要映射的话（如果最近已经做过则可以不做），向 DMP 发起 cookie 映射请求，并传送两个参数：媒体的标识（mid），以及媒体方的 cookie（mck）。

（5）DMP 返回一个 1 × 1 的 beacon，并记录下媒体方 cookie（mck）与己方 cookie（dck）的对应关系。

考察一下我们关注的 3 个问题可以发现，这一 cookie 映射过程是由媒体方在媒体的页面上发动，并由 DMP 方保存映射关系。这样做有其合理性：媒体需要从 DMP 获得标签的人群是自己的访问人群，因此从媒体页面发动；而 DMP 保存映射，可以比较方便地将自己的用户标签与媒体 cookie 对应，并传回给媒体。

图 15-2   媒体与 DMP 间 cookie 映射示例

涉及 3 个域名的 cookie 映射，典型的例子是 DSP 与 ADX 之间的用户标识对应问题。如图 15-3 所示，这一过程有 6 个步骤。

（1）用户访问广告主页面。

（2）选择性加载一个 DSP 域名下的 iframe。

（3）DSP 判断需要映射的话，返回包括多个 beacon 的动态 HTML，此处多个 beacon 的目的是同时与多个 ADX 交换 cookie。

（4）通过其中的某个 beacon 向对应的 ADX 发送 cookie 映射请求，并带有 ADX 标识（xid）、DSP 标识（did）和 DSP cookie（dck）3 个参数。

（5）ADX 通过 302 重定向向 DSP 返回 ADX 标识（xid）以及其域名下的 cookie(xck)。

（6）DSP 返回一个 1×1 的 beacon，并记录下 ADX 方 cookie（xid）与己方 cookie(dck) 的对应关系。

图 15-3   DSP 与广告交易平台间 cookie 映射示例

这个过程与上一个过程相比，由于是在第三方的网站上发动映射，因而较为复杂，需要用到 302 重定向，不过熟悉前端技术的朋友应该不难理解。仍然考察我们关注的 3 个问题，这次是由 DSP 在广告主页面上发动映射，并由 DSP 保存映射关系。这样做也是符合业务逻辑的：DSP 主要需要对广告主的人群做深入加工，并对这部分人群在 ADX 中出价，因此从广告主页面发动；而 RTB 是 cookie 的对应，由各 DSP 分别自行完成，比在 ADX 中集中时完成显然更加合理，因此这一映射表保存在 DSP 方。

除了上面两个典型的例子，cookie 映射可能遇到的需求还很多，但大家只要分析清楚关键的那 3 个问题，并透彻理解上面两种方式，就很容易举一反三，根据实际需求设计合理方案。

15.1.2 询价优化

ADX 中有一个重要的问题需要考虑，那就是如何在带宽和服务成本的约束下获得更高的 eCPM。如果不考虑成本，ADX 的询价策略非常简单，每次展示都向所有接入的 DSP 询价即可。可是当 DSP 数以十计时，服务成本就会上升一个数量级，这显然是无法接受的。因此，广告交易平台需要在带宽或服务成本的约束下，优化整体市场的 eCPM 水平。要考虑带宽或服务成本的约束，显然就需要对每次展示中询价的 DSP 数进行精简，这个问题称为询价优化。

询价优化有两种典型的思路，一种是工程规则的思路，另一种是将其视为一个带约束优化问题的思路。先介绍一下工程规则的思路：考虑到 DSP 方有相当一部分是按照广告主定制标签来采买流量，因此，这种 DSP 一般来说只会在自己感兴趣的人群，也就是 cookie 映射过的用户群上出价。显然，ADX 是可以先验地知道这一用户群的，因此，对这类 DSP 中的某一个，如果当前广告请求到达的用户 cookie 没有与其映射过，那么就不需要向该 DSP 询价。一般来说，这样的规则可以显著降低带宽需求。不过，也有很多的 DSP 并不是仅仅在广告主用户集合上出价，或者当这样做仍然不能满足带宽成本的要求时，就需要进一步优化了。

询价优化的问题，由于也需要在每个广告请求到来时做决策，因此从框架上非常类似于第 11 章中的在线分配问题。只不过这里的约束变成了带宽或服务的成本。由于从商业规则上说，我们不能完全依赖 eCPM 水平来决定向哪个 DSP 发起询价，因为这样有可能造成某些 DSP 完全得不到流量，从而退出市场。因此，实际的询价优化问题的约束往往设置成各个 DSP 获得流量比例的一个上限，而这一上限是根据该 DSP 一段时间的花费来决定的。在这样的约束下，参考文献 [21] 中将询价优化描述为下面的优化问题：

$$\max \sum_{(i,a)} \sum_k k y_{iak}$$
$$\text{s.t. } \sum_i x_{ia} \leqslant \rho_a$$
$$x_{ia} \leqslant 1; \; y_{iak} \leqslant p_{iak} x_{ia}$$
$$\sum_{(i,a)} y_{iak} \leqslant 1; \; x_{ia}, y_{iak} \geqslant 0$$

这里的 a 代表的不再是一条具体的广告，而是某一个 DSP；i 可以是一个供给节点或一次展示（在没有流量预测的情形下）；k 是某个出价（此处进行了离散化以方便问题描述）。与第 11 章中的在线分配问题对比，p_{iak} 与 y_{iak} 是新引入的变量，分别表示 DSP a 为供给 i 的一次展示出价 k 的概率，以及以此出价赢得此次拍卖的概率。将此询价优化问题与在线分配框架问题做对比，可以发现它们在数学本质上是一样的。询价优化问题的关键就是上式中的第一个约束，它表示的是每个总体分配给每个 DSP a 的流量不超过其上限 ρ_a。有关询价优化问题更详细的研究，参见参考文献 [21]。

请注意一下式（15.2）中所有 $\sum_{(i,a)}$ 的式子。在供需二部图中，(i, a) 是所有的供给节点与需求节点之间边的集合。对于开放竞价的 ADX 来说，所有的流量都向所有的 DSP 开放，因此任意的 (i, a) 组合都要考虑；而在 PMP 中，可行的 (i, a) 组合是由每个私有市场向哪些 DSP 开放决定的。

除了在线分配的框架，询价优化的关键基础实际上是对 p_{iak} 与 y_{iak} 两组变量的预估。也就是说，对于某个供给节点，即特定的人群，要对各 DSP 在此人群上的出价以及此人群整体的市场价水平有一定的估计能力，这实际上就是要预估各个 DSP 在特定人群上对 ADX 来说的 eCPM。因此，在询价优化的需求下，ADX 也需要 eCPM 估计。

15.2　需求方平台

DSP 的优化目标与大多数广告产品有所不同。从利润的角度出发，除了尽量提高广告的 eCPM，还需要尽量降低每次广告展示的费用，而后者在广告网络这类的产品中是无须优化的。因此，DSP 的优化问题，可以用下式来表达：

$$\max_{a_1,\cdots,T} \sum_{i=1}^{T} \left\{ \mu(a_i,u_i,c_i) \cdot v(a_i,u_i) - p(u_i,c_i) \right\} \tag{15.2}$$

式（15.2）中的减号前的部分，即收益，可以通过 eCPM 估计来计算，其技术与广告网络中的 eCPM 估计相类似；而减号后的部分则通过出价策略来优化，这是 DSP 特有的优化需求。

DSP 的系统架构如图 15-4 所示，其中广告投放的决策流程为：DSP 服务器通过 RTBS 接口收到广告询价请求，然后经过与广告网络类似的决策步骤，包括检索和 eCPM 排序，找到价值最高的广告，并将报价返回给 ADX。这样的决策流程，适用于按 CPC 或效果付费、以套利为目标的 DSP，这类 DSP 通过优化算法提升广告主的 ROI 来赚取更多的利润。也有一类 DSP 产品，其服务接近于透明采买的方式，即广告主按照自己的用户划分和策略完成 RTB 购买，而 DSP 收取固定的手续费，在这种情况下，对优化的需求就没有那么高。我们重点讨论的是前一种 DSP。

与广告网络相比，DSP 的广告决策过程更加复杂，我们会重点讨论下面的几个技术点。

（1）DSP 往往需要支持定制化的用户划分能力。在实际产品中，定制化用户划分有时由专门的 DMP 来提供，但更常见的情形是由 DSP 提供的接口来实现。

（2）由于 DSP 是完全面向广告主的产品，需要在量的约束下投放。因此，还存在类似在线分配的问题，这产生了对于出价策略的需求。

（3）在按 CPC 结算的 DSP 中，进行 eCPM 估计时，需要估计 CTR；而在按 CPS 等效果结算的 DSP 中，还需要同时估计点击价值。并且，由于实时出价的要求，这两项的估计都要尽可能准确。关于点击率和点击价值估计的方法在前一章已经介绍过，本章会简要介绍一下在 DSP 当中的挑战。

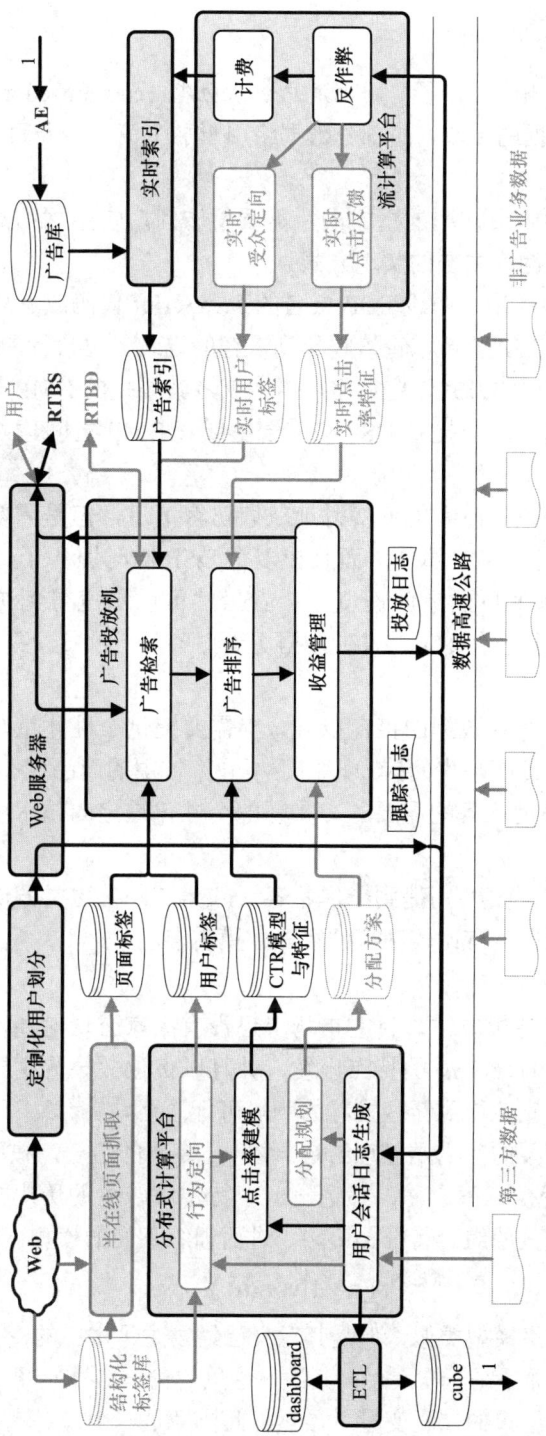

图 15-4 需求方平台（DSP）系统架构示意

15.2.1 定制化用户标签

DSP 与其他广告产品相比，多了定制化用户划分功能（customized audience segmentation）部分，这是收集第一方数据的接口，这部分数据将用于加工第一方专用的用户标签，用于指导广告投放。

对于定制化用户标签中最常用的重定向，需要将访问广告主网站的某特定用户集合传送给 DSP。这个接口也有两种主要的实现方式。

（1）直接在广告主的网站上布设 DSP 域名的 JavaScript 代码或者外链图片（也可以是不可见的 beacon），这样 DSP 就可以直接收集到访客的记录，再自行加工分析即可。

（2）采用线下数据接口的方式，定期将广告主或者其委托的 DMP 收集到的访客集合批处理式地传送给 DSP。当然，前提是 DSP 与广告主或其 DMP 之间建立起了 cookie 映射的机制。

这两种方式各有优缺点：前者能够实时地获取访客信息，但是需要一段时间的数据积累才能覆盖广告主用户集合的大部分，而且在多个 DSP 同时服务于一家广告主时需要加多段跟踪代码，这样会降低页面响应速度；后者虽然可以迅速得到访客集合，并且避免了页面因多组跟踪代码而变得太重，却在数据更新时有一定的延迟，并且对广告主方的技术要求较高。

除了获取第一方用户行为数据的接口以外，当需要提供个性化重定向功能时，DSP 还需要向广告主提供用于商品库同步的接口，由于不同广告主的商品库存储和管理区别很大，往往需要多套接口才能满足业务的需要。在实际的个性化重定向技术中，商品库的接口是最为复杂的功能之一。

在定制化用户标签中，要特别提到新客推荐（look-alike）这类方法，因为它要同时用到第一方数据和第三方数据，有比较独特的算法建模需求。

新客推荐建模

关于新客推荐的具体建模方法，目前市场上还没有大家公认的通用方案。不过，如果从这种定向方式的本质，即 $t(a, u)$ 的特点出发，并且以优化效果为主要目的，也可以以前文讨论的点击率模型为基础，得到新客推荐的一般可行思路。

前文讨论的点击率模型的作用是任意给定一组 (a, u, c) 的组合，按照训练好的模型计算其预估的点击率。如果变换一下思路，筛选出一个特定广告主的历史投放数据，并且只使用那些与用户或广告主相关的组合特征 $x(a, u)$，进而训练下面的模型：

$$p(y = 1|x(a, u))\qquad(15.3)$$

虽然此模型的形式与点击率模型类似，但是其意义已经发生了本质的变化：首先，这里的一条样本应该是一个用户，而不是一次展示；其次，这里的输出信号 y 不再是点击行为，而是标示一个用户是否为广告主用户的二元变量。显然，此模型是一个针对广告主 a，评价某个 u 成为其用户可能性的评估函数。由于此模型评估的是用户的属性，因此与上下文信息 c 无关。

对于训练集中每一个用户 u，确定其对应的 y，有两种方法：第一种方法是根据广告主提供的种子用户集，将出现在该种子用户集中的 u 对应的 y 标为 1，否则标为 0；第二种方法是根据广告投放的记录，将点击过该广告主广告一定次数（一般设为 1）以上的用户对应的 y 标为 1，否则标为 0。比较这两种方法，第一种方法需要用到广告主提供的第一方数据，能够高质量且比较精确地圈定目标人群；第二种方法不需要第一方数据，但是靠广告点击收集的种子用户集合往往质量较差，而且量会受到限制，也会有比较严重的冷启动问题。至于新客推荐模型的具体形式和训练方法，与点击率模型有类似的选择。由于新客推荐问题的训练集正比于用户规模而不是展示量规模，因此求解的过程比点击率模型会简单一些，往往不需要用分布式计算方案就可以解决。

对任意一个给定的用户 u，上述新客推荐模型给出的是其成为广告主 a 用户的可能性。此可能性是 $(0, 1)$ 区间的一个概率值，对其设定一个阈值，就可以将用户分成两类，一类我们认为是该广告主的潜在新客，另一类认为不是。这样就得到了该广告主的潜在新客这一标签，显然，这样的标签是一种定制化用户标签。

在很多情况下，为特定广告主发现新客，既可以采用这样的新客推荐标签，也可以采用普通的受众定向标签。例如，为给招商银行的信用卡寻找新客，既可以由招商银行提供种子用户，加工其专用的新客推荐标签，也可以简单地选择普通受众定向体系中的"财经 / 信用卡"这样的人群。显然，由于第一方数据的使用，我们希望新客推荐标签在同样的 reach 水平下，其 CTR 应该高于普通受众定向标签，也就是前者的 reach/CTR 曲线在后者的曲线上方（如图 15-5 所示）。否则，look-alike 技术就没有价值了。

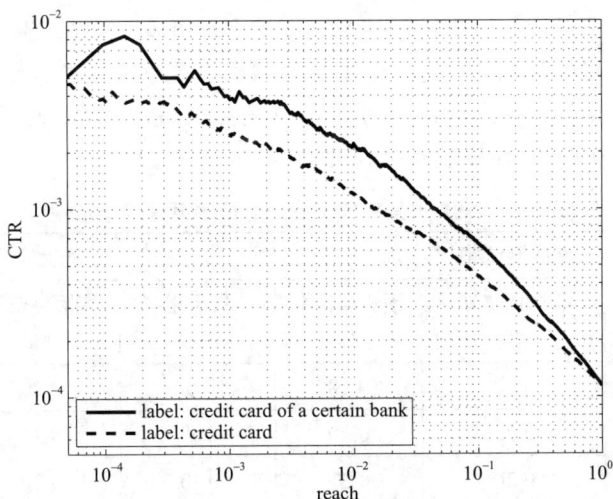

图 15-5　look-alike 标签与一般受众定向标签效果区别示意

15.2.2 DSP中的点击率预测

DSP 中的点击率预测与广告网络中的点击率预测原理一致，方法也可以通用。不过，由于 RTB 环节的存在，点击率预测准确性的要求是更高的，而且离线测试与线上测试存在一个系统性的偏差，下面我们来探讨这两个问题。

对点击率预测准确程度要求高这一点很容易理解：在广告网络中，估计 eCPM 是为了对候选进行排序，因此相对一致的点击率高估或者低估，对结果的影响是有限的；而在 DSP 中，估计 eCPM 是为了做出价的依据，任何高估或低估都会对最后的利润产生直接的影响。而前面介绍的 PR 曲线和 ROC 曲线主要是对排序比较敏感，在精细地反映预测准确程度上还不够。例如，我们把某模型计算出来的点击率 μ 作如下的变换：

$$\lg \mu' = \frac{1}{2}(\lg \mu - \lg 0.01) + \lg 0.01 \tag{15.4}$$

可以验证，μ' 与 μ 得到的PR曲线和ROC曲线都是一样的。但是，显然它们的预估准确程度不相同。因此，除了关注AUC等指标以外，还需要在各种流量细分上关注预测点击与真实点击的比，看它是否在1附近。某部分流量上真实点击总数与各展示预估CTR之和的比例称为CoPC（click on predicted click），在实际系统中，CoPC也是需要重点关注的指标之一，它表征着某部分流量上是否存在明显的点击率高估或低估。

DSP 点击率模型离线测试与线上测试的系统性偏差可以用表 15-1 来说明。假设我们有 3 个广告位 A、B、C，在探索得到的训练集上获得的流量都是 10 千次，并且点击率也都是 0.2%，但是模型估计的点击率有的高估，有的低估。于是，在离线测试时，模型估计的平均点击率与真实点击率是一致的。然而，在线上按照此模型参与竞价时，点击率高估的部分获得的流量比例会上升，如表中所示，A、B、C 这 3 个广告位实测时获得的流量分别为 70 千次、100 千次、130 千次，于是，在线上实测集上观察，模型预估的平均点击率变成了 0.21%，比真实点击率高估了 5%。由于模型总是会在部分流量上高估或低估，因此，这样的系统偏差总是存在的，有时还会相当严重。

表 15-1 DSP 点击率模型离线测试的系统偏差示例

广告位	离线测试集			线上实测集		
	展示量（千次）	实际点击率（%）	预测点击率（%）	展示量（千次）	实际点击率（%）	预测点击率（%）
A	10	0.20	0.18	70	0.20	0.15
B	10	0.20	0.20	100	0.20	0.20
C	10	0.20	0.22	130	0.20	0.25
平均		0.20	0.20		0.20	0.21

特别提及此系统偏差的目的是要告诉大家，在实时竞价的动态博弈环境下，由于模型本身会影响流量的分布，对点击率预测和其他算法问题效果的理解要有新的思考方式，并且应该更多地根据线上实测的结果来判断一个模型的好坏与取舍。

15.2.3 点击价值估计

由于 DSP 代表的是广告主的利益，往往可以通过在广告主网站布设代码等方式获得转化数据[①]，按 CPS/CPA/ROI 等转化效果方式与广告主结算。在这种结算方式下，除了要按广告网络那样估计点击率，还需要估计点击价值。我们来看看点击价值估计的问题。

$$v(a, u, c) = h(a, c) \cdot c(a, u) \cdot t(a) \tag{15.5}$$

如式（15.5）所示，点击价值可以分解为到达率（reach）h、转化率 c 和转化单价 t 这 3 个量的乘积。到达率指的是实际打开广告落地页次数与点击次数的比例，这与广告主网站的页面打开延迟关系最大，与媒体的属性特别是误点情况也有一点关系，因此我们可以认为它与广告主 a 和媒体 c 有关；转化率指的是到达落地页以后，有多少比例产生了广告主定义的转化行为，这主要与用户对广告主产品的兴趣有关，因此是广告主 a 和用户 u 的函数；转化单价在 CPA/CPS 类的广告中，是广告主指定的转化费用，而在 ROI 类广告中，是广告主客单价与分成比例的乘积，因此我们认为转化单价主要与广告主 a 相关。当然，上面的讨论非常近似，实际上 a, u, c 这 3 个变量都对到达率、转化率和转化单价有一定的影响，而式（15.5）只考虑了其主要影响因素。

上面的几个量中，到达率与转化单价都不难统计，而转化率的估计是一个比较困难的问题。这首先是因为转化比起点击还要稀疏得多，用机器学习的方法建模存在较大困难；其次，转化的定义和性质与广告的具体业务类型、甚至不同广告主的目标紧密相关。例如，电商广告主会将购买定义为转化，而游戏广告主在开服的需求下会将注册定义为转化，在一般运营状态下会将充值定义为转化。显然，不同类型的转化无法用同一模型来描述，这进一步加剧了数据的稀疏性。

特别要注意的是，在没有充足的行业数据支持的情形下，广告产品千万不能贸然将点击价值估计全部交由机器完成。实践中比较可行的办法，基本上都是简单统计与运营经验相结合来估算转化率。不过，当某 DSP 的广告主类型和转化流程相对一致，比如专门服务于游戏客户的 DSP，或者像淘宝这样的平台电商自建的 DSP，那么在转化数据比较充分的前提下，仍然可以采用机器学习建模的方法预测转化率。转化率预测用到的数学工具和优化方法与点击率预测非常相近，这里就不再展开介绍了。

---

① 如果DSP不能确定代表广告主的利益，这种深度合作有可能会带来广告主高商业价值数据的安全性风险，参见7.4.2节。

15.2.4　出价策略

如果 DSP 投放的广告活动没有预算的限制，那么出价策略非常简单：只要按照 eCPM 水平出价，就可以保证在第二高价的情况下每次展示都有利润。但是在有预算约束的情况下，我们显然希望每次展示的利润率尽可能高，而利润率除了需要知道 eCPM，还需要对当前展示的市场价格有所估计，并在全局水平上尽可能将出价集中在那些利润率较高的展示上，这就是 DSP 出价策略的直观理解。

显然，出价策略也是一个量约束下的效果优化问题，我们很自然地可以想到用在线分配的问题框架来解决。根据上面的问题描述，可以把出价策略描述成如下的优化问题：

$$\max \sum_{(i,a)\in E} s_i x_{ia}(r_{ia} - m_i)$$
$$\text{s.t.} \sum_{a\in\Gamma(i)} x_{ia} \leq 1, \qquad \forall i \in I$$
$$\sum_{i\in\Gamma(a)} s_i x_{ia} m_i \leq d_a, \qquad \forall a \in A$$
$$x_{ia} \geq 0, \qquad \forall(i,a)\in E$$

在这个问题中，我们仍然把流量分解成一组供给节点 $i \in I$，并用 r_{ia} 表示供给节点 i 分配给广告 a 的单位流量收益，用 m_i 表示供给节点 i 上的市场价格。由于第二高价的存在，市场价格就是成本，而 $r_{ia}-m_i$ 就是单位流量产生的利润。公式里的需求约束，表示的是每个广告主的花费不能超过其预算。因此，这个优化问题的物理意义是，在广告主预算的约束下，最大化 DSP 的收益。注意，在供给约束中，所有的 x_{ia} 分配比率加起来可以小于 1，也就是说，对在线到来的询价请求可以有一定不参与竞价的概率，这也反映了出价策略的本质。

我们注意到，在这个问题中，r_{ia} 和 m_i 是需要估计的量，也是策略优化的关键。在估计 r_{ia} 和 m_i 时，比较重要的一点是如何将流量划分到合适的供给节点上，在最彻底的情形下，还是可以将每次展示作为一个供给节点，直接利用 eCPM 估计的模型来计算 r_{ia}，并建立一个专门的市价预测模型来估计 m_i。不过，由于对市价 m_i 的估计远远没有对 eCPM 的估计那样可靠，不宜使用过于复杂的模型和算法，一般来说，我们主要使用时间、地域、媒体属性等影响明确的因素来进行预估。

15.3　供给方平台

供给方平台是与广告交易平台比较接近的产品，一般会实现私有的 RTB 交易以及网络优化等功能，并且用动态分配的逻辑决定当前展示分配给哪种广告渠道。动态分配的整体产品策略在 6.5.1 节中已经有所介绍，这个过程涉及的技术与其他产品多是相通的，唯有其中第 3 步，即网络优化的问题，需要特别说明一下。

网络优化

网络优化问题是指 SSP 在接入多个广告网络以后，在线动态决定将广告请求发给哪个广告网络，从而优化整体收入的问题。

将网络优化与 15.1.2 节中介绍的询价优化问题做对比可以发现，这两个问题有一些相似之处：前者需要预估若干广告网络在当前 (u, c) 条件下的 eCPM，而后者则需要预估若干 DSP 在当前 (u, c) 条件下的 eCPM。当然它们也有很大的不同：首先是在网络优化时，只需要找到 eCPM 最高的广告网络，而在询价优化中，要根据带宽约束在线决定向哪几个 DSP 询价；另外，询价优化中 DSP 的 eCPM 可以根据历史数据比较精细地建模来计算，但是在网络优化中，由于广告网络一般没有向媒体报价的功能，往往只能采用粗略的数据分析和建模手段来估计其 eCPM。

概念上说，在网络优化中，估计某个 (a, u, c) 组合上的 eCPM 时，这里的 a 由具体的一个广告变成了某个广告网络，由于没有了具体的广告信息，因此预测的准确程度也会大打折扣。有关网络优化的 eCPM 估计问题，由于其在实践中的重要程度有限，并且并不是多数广告系统会遇到的计算问题，在此就不展开讨论其细节了。

第 16 章

其他广告相关技术

在本书前面几章中，我们以在线广告市场上产品形态发展的过程为主线，对按合约售卖的广告系统、非实时竞价的广告网络和实时竞价的程序化交易市场进行了介绍，并对其中的关键计算技术进行了深入讨论。除这些骨干技术以外，在线广告中还有一些非常重要的外围问题，本章将对这些问题展开讨论，目的是为了让读者对实际广告系统的各个环节都有实际的认识。

在前面的章节中讨论的所有技术和算法的核心都是为了优化广告效果。不过前面谈到的广告效果优化思路，基本上集中在受众的选择的角度，而在实际的在线广告中，还有一项对广告效果影响巨大的技术，那就是创意优化。创意优化与受众优化性质有所不同，因为创意的改变实际上也改变了广告要表达的诉求。如何在基本的宣传诉求可比的前提下，结合受众定向对创意做调整，这是广告系统不能不考虑的重要问题。

广告系统运营中另一个必须考虑的问题是建立一个灵活的实验框架（experimentation framework）。由于各种策略、算法、架构的调整，通过线下评测和模拟都很难完全反映线上的变化，因此，需要有一个线上的实验系统来确定其有效性。线上实验系统的原理很简单，无非是从实际流量中分出一定比例用于实验方案。不过，由于同时测试的方案个数可能比较多，如何在一个框架中进行更多的测试是工程中提高广告系统进化效率的关键。

还有两个与广告效果的度量相关的问题需要介绍，一是如何在流量中去除那些恶意的和非主动的流量，这部分我们称为流量保护（Traffic Protection, TP）。其中去除恶意流量的反作弊问题，由于是一个"道高一尺、魔高一丈"的动态博弈过程，因此并无确定不变的技术和算法，不过也有一些原则和基础方法可以遵循。二是需求方站在自己的利益角度对广告效果的核实性度量，这称为广告监测。这两个问题其实有着相当深入的联系，在今天程序交易和受众定向大量被使用的在线广告市场中，这两个问题在一定程度上可以结合起来考虑，并催生了所谓广告安全的问题和相应技术。

受众定向和程序交易广告的另一个重要影响，是用户的行为数据存在在不同的广告产品之间泄露的可能。因此，隐私保护技术与其对立面，即去匿名化技术，从正面或者负面的角度，都与在线广告有着密切的联系。关于隐私保护相关问题及其在广告中的可能应用，也将是本章涉及的内容。

16.1 创意优化

创意对于广告效果的影响无疑是巨大的，然而我们不能把调整创意带来的效果等同于受众定向产生的效果。因为随着创意的改变，广告表达的诉求已经发生了变化，其点击行为也就不再与其他创意完全可比。可以通过一个例子来理解这个问题：假如有一个保险类型的广告主，将一个宣传公司品牌和实力的品牌型创意，变成一个用户填写车险申请的表单式创意，如图 16-1 所示。毫无疑问，后者的点击率会大幅度上升。但是实际上，这两个创意向用户传达的诉求有着相当大的区别：前者的目的是向潜在用户渗透性地宣传品牌的定位，以利于将来长期的用户转化和利润空间；而后者的目的则是短期内的转化效果，但对品牌特质的宣传则有所不足。

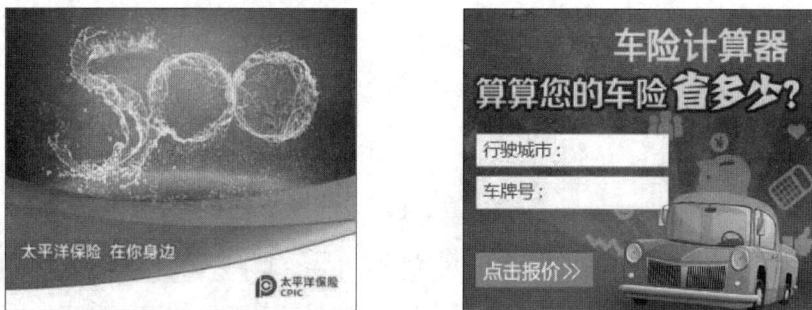

图 16-1 品牌型创意（左）和效果型创意（右）

因此，一般情况下我们讨论的创意优化指的是在广告的基本诉求保持相对稳定的前提下，如何调整创意以提高效果。

16.1.1 程序化创意

创意优化的一个重要原理是第 2 章的广告有效性模型中就介绍过的原则：为了提高用户的关注程度，需要将向用户推送此广告的关键原因在创意中明确表达出来。由于推荐原因众多，这样的创意优化往往需要用程序自动进行，而不是预先做好大量的素材。类比于程序化交易，我们把这类思路称为程序化创意。下面我们就程序化创意的思路给出一些示例性建议。

（1）地域型创意。地域定向是根据用户的地域信息投送相应的广告，如果能将明确地域指示性的内容体现在创意上，往往会对效果有非常直接的帮助。例如，如图 16-2 所示，对同样一个汽车广告，对北京和上海地域的受众，分别加上当地经销商的联系电话。显然，对每个城市制作一版独立的素材是不经济的，应该在投放时动态加入与地域相关的信息。

图 16-2   同一汽车广告在北京（左）和上海（右）的地域型创意

（2）搜索重定向创意。根据用户的搜索行为提供的重定向图片广告，如果能明确标示搜索词，往往更容易唤起用户的注意力和兴趣。因此，可以采用图 16-3 所示的创意形式，将用户曾经的搜索词放在图片下方的搜索框中，现在这也需要投放系统在线自动完成。

图 16-3   搜索重定向创意示例

（3）个性化重定向创意。这种产品在 6.4.4 节中已经具体介绍过，其中展示的单品都是在线动态决定的（见图 6.8），而创意也是在线合成的，这也是一种程序化的创意。

在线广告的服务对象由传统的品牌广告向效果广告发生了倾斜，传统的由设计人员主导的、品牌形象驱动的创意生产模式，也一定会越来越多地加入机器决策的、效果导向的内容。因此，程序化的创意优化模式应该得到足够的重视。

16.1.2   点击热力图

在找出创意设计的问题、优化效果等方面，点击热力图是一个非常重要的工具。点击热力图是将某一个创意各位置被点击的密度用热力图的方式呈现出来，帮助创意优化者直观地发现和解决其中的问题。一般来说，创意中的若干主要信息聚焦点应该会比较集中地吸引用户点击。如图 16-4 所示①，在创意中人物的眼神发生变化时，用户关注和点击的热点

① 来源：http://site.douban.com/106407/widget/notes/335509/note/252343905/。此图是眼球追踪的热点图，不过考虑到其与点击热力图的一致性，我们仍用它来说明问题。

也有很大的区别。显然，在这样的点击热力图指导下，创意的迭代优化可以半定量地进行，并且更加有目的性。

不过，在程序化创意的影响下，点击热力图的使用有一些障碍：因为在线时会对创意的部分内容进行修改，这种情况下叠加在一起的热力图有时无法反映细节问题。不过，对于创意中一些固定元素的优化或动态模块整体的效果评估，热力图还是很有帮助的。

图 16-4　创意中人物的眼神对点击热力图的影响

16.1.3　创意的发展趋势

随着移动广告原生化的趋势越来越明显，创意的形式也在快速变化之中。总体而言，创意正向着视频化、交互化的方向发展，其目的是为了在创意中承载更多的有效信息，以提升转化率。

在视频化的趋势当中，8.4.4 节中介绍的激励视频形式异军突起，是最近几年被广泛接受的创意形式。由于激励的存在，视频创意基本上总是可以被完整地播放，这提高了广告内容的传播效率，当然也就提升了广告效果。不过，视频的创意比较难以根据线上数据进行实时优化。于是，最近又出现了交互式创意广告（playable ad）又称试玩广告的概念，它是将游戏或应用中的某些片段直接搬到创意上来，让用户不用下载就可以直接交互试玩，可以更加真实地体验实际使用场景。

交互式创意有两种技术方案。一种是服务端交互的方案，即在服务器上以虚拟机的方式运行游戏，然后将画面以类似于直播的方式实时传送至用户设备上，同时，将在用户端收集到的交互行为传送给服务器，控制游戏作出相应的反应。这种方案的特点是，比较通用，无需对每个游戏作定制化的开发，缺点是服务器资源消耗巨大，往往是普通广告的上百倍；另外，由于有实时交互的需求，对用户网络环境的要求很高。目前看来，这种服务端交互的模式还处在较早的探索阶段，Google 等公司也都在积极研究。另外一种方案就是下面要介绍的客户端 HTML5 方案。

CrossInstall

CrossInstall 是一家专注于交互式创意的公司，与上文介绍的服务端交互方案不同，CrossInstall 采用的是直接将游戏片断制作成 HTML5 页面、用户在本地直接交互的形式，如图 16-5 所示。

图 16-5　CrossInstall 的交互式创意

这种客户端交互的方案至少有以下一些优点。

（1）HTML5 加载完成以后，交互即在本地进行，对用户端的网络状况没有特殊要求。

（2）由于是用 HTML5 复制游戏内情节，可以在反映原貌的基础上，做一些有利于推广的变化，例如，对于重度游戏，去掉其中一些冗长的情节，或只采用某个典型交互片段。

（3）服务成本较低，与普通视频广告类似甚至更低。

（4）创意中的参数和设置可以用数据进行优化。

不过，这种方式显然也存在一些问题。

（1）对每个游戏都需要单独制作交互创意，这是一个比较费时费力的过程。

（2）有些比较复杂的场景可能不易用 HTML5 实现。

总体而言，在目前阶段，相对于服务端交互方案，这种 HTML5 交互方案是比较实用的技术。CrossInstall 在交易形式上是一家 DSP，在 ADX 中购买全屏尺寸广告位的流量，然后利用 MRAID 协议支持交互式广告。从投放结果来看，这种形式甚至可以达到比激励视频广告更高的转化率。但是，由于这种广告形式用户的沉浸度太强，有一些媒体对其心存顾虑。

除了采用交互式的 HTML5 创意，CrossInstall 在实操过程中很重要的一点是，将创意中的参数和设置根据线上的数据反馈进行优化。以图 16-5 右图所示的游戏创意为例，预先放置几排泡泡，可能对试玩用户的转化率有影响，而设计者很难准确判断最优的排数。如果在投放过程中，通过 HTML5 请求带参数的方式划分线上流量，测试不同泡泡排数情形下的转化率，可以达到最优的效果。如果可以调整的不只是泡泡的排数，而是有更多的参数，这就需要一个完善的实验框架了。

16.2　实验框架

无论是广告系统调整算法和架构，还是投放时调整创意和定向策略，都需要依赖线上的实际流量测试来确定其真实效果如何。切分部分流量用于测试并非难事，但是一个实用的实验框架需要尽可能多地同时容纳多组实验，以提高流量利用效率和产品进化速度。

设计这样一个实验系统的关键，是利用系统模块之间的相对独立性，用分层的结构来扩展实验容量。在参考文献 [92] 中，作者给出了比较典型的一种分层实验框架的架构，如图 16-6 所示。在这一架构中，不同的实验参数被分置于不同的实验层（layer）中。一般来说，我们可以按模块划分这些实验层，例如，在广告系统中，我们按检索、排序和展现将相应的参数划分成 3 个层，每层都可以将流量切分成不同的测试子集或域。显然，在这种

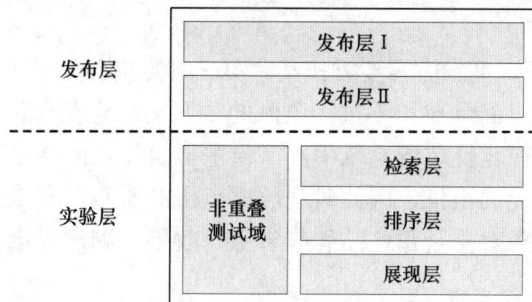

图 16-6　分层实验框架架构示意

分层结构下，不同层上的实验是可以共享流量的，这样就大大提高了同时进行的实验数目。另外，系统还预留了一个非重叠测试域（domain），目的是方便有时需要进行的联合调整各层参数的一些特殊实验。除了实验层以外，此实验框架还涉及了专门的发布层，用于将实验通过的参数逐渐灰度发布到全流量上。同一个参数只能出现在一个实验层和一个发布层中，而优先级关系是优先采用实验层参数，其次是发布层参数，最后是默认参数。这样一个兼顾流量实验和灰度发布的实验框架，在实践中能够满足大部分情形的需求。

那么在每一层中，流量是如何随机被分到各个域中的呢？对于广告系统而言，按照每次展示做随机分配是不合适的，这是因为多次广告展示之间的相关性会对测试的结果产生影响。正确的做法是按用户划分，即每个用户的广告展示请求都被固定地发送到同一个域中。这样做的目的是使一个广告策略的高阶或长期影响能够真实地表现出来。

一般来说，实验框架并不是一项深奥的技术，但因为与投放引擎、数据处理等环节耦合较短，所以实现起来工程量不小，又加上并没有直接的收益产生，往往容易被忽视。实际上，任何一个产品研发在启动时有最重要的两点，一是定义好可衡量的目标函数，二是建立灵活高效的实验框架以评测各种方案的优劣。有了这两项准备，产品的迭代过程会大大加速。

16.3　广告监测与归因

在线广告区别于线下广告的重要特征就是可监测性。广告的交易过程涉及媒体、广告平台、广告主等若干环节。除了以 CPC 结算的广告活动，其他广告活动都存在结算指标为媒体或广告主某一方不可见的情形。因此，需要有独立、公正的第三方对广告展示量或转化效果进行度量，这就产生了广告监测和归因的问题。

16.3.1　广告监测

在 CPM 结算方式下，需求方需要委托某家第三方监测公司对实际发生的展示或点击数目进行核对，以确保自己的利益。不过，监测的主要需求存在于按 CPT 或 CPM 结算的合约广告中。这是因为，在竞价广告系统中，广告主与媒体之间并没有约定的价格，可以根据后续的效果来调整自己的出价，因此对展示或点击的监测并不是强需求。从这里可以看出，效果监测主要的服务对象是那些品牌广告主，效果检测一般会占有在线品牌广告投放 1% 左右的预算。

借助监测代码或者 SDK 实现广告展示或点击的计数并不困难。监测代码是指具有客户

端信息收集功能的代码。它的主要工作是将客户端的信息以参数的形式拼凑成 URL，并以
HTTP 请求的方式传给第三方，告知"谁，在什么时候，看到了来自哪个媒体展示的，哪
个广告主的广告"。以移动端为例，根据《中华人民共和国广告行业标准》，客户端监测代
码的参数有如表 16-1 所示的几种。

表 16-1　移动端广告监测代码参数一览

参数	解释
OS	客户端操作系统的种类：0 表示 Android，1 表示 iOS，2 表示 WP，3 表示其他
IMEI	15 位，适用于 Android，需要 MD5 加密
MAC	用户终端的硬件地址，适用于 Android 和 iOS，字母转换成大写后 MD5 加密
AndroidID	适用于 Android，需要 MD5 加密
IDFA	适用于 iOS，保留原始值
OpenUDID	适用于 iOS，保留原始值

当广告在客户端产生了曝光时，监测代码就会记录此次曝光，并采集用户信息，其生
成的 URL 如下所示：

```
www.xxxxx.com/imp?CID= ad20&CPID=1321&CRID=20&OS=1&IDFA=70
        E0E6465B7B12C844C63EC681C7507C&OpenUDID=
        F1C7976BC455CB548BFC550EB7687F06&IP=10.26.78.45&UA=iPhone;%20CPU%20
        iPhone%20OS%2061_2%20like%20Mac%20OS%20X)%20AppleWebKit/536.26%20(
        KHTML,%20like%20Gecko&TS=1198628984102
```

除了第一个参数使用"?"连接外，后面参数都用"&"连接。从这段 URL 中很容易读
出几个信息：用户的 IP 地址是 10.26.78.45，使用设备 UA 是 iPhone，IDFA 是 70E0E6465B7B
12C844C63EC681C7507C 等。直接对这个 URL 发起 HTTP 请求，第三方 www.xxxxx.com
就可以根据 URL，解析出广告、媒体和用户的三方信息，在后台形成日志，作为一次正常的
广告曝光。在行业中，常说的"监测代码"指的就是这个监测 URL，而非装填 URL 的代码。

当广告投放基于受众进行时，监测就要困难得多了。例如，某广告计划要求在男性用
户流量上投放 1000mille 的展示，那么如何才能确定投放的结果满足这一条件呢？一般采用
的方案是"广告监测提供商用采样 + 付费"的方式收集一个小比例人群上的真实用户属性，
然后通过验证这个人群上性别的准确率，来反推整体的投放数据。这一方法看起来十分简
单，但由于采样集一般规模不大，在人群分布上与投放人群相比可能存在较大的偏差，因
此此方法的关键在于如何对数据进行有效的纠偏。另外，即便采用这样的方案，也只有部
分基于人口属性信息的投放是可以验证的，而对于基于兴趣标签的投放，由于对同一个用
户并不存在确定的标准答案，这样的监测意义不大。

由于实名社交网络的人口属性信息相对比较准确，又有很大的规模，因此现在的趋势

是直接采用社交网络的数据作为标准来进行定向广告的监测。例如，尼尔森就与 Facebook 合作，推出了基于 Facebook 人口属性信息的广告监测服务。

当然，广告监测与反作弊有着密不可分的联系，所有展示或点击的计量都必须在去除了作弊流量的基础上进行。由于广告监测是代表需求方利益的服务，一般来说其反作弊规则比媒体方或广告平台更加有动力。

16.3.2　广告安全

在越来越复杂的广告投放和交易逻辑当中，广告主已经很难像在合约广告中那样非常明确地管理自己的投放媒体了。但是，实践中很多广告主又存在切实的需求，希望自己的广告不要出现在一些特定内容的媒体上。我们在第 2 章中曾经提及，广告预算除了被浪费的那部分，还有一部分是会产生负面效果的，我们显然希望去掉这些有负面影响的展示。例如，汽车广告主不希望自己的广告出现在有关车祸内容的页面上，也不希望出现在一些低级庸俗内容的网站上。这样的需求不是简单的广告可以完成的，而是需要专门的服务来保证广告主的品牌安全，我们称这样的问题为广告安全问题。与广告安全相关的关键技术是广告投放验证（ad verification）和可视性验证（viewability verification）。

1．广告投放验证

广告投放验证的作用是确认品牌的安全性，并保证展示的质量。其工作模式，是当广告投放到页面以后，如果发现页面的内容不符合品牌安全的诉求，则停止展示广告主的创意，转而展示一个与品牌无关的创意。与广告监测不同，这里的重点不在于计量效果，而在于阻止不恰当展示的发生。

读者可能会疑惑，既然是在不安全的页面上禁投广告，在广告请求到来时直接根据 URL 过滤不就可以了吗？在实际的广告交易中，由于多层 iframe 的嵌套，有时媒体会伪装自己的 URL，以达到流量以次充好的目的。例如，某些高质量媒体会将自己域名的 iframe 嵌套在其他小网站上一冒充自己的流量，从而获得高的溢价。因此，必须要在广告投放时，进行 iframe 穿透，实时判断投放页面的顶层 URL，才能进行广告投放验证。而页面的内容则可以采用第 12 章中的半在线抓取系统来获得。

有了一些历史经验以后，也可以采用"投放前"（pre-bid）的验证方案，也就是对那些历史上发现不符合品牌安全策略的 URL 或广告位直接不参与广告交易，这样可以进一步节约服务成本。

2．可视性验证

品牌广告主的另一个常见诉求是广告展示的曝光程度。显然，出现在第二屏的广告位比第一屏的广告位曝光程度要差很多。这个问题也属于广告安全的范畴。

可视性验证的技术方案一般是判断浏览器是否对广告创意发生了渲染过程，如果没有，那么这次展示实际上不是可视的。解决可视性验证问题，需要对各种浏览器做充分的针对性测试，目前的技术水平已经可以做到对 95% 以上的浏览器内广告流量进行可视性验证，但是在移动应用内广告中，目前还没有很好的检测办法。

可视性验证同样有"投放前"的方案，也就是对那些可视比例很低的广告位直接不参与广告交易。

16.3.3　广告效果归因

按照 CPA/CPS/ROI 方式结算的广告，由于转化行为并不发生在媒体上，往往需要第三方机构对这些效果数据进行公正的跟踪，并且将其与广告的展示和点击数据对应起来，以确定某次转化来自哪个渠道。这称为广告效果的归因（attribution）。

广告效果归因比较成熟的领域包括电商和移动应用下载。另外，有些广告虽然按照 CPM 或 CPC 结算，有时也需要考核后续的效果，这时也需要进行效果归因。效果归因常见的方法有直接访问归因和用户 ID 碰撞归因。

1．直接访问归因

直接访问归因的原理比较简单：为每一个渠道分配一个独有的渠道 ID，放在落地页的 URL 参数中，当用户在到达落地页以后的同一个会话中完成转化行为，就记到该渠道上。

中国的 Android 应用下载采用的是另外一种直接访问归因方法：给每个渠道打不同的 apk 包，直接分别记录各渠道包的下载量。

直接访问归因虽然原理上简单明确，却不见得合理：用户点击了广告以后，如果被别的任务打断，没有在当前立即发生转化，后续直接访问广告主页面时产生的转化就无法归因给该渠道，这对于电商这样转化决策周期可能比较长的场景，明显是有失公允的。因此，目前更加通行的归因方法是用户 ID 碰撞归因。

2．用户 ID 碰撞归因

我们以移动应用下载广告效果的归因为例，来看一下用户 ID 碰撞的归因原理。如图 16-7 所示，用户在广告位上看到广告后，有时会点击广告到达广告的落地页（此处为 Apple Store 的应用详情页）；用户进一步下载该应用后，就完成了一个"转化"。其中归因的原理是这样的：当点击产生时，除了跳转到落地页，同时向归因的监测方（一般情况下为第三方产品）发送一个点击链接，同时将用户的 ID 作为参数一并发送过去；当转化发生时，嵌入在广告主应用里的监测方 SDK 会发送一个带用户 ID 的转化链接；将两个过程中的用户 ID 进行匹配，就可以知道某个转化是哪个渠道带来的了。

用户 ID 碰撞归因可以自由设置归因周期，例如，规定点击后 3 天以内的下载都归因到点击渠道，或者规定点击后 7 天内的购买都归因到点击渠道。关于归因周期的设置，在不同行业的广告主中有不同的合理范围，需要具体讨论。

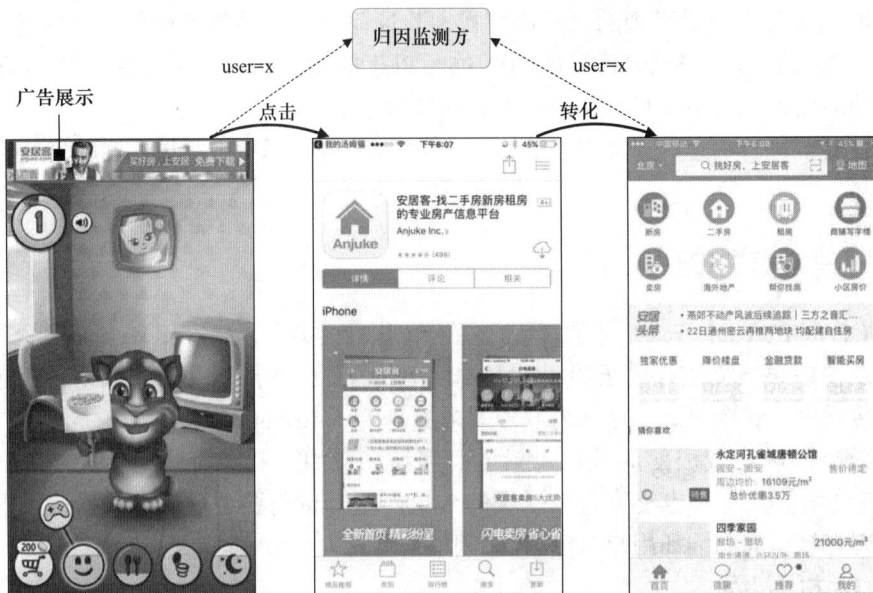

图 16-7   用户 ID 碰撞归因原理示意

16.4   作弊与反作弊

由于广告有很多的相关利益方，会有人制造虚假流量，或者用技术手段骗过广告监测与归因，这些行为统称为广告作弊。作弊的具体手段五花八门，并且随着业务形态的变化和反作弊手段的进步而不断进步。要在面对广告作弊时快速找到思路，需要先搞清作弊者的目的与方式。

16.4.1   作弊的方法分类

反作弊要做到知己知彼，必须先搞清是谁在作弊，作弊的目的是什么。由于广告活动是广告主、媒体与用户之间三方交互的行为，因此广告中的作弊行为主要来自 3 种主体。

（1）媒体作弊。由于大多数广告网络与媒体之间是按照点击的价格来结算的，因此点击作弊是最为常见的，当然也存在为了满足 CPM 订单量的需求而对展示进行作弊的情形。

（2）广告平台作弊。广告网络或广告交易市场这样的广告平台也有制造虚假点击以获取更多分成的目的。而 DSP 这样的需求方广告产品，除了混入劣质流量的广告展示、制造虚假点击以外，还会通过一些作弊手段为广告主带来虚假转化，以满足效果考核的要求。

（3）广告主竞争对手作弊。某些广告主的竞争对手会通过技术手段大量消耗该广告主的预算，达到降低其广告效果的非正常竞争目的。

从作弊的原理来看，可以将作弊分成以下两种类型。

（1）虚假流量作弊，也称为 NHT（Non-Human Traffic），指的是广告的展示、点击或转化本身就是伪造出来的。CPM/CPC 结算的广告中，虚假流量是作弊的主流方法。

（2）归因作弊，则是将其他渠道的流量或者自然流量记在自己名下。一般来说，CPA/CPS 的广告由于伪造转化的成本较高，多采用归因作弊的思路。

从作弊的手段来看，又可以进行以下划分。

（1）机器作弊，即作弊的过程是由机器自动完成的。这种作弊手段比较易于规模化，但是往往容易在统计上留下比较明显的反作弊特征。随着人工智能和深度学习技术的发展，机器作弊有可能在模拟真人的行为方面获得重大突破，这会使反作弊的难度大大增加。

（2）人工作弊，对于 CPA/CPS 类型的广告，由于转化总量可控，为了追求效果的真实性，真人作弊的方法比较流行。

16.4.2　常见的作弊方法

1．服务器刷监测代码

直接在浏览器地址里输入 16.3.1 节中提到的广告监测代码，也就在广告主那里记录了一个曝光，这就是刷量的基本原理。写一个爬虫程序，自动装填各种参数，可以自动发起 HTTP 请求，刷监测代码。

服务器刷代码的作弊手段，占用了服务器大量带宽不说，虚假流量的涌入也为真实效果的统计提出了严峻的挑战。不过，服务器刷代码的方法还是有漏洞的，只要屏蔽掉各 IDC 机房的 IP 地址就可以解决大部分问题。因此，要实现服务器刷代码作弊，还需要弄到大量 IP 做代理以对抗反作弊。

2．客户端刷监测代码

服务器刷监测代码虽然简单直接，却在 IP 和 cookie 等用户身份统计上很难做到自然。于是，就产生了直接在客户端刷监测代码的作弊方法。用户访问了一个网页，网页上的 JavaScript 又重复访问了好几次监测代码，这样一来，从用户分布上就很难找出什么漏洞了。

不过，这样的作弊也有迹可查，例如，发现某网站广告投放的用户频次大多数都在 8/16/24/32 这些数字上，基本就可以判断每个用户的浏览都又被刷了 7 次。要想自动化找出这样的作弊，可以通过对用户频次分布的曲线做傅里叶变换，找出其中的基频来解决。

不论是服务器刷还是客户端刷，在点击位置分布上都会有破绽，上面提到的点击热力图是一个很有用的反作弊工具：正常的用户点击在创意上的位置分布往往呈现与创意关键区域相关的比较自然的分布，而机器产生的用户点击，其分布要么过于均匀，要么过于集中，很容易与自然点击分布相区别。图 16-8 给出了一个广告创意正常的点击热点分布与作弊的点击热点分布的示例。图 16-8 左侧是自然点击的热力图，右侧是有作弊行为的点击热力图。可以看出，除了自然点击区域外，还多了一些集中且均匀的点击分布，这些明显不符合正常用户的行为特征，可以认定为作弊行为。

除了 cookie、IP 级别的统计以及点击热点图这些思路以外，如果广告系统能在 JavaScript 代码或 SDK 中收集到更多其他的物理信息，如展示时间、点击时间等，也会对于甄别作弊流量很有帮助。一般来说，在收集到比较充足的特征以后，可以建立一个反作弊的判断模型，用以过滤作弊行为。这样的模型需要有一个在线的实时计算版本，为在线计费和其他实时反馈模块做过

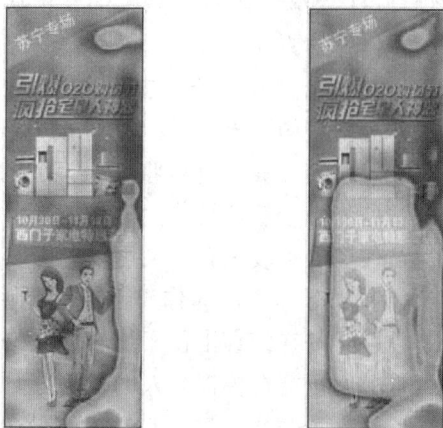

图 16-8　自然点击热点图（左）与机器作弊点击热点图（右）对比

滤；也需要有一个更加精细的离线版本，用于每天处理广告日志，得到最终确认的财务结算数据。由于反作弊特征和模型是广告系统高度保密的模块，在这里我们就不展开讨论其细节了。

3．频繁换用户身份

单一 IP 或 cookie 在大量展示或点击的作弊方式是最容易去除的，只需要给一定时间段内的展示或点击设定合理的上限，进而发现那些显著超过上限的 IP 或 cookie 并加入黑名单即可。因此，无论采用哪种刷量的手段，一般来说都要比较频繁地变更用户身份，如经常变换 IP、cookie 等。

了解了这种作弊方式，对于可以选择流量的 DSP 来说，有些思路可以起到一定的作用：凡是第一次看到的 cookie 或设备号，就干脆不要参与竞价了。

4．"肉鸡"和手机 root

"肉鸡"是指那些被木马感染、可以被黑客远程控制的机器和设备。透过"肉鸡"控制用户后，可以自动发起浏览和点击行为，这样的虚假流量在统计上比较难以分辨。root 是指操作系统中超级管理员权限，当拿到 root 权限后，就可以在后台执行各种访问、点击和下载操作，这些数据也都与真实数据无异。

5．流量劫持

除了制造虚假展示和点击的作弊行为，在广告市场上还存在通过非法手段获得广告展示或点击的准作弊行为，而其中最典型的就是流量劫持。

所谓流量劫持，就是在无权投放广告的地方强行投放，或者改变广告创意甚至落地页

的内容。一般来说，只有一些网络底层服务的提供商，如 DNS、CDN 等，才有能力进行这种劫持。流量劫持并非互联网广告的新问题，在电视广告中，也存在这种现象，如图 16-9 中强行加入的滚动字幕广告。在服务于效果类广告主时，必须要了解其客观存在并加以应对。

图 16-9　电视广告的流量劫持示例

我们举几个例子来看一下流量劫持的具体手段。

（1）信道弹窗。通过电信运营商对信道的控制能力，在用户上网时强行向下行内容中插入弹窗广告创意。这种形式在 PC 和移动设备上都存在，虽然 CCTV 在 2013 年"3·15"晚会上对这种灰色广告渠道进行了曝光，但是至今仍然广泛存在，并且在移动设备上大有愈演愈烈之势。如图 16-10 所示的"流量球"产品，会在用户浏览网页时自动弹出，以提示用户剩余套餐流量为名，插入其他的一些推广内容。不过，实际上就"电信运营商是否可以在信道上插入自己的内容来影响用户"这个问题上，据我们的了解还没有明确的法规可以遵循，也存在一些不同的声音（例如，运营商通过插入内容降低 P2P 传输的效率以提升正常用户体验，就是一个正面的例子），需要进一步讨论与规范。

图 16-10　手机上的流量劫持示例

（2）创意替换。创意替换仍然是通过电信运营商的信道，将某些网站上的广告创意直接替换为其他创意。显然，这是一种比信道弹窗更加粗暴的劫持行为。

（3）搜索结果重定向。由于搜索是高商业价值的流量，将搜索流量导向某些搜索引擎可以获得其收入分成，因此存在一种流量劫持手段，当用户在搜索引擎 A 输入某关键词以后，搜索的结果页会变成搜索引擎 B 提供的，或者在淘宝这类电商垂直搜索中，改变结果商品的排序或落地店铺。这虽然不是直接的广告劫持，但本质其实也是一样的。

（4）落地页来源劫持。这是最为简单粗暴的一种劫持方式，它并不投放广告，而是在用户访问广告主落地页时，直接在 URL 上加上广告来源代码。例如，当用户访问 http://mkt.mbaobao.com/a-hotalfshell1219 这个广告主页面时，将其修改成 http://mkt.mbaobao.com/a-hotalfshell1219?utm source=*，这样广告主就会将其统计成某广告渠道带来的访问。

在这些流量劫持手段中，前三种主要损害的是媒体利益，而对广告主来说，流量本身则是真实存在的，而第四种就是一种彻底的作弊行为了，损害的是广告主的利益。

6．cookie 填充

这种方法的英文称为 cookie stuffing，而"stuffing"的意思就是"填充"。这是针对 CPS 联盟广告的一种常见作弊方式。在 CPS 联盟的机制下，只要给用户打上标识媒体来源的 cookie，如果该用户后面自己去淘宝上产生了购买行为，由于 cookie 的存在，这次自然购买结果就变成了媒体带来的效果。

cookie 填充在实现方法上，主要有图片 +.htaccess 跳转、1×1 iframe 和 Flash 等，根本原理都是在用户浏览器上静悄悄地对淘宝的推广链接发起 HTTP 请求，在用户不点击广告的情况下打上站长的 cookie。cookie 填充的作弊手段类似于后面要介绍的下载归因，都是将自然结果转变成自己的推广效果，骗取更多的转化付费。

7．IP 遮盖

IP 遮盖，俗称 cloaking，也就是"掩盖""遮盖"的意思，指的是在广告投放的过程中，屏蔽掉一些 IP 地址，不对其进行广告展示，相当于是作弊者维护的"黑名单"。一般来说，黑名单上主要是广告市场的监管人员 IP，如搜索引擎或者主要广告平台的公司 IP。

IP 遮盖并不是一种作弊手法，而是一种辅助手段，甚至是目前作弊者都会使用的一种手段：考虑到养一个广告投放账户成本较高，为了在一次投放中收获更多的利益，作弊者想方设法要延长广告的投放时间。如果这个广告出现在搜索引擎上，那么作弊者就会使用 IP 遮盖，屏蔽掉搜索引擎公司所有的 IP 地址，导致相关监管人员在处理投诉或举报时，难以快速复现用户所投诉的场景，继而拖延审查流程。当搜索引擎的监管人员通过排查广告创意，确定作弊者违规时，作弊者早已获得了足够的利益。

8．点击滥用与点击注入

点击滥用（click spam）和点击注入（click injection）是移动应用下载广告中较为泛滥的两种作弊手段。

点击滥用的原理与 16.3.3 节中讲到的用户 ID 碰撞归因密切相关。在移动应用下载广告中，采用用户 ID 碰撞归因时，用户点击广告后一段时间内，产生的下载行为算作广告效果。显然这个规则是有漏洞的：如果对每个用户向监测方发送模拟的点击行为，那么这些用户后续产生的下载就被归因到了渠道头上。显然，这种作弊可以大量劫持广告主的自然下载，而且正因为是自然下载，后续效果一般都相当不错，甚至要优于普通的广告渠道。点击滥用适用于 iOS 系统和有 Google Play 的 Android 系统，但对于非 Google Play 的 Android 应用市场，由于多采用分包的直接归因方法，这种作弊方法不适用。

当然，点击滥用在统计上也是比较容易发现的：如果将所有用户都提前标记点击，那么数量就会太庞大，这必然带来转化率的明显下降，会比正常广告的转化率低一到两个数量级。另外，由于点击滥用是等待用户自然下载，因此点击到转化的时间分布会在整个归因周期内呈现出相对均匀的分布，这与正常转化随时间拉长快速下降的分布截然不同。把握住了以上两个关键特征，识别点击滥用的作弊模式并不困难。

点击注入是一种适用于 Google Play 市场应用下载广告的作弊方式，其基本原理是这样的：假设有一款应用 A 在 Android 手机上被安装时，系统会向所有的应用发送一条广播消息，这样一来，某应用 B 内嵌的 SDK 就可以马上发起一条针对应用 A 的点击请求，而由于应用 A 的激活往往还要发生在几秒甚至几十秒之后，同样可以起到将此次应用 A 的激活归因在自己渠道的作用。

点击注入在统计上同样有迹可循：首先是这样先收到安装消息再发点击的方式，转化率会异常高，不过这一点可以比较容易地通过产生一些无效点击或者与点击滥用相结合来伪装；另外一个特征是，这种方式下点击到激活的时间差会相当短，不过由于目前第三方归因监测商只能得到激活时间，得不到下载时间，用这一特征发现点击注入并不太容易。当然，如果 Google Play 与第三方归因监测商配合，这种作弊方式就非常容易被发现了。

16.5 产品技术选型实战

根据前面对计算广告产品和业务模式的讨论，从广告和泛广告变现的角度来看，在互联网市场上主要有 3 种资产能够变成钱，这 3 种资产分别是数据、流量和品牌属性。后两项是媒体的专属，而第一项既可能来自媒体，也可能来自第三方的数据拥有者。在当今越来越复杂的广告交易和数据变现市场中，如果从实际需求的角度来看，不外乎有下面 3 类问题。

（1）媒体如何利用合适的广告产品更好地变现？媒体利用广告手段来变现，要兼顾短期收益和长期品牌价值提升的双重目的，如何合理地利用自有销售渠道以及各种供给方的广告产品以平衡这两方面的目的，是此问题的主要关注点。同时，媒体往往也拥有一定量的数据，将数据变流量与流量变现结合在一起，也是媒体需要考虑的。

（2）广告主应选择何种广告平台、结合什么样的数据来完成高效的营销？广告主对于广告市场的可参与程度比媒体要深入，根据营销活动阶段与目的不同，需要谨慎选择合适的需求方产品，并通过第一方数据与第三方数据的帮助来优化营销效果。

（3）拥有数据的第三方组织如何利用广告市场将自己的数据变成钱？数据变现的问题在广告交易中得到了相当程度的发展，不过仍然处在比较初级的阶段。高价值数据的所有者如果想在广告市场变现，也有深入参与和简单参与两种方案，而且特别需要根据数据和广告主行业的特点来加工数据。

本章并不会谈到新产品，主要是从广告市场几种主要角色的视角，帮助读者直观地了解如何结合业务需求选择和使用广告产品。无论你是用户产品的运营者、在线商品服务的提供者还是其他数据的拥有者，了解这些实战环节都会对按照互联网规律运营好自己的产品很有帮助。

16.5.1　媒体实战

这里所说的媒体，指的是一切拥有流量的 Web 网站、WAP 网站、HTML5 网站、PC 或移动应用程序等。媒体的变现渠道无非是面向终端用户和面向客户两种，而除广告以外的面向客户的很多形式，如游戏联运、免流量下载等，产品本质与广告是一致的。如果要用广告形式变现，前提是其交互界面可以加入广告位，或者一些内容中可以以原生的方式混入付费内容。除了面向客户的广告变现，媒体还有其他面向用户的变现手段，利用应用直接收费，或者内置订阅或付费等，这些这里不做讨论。

媒体利用广告市场的目的，无非是获得收入。不过，在获得收入的同时，一定要特别注意广告产品给用户体验带来的负面影响，这一立场是与广告市场其他参与方不同的。坚持利用高质量的广告变现，有利于媒体长期保持和提升自己的品牌价值，从而在优先销售的广告上获得更高的品牌溢价。不过，对大量中小媒体而言，很难在品牌销售上找到切入点，因此重点关注的是即时的单位流量变现能力，即 RPM。

媒体选择合适的广告产品主要要考虑几方面的因素：是综合性媒体还是垂直媒体？媒体的品牌价值如何？媒体的流量是否足够大？媒体是否有高价值的数据？根据这几方面的因素，我们将媒体在进行商业变现时的决策逻辑用图 16-11 来示意。下面我们来介绍一下这一决策过程中的关键点。

1．变现方式和产品决策

在移动互联和广告实效化充分发展的今天，我们建议媒体首先要考虑的变现方式是原生广告。如果你的内容中有内容流、列表等适合做原生广告的形式，或者其他一些可以商业化的内容段落，那么就可以考虑用原生的方式加入付费内容。原生广告的变现产品落地有两种选择。如果流量充分，可以自行运营原生广告平台（如站内的搜索搜或新闻应用的内容），特别是当你的站内搜索有足够的流量时，在搜索结果中插入原生的付费结果是最需要重视的变现方式。这些做法对广告主的质量、相关程度都可以最好地控制。如果流量不充分，那么合理的方案是与其他原生广告平台或相关行业的搜索广告提供商合作，不过如第 8 章中介绍的，原生广告平台在产品和市场落地方面还处于比较初级的阶段，实际操作难度会比较大。总之，原生广告从趋势来看应该给予很高的重视程度，但对中小媒体而言目前还并不是一个可以规模化变现的市场。

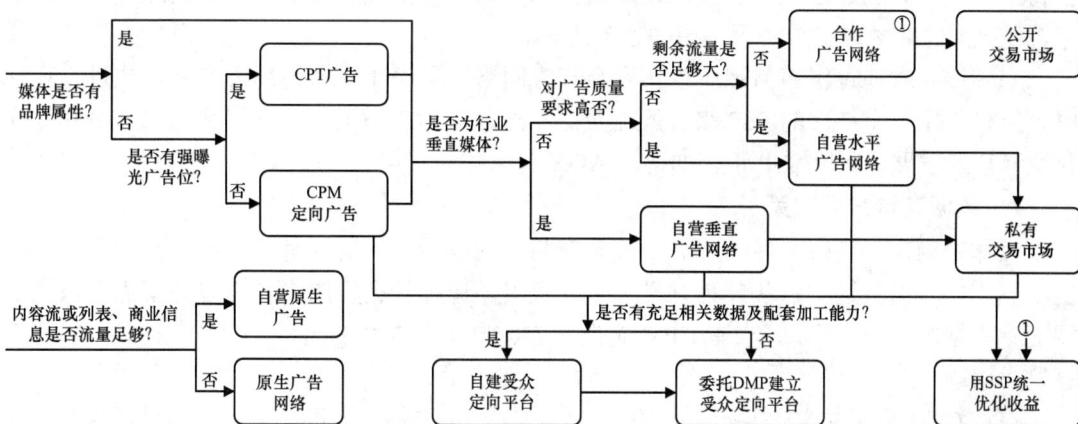

图 16-11　媒体利用广告变现的决策过程

　　如果采用一般广告形式变现，首先要判断的是媒体是否具有比较有价值的品牌属性。如果具有这样的品牌属性，首先应该考虑通过合约的方式售卖品牌广告：在一些强曝光的广告位（如门户首页的特型广告位）上，应该采用 CPT 结算的广告位合约，而在其他一些通用的横幅位置上，推荐采用按照 CPM 结算的展示量合约，而且售卖的标的应该是定向以后的人群标签。当然，在今天的中国市场中，后一种也是以 CPT 方式为主，不过我们仍然认为其有向 CPM 定向广告演进的动力。首先考虑合约广告是因为其品牌溢价的能力，这往往使它会比一般的竞价广告有更高的 RPM 水平。同时，一旦建立了品牌广告销售体系，在采用其他竞价广告时就需要特别注意是否会对品牌广告有制度和价格上的冲击。

　　一般来说，为了维持价格水平，媒体的合约广告售卖率不会很高。合约广告未能变现的剩余流量，就需要采用其他竞价广告了。在行业垂直媒体和综合媒体上，竞价广告的策略方式有所不同。如果是汽车、房产、电商这类行业垂直媒体，考虑到用户明确的意图和媒体价值的提升，一般来说只能运营一个行业垂直的广告网络；如果是综合类媒体或者视频、音乐这类非商业行业的垂直媒体，那么可以采用对行业无限制的水平广告网络，在对广告质量高或媒体流量足够大时，可以考虑自建广告网络，否则更便捷的方式是将流量卖给市场上较大的广告网络。

除了广告网络，当然还需要考虑新的程序化交易模式。程序化交易主要有两种选择，即公开的交易市场和私有的交易市场。这两种市场的选择逻辑与前面的广告网络类似：当对广告主类型、质量有较高要求时，最好采用私有交易模式，控制好 DSP 的准入门槛和制度，特别是当媒体主要依赖品牌广告时，与品牌售卖政策有冲突的行业性 DSP 要避免接入；而当对广告主质量没有特殊要求时，可以选择公开交易市场。不过，程序化交易其实并非简单的广告网络升级，特别是在私有交易市场中，原有的品牌售卖需求也可以在更高层次上得到满足，并且通过竞价的模式提高收益。因此，拥抱程序化交易，提高品牌售卖的效率，是高质量媒体在当今必须考虑的方向之一。

当媒体同时通过销售品牌广告、多个广告网络、程序化交易市场等产品形式进行变现时，可以使用一个统一的 SSP 来分配流量。不过，因为市场上广告网络数量的减少和程序化交易快速发展，所以 SSP 正在变得与 ADX 越来越同质化。

2．数据支持方案决策

媒体在确定了广告变现的产品形式和交易方式以后，还需要考虑这些产品需要什么样的数据支持，而且这一点从某种意义上更加关键。选择什么样的广告变现方案需要数据支持呢？根据图 16-11 所示，当有 CPM 定向广告、自营广告网络或私有交易存在时，需要考虑这一问题。

在按 CPM 售卖的定向展示量合约广告中，媒体需要提供人群的分类体系供广告主来购买，这一点往往需要数据支持，否则就只能提供地域定向了。由于面向品牌广告主，人口属性定向比较重要，因此需要有相关的数据来源，或者在没有直接数据来源时利用行为数据建立人口属性预测的模型。除了人口属性，根据行为的兴趣分类也经常用于 CPM 定向广告。

在自营广告网络或私有程序化交易中，提供受众标签的目的是为了让广告主或 DSP 有充分的流量选择能力，从而提高整个市场的流动性。因此，在这两种情形下，媒体也需要获得受众标签的能力。另外，在这两种情形下，由于市场是竞价交易的方式，标签的粒度可以很细，品类上也可以很丰富，其目的都是为了驱动直接效果类广告。

获得这些人口属性或兴趣标签，需要一个数据管理和受众定向的平台。如果媒体自身拥有的相关数据比较充分，又有合适的产品技术团队，那么，出于数据安全灵活性和快速迭代的考虑，可以自建受众定向平台支持业务。不过，对于大量的中型以下媒体，要么是没有充足的相关数据，要么不值得投入一个专门的团队，在这种情形下，不妨直接选择第三方的 DMP 产品，将数据委托其加工，同时从 DMP 可以获得更充足的第三方数据加工过的更为精准的受众标签。

16.5.2　广告主实战

广告主指的是所有以付费方式推广自己的品牌、产品或内容的组织。在互联网的环境下，广告主的营销目的差异很大，因此也需要合理地选择广告市场中合适的产品，否则很有可能与其营销目标背道而驰。

广告主对营销方式的选择，主要要考虑几方面的因素：是推广品牌还是直接销售？是否有自己的第一方数据可以用于营销？对新客和老客的营销重点如何？根据这几方面的因素，我们将广告主选择在线广告产品时的决策逻辑用图 16-12 来示意。下面我们来介绍一下这一决策过程中的关键点。

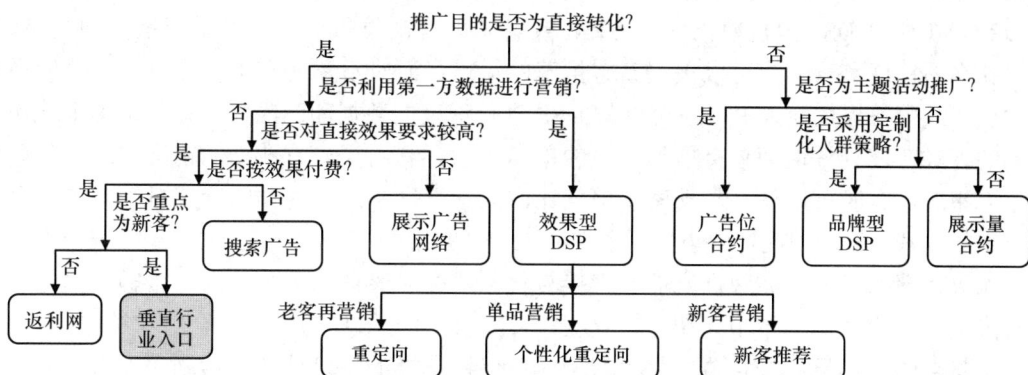

图 16-12　广告主在线营销的决策过程

影响广告主在线营销推广方案的第一要素是推广的目的。根据品牌和效果这两大类不同的推广目的，应该选择的推广产品和策略也大相径庭，下面我们分别来看一下。

如果推广的目的为直接转化，也就是直接效果广告，那么先根据是否利用广告主自己的第一方数据来做渠道选择。在没有或不用第一方数据的情况下，可选的效果类推广渠道主要有搜索广告、展示广告网络这类按 CPC 结算的渠道，以及返利网、垂直行业入口这类主要按 CPS 结算的渠道。一般来说，展示广告网络用于效果营销时的效果，与搜索广告相比还有不小的差距，因此主要还是作为搜索的辅助渠道，在预算充足、ROI 要求不是很严格的情况下采用。当然，在搜索广告流量不容易获得时，投放网络有助于扩大人群的触及，对总体营销规模的扩大有帮助。当需要高 ROI 的营销渠道时，搜索广告几乎是必不可少的选择，也是效果营销领域最受重视的渠道，不过搜索广告大量关键词选择、管理和出价是非常复杂的优化过程，除了像京东、携程这样的大型广告主，一般都是通过专门的搜索引擎营销公司来投放。不过，搜索广告一般是按照 CPC 结算的，在实际效果优化方面有比较多的工作要做。除了搜索广告，我们要特别建议的是：对于直接效果类推广需求，需要特别重视垂直行业入口渠道。

这里的垂直行业入口，指的是用户在本行业相关需求的主要流量来源。例如，对于应用下载行业的应用市场和线下预装渠道、对于手游行业的联运渠道、对于淘内电商的聚划算渠道、对于线下商户的团购渠道等。实际上，这样的垂直行业入口是直接效果类推广非常关键的渠道，也是首要的选择之一，因此我们在图 16-12 中重点标示出来。在返利网也可以达到很高的 ROI 水平，有时甚至还会高于搜索广告，不过由于存在大量广告主老用户经过返利网下单的情形，其实际效果，特别是在获取新客方面的效果并不很理想。

如果广告有一些有价值的第一方数据来源，并且有一定的技术实力对其进行加工利用，那么除了上面的搜索广告、展示广告网络等渠道外，还可以考虑利用 DSP 进行精准的定制化人群选择和投放。这里应该选择的 DSP 类型是效果类的、按照 CPC 或者 CPS/CPA 结算的 DSP。在通过 DSP 投放时，对于 CRM 或老客再营销类需求，可以采用重定向的策略；对于新客的拓展和营销，可以采用新客推荐的策略；而对于那些有丰富单品、流量较充足的大型在线服务提供商来说，还可以与 DSP 进行深度的数据和商品库对接，采用个性化重定向的方式在广告渠道商直接展示动态的单品创意。利用第一方数据的精准定向，从效果的角度来看，有时可以做到与搜索引擎相比肩的水平，不过，这样的营销对于广告主来说有一定的技术门槛，因此在中小广告主中并不十分实用。

如果营销的目的是品牌推广而非直接转化，那么应该考虑一些以用户接触为主的合约广告产品。我们在第 4 章中介绍过，这类产品有按 CPT 结算的广告位合约和按 CPM 结算的展示量合约。如果广告宣传的是"双十一"促销这样的阶段性主题活动，那么一些强曝光位置上的 CPT 广告是重要的选择；如果是一般性的品牌推广，并且结合有特定的人群策略，那么采买受众定向的 CPM 广告比较合理。不过有时，广告主确定的推广策略不一定能为媒体提供的受众标签所表达，在这种情形下，可以通过 DSP 按照自己的人群划分在广告交易平台中投放品牌广告。这种以服务品牌广告为主的 DSP 与前面说的效果类 DSP 有所不同，它一般采用 CPM 跟广告主结算，并向广告主收取一定比例的服务费用。

在当今以产品技术为核心的互联网广告市场中，广告主的营销也不是仅靠媒体采买和价格谈判来完成。对于大中型广告主来说，在上面各种营销产品的使用过程中，有两种情况需要自建相关的技术平台。首先，在使用搜索引擎营销时，需要一个专门的选词、出价及优化 ROI 的产品，尽管产品服务本身可以从市场上购买，但是与广告主自身数据的对接，以及行业相关策略的制定，还是需要大量细致的产品技术工作。实际上，对于大型电商这样的广告主来说，SEM 往往是其内部非常重要的产品。其次，当定制化标签的投放量很大时，广告主可以自建 DSP 来投放广告，相比于采买其他 DSP 的服务，这样做在数据整合、效果优化方面都会有一定的优势，当然，如果不是 DSP 广告量很大，这样做的必要性不大。

16.5.3　数据提供方实战

在线广告交易使那些拥有数据但是既不是广告主又不是媒体的组织也可以参与其中。这种数据提供方的例子有很多，例如，手机游戏流量分析产品，可以收集到游戏相关的许多数据；汽车牌照摇号网站，可以收集到近期可能购车的非常精准的人群数据；电信运营商，可以从信道上得到用户的网站访问或搜索行为数据。在谨慎地考虑用户隐私保护以后，这些数据是可以服务于广告投放，从而获得收益的。因此，了解通过广告市场来变现这些数据，对于各种类型的互联网企业都非常有价值。

一个组织拥有数据，并不等于数据值得变现。在考虑数据变现之前，需要先对数据的价值有一个合理的评估。评估的基本方式是"用户数×平均用户价值"，这里的用户数就是该组织在一段时间内能够收集到数据的用户总量，而平均用户价值就是从单个用户可以获得的广告价值，它主要受 RPM 水平和单个用户被广告有效触及的展示次数这两个因素的影响。其中 RPM 反映了数据的价值密度，而广告触及次数则需要通过扩大媒体接触来实现。

如果确认拥有的数据具有商业价值，那么就可以考虑如何变现了。一般来说，对于那些数据量有限、不太值得自行加工的数据拥有者来说，可以委托其他 DMP 加工数据，并将得到的标签通过数据交易平台在广告交易的过程中售卖，对于大量的中小互联网服务提供商来说，这是一个简单易行的数据变现方案。不过，选择通用的 DMP 往往很难发掘出独特的价值，因此，如果拥有大量高价值的数据，那么还需要考虑其他的变现方案。

大量数据通过广告市场变现，可以通过直接运营广告产品进行，也可以通过将数据售卖给需求方进行。关于这一点，需要首先根据团队能力、媒体来源与销售计划等诸方面的可行性认真评估。当不具备开发和运营一个完整广告产品的能力时，还是应该采用直接出售数据的方案。需要特别指出的是，成功运营一个广告产品，绝不是简单地搭建一个广告系统就够了，而是需要技术、产品与商业模式上的贯通与执行。

要将数据运营广告产品变现，也有两种选择：当拥有的数据集中在某个人群覆盖率有限但价值很高的垂直行业（如汽车、医疗等）时，因为只有一小部分的媒体流量可以被数据所指导，所以选择供给端的产品（如 SSP、ADN、ADX 等）是不合适的，正确的方案是搭建一个 DSP，并且选择那些数据可以覆盖到的流量出价以变现数据；而如果拥有的数据是适用于许多行业的，而且能够覆盖到相当多的人，那么也可以考虑运营一个广告网络来变现数据。广告主营销的决策过程如图 16-13 所示。

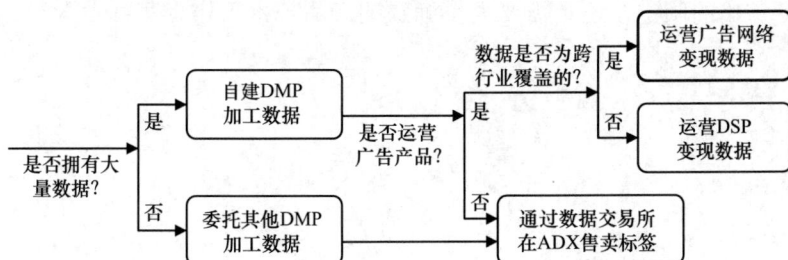

图 16-13　广告主营销的决策过程

第四部分

附录

附录

主要术语及缩写索引

缩写	英文	中文	参考章节
4A	American Association of Advertising Agencies	美国广告代理协会	2.4.2
ADX	AD eXchange	广告交易平台	6.3, 15.1
	ad group	广告组	3.2.1
ADN	AD Network	广告网络	5.3, 13.3
	ad placement	广告放置	5.1.3, 13.2.2
	ad safety	广告安全	16.3.2
	affiliate	联盟	8.3
	agreement-based advertising	合约广告	4, 11
AUC	Area Under Curve	曲线下面积	14.1.5
	auction-based advertising	竞价广告	5, 13
	audience targeting	受众定向	4.2, 12
ASN	Average Show Number		5.1.3
BoW	Bag of Words	词袋	10.1.2
	banner ad	横幅广告	1.4
BGD	Batch Gradient Descent	批处理梯度下降法	10.2.4
	Bayesian learning	贝叶斯学习	10.3.3
BT	Behavioral Targeting	行为定向	9.3.3
	bid term	竞价关键词	5.1
	brand awareness	品牌广告	1.3
	call out optimization	询价优化	15.1.2

续表

缩写	英文	中文	参考章节
	campaign	广告计划	3.2.1
CoEC	Click on Expected Click		14.1.4
CoPC	Click on Predicted Click		15.2.2
CTR	Click Through Rate	点击率	2.3.1, 14.1
	click value	点击价值	2.3.1, 15.2.3
CF	Collaborative Filtering	协同过滤	13.2.1
	compact allocation plan	紧凑分配方案	11.3.4
	constrained optimization	带约束优化	10.2.1
	content as ad	内容即广告	8
CDN	Content Delivery Network	内容分发网络	11.1
	contextual advertising	上下文广告	1.5
	contextual targeting	上下文定向	4.2.1, 12.2
CVR	Conversion Rate	转化率	2.3.1
CPA	Cost per Action	按转化付费	2.3.2
CPC	Cost per Click	按点击付费	2.3.2
CPM	Cost per Mille	按千次展示付费	2.3.2
CPS	Cost per Sale	按销售额付费	2.3.2
CPT	Cost per Time	按时间付费	2.3.2
	creative	广告创意	3.2.1
CRM	Customer Relation Management	客户关系管理	3.1
	customized audience segmentation	定制化用户标签	6.1
	data exchange	数据交易平台	7.2.3
DMP	Data Management Platform	数据管理平台	7.2.2, 12.6
	demand	需求方	1.3
	demand constraint	需求约束	11.3.1
DSP	Demand Side Platform	需求方平台	6.4, 15.2
	demographical targeting	人口属性定向	4.2.1, 12.5
	direct response	直接效果广告	1.3

续表

缩写	英文	中文	参考章节
	display advertising	展示广告	1.5
	downhill simplex method	下降单纯型法	10.2.2
	dynamic allocation	动态分配	6.5
EDM	Email Direct Marketing	邮件营销广告	1.4
EM	Expectation-Maximization	最大期望	10.3.2
EC	Expected Click	期望点击	14.1.4
eCPM	Expected Cost per Mille	千次展示期望收入	2.3.1
	experimentation framework	实验框架	16.2
E&E	Explore and Exploit	探索与利用	14.2
	frequency capping	频次控制	11.2.2, 14.1.6
GaP	Gamma-Poisson	γ 泊松	12.3
GLM	Generalized Linear Model	广义线性模型	12.4
GSP	Generalized Second Price	广义第二高价	5.2.2
	geo-targeting	地域定向	4.2.1
	gradient descent	梯度下降法	10.2.3
GD	Guaranteed Delivery	担保式投送	4.3, 11.2
HWM	High Water Mark	高水位算法	11.3.4
	hyper-local targeting	精确位置定向	4.2.1
IDFA	Identifier for Advertising	广告专用用户标识符	7.1
IIS	Improved Iterative Scaling	改进的迭代尺度法	14.1.2
IR	Information Retrieval	信息检索	10.1
	integrated marketing	整合营销	1.3
IMEI	International Mobile Equipment Identity	国际移动设备标识	7.1
IAB	Interactive Advertising Bureau	交互广告局	2.4.1
	inventory	库存	1.5
IDF	Inverse Document Frequency	倒数文档频率	10.1.2
	landing page	落地页	2.3.1
LDA	Latent Dirichlet Allocation	潜在狄利克雷分配	12.3

续表

缩写	英文	中文	参考章节
LSA	Latent Semantic Analysis	潜在语义分析	12.3
L-BFGS	limited-memory BFGS	有限内存 BFGS	14.1.1
LR	Logistic Regression	逻辑回归	14.1.1
	look-alike	新客推荐	6.4.5, 15.2.1
ML	Machine Learning	机器学习	10.3
MRP	Market Reserve Price	市场保留价	5.2.1
MRA	Maximal Representative Allocation	最大代表性分配	11.3
MAP	Maximum a Posterior	最大后验概率	10.3.3
ME	Maximum Entropy	最大熵	10.3.1
	mechanism design	机制设计	5.2
	media buying platform	媒介采买平台	1.5
ML	Mixture Model	混合模型	10.3.2
MoG	Mixture of Gaussians	高斯混合模型	10.3.2
	mobile ad	移动广告	8.1
MAB	Multi-Arm Bandit	多臂老虎机	14.3
	native ad	原生广告	8.3, 8.4
	network optimization	网络优化	6.5.1, 15.3.1
NFP	North Foot Print	北区广告平均条数	5.1.3
	off-site recommendation	站外推荐	6.4.4
	online allocation	在线分配	4.3.3, 11.3
PII	Personal Identifiable Information	个人可辨识信息	7.4
	personalized recommendation	个性化推荐	13.2.1
	personalized retargeting	个性化重定向	6.4.4
	position auction	位置拍卖	5.2
PR	Precision/Recall		14.1.5
	preferred deals	优选	6.2
	premium sales	优先销售	6.2
	pricing	定价	5.2.2

续表

缩写	英文	中文	参考章节
PMP	Private Marketplace	私有交易市场	6.2
PLSI	Probabilistic Latent Semantic Indexing	概率潜在语义索引	12.3
	programmatic trade	程序化交易	6, 15
	query	查询	5.1
	reach	到达率	2.3.1
RTB	Real Time Bidding	实时竞价	6.1
ROC	Receive Operating Characteristic	接收机操作特性	14.1.5
	remnant inventory	剩余流量	5.3
	retargeting	重定向	6.4.4
ROI	Return on Investment	投入产出比	1.3
RPM	Revenue per Mille	千次展示收益	1.5
	rich media ad	富媒体广告	1.4
	search ad	搜索广告	5.1
SEM	Search Engine Marketing	搜索引擎营销	5.4
	search retargeting	搜索重定向	6.4.4
	second price	第二高价	5.2.2
SVD	Singular Value Decomposition	奇异值分解	12.3
	site retargeting	网站重定向	6.4.4
	social ad	社交广告	1.4, 8.2
	sponsored search	付费搜索	5.1
SGD	Stochastic Gradient Descent	随机梯度下降	10.2.3
	stream computing	流计算	9.5.8, 13.3.1
	sufficient statistics	充分统计量	10.3.1
	supply	供给方	1.3
	supply constraint	供给约束	11.3.1
SSP	Supply Side Platform	供给方平台	6.5, 15.3
	targeted advertising	定向广告	1.5
TF	Term Frequency	词频	10.1.2

续表

缩写	英文	中文	参考章节
	textual ad	文字链广告	1.4
	topic model	文本主题模型	12.3
TD	Trading Desk	交易终端	5.4
	traffic forecasting	流量预测	4.3.1
TP	Traffic Protection	流量保护	16.4
	traffic shaping	流量塑形	4.3.2
UCB	Upper Confidence Bound	置信上界	14.3.2
VSM	Vector Space Model	向量空间模型	10.1.2
	vertical ad network	垂直广告网络	5.3.3
VCG	Vickrey–Clarke–Groves		5.2.2
	video ad	视频广告	1.4
WA	Web Analytics	网站分析	3.1

参考文献

[1] ABADI M, AGARWAL A, BARHAM P, et al. TensorFlow: Large-Scale Machine Learning on Heterogeneous Distributed Systems[J]. 2016.

[2] AKELLA R, BRODER A, JOSIFOVSKI V. Introduction to Computational Advertising[C]. Meeting of the Association for Computational Linguistics, 2011.

[3] ANDERSON Q. Storm实时数据处理[M]. 卢誉声, 译. 北京: 机械工业出版社, 2014.

[4] ARENSW. 当代广告学[M]. 丁俊杰, 程坪, 译. 北京: 人民邮电出版社, 2005.

[5] AUDIBERT J Y, MUNOS R, SZEPESVARI C. Use of Variance Estimation in the Multi-armed Bandit Problem[C]. Proceedings of NIPS'06, 2006.

[6] BENNETT J, LANNING S. The Netflix Prize[C]. Kdd Cup & Workshop in Conjunction with Kdd, 2007.

[7] BERGER A, PIETRA S AD, PIETRA V JD. A maximum entropy approach to natural language processing[J]. Computational Linguistics, 1996, 22(1):39-71.

[8] BERGER A. The Improved Iterative Scaling Algorithm, a Gentle Introduction[M]. Pittsburgh: Carnegie Mellon University Press, 1997.

[9] BHARADWAJ V, CHEN P, MA W, et al. SHALE: an efficient algorithm for allocation of guaranteed display advertising[C]. Proceedings of KDD, 2012:1195-1203.

[10] BISHOP C M. Pattern Recognition and Machine Learning. Springer[J]. IEEE Transactions on Pattern Analysis and Machine Intelligence (PAMI), 2006, 16(4):049901.

[11] BLEI D M, NG A Y, JORDAN M I. Latent Dirichlet Allocation[J]. Journal of Machine Learning Research, 2003, 3:993-1022.

[12] BLEI D M, MCAULIFFE J D. Supervised Topic Models[C]. Proceedings of NIPS, 2007:993-1022.

[13] BOTTOU L. Large-scale Machine Learning with Stochastic Gradient Descent[C]. Proceedings of COMPSTAT'10. 2010.

[14] BOWERS S. Practical Lessons from Predicting Clicks on Ads at Facebook[C]//Eighth

International Workshop on Data Mining for Online Advertising 2014, 12:1-9, 2014.

[15] BOYD S, VANDENBERGHE L. Convex Optimization[M]. Cambridge: Cambridge University Press, 2004.

[16] BOYD S, PARIKH N, CHU E, et al. Distributed Optimization and Statistical Learning via the Alternating Direction Method of Multipliers[J]. Foundations & Trends in Machine Learning, 2010, 3(1):883-898(16).

[17] BRODER A Z, CARMEL D, HERSCOVICI M, et al. Efficient Query Evaluation Using a Twolevel-Retrieval Process[C]. Proceedings of CIKM'03, 2003:426-434.

[18] BURGES C JC. A Tutorial on Support Vector Machines for Pattern Recognition. Data Mining and Knowledge Discovery[J]. Data Mining & Knowledge Discovery, 1998, 2(2):121-167.

[19] BURROWS M. The Chubby lock service for loosely-coupled distributed systems[C]. Proceedings of OSDI'06, 2006.

[20] CANNY J. GaP: a factor model for discrete data[C]. Proceedings of SIGIR. 2004:122-129.

[21] CHAKRABORTY T, EVEN-DAR E, GUHA S, et al. Internet and Network Economics[C]. Proceedings of WINE'10, 2010:145-157.

[22] CHANG F, DEAN J, GHEMAWAT S, et al. Bigtable: A Distributed Storage System for Structured Data[J]. ACM Transactions on Computer Systems, 2008, 26(2).

[23] 陈超. Spark大数据平台[M]. 北京, 2014.

[24] CHEN T, LI M, LI Y, et al. MXNet: A Flexible and Efficient Machine Learning Library for Heterogeneous Distributed Systems[J]. Statistics, 2015.

[25] CHENYE, PAVLOV D, CANNY J F. Large-scale behavioral targeting[C]. Proceedings of KDD, 2009:426-434.

[26] CHEN PEIJI, MA WENJING, MANDALAPU S, et al. Ad Serving Using a Compact Allocation-Plan[M].[S.I]:[s.n], 2012.

[27] CLARKE E H. Multipart pricing of public goods[J]. Public Choice, 1971, 11(1):17-33.

[28] COVINGTON P, ADAMS J, SARGIN E, Deep Neural Networks for YouTube Recommendations, ACM Conference on Recommender Systems 2016 :191-198, 2016.

[29] CUI YING, ZHANG RUOFEI, LI WEI, et al. Bid landscape forecasting in online ad exchange marketplace[J]. Proceedings of KDD'11, 2011:265-273.

[30] DEAN J, GHEMAWAT S. MapReduce: Simplified Data Processing on Large Clusters [CJ]. Proceedings of OSDI'04,2004.

[31] DEAN J, CORRADO G S, MONGA R, et al. Large Scale Distributed Deep Networks[C]// International Conference on Neural Information Processing Systems. Curran Associates Inc.

2013.

[32] DEERWESTER S, DUMAIS S T, FURNAS G W, et al. Richard Harshman Indexing by Latent Semantic Analysis[J]. Journal of the American Society for Information Science, 1990,41(6):391-407.

[33] DEMPSTER A.P, LAIRDN. M, RUBIN D. B. Maximum likelihood from incomplete data via the EM algorithm[J]. Journal of the Royal Statistical Society, 1977, 39(1):1-38.

[34] DUCHI J, HAZAN E, SINGER Y, et al. Adaptive Subgradient Methods Adaptive Subgradient Methods for Online Learning and Stochastic Optimization[J]. Journal of Machine Learning Research, 2011, 12(7):257-269.

[35] DWORK C. Differential Privacy: A Survey of Results[J]. Theory and Applications of Models of Computation, 2008, 4978:1-19.

[36] DULAC-ARNOLD G, EVANS R, VAN HASSELT H, et al. Deep Reinforcement Learning in Large Discrete Action Spaces[J]. Computer Science, 2015.

[37] EDELMAN B, OSTROVSKY M, SCHWARZ M, et al. Internet Advertising and the Generalized Second Price Auction: Selling Billions of Dollars Worth of Keywords. Working paper 2005[J]. American Economic Review, 2005, 97(1):242-259.

[38] FELDMAN J, KORULA N, MIRROKNI V, et al. Online Ad Assignment with Free Disposal [C]. Proceedings of WINE, 2009:374-385.

[39] FREUND Y, SCHAPIRE R E. A Short Introduction to Boosting（"Recent Developments in the Theory and Applications of Machine Learning"）[J]. Journal of Japanese Society for Acritical Intelligence, 1999, 14(5):771-780.

[40] FRIEDMAN J H. Greedy Function Approximation: A Gradient Boosting Machine[J]. The Annals of Statistics, 2001, 29(5):1189-1232.

[41] GAO J, PANTEL P, GAMON M, HE X, DENG L, Modeling Interestingness with Deep Neural Networks[C]//Conference on Empirical Methods in Natural Language Processing 2014, 2-13, 2014.

[42] GATES A F. Pig: A Structured, High-Level Dataflow System for Hadoop[M].[S.I]:[s.n.].

[43] GHEMAWAT S, GOBIOFF H, LEUNG S T. The Google File System[C]. Proceedings of SOSP, 2003.

[44] GHOSH A, MCAFEE P, PAPINENI K, VASSILVITSKII S. Representative Allocations for Guaranteed Display Advertising[J]. Manual script,2009.

[45] GILL J. Generalized Linear Model: a Unified Approach[M]. London: SAGE publications, 2000.

[46] GITTINS J. Bandit processes and dynamic allocation indices[J]. Journal of the Royal Statistical Society. 1979:148-177.

[47] GOODFELLOW I J, POUGET-ABADIE J, MIRZA M, et al. Generative Adversarial Nets[C]// International Conference on Neural Information Processing Systems. 2014.

[48] Heaton J, GOODFELLOW I J, BENGIO Y, COURVILLE A. Deep learning[J]. Genetic Programming & Evolvable Machines, 2017, 19(1-2):1-3.

[49] GROVES T. Incentives in teams[C] //Econometrica. 1973:617-31.

[50] HOCHREITER S, SCHMIDHUBER J. Long Short-Term Memory[J]. Neural Computation, 1997, 9(8):1735-1780.

[51] HOFMANN T. Probabilistic Latent Semantic Indexing[C]. Proceedings of Proceedings of SIGIR, 2009:0-57.

[52] HUANG P S, HE X, GAO J, et al. Learning deep structured semantic models for web search using clickthrough data[C]//Proceedings of the 22nd ACM international conference on Conference on information & knowledge management. ACM, 2013:233-2338.

[53] IAB. Digital Video Ad Serving Template (VAST) 3.0[EB/OL]. 北京. 2014.

[54] IAB. OpenRTB API Specification Version 2.2. [EB/OL]. 北京.2014.

[55] JANSEN B J, MULLEN T. Sponsored search: an overview of the concept, history, and technology[J]. International Journal of Electronic Business, 2008.

[56] YANGQING JIA, etc. "Caffe". http://caffe.berkeleyvision.orgl.

[57] JOHNSON J, DOUZE M, JEGOU, H. Billion-scale similarity search with GPUs[J]. 2017.

[58] JORDAN M I., GHAHRAMANI Z, JAAKKOLA T S., et al. An Introduction to Variational Methods for Graphical Models[J]. Machine Learning, 1999, 37(2):183-233.

[59] JUNQUEIRA F, REED B. Zookeeper: Distributed Process Coordination[M]. O'Reilly Media, 2013.

[60] KARAU H. Spark 快速数据处理[M]. 余璜, 张磊, 译. 北京: 机械工业出版社, 2014.

[61] KINGMA D P, BA J. Adam: A Method for Stochastic Optimization[J]. Computer Science, 2014.

[62] KING G, ZENG L. Logistic Regression in Rare Events Data[J]. Political Analysis, 2002, 9(2):137-163.

[63] KOREN Y. Factorization meets the neighborhood: a multifaceted collaborative filtering model[C]. Proceedings of KDD'08, 2008:426-434.

[64] KRIZHEVSKY A, SUTSKEVER I, HINTON G. ImageNet Classification with Deep Convolutional Neural Networks[C]//NIPS. Curran Associates Inc. 2012, 25(2):1097-1105.

[65] KRUGMAN H E. The Impact of Television Advertising: Learning Without Involvement [J]. Public Opinion Quarterly, 1965, 29(3):349-356.

[66] LAMPORT L. Paxos Made Simple[N]. SIGACT News. 2001:32(4) 51-58.

[67] LECUN Y, Generalization and Network Design Strategies, Technical Report CRGTR-89-4, University of Toronto, 1989.

[68] LIHONG LI, WEI CHU, LANGFORD J, et al. A Contextual-Bandit Approach to Personalized

News Article Recommendation[C]. Proceedings of WWW'10. 2010:661-670.

[69] 李子骅. Redis入门指南[M]. 北京: 人民邮电出版社，2013.

[70] LIN C J, WENG R C, KEERTHI S S. Trust Region Newton Method for Large-Scale Logistic Regression[J]. Journal of Machine Learning Research, 2008, 9(2):627-650.

[71] MALOUF R. A Comparison of Algorithms for Maximum Entropy Parameter Estimation[J]. Proceedings of 6th Conference on Natural Language Learning, 2002:1-7.

[72] MARKOWITZ H M. Portfolio Selection: Efficient Divarication of Investment[R]. London: John Wiley & Sons, Inc,1959.

[73] MAYERS. V, CUKIER K. Big Data: A Revolution That Transforms How We Work, Live, and Think[J]. Houghton Miffin Harcourt, 2012.

[74] MCCANDLESS M, HATCHER E, GOSPODNETICO. Lucene实战[M]. 牛长流,肖宇, 译.2 版. 北京: 人民邮电出版社, 2011.

[75] MELVILLE P, SINDHWANI V. Recommender Systems. Encyclopedia of Machine Learning[M]. Berlin: Springer, 2010.

[76] MEHTAA, SABERI A, VAZIRANI U, et al. Adwords and Generalized Online Matching[J]. Journal of ACM, 2007, 54(5):264 - 273.

[77] MIKOLOV T, PONOMARENKO A, LOGVINOV A, KRYLOV V, et al. Approximate Nearest neighborAlgorithm Based on Navigable Small World Graphs[J]. Information Systems, 2014, 45:61-68.

[78] MIKOLOV T, CHEN K, CORRADO G, JEFFREY Dean J. Efficient Estimation of Word Representations in Vector Space, ICLR. 2013.

[79] MYERSON R B. Optimal Auction Design[J]. Discussion Papers, 1981, 6(1):58-73.

[80] NARAYANAN A, SHMATIKOV V. Robust De-anonymization of Large Sparse Datasets[C]. Proceedings of IEEE Symposium on Security and Privacy. IEEE, 2008:111-125.

[81] NEWMAN D, ASUNCION A, SMYTH P, et al. Distributed Inference for Latent Dirichlet Allocation[C]. Proceedings of NIPS'08. 2008.

[82] NOCEDAL J, WRIGHT S J. Numerical Optimization[J]. Springer.1999.

[83] OLSTON C, REED B, SRIVASTAVA U, et al. Pig Latin: A Not-So-Foreign Language for Data Processing [C]. Proceedings of SIGMOD'08, 2008:1099-1110.

[84] OSTROVSKY M, SCHWARZ M. Reserve Prices in Internet Advertising Auctions: A Field Experiment[J]. Stanford University Graduate School of Business Research., 2009, (2054):59-60.

[85] PEROTTE A, BARTLETT N, ELHADAD N, et al. Hierarchically Supervised Latent Dirichlet Allocation[C]. Proceedings of NIPS'11, 2011.

[86] PRESS W H. Numerical Recipe [M].3rd ed. Cambridge: Cambridge University Press, 2007.

[87] RENDLE S. Factorization Machines[C]//IEEE International Conference on Data Mining. 2011.

[88] RUMELHART DE, HTNTON G E, WILLIAMS R J. Learning representations by back-propagating errors[J]. Nature, 1986, 323(6088):533-536.

[89] SLEE M, AGARWAL A, KWIATKOWSKI M. Thrift: Scalable Cross-language Services Implementation[J]. Facebook White Paper, 2007.

[90] SU XIAOYUAN, KHOSHGOFTAAR T M. A Survey of Collaborative Filtering Techniques[J]. Advances in Artificial Intelligence, 2009.

[91] SZEGEDY C, etc., Intriguing properties of neural networks, ICLR 2014, abs/1312.6199.

[92] TANG D, AGARWAL A, BRIEN D O, et al. Meyer M. Overlapping experiment infrastructure: more, better, faster experimentation[C]. Proceedings of KDD'10, 2010.

[93] 陶辉. 深入理解Nginx: 模块开发与架构解析[M]. 北京: 机械工业出版社, 2013.

[94] TURNEY P D, PANTEL P. From Frequency to Meaning: Vector Space Models of Semantics [J]. Journal of Artificial Intelligence Research, 2010:141-188.

[95] VARIAN H R. Position auctions[J]. International Journal of Industrial Organization, 2007, 25(6):1163-1178.

[96] VEE E, VASSILVITSKII S, SHANMUGASUNDARAM J. Optimal online assignment with forecasts[C]. Proceedings of the ACM Conference on Electronic Commerce, 2010.

[97] VICKREY W. Counterspeculation, Auctions, and Competitive Sealed Tenders. [J]. Journal of Finance. 1961:8-37.

[98] WANG XUERUI, BRODER A, FONTOURA M, et al. A Search-Based Method for Forecasting Ad Impression In Contextual Advertising[C]. Proceedings of WWW'09. 2009:491-500.

[99] WHANG S E, MOLINA H G. Indexing Boolean Expressions. [C]. Proceedings of VLDB, 2009, 2(1).

[100] WHITE T Hadoop 权威指南[M]. 周敏奇, 钱卫宁, 金澈清, 等, 译. 2 版. 北京: 清华大学出版社, 2011.

[101] YE J, CHOW J H, CHEN J, et al. Stochastic gradient boosted distributed decision trees[C]// ACM Conference on Information & Knowledge Management. DBLP, 2009:2061-2064.

[102] ZAHARIA M, CHOWDHURY M, MA J, et al. Spark: cluster computing with working sets[M]. [S.l.]:[s.n.], 2010.

[103] 赵必厦, 程丽明. 从零开始学Storm[M]. 北京: 清华大学出版社, 2014.

[104] YI ZHU, WILBUR K C. Hybrid Advertising Auctions[J]. Social Science Electronic Publishing, 2011, 30(2):249-273.

[105] ZINKEVICH M A, SMOLA A, WEIMER M, et al. Parallelized Stochastic Gradient Descent[C]. Proceedings of NIPS'10, 2010.

[106] ZOBEL J, MOFFAT A. Inverted Files for Text Search Engines[J]. ACM Computing Surveys, 2006, 38(4).

[107] Data Protection in the EU. https://ec.europa.eu/info/law/law-topic/data-protection/data-protection-eu_en.